Birgit Gebhardt

2037
Unser Alltag in der Zukunft

W0190678

BIRGIT GEBHARDT

2037

Unser Alltag in der Zukunft

IN ZUSAMMENARBEIT MIT TRENDBÜRO

Bibliografische Information der Deutschen Nationalbibliothek

Die Deutsche Nationalbibliothek verzeichnet diese Publikation
in der Deutschen Nationalbibliografie; detaillierte bibliografische
Daten sind im Internet über http://dnb.d-nb.de abrufbar.

© edition Körber-Stiftung, Hamburg 2011

Redaktion: Trendbüro – Beratungsunternehmen
    für gesellschaftlichen Wandel B.G.W. GmbH
Konzeption: Birgit Gebhardt
Fiktionale Texte: Birgit Gebhardt
Faktentexte: Josefine Sporer und Susanne Wittorf
Mitarbeit: Eva Deinert, Guido Mertes

Umschlag: Groothuis, Lohfert, Consorten | glcons.de
Coverfoto: colourbox.com
Herstellung: Das Herstellungsbüro, Hamburg |
    buch-herstellungsbuero.de
Druck und Bindung: CPI – Clausen & Bosse, Leck
Printed in Germany

ISBN 978-3-89684-086-8

www.edition-koerber-stiftung.de

Inhalt

Vorwort   9

Bildung
Die Lebensunternehmer   19
Fakten zu Ausbildung und Karriere   47

Konsum
Die Welt als Warenhaus   63
Fakten zu Konsum- und Medienkultur   96

Beziehungen
Leben in unterschiedlichen Realitäten   115
Fakten zu Liebe und Zusammenleben   145

Arbeit
Engagement für die eigene Sache   158
Fakten zu Arbeits- und Eigenzeit   195

Stadtentwicklung
In fremden Welten   208
Fakten zu Städtebau und Mobilität   236

Integration
Neue Horizonte   256
Fakten zu Arbeitsmarkt und Migration   285

Engagement

Was noch zu retten ist   295

Fakten zu Bürgerengagement und Netz-Demokratie   321

Gesundheit

Willkommen im Systemzeitalter   333

Fakten zu Gesundheit und Vorsorge   366

Sinnsuche

Das ganze Leben ist ein Deal   385

»I felt that I was trying to describe an unthinkable present and I actually feel that science fiction's best use today is the exploration of contemporary reality rather than any attempt to predict where we are going ... The best thing you can do with science today is use it to explore the present.
Earth is the alien planet now.«

WILLIAM GIBSON

Vorwort

Die Zukunft hat den Menschen schon immer fasziniert. Er will künftige Chancen wittern und Gefahren erkennen, um vorbereitet zu sein. Wirtschaftskrisen, Seuchen, Kriege und Umweltkatastrophen – vieles hat die Menschheit bewältigt, aber nicht dauerhaft überstanden. Außerirdische, Roboter, künstliche Intelligenz – so einige der Science-Fiction-Klischees – stellen sich mittlerweile gar nicht mehr so extraterrestrisch und unrealistisch dar.

Klimawandel, Flüchtlingsströme und Ressourcenknappheit – vieles, was heute noch als Hintergrundrauschen wahrgenommen wird, kann morgen schon als Richtlinie unseren Alltag beeinflussen.

Inzwischen hat die Komplexität unserer globalisierten Welt derart zugenommen, dass die Gegenwart bereits überfordert. Unterschiedliche Entwicklungsdynamiken wirken zusammen und stellen Deutschland vor schwierige Herausforderungen: Überalterung, Zwei-Klassen-Gesellschaft und die EU-Überschuldung sind nur einige der Faktoren, die hier aufzuzählen wären. Zugleich beeinflussen die Globalisierung, Digitalisierung und Virtualisierung unseren Alltag und Wirkungskreis inzwischen auf eine Art und Weise, dass die vernetzte Zukunft bereits begonnen zu haben scheint.

2037 macht sich zur Aufgabe, die verschiedenen Dynamiken und erkennbaren Facetten der Zukunft zu einem Entwurf zusammenführen: das Heute weiterdenken, Sachverhalte interpretieren, ihre Ursachen erkennen, Entwicklungen verknüpfen, Potenziale ausloten und Konsequenzen ableiten. Vor dem Hintergrund, dass sich das politische und ökonomische Denken und Handeln an den zeitlichen Horizonten von Legislaturperioden und Quartalsberichten orientiert, gewinnt die darüber hinausgehende Perspektive an Bedeutung, um längerfristige Chancen und Risiken zu betrachten.

Zukunftsszenarien können nie mehr sein als ein Angebot aus einem breiten Möglichkeitsspektrum. Der hier vorgestellte Zukunftsentwurf basiert auf vier Voraussetzungen: 1. dem demografischen Wandel, der sich in den nächsten 25 Jahren in aller Deutlichkeit zeigen wird; 2. der weiter wachsenden Kluft zwischen Arm und Reich in Deutschland, vor dem Hintergrund eines hoch verschuldeten Europas; 3. der globalen Beibehaltung der kapitalistischen Wirtschaftsprinzipien; 4. der intelligenten Vernetzung und Datenkommunikation zwischen Individuen, Geräten und Systemen.

Verknüpft man diese vier Entwicklungskorridore und versucht die einzelnen Faktoren miteinander in Bezug zu setzen, entsteht der Rahmen für das hier gezeichnete, fiktive Gesamtbild.

Auf sogenannte szenariomethodische »Wild Cards«, wie die zusätzliche Berücksichtigung von Naturkatastrophen, die Eingliederung von Terroranschlägen oder menschlichen Tragödien von weltweitem Ausmaß, wurde bewusst verzichtet. Eine künstliche Dramatisierung lag weder im Interesse der Autorin, noch erschien sie nötig, um die absehbaren Veränderungen drastischer erscheinen zu lassen. Statt »Wild Cards« beeinflussen eher Themen wie Überalterung, Klimawandel, Umweltschutz, Energiehaushalt und Mobilität die Ausprägung zukünftiger Trends als Anpassungsstrategien an ein verändertes Umfeld. Tatsächlich erfordern die vier skizzierten Korridore schon jeder für sich genommen eine Vielfalt an Maßnahmen, die in Kombination genügend Spielraum bietet, um in Form von neuen Möglichkeiten und Angeboten, aber auch Auflagen und Bedingungen den Alltag der Menschen komplex und interessant darzustellen.

2037 ist also nicht Science-Fiction. Die Protagonisten fliegen nicht zu anderen Planeten und leiten interstellare Kongresse. Science-Fiction entführt in eine andere Welt als Gegenentwurf zu unserer erlebten Welt; Technologie und Gesellschaftsformen haben sich in diesen Visionen zumeist radikal und total verändert.

Das entspricht jedoch nicht unserer Entwicklungswirklichkeit. Wir werden in 25 Jahren keine neuen Menschen sein. Die Lebensinhalte, die Dinge, mit denen wir uns beschäftigen, die grundsätzlichen Fragen, die wir uns stellen, werden sich in 25 Jahren nicht wesentlich ändern. Es ändern sich aber die Modi, die (technische) Art und Weise, in der wir mit den alten Fragen umgehen: welche neuen Chancen wir nutzen, welche Umgebungsfaktoren unser Leben beeinflussen, wo wir dem Fortschritt entsprechen müssen, wo wir ihn wollen und wo wir ihn ablehnen. Diese unterschiedlichen Abhängigkeiten und Dynamiken werden unsere Zukunft brüchiger und spannender machen als jede Science-Fiction-Story.

Es sind die Machbarkeitsoptionen aus der Forschung, drängende Impulse aus der Ökonomie, sozialpolitische Konflikte und kulturelle Fragen des Selbstverständnisses von Individuum und Gesellschaft, die uns auch 2037 beschäftigen werden. Gefühlt eilt die technologische Entwicklung derzeit unserem gesellschaftlichen Wandel voraus. Gekoppelt an ökonomische Notwendigkeiten bildet sich hier der Nährboden für Spannungen und Werteverschiebungen.

Zweifellos ist der Versuch, vorherzusagen, was in 25 Jahren technologisch Usus sein wird, komplett vermessen. Experten, die das Trendbüro befragt hat, scheuten sich bereits, Prognosen für die nächsten drei bis fünf Jahre zu geben. Andererseits ist bereits so viel möglich, dass es sich lohnt, einen Blick in die Zukunft zu riskieren. Wenn man allein die heute absehbaren technologischen Entwicklungen zusammenfasst und ihr Potenzial nach ökonomischen Maßstäben – als dem stärksten Entwicklungstreiber – beurteilt, dann entsteht eine neue Welt der intelligenten Vernetzung, die unsere Kommunikation und Interaktion, unser Leben und Arbeiten verändern werden. Und selbst wenn die Auswirkungen vielleicht noch viel umfassender werden, als wir es uns heute vorstellen können, so liegt in dem Versuch, das miteinander zu verknüpfen, was wir uns heute für die Zukunft vorstellen können, unseres Erachtens der Wert dieses Buches.

Vom Prinzip her wird es in Zukunft sein wie heute: Die Technik erweitert unsere Möglichkeiten und optimiert unseren Alltag. Hier bildet sich Fortschritt am deutlichsten ab. Am interessantesten ist jedoch die Frage, wie wir uns als Gesellschaft und Individuum in dieser neuen Welt fühlen werden. Wie sich die äußeren Einflüsse mit unserem persönlichen Alltag verweben und wie wir versuchen werden, Schritt zu halten oder – zumindest zeitweise – auch auszubrechen.

Den Prognosen liegen die kapitalistischen Muster der immer weniger sozialen Marktwirtschaft zugrunde. Es ist nicht anzunehmen, dass wir in 25 Jahren unseren Wohlstand nach komplett anderen Prinzipien erwirtschaften oder umverteilen werden. Eher erleben wir eine Verlagerung der Finanz- und Wirtschaftskraft von den USA und »Old Europe« nach Asien und zu den heutigen Emerging Markets. Es ist aber sehr wohl anzunehmen, dass es viele kleine, lokale Versuchsmodelle und -projekte geben wird, die hierzulande nach einer neuen Form der gesellschaftlichen Zufriedenheit suchen. Sollte der deutsche Föderalismus auch die nächsten 25 Jahre überdauern, ist es zudem denkbar, dass sich innerhalb der Bundesländer aufgrund leerer Kassen, steigender Einflussnahme durch die Wirtschaft und wachsender Bürgerbeteiligung noch wesentlich stärkere regionale Unterschiede hinsichtlich Bildung, Investitionen, Einkommensverteilung und Besteuerung abzeichnen werden. Mit allen Konsequenzen, die das nach sich ziehen mag.

In Ausschnitten schildert *2037* Lebens- und Arbeitskonzepte, von der kooperativen Projektarbeit mit einem hohen Anteil an Eigenengagement bis hin zu wieder attraktiven Idealen der bäuerlichen Selbstversorgung. Das Buch thematisiert Modelle der Stadtentwicklung mit Wohnkonzepten für ein selbst bestimmtes Altwerden bis zu eigenständigen Lösungen für die Bedürfnisse der Migranten. Dabei wirken Aspekte wie ein flexibler Arbeitsmarkt, lückenhafte Infrastruktur, übersteigerte Sicherheitsbedürfnisse und eine nach rein wirtschaftlichen Prämissen funktionierende Gesundheitsversorgung. Dennoch sind die erwähnten Resultate wie das Comeback der Concierges in größeren Wohneinheiten oder der aus einer Bürostadt umgewandelte Migrantenstadtteil »Maghreb Nord« eher als Gedankenmodelle zu verstehen. Eine erzählerische Verdichtung funktioniert nicht als Blaupause für die Stadtentwicklung. Wohl aber als Inspiration für urbane Angebote und Geschäftsmodelle.

Die Frage, welche Entwicklungen als sinnvoll erachtet werden und wie viel Veränderung der Konsument verträgt, sind Teil der täglichen Arbeit des Trendbüros. Vor dem Hintergrund der Beratungstätigkeit für Kunden aus der Automobil- und Konsumgüterindustrie gelingt die branchenübergreifende Perspektive. Seit fast 20 Jahren beobachtet Trendbüro die Entwicklungen vom Aromahersteller bis zum Zahlungsverkehr und fokussiert dabei die Nutzerperspektive. Die ist heute zwar individuell und hybrid, in einer Sache aber einhellig: Der Mensch, der keinen persönlichen oder nutzbaren Vorteil im Neuen sieht, wird das Neue ablehnen. Veränderung wird hierzulande als Bedrohung des Erreichten wahrgenommen. Die Deutschen tun sich kulturell schwer, Neues positiv oder neutral zu betrachten. Die damit verbundene Scheu vor der Chance wird für Deutschland im globalen Wettbewerb fatale Folgen haben. Wir müssen unsere Vorstellungskraft für das, was kommen mag, schärfen, um einen Diskurs der Chancen starten zu können.

Gleiches Interesse verfolgte die Diskussionsreihe »Leben 2034« der Körber-Stiftung, die diesem Buch vorausging und bereits 2009 eine Expedition in die Zukunft startete (www.koerberstiftung.de/leben-2034.html). Die Zukunft der Stadt, der Sexualität und der Mobilität waren beispielhafte Schwerpunkte, die nun in den Buchkapiteln ihre Ergänzung anhand themenfokussierter Faktentexte finden. Die Veranstaltungsreihe der Körber-Stiftung wie auch das vorliegende Buch können unsere Fragen natürlich nicht vollständig beantworten. Aber sie wollen die Gültigkeit unseres heutigen Erfahrungsschatzes und Wissensstandes für die Gestaltung der Welt von morgen abklopfen.

Die 25 Jahre als ambitionierte Richtschnur bleiben bestehen. Die Wahl des Vierteljahrhunderts sollte ermutigen, den nahen Dunstkreis des Morgen zu durchbrechen.

Die Betrachtung der Zukunft ist komplex und facettenreich. Eine Annäherung erscheint über zwei Wege möglich: zum einen über Faktentexte, zum anderen über eine fiktive Erzählung, in der die heute belegbaren Entwicklungen perspektivisch zusammenlaufen. Die Fakten fußen auf dem Kenntnisstand der Gegenwart von 2011 und ihrer Auswertung durch das Trendbüro. Hier sind Zahlen und Entwicklungsrückblicke eingegliedert, die vom Ist-Zustand aus nach vorn schauen. Dies entspricht in Teilen der Recherche für Studien, wie sie im Trendbüro erstellt werden. Eine umfassende Zukunftsstudie hätte den Rahmen jedoch weit gesprengt. Daher wurde das Buch in neun Themenkapitel gegliedert, zu denen Josefine Sporer und Susanne Wittorf im Trendbüro jeweils Zahlen und Fakten zusammengetragen haben. Sie bilden das Fundament für die Fiktion, die im Jahr 2037 einsetzt.

Naturgemäß können Fakten nicht 25 Jahre in die Zukunft reichen. Und ebenso naturgemäß fügt sich eine Betrachtung von Einzelphänomenen nicht reibungslos in ein stimmiges Gesamtbild. Vielmehr entsprechen die Fakten Erkenntnisfacetten, die in der Geschichte kaleidoskopartig zusammentreffen und den Leser mit einladen, eigene Verknüpfungen herzustellen.

Vor dem unverstellten Blick in die Zukunft liegt die Akzeptanz der Gegenwart. So wie der einmal entwichene Geist nicht mehr in die Flasche zurückgedrängt werden kann, lassen sich auch zeitliche Entwicklungen nicht mehr zurückdrehen.

Bei einer Perspektive 2037 muss klar sein, dass auch Veränderungen angesprochen werden, von denen heute einige unangenehm erscheinen mögen, die künftig aber Alltag sein werden und durchaus auch Vorteile beinhalten können. Bestes Beispiel für die Gewöhnung an den Fortschritt und das Nicht-mehr-wissen-Wollen um die Vorbehalte ist das Internet. 20 Jahre nach seiner Einführung sind wir bereits eine Informations- und Kommunikationsgesellschaft. Bereits jetzt können wir unseren beruflichen wie privaten Alltag ohne Internet und digitale Datenkommunikation nicht mehr effizient organisieren. Ehemalige Big-Brother-Phobien wie die geolokalisierte Überwachung sind in unserer Wahrnehmung von GPS-Navigations-Services überlagert, die uns ein Gefühl der Autonomie in einer immer komplexer werdenden Welt vermitteln. Wer 25 Jahre nach vorn blicken will, darf sich vor den technologischen Möglichkeiten und ökonomischen Motoren der Veränderung nicht verschließen. 25 Jahre sind nur mit einer konstruktiven Gedankengymnastik zu überwinden.

Um die Vorstellungskraft zu beflügeln, bietet dieses Buch dem Leser auch einen emotionalen Zugang zur Zukunft. Damit war der Grundstein für eine narrative Erzählform gelegt, die jedem Faktenteil vorausgeht. Jedes der neun Kapitel widmet sich einem Lebensschwerpunkt, wie z. B. Arbeit, Stadtentwicklung oder Gesundheit, und verdichtet darunter den Schwerpunkt der Geschichte wie auch den der Fakten.

Wenngleich die Erzählung im Buch in den Vordergrund tritt, so ist sie doch nur ein szenisches Angebot, das die Verknüpfung der vielen parallel laufenden Entwicklungen an drei Protagonisten abbildet. Gespielt wird der Blick auf die Zukunft von dem 63-jährigen Unternehmensberater Geoffrey, der beruflich wie privat neu durchstartet, der 45-jährigen Nana, die um die Wirtschaftlichkeit ihres Concierge-Services kämpft, und der 34-jährigen IT-lerin Romina, die in Deutschland eine zweite Existenz für sich und ihre ukrainische Familie aufbauen will.

Deutschland im Jahr 2037 bildet Extreme mit hohem Konfliktpotenzial aus: alt und jung, reich und arm, gebildet und ungebildet. Dazwischen kämpft eine heterogene Mittelschicht um einen Lebensstandard, auf den sie qua (Aus-)Bildung und Herkunft Anspruch zu haben glaubt. Die drei Protagonisten sind alle in dieser Mittelschicht angesiedelt, nicht nur, weil hier wohl das größte Identifikationspotenzial für den Leser liegt, sondern auch, weil diese Gruppe am deutlichsten die Vielfalt der Lebensentwürfe und ihre individuelle Ausgestaltung repräsentiert.

Für ihre Vorstellung vom Glücklichsein nutzen sie alle ihre beruflichen wie privaten Chancen – und fordern von ihren Partnern und Familien die volle Unterstützung für ein Leben ein, dessen Verlauf niemand mehr vorhersagen kann.

Dieses Gesellschaftsbild zeichnet eine mögliche Konsequenz aus den bisherigen Entwicklungen. Die Weichen sind durch die Fakten bereits gestellt. Aber die Ausprägung und Konsequenz in der Umsetzung ist gestaltbar. Doch dazu sind Menschen nötig, die vor der Zukunft keine Angst haben, an eine gemeinsame Zukunft glauben und diese ernsthaft gestalten wollen.

BILDUNG
Die Lebensunternehmer

Geoffrey

Der Himmel stand in hohem Blau über der Landschaft. Der Sommer war heiß. Auf den Feldern schwebte Dunst aus Wassersprengern, in dem sich Regenbögen fingen. Seit Wochen Trockenheit. Die Erntekurse fielen. Der Agrarriese Sanofar hatte eine Gewinnwarnung herausgegeben. Felder, die hier noch gesprengt wurden, brannten in Südspanien bereits. Der Train_Blu mit seiner schuppigen Haut aus blauen Solarzellen rauschte durch die ostdeutsche Landschaft, als wäre er Teil eines surrealen Films. Ganze Landstriche waren verödet. Dörfer standen verlassen in flirrender Hitze. Geoffrey erkannte die Strukturen: Noch vor fünfzehn Jahren hatte sich jede Gemeinde einen hoch dotierten Berater wie Geoffrey geleistet, um ihre zwar idyllischen, aber entvölkerten Kleinstädte wieder mit Leben zu füllen. Manche erprobten neue Arten autonomer Selbstversorgung, um als Dorfgemeinschaften bestehen bleiben zu können. Wieder andere boten ihre Gemeinde als Testgebiet für Versuche aus der Konsumgüterindustrie oder Lebenskonzept-Projekte an. Im Osten wurden viele verlassene Ortschaften in Seniorensiedlungen mit nostalgischer Altstadtstruktur umgewandelt. Auch im Harz hatten drei Gemeinden ein Demenzdorf eröffnet. Das Geschäft mit den »Verwahrungsparks«, wie sein Arbeitskollege die Seniorensiedlungen spöttisch nannte, schien jedoch den Zenit überschritten zu haben. Doch wo es weder größere Unternehmen noch virtuell vernetzte Hochleistungszentren gab, ließen sich eben nur noch Senioren, Demenzkranke oder Versuchsgruppen ansiedeln. Und natürlich das entsprechende Pflegepersonal, das überwiegend aus Osteuropäern bestand.

Geoffreys Vater hatte so in Braunlage seinen Lebensabend verbracht. Dort konnte der Sohn ihm durch Kontakte einen Platz im Jugendstil-Sanatorium von Dr. Barner beschaffen, wo er mit nur fünfundachtzig Jahren recht früh verstorben war. Damals hatte er sich die Unterbringung seines alten Herrn ganz gut leisten können, doch inzwischen war das Geld knapper. Von den Babyboomern und ihren mittlerweile selbst alt gewordenen Kindern würden sich nur noch wenige den Aufenthalt mit Rundumversorgung in der Kleinstadtidylle leisten können.

Wenn Geoffrey es nicht schaffte, sich ganz oben zu positionieren, würde sein Beratungsgeschäft wenig Zukunft haben. Die Firma, für die er tätig war, schien die Situation genauso zu beurteilen. Seit seinem sechzigsten Geburtstag vor drei Jahren fühlte er sich dort immer weniger wertgeschätzt und willkommen. Die Digital Natives waren in den Führungspositionen angekommen. Schneller und reibungsloser, als das seiner Generation möglich gewesen war. Anfangs war es ihre Medienkompetenz gewesen, die sie Geoffrey voraushatten. Dann änderten die Firmen ihre Strukturen, vernetzten jeden mit allem und machten auf »We are one family«. Im Wettlauf um gute Fachkräfte und um das eigene Außenimage positiv zu beeinflussen, hatten viele große Konzerne ihr Innenleben lockerer, familiärer und offener gestaltet. Fahrräder hingen in den Fluren, es gab eine Mitarbeiterbibliothek mit Kamin, in der jeden vierten Freitag Salongespräche stattfanden. Mittags kochten einige in der großen Gemeinschaftsküche, in der Bar waren abends auch Freunde willkommen. Es gab Spielzeug für Kinder oder Kundenworkshops, man konnte sich in Ruheräume zurückziehen, kurz aufs Trimmgerät und duschen und sogar im Büro wohnen, wenn das Projekt es nötig machte oder Berater von ausländischen Tochtergesellschaften kurze Zeit vor Ort waren. Nicht dass ihm viel an dieser Dauergemeinschaft gelegen hätte, aber für Konzerne und Großstrukturen war diese Community-Zelebrierung Voraussetzung, um überhaupt junge Fachkräfte für sich gewinnen zu können. Kleinere Beratungsfirmen hatten sich dagegen komplett ins Netzwerk verlagert und betrieben ihren Standort nur noch als physische Rückversicherung. Das verringerte den Kostendruck, den Geoffrey in seiner Family-Firma zu spüren bekam. Dass sich die Aufträge nicht mehr wie früher häuften, war nicht seine Schuld. Das führte er sich immer wieder rational vor Augen, um nicht dünnhäutig zu reagieren, wenn er von seinem jüngeren Vorgesetzten darauf angesprochen wurde. Der rieb ihm gerne die besseren Abschlüsse seines Kollegen Leon unter die Nase, Ende zwanzig und gerade erst eingestellt. Die Absicht dahinter war überdeutlich: Entweder es würde ihn fordern und er brächte neue Leistungen, oder es würde ihn frustrieren und er warf das Handtuch. Mit beiden Lösungen konnte seine Firma gut leben. Geoffrey nicht, und da half es auch wenig, dass es Leon peinlich war, wie der Chef Geoffrey, der ihn eingearbeitet und geschult hatte, im Leistungsvergleich bloßstellte. Und es half auch nicht, dass er sich jedes Mal fast demütig entschuldigte, wenn ihm wieder ein Abschluss geglückt war. Seinen letzten Vertrag wollte er ihm sogar übertragen, weil der Kunde vormals Geoffreys Kunde gewesen war. Mit der Ablehnung hatte

Geoffrey seinerseits ihn vor den Kopf gestoßen. Jetzt war nicht mehr viel Kollegialität von Leon zu erwarten.

Es hatte mal mehr Spaß gemacht, zu arbeiten. Unvorstellbar, dass ihn dieser Beraterjob mal ausgefüllt hatte. Dass er ihm rückblickend wichtiger gewesen war als seine Familie.

Seit einem Jahr hatte er zum Glück genügend Wut im Bauch, um das nicht als das Ende seiner Karriere zu akzeptieren. Ein konsultierter Persönlichkeits-Coach in einer dieser schicken neuen Recruitment-Kanzleien setzte Geoffrey wieder auf die Spur. Er hatte sich für das freiwillige »Job-Fresh-up für Best Ager« angemeldet, und es war erfolgreich verlaufen. Für beide Seiten. Geoffrey hatte das sagenhaft teure Elite-Aufbauprogramm gleich mitgebucht, und dem Human-Resources-Berater war es gelungen, ihn für neue Aufgaben zu motivieren. Er fühlte die Rastlosigkeit wieder in sich kribbeln: Jetzt versetzte er seinem Leben den längst fälligen Schub in die richtige Richtung. Er würde sich mit dieser Elite-Fortbildung für den reiferen Arbeitsmarkt fit machen und eine neue interessante Tätigkeit finden. Beflügelt von der Idee des beruflichen Neustarts, beschloss er, auch gleich sein Privatleben neu zu gestalten: Er wollte endlich zu Hause ausziehen. Schon seit Jahren führten seine Frau und die sechsundzwanzigjährige Tochter eine Art moderne WG, in der er sich nicht wirklich erwünscht fühlte. Die vertrauensselige Gewohnheit, die ihn bei seiner Familie gehalten hatte, bekam vor dem Hintergrund des Freshups etwas geradezu Pathologisches. Es war höchste Zeit für einen Schnitt. Und so öffnete sich Geoffrey auch in der Liebe einem Neustart, der gern ein paar Überraschungen mehr parat haben durfte als der berufliche.

In den unteren Sichtbereich, in dem die silikatbedampften Scheiben des Train_Blu transparent und nicht blau abgedunkelt waren, drängten sich jetzt Brücken und Trassen, Raffinerien und Industrieanlagen, dann Kräne und Container, schließlich Lofts, Groß- und Baumärkte sowie Kreativgewerbe an den Zug.

Geoffrey starrte hinaus und lächelte in sich hinein. Ob sich seine zweite Pubertät genauso aufwühlend anfühlen würde wie die erste? Ein schizophrenes Schwanken zwischen Außen- und Innenabgleich, zwischen lässiger Überheblichkeit und in Wellen auftretender Unsicherheit? So zerrissen hatte er sich auch im Gespräch mit dem HR-Berater vom Job-Fresh-up gefühlt: Der geschniegelte Endzwanziger hatte tatsächlich gedacht, er könnte ihn in seiner fragilen Lebens- und Jobsituation beraten! Geoffrey schmunzelte, als er an das Coaching zurückdachte. Er hatte seine anfängliche Herablassung gegenüber dem jungen Schnösel nicht verbergen können. »Haben Sie den Führerschein-Refreshment-Test schon vollzogen?«, hatte der gefragt. Wo dachte das Bürschchen hin? Er war doch noch keine fünfundsiebzig! Er sollte den Test ruhig schon früher machen, hatte der gemeint. Eine aufgeschlüsselte Datenanalyse hinsichtlich Seh- und Hörstärke, Reaktionsschnelligkeit, Beweglichkeit, technischer Bedienkompetenz der Bordgeräte und Fähigkeit zur Kommunikation mit anderen Verkehrsteilnehmern anzufordern, wäre nicht nur für die Zulassung im Straßen-, sondern auch für die Einstufung im Berufsleben extrem wichtig. »Falls sie eine Selbstständigkeit planen, sollten sie zusätzlich den Komplettgesundheitscheck mit Erbgutrisiko-Erkennung machen. Spätestens Ihr Bankberater wird Sie zur Krediteinstufung ab fünfundsechzig danach fragen. Jegliche Eigeninitiative, gegenüber potenziellen Arbeitgebern oder Finanzdienstleistern gute Werte als Referenz auf den Tisch zu legen, wird in Ihrem Alter unbedingt notwendig«, hatte es unter der gegelten Locke hervorgetönt. Das war ein Argument und wurmte auch jetzt noch. Zum Wiederaufrichten hatte der Coach den alten Geoffrey mit ein paar Zuckerstückchen gelockt: »Der Fachkräftemangel, die vergleichsweise schlechte Ausbildung und natürlich auch die geringe Erfahrung der Jüngeren arbeiten für Sie. Außerdem können Sie über regelmäßige Fortbildungen im In- und Ausland Punkte für Ihr Arbeitskonto sammeln und so Ihre Businesskompetenzwerte trotz fortgeschrittenen Alters verbessern«, hatte der HR-Berater sein Programm abgespult. »Machen Sie nicht den Fehler, sich mit Gleichaltrigen zu messen. Glauben Sie mir: Kein Arbeitgeber hat ein ehrliches Interesse, Menschen über sechzig zu beschäftigen – egal, ob sie bis dato in gehobener Position oder auf Sachbearbeiterniveau gearbeitet haben. Schauen Sie: Haben Ältere eine gehobene Stellung, dann werden sie mit zunehmendem Alter empfindlich, rechthaberisch und divenhaft. Haben sie eine untergeordnete Stellung, werden sie naturgemäß bequem, ineffizient, unflexibel oder agieren verunsichert.«

»Das finde ich doch sehr eindimensional betrachtet«, hatte Geoffrey eingewandt und etliche schon über achtzigjährige aktive Unternehmer, Anwälte, Berater oder Stararchitekten aufgezählt. Doch das Argument hatte sein Coach wohl schon öfter gehört.

»Das sind alles Selbstständige oder Inhaber ihres eigenen Unternehmens. Das ist tatsächlich etwas anderes, weil sie inhaltlich wie existenziell dafür brennen. Aber Sie wollen sich ja gegenüber einem Arbeitgeber verkaufen. Und dazu müssen Sie dessen mögliche Fehleinschätzung aufgrund Ihres Alters und des naturgemäßen Angestelltenverhaltens kippen, indem Sie Ihre tatsächlichen Fähigkeiten und Ihre jung gebliebenen Qualitäten über unabhängige Referenzen und Tests nachweisen.«

Geoffrey hatte den Punkt mittlerweile verstanden, aber als er im Nachhinein die Kosten für die freiwilligen Tests erfahren hatte, war ihm klar, warum der Schlaukopf ihn so demontiert hatte. Doch bis dahin hatte er sich noch nicht geschlagen geben wollen: »Können Sie nicht zur Abwechslung auch mal einen Vorteil nennen, den ein alter Angestellter seiner Firma bietet? – Erfahrung zum Beispiel?«

»Das ist sicherlich ein wichtiger Punkt, aber andererseits verändert sich doch alles rasant schnell …«, hatte der geschulte Gegelte die generöse Billigung gedehnt. »Selbst das Wissen um Projekte im Unternehmen, das lange das Dinosaurier-Vorsprungswissen war, wird heute von allen Mitarbeitern offen geteilt und in Activity Streams digital in die Cloud gelegt, dass es jederzeit auffindbar ist. Mit dem Input gebenden Mitarbeiter oder ohne.«

Diese Art vernetzter interner Kommunikation kannte Geoffrey aus seiner Firma. Zwar durften aus Datenschutzgründen in Deutschland Mitarbeiteraktivitäten grundsätzlich nicht transparent abgebildet werden, aber man umging das Problem, indem man das Einverständnis innerhalb von Projektgruppen einholte und Dokumente, Filme oder andere Medien über eine Microblogging-Oberfläche kommunizierte, die sich automatisch verschlagwortete und den Projektordnern zuwies. So war es Geoffrey damals möglich gewesen, reibungslos das Projekt seines Vorgängers zu übernehmen, weil er alle Dokumente dazu fand und alle Projektschritte chronologisch einsehen konnte. So stellte auch er täglich sein »Dinosaurierwissen« allen Mitarbeitern mit kleinen Einträgen zur Verfügung und würde es jedem Nachfolger leicht machen, seinen Platz einzunehmen. Das Wissen blieb im System, und auch Geoffrey profitierte täglich vom transparenten Know-how – auch der vielfach gut vernetzten Jüngeren.

Der Coach hatte längst weitergeredet: »Der Punkt ist: Vergessen Sie die Alten, da schneiden Sie bestens ab, und deren Altersjobs finden Sie doch eh uninteressant. Sie müssen sich an den Jungen messen, mit *denen* kämpfen Sie um die Projekte. Das sind die international ausgebildeten und digital Kompetenten, nach denen sich die Firmen und Headhunter die Finger lecken. Davon gibt es aber nicht genug, und deshalb kommen Sie ins Spiel – sofern Sie die Kompetenzen der Ausschreibung für die eigentlich Jüngeren mitbringen. Genau das ist Ihre Herausforderung. Es reicht nicht, ein vergleichsweise engagierter Alter zu sein. Sie müssen so gut wie ein Junger sein, um in den interessanten Projekten ihre Position halten zu können.«

Heiß und kalt. Geoffrey konnte sich nicht erinnern, dass jemand in letzter Zeit so offen mit ihm gesprochen hatte.

Der Zug fuhr inzwischen deutlich langsamer. Geoffreys Blick wanderte durch den Großraum zur Energieskala, die anzeigte, dass der Train_Blu seine Stromversorgung in dieser Geschwindigkeit allein über seine Bremsenergie- und Solarenergieausbeute – ohne externe Stromzufuhr – bestreiten konnte. Er konnte an der Skala erkennen, dass momentan die Passagiere in Wagen sieben die meiste Energie abzapften und ihr Kontingent fast erschöpft hatten. Er kramte nach seinen Notizen. Das Sonnenlicht spiegelte sich in den Wohn- und Bürogebäuden jenseits der Kaikante. Die Zugscheiben verdunkelten sich kurzzeitig, und er blickte auf die HafenCity. Der Vorzeigestadtteil war aufgrund leerer Kassen in den letzten Jahren sich selbst überlassen geblieben. Sichtbare Alterserscheinungen an vielen Gebäuden, aber vor allem fehlende Instandsetzungen an Straßen und öffentlichen Anlagen hatten dem einst modernen Quartier die Patina der Selbstverständlichkeit verliehen. Warum erhöhten sichtbare Altersspuren beim Stadtquartier die Bürgerakzeptanz, dachte Geoffrey, während sie sich an Menschen negativ auswirkten? War es die eigene Nachlässigkeit, die einen alt aussehen ließ?

Er erinnerte sich, dass der Berater kurz vor Schluss noch

ein paar praktische Tipps rausgerückt hatte: Das Geburtsda-
tum müsste aus Gründen möglicher Altersdiskriminierung
nicht mehr in den Lebenslauf. Überhaupt wäre ein aktiv ge-
pflegtes Webprofil mit interessanten Kontakten und Themen
interessanter als jede Vita. Das Bübchen war wirklich gut geschult. Am Ende hatte Geoffrey eine ambitionierte To-do-Liste
und war so vertraut mit seinem Berater geworden, dass ihn
Gellockes letzter, mit einem freundschaftlichen Grinsen ver-
sehener Hieb doch verletzt hatte: Er sollte sich übrigens ruhig
die Haare färben, gegebenenfalls auch die hervortretenden
Tränensäcke und das hängende Kinn etwas straffen. Er könnte sich gar nicht vorstellen, wie sensationell solche mikro-
invasiven Eingriffe sein Marktpotenzial auf dem globalen Arbeitsmarkt erhöhen würden. Nach dieser Bemerkung hatten
sich bei Geoffrey Augen und Kinn ganz von selbst zusammen-
gezogen. Das Gespräch allein hinterließ bei Geoffrey Tausende
brennende mikroinvasive Spuren.

Nana

Schon der Wochenstart hatte nichts Gutes verheißen. Die
Ermahnung ihres Finanzberaters war so ziemlich der unele-
ganteste Auftakt, den sich Nana hatte vorstellen können. Die
kleinen Verweise, die sie bereits seit Längerem über die Buch-
haltungssoftware erhielt, hatten sich immer noch einfach
wegdrücken lassen. Doch gestern war ihr zuständiger Berater
persönlich auf sie zugekommen, und Nana war schlagartig
klar geworden, dass sie diese Aufforderung nun besser nicht
ausblenden sollte. Tapfer hatte sie sich dem Chat gestellt und
erst im Laufe des Gesprächs begriffen, dass sie seinen Ausfüh-
rungen nichts entgegenzustellen hatte. In seiner trockenen

Art hatte ihr Finanzberater festgestellt, dass sich Nanas Zahlen leider nicht so entwickelt hätten, wie es ihr Businessplan prognostiziert hatte. Wenn der Gründungskredit weiter überzogen würde, würde sich die Bank gezwungen sehen, ihr einen Wirtschaftsprüfer zur Seite stellen, um in beiderseitigem Interesse eine Potenzialanalyse durchzuführen. – Allerdings auf Nanas Kosten. Mit der Ermahnung hatte sie zwar insgeheim schon gerechnet, mit der Fremdbestimmung durch das Bankhaus allerdings nicht. Ob sie das nicht auch mit einem unabhängigen Controller regeln könne? Soweit der von dem Bankhaus zertifiziert sei, schon. Aber sie müsse wissen, dass sich das Kredithaus selbst bei positiver Analyse in das Finanzcontrolling einschalten würde, um weiterem Risiko vorzubeugen und sich seine Anteile zu sichern. Auf ihre Kosten oder über Unternehmensanteile.

»Wenn Sie damit gerade das positive Szenario beschreiben, kommt das nicht wirklich zum Ausdruck«, hatte Nana unterkühlt regiert und nachgehakt: »Und was passiert, wenn der beauftragte Prüfer keine Potenziale erkennen kann?«

»Dann können Sie ein Mal in Revision gehen, und ansonsten liquidiert die Bank«, war die knappe Antwort in üblicher Klarheit gewesen. Bis dahin hatte Nana an ihrem Bankberater stets geschätzt, dass er ihr schonungslos jegliche Risiken aufzeigte und Kleingedrucktes auf ihre Situation hin zu übersetzen wusste. An diesem Morgen jedoch hatten seine Konsequenzen sie direkt in die Magengrube getroffen. Es war ihr klar, dass sie ihm keinen Vorwurf machen konnte. Nach der zweiten globalen Finanzkrise und durch den Druck der inzwischen europaweit eklatanten Verschuldung mussten die Bankhäuser die Kreditwürdigkeit ihrer Kunden ständig überwachen, negative Ausschläge sofort anzeigen und den Kreditnehmern während der Schuldenphase beratend zur Seite stehen. Das verursachte Kosten, die die Banken in Teilen wiederum auf die Kunden umlegten, wie Nana mitgeteilt worden war. Die Banken waren verpflichtet, ihren Kreditnehmern neuerdings individuell alle Vorteile und Risiken, ihre Provisionen, Absicherungen und Beteiligungen offenzulegen. Die gewonnene Transparenz zeigte jedoch, dass die Bankhäuser sich in ihren Angeboten kaum unterschieden. Immer mehr Klein- und Mittelstandsunternehmer liehen sich das Geld daher bei virtuellen Kredithäusern, speziellen Banken für Gründer- und Mittelstandskredite sowie von Privatleuten. Sogar die Anbieter von Mikrokrediten, die sich ursprünglich auf Entwicklungsländer konzentriert hatten, fanden laut eigenen Angaben inzwischen ein Viertel ihrer Klientel in Westeuropa und den USA. In Deutschland, Italien und Spanien war hierunter ein hoher Anteil an Selbstständigen und Rentnern, die bereits ab sechzig Schwierigkeiten hatten, Kredite zu regulären Konditionen zu erhalten. Einige wenige Unternehmer hatten das Glück, von Mäzenen und Stiftungen gefördert zu werden – sofern sie im Social- oder Care-Business tätig waren. Nanas Concierge-Service passte zwar in dieses Profil, aber sie war kaum zuversichtlich, hier noch eine Lücke für sich zu finden. Allzu viele kulturelle und soziale Leistungen hatte der Staat seiner chronisch leeren Kassen wegen schon einstellen oder in die Hände der Privatwirtschaft oder von Stiftungen geben müssen, als dass wohl ausgerechnet ihr Geschäftsmodell als förderungswürdig eingeschätzt werden würde. Außerdem würde auch hier eine Rentabilitätsprüfung stattfinden, die aufgrund des intensiven Personalanteils negativ ausfallen musste. Ihr Finanzberater hatte vorgeschlagen, sich am Sonntag wieder zu melden, damit sie bis dahin Zeit für ein Konzept hätte, das sie beide dann außerhalb des Tagesgeschäftes in Ruhe diskutieren könnten. Das war wohl gut gemeint gewesen, aber Nana hatte sich trotzdem im Stillen aufgeregt. Hallo? Sie hatte einen Concierge-Service! Dachte der, die Pflegepatienten müssten am Sonntag nicht gewaschen und die Kinder nicht bespaßt werden?

Sie schluckte den Ärger mit einer Tablette hinunter. Dann würde Elisa ihre Überstunden halt nicht am Wochenende abbummeln können, und zusätzlich würde sie noch jemanden buchen. Sie schickte sofort zwei standardisierte Anfragen mit Kalendereintrag und dem kleinen flehenden Bitte-bitte-Icon. Das war der Montag gewesen. Buchstäblich.

Am Dienstag hatte sie sich eigentlich zunächst auf Open-Sources-Portalen schlau machen wollen, wie sie die Personalkosten senken könnte. Aber sie schaffte es nicht, mehr als eine Anfrage zu posten, weil sie dann der ganz normale Alltag einholte.

Und heute ging's genauso weiter. Elisa, das Herzstück des Betriebes, wusste sich der hereinbrechenden Beschwerden und Auftragsänderungen nicht mehr zu erwehren: Frau Betheim hatte sich schon wieder beschwert. Diesmal, weil ihr Vater angeblich so unsanft in die Wanne gehoben worden war, dass er blaue Flecken bekommen hatte. Die Kinder aus der Harvestehuder Straße waren nicht rechtzeitig zum Pflichtschwimmen und Reiten abgeholt worden. Da waren sie ein Mal pünktlich fertig, und ausgerechnet da war Tantchen Sibylle zu spät, weil sie vergeblich auf die pubertierende Göre aus Blankenese gewartet hatte.

»Und die hat weder abgesagt noch sich bei ihr entschuldigt.« Elisa wischte sich wütend eine dunkle Strähne ihrer dichten braunen Harre aus der Stirn.

»Die brauchen eigentlich alle keinen Concierge-Service, sondern ein Verhaltenscoaching«, seufzte Nana.

»Das Schlimmste kommt jetzt«, fuhr Elisa fort. »Die aus der

Hightech-Wohnanlage wünscht sich, auch mal wieder deutsche Gesichter im Pflegepersonal zu sehen, damit sie noch weiß, in welchem Land sie lebt!«

»Ja, dann soll sie mal die Deutschen suchen, die den Job machen wollen, zu den Konditionen, die die werte Klientel zu zahlen bereit ist. Und die auch noch immer pflichtbewusst und freundlich sind. An uns liegt es nicht!« Nana konnte sich selbst schon nicht mehr hören.

»Immerhin bieten wir eine bunte Vielfalt«, grinste Elisa.

»Wen hat sie denn im Moment?«, fragte Nana.

»Na, den Rumänen!«, kam es von Elisa.

»Der ist wirklich etwas maulfaul. Tausch ihn doch mit Tante Sibylle! Die ist charmant und witzig. Sie soll ihr was vorlesen, und dann ist die Sache wieder eingerenkt.«

Auf dem eTablet erschien eine Nachricht, die Nana direkt an eine andere Mitarbeiterin weiterreichte. Eine Änderung für die Buchhaltung. Elisa war aber noch nicht fertig: »Und was ist mit den Einkäufen und dem Mittagessen für die Kinder von den beiden Anwälten? Die wollen nicht so viele Wechsel bei der Kinderbetreuung. Unsere Haushälterin beaufsichtigt die Hausaufgaben der beiden, bis die Nanny kommt.«

»Dann bleibt die Haushälterin halt länger, und die Nanny kontrolliert die Aufgaben via Internet. Da kann sie auch die Eltern über Schwachpunkte informieren. Die Nachhilfetrainings machen die eh nicht bei uns, sondern mit dem Spezialcoach. Dann soll der das auffangen. Schau sonst noch mal im Timingpanel, wen wir switchen könnten«, schlug Nana vor. »Und wegen der Alten in der Hightech-Anlage: Du kennst die doch, die ist nicht rassistisch. Die wird nur grantig, wenn ihr langweilig wird und es ihr zu unpersönlich vorkommt. Das ist deren Masche, uns zu provozieren.«

»Bingo! Und die blöde Masche hat prompt funktioniert. Sie

bekommt jetzt die charmanteste Helferin, die wir haben!«, empörte sich Elisa.

Nana ging zur Espressomaschine: »Was war das eigentlich eben?«

»Nur eine Änderung für die Abrechnung in der Hallerstraße!«, hallte es von hinten.

»Wir brauchen einen neuen Tarif für vergebliches Warten«, rief Elisa bereits auf dem Weg zu ihrem Schreibtisch.

Wir brauchen einfachere Kunden und weniger Personal, dachte Nana und verbrannte sich die Lippe am heißen Espresso. »Elisa, spielst du mir mal die Personaleinsatzpläne der letzten sechs Monate zu?«, bat Nana, denn das war eine gute Gelegenheit, unauffällig Einsicht in Elisas Bereich zu nehmen. Sie studierte die Pläne und versuchte, Synergien zu finden. Während Tante Sybille die Zwillinge zur Schule brachte, konnte sie gleich mit dem Hündchen von dem Immobilienmakler Gassi gehen und es nach der Kinderablieferung sogar noch mit zur Pflegeaufsicht in den Turmweg nehmen, dort kurz im Flur warten lassen und dann das Hündchen auf dem Rückweg zu ihrer Seniorenwohnsiedlung wieder beim Makler vorbeibringen. Der betreute Schulweg ließe sich damit gut kombinieren. Musste nur sichergestellt sein, dass der Makler morgens um 7:30 Uhr sein Hündchen schon vor die Tür ließ und die Zwillinge keine Hundeallergie hatten. Nana fand noch zwei andere überflüssige Überschneidungen, kam damit zwar auf weniger Einsatzkräfte, aber auf kaum weniger Stunden. Die Crux war einfach, dass sie mit ihren Kunden Pauschalen vereinbaren musste, weil es sonst ewige Diskussionen um eine stundengenaue Abrechnung gab, sie aber ihre Mitarbeiter umgekehrt nur stundenweise bezahlen konnte. Einfach nur Leute einzusparen half also gar nichts. Es war zum Verrücktwerden. Sie übergab den Plan an Elisa: »Schau drüber und lass den Zeit- und Einsatzplan danach noch mal durch die Organisationssoftware laufen, vielleicht findet die ja noch was, wo man straffen kann.«

»Kann ich machen, aber dann müssten alle unsere Kunden pünktlich vor Ort und fertig sein, sonst haut es dir die super-effiziente Berechnung komplett um die Ohren«, wandte Elisa ein.

»Ich will dir deinen Job nicht abnehmen, Elisa. Dann gib halt Puffer zu. Du kennst die Software doch besser als ich!« Nana war es langsam leid, alle Probleme selbst lösen zu müssen.

»Eben. Ich kenn die Software. Mit dieser alten Version ist das nicht zu optimieren!«

Nana knirschte innerlich mit den Zähnen, während Elisa unbeirrt fortfuhr: »Da kommt doch übermorgen diese neue IT-Bewerberin. Die könnte doch mal einen Blick drauf werfen.«

Nana überlegte kurz. Der Termin war eigentlich bereits hinfällig, denn ihr Personal konnte Nana nach dem Finanzberater-Chat auf keinen Fall aufstocken. Anders verhielt es sich bei einer offenen Projektkooperation mit Erfolgshonorar. Dann würde Nana nur zahlen, wenn es der IT-lerin gelänge, ihr Personalmanagement mit den Zeitplänen abzustimmen. Die Rechte an der Arbeit blieben bei der IT-lerin, die diese uneingeschränkt weiter vertreiben könnte. Es war mittlerweile sogar üblich, die gesamte Projektkooperation als Ausschreibung zu formulieren, um über den Pitch mehr Wettbewerbsdruck zu erzeugen. Vielleicht konnten sie so ihr Problem lösen.

»Okay, dann machen wir daraus eventuell eine Projektkooperation«, ordnete Nana an. »Dann können wir uns aber auch eine kleine Auswahl an potenziellen Partnern gönnen und zu einem Pitch einladen. Dann formuliere doch bitte kurz die Aufgabe, stell sie als Einstellungstest auf die Webseite und lad die IT-Frau direkt zum Pitch ein.«

»Ja, das geht bestimmt auch, zumal sie von sich aus schon gefragt hatte, ob es einen Einstellungstest gibt.«

Nana nickte und steuerte ihr Büro an, während Elisa, über ihren Monitor gebeugt, weiterredete: »Die könnte wirklich was sein. Hat von ganz interessanten Projekten erzählt. Sie ist Ukrainerin, hat in Hamburg Mathematik und Informatik mit Abschluss studiert, ist dann kurz wieder nach Odessa zurück und lebt seit sechs Jahren wieder hier. Ich fand sie im ersten Kennenlern-Chat supernett und ganz patent«, berichtete Elisa inzwischen nur noch an sich selbst. Nana hatte ihre Bürotür bereits hinter sich geschlossen.

Am Mittwoch gelang es Nana endlich, sich aus dem Tagesgeschäft zu ziehen und der Kostenproblematik zu widmen. Ihre innere Unruhe hatte sie um fünf Uhr bereits geweckt, und anstatt das automatische Wiedereinschlaf-Programm zu starten, gab sie sich einen Ruck, zog sich einen Funktionsanzug an und versuchte, sich das Adrenalin aus dem Leib zu joggen. Nach dem Duschen blickte sie kurz auf die Wetter- und Nachrichten-Headlines im Badezimmerspiegel, aber statt wie üblich eine Nachricht anzuklicken, wählte sie heute den Entspannungsmodus im Live-Stream und warf sich erschöpft aufs Bett. Ambient Music im Wechsel mit Naturaufnahmen und kurzen Prosatexten setzten ihren Pegel wieder auf Normalnull. Vor dem Schminkspiegel inhalierte sie eine Dosis Sauerstoff und gab sich noch ein paar dieser amerikanisch-aufmunternden »Du kannst alles schaffen, wenn du nur willst«-Phrasen, um nicht völlig energielos im Büro zu erscheinen.

Am Ende war es der so lange gemiedene Blick auf die neuen Meldungen in ihrem persönlichen Assistenten, der sie antrieb: Die Suche nach den Personalalternativen, mit der sie am Dienstag begonnen hatte, zeigte erste Resultate. Zufrieden

radelte sie ins Büro und besah sich die Ergebnisse am Wand-
screen genauer: Ihre Software könnte sie in Indien hosten
lassen, auch Recherchearbeiten würden dort zu günstigen
Konditionen erledigt. Das kannte man schon, und das half ihr
wenig. Begonnen hatte es mit den IT-Spezialisten, dann wurden die Callcenter ausgelagert, und seit über fünfundzwanzig
Jahren ließen sich die großen Anwaltskanzleien ihre Projekte von ausgebildeten Juristen in Mumbai vorbereiten. Aber
was brachte das ihrem Concierge-Service? Sie surfte weiter.
Durch die Schlagworte, die sie eingegeben hatte, wurde ein
koreanischer Servicevermittler auf sie aufmerksam. Er kon-
taktierte sie und empfahl Roboter für die Altenpflege. Auch
das war aufgrund der gestiegenen Pflegekosten nichts Neues
mehr und hatte vor rund zehn Jahren den europäischen Markt
erobert. Selbst Nana hatte für manche ihrer Kunden bereits
welche im Einsatz, damit diese sich mit mechatronischer Hilfe in die Badewanne oder auf die Toilette begeben konnten.
Sie wurden überwiegend als Hebe- oder Transportmaschinen
mit Überwachungs- bzw. Alarmfunktion genutzt. Allerdings
sahen sie noch so aus, als hätten sie zuvor ihren Job bei VW
am Band getan. Die Kollegen in Japan dagegen schworen schon
seit Langem auf sogenannte Care-o-bots mit comicartigen We-
senszügen, Spracherkennung und Infotainmentfunktion. Sie
wusste, dass bereits in manchen deutschen Pflegeheimen solche Care-o-bots die Runde machten und eine große Attraktion
für Bewohner wie Besucher waren. Ihre Anschaffung für eine
Einzelperson war jedoch vergleichbar mit dem, was heute ein
individueller Neuwagen der Premiumklasse bedeutete. Er-
schwinglich waren bis jetzt nur die lustigen Kugelköpfe mit
eingebauter Überwachungskamera, die Bewegungen folgen
konnten. Sie waren fester Bestandteil des Equipment-Katalogs
der Krankenkassen und Seniorenämter, die darüber entschie-

den, wer selbstständig in den eigenen vier Wänden bleiben konnte. Als Mitbewohner empfand jedoch noch keiner ihrer Kunden die rollenden Follower.

Für Herrn Betheim war es zum Tagesspaß geworden, die kleinen Dinger mit ihrer Bewegungssensorik an der Nase herumzuführen. Mal nutzte er das ferngelenkte Auto seines Enkels, mal warf er Äpfel durch seine Wohnung. Erst als sein zwölfter Kameraball, einer Taube folgend, vom Balkon stürzte und dabei fast seine Nachbarin traf, arrangierte er sich allmählich mit dem dreizehnten Gerät. Dennoch erinnerte sich Nana, dass mit ihrer Einführung der Pflegestundenplan ihrer Mitarbeiter erheblich reduzierter ausfiel. Vielleicht war es doch inzwischen an der Zeit, die nötige Zuwendung nicht mehr persönlich, sondern über die Sensorsteuerungen zu leisten, die in den kleinen Charaktermaschinen versteckt waren? Was sprach dagegen, auch ihren klapprigen Kunden kleine Gefährten an die Hand zu geben, um in ihnen ein wenig das Leben zu wecken und ihren Personaleinsatz auf das Wesentliche zu konzentrieren? Auf den Seiten des koreanischen Servicevermittlers konnte sie massenweise Studien finden, laut denen sich die älteren Bewohner, die sich mit ihrem Care-o-bot anfreundeten, geistig verjüngten, Ängste abbauten und sich auch durch das Streicheln und trippelnde Folgen des Robots körperlich zumindest stabilisierten. Nana verlangte es innerlich bereits nach dem Buy-now!-Button: Sie könnte dank des Care-o-bots die Kundenpauschale aufstocken, aber gleichzeitig Personalstunden abbauen. Da es die Care-o-bots laut japanischen Informationen bereits gebraucht oder zum Leasen gab, könnten sie eine zentrale Säule ihres Einsparungskonzeptes werden. Insofern war der Mittwoch eigentlich ein guter Tag, bis sie zu ihrer Coaching-Gruppe aufbrach, bei der heute wieder mal das Spielchen Selbsteinschätzung versus Fremdeinschätzung auf der Tagesordnung stand. Und dabei versagte Nana jedes Mal gnadenlos.

Am Donnerstag auf dem Weg zu einem Neukundentermin erhielt Nana eine Nachricht von Elisa und der anderen Vertretung, die ihr bereits für den kommenden Sonntag zugesagt hatten, nun aber beide um Gehaltsgespräche baten. Nana fühlte ein großes Ausrufezeichen im Kopf aufsteigen und verschob die Termine auf übernächste Woche. Die Neukundin entpuppte sich als gestresste Businessfrau mit drei leicht überspannten Kindern und betreuungsintensivem Vater. Der Verbleib von Ehemann und Mutter blieb im Unklaren und deutete, wie so oft, auf eine Alleinerziehende mit Unterstützung des eigenen, im Engagement bereits stark reduzierten Familienstamms. Eine Pauschale wollte sie nicht buchen, um zwischenzeitlich auch auf andere Lösungen ausweichen zu können. Der daraufhin genannte Tarif von fünfundzwanzig Euro die Stunde ließ die rechte Augenbraue zucken, aber Nana blieb hart. Das war zwar gegenüber Schwarzmarktpreisen vergleichsweise teuer, aber um überhaupt Geld zu verdienen bereits hoffnungslos zu billig.

»Ups, bei den Preisen könnte ich noch mal bei der Concierge in der Gated Community nachhorchen.«

»Natürlich, die wird wie alle anderen Gated Concierges hoffnungslos überlastet und für die unterschiedlichen Anforderungsprofile nicht gleichermaßen qualifiziert sein, aber tun Sie das lieber, bevor Sie uns beauftragen. Wir möchten Kunden, die uns aus Überzeugung buchen. Das gibt jedem ein besseres Gefühl.«

»Und Sie würden auch spontan einspringen können, wenn ich nicht rechtzeitig aus dem Büro komme? Mein Sohn, der übrigens mittwochs erst um 14:00 Uhr abgeholt werden muss, darf nur Mahlzeiten ohne Getreide und Milchprodukte zu sich nehmen. Wir hätten dem damals mit einem genetischen Eingriff vorbeugen können, aber mein Mann wollte das nicht. Da können Sie doch etwas zaubern, nicht? Mein Vater ist körperlich ein alter Mann, aber geistig noch absolut fit. Er hat sich gerade zum Studium der Politologie eingeschrieben und würde sich über ein wenig Unterhaltung freuen. Also schicken Sie ihm bitte jemanden, der ihm intellektuell einigermaßen gewachsen ist ...«

Und so ging es noch eine Weile weiter. Im Grunde hatte sie hier wieder genau das Profil der Klientel, die ihre Agentur derzeit sowieso betreute. Aber die sie sich bei der Eröffnung der Agentur alle ein bisschen einfacher vorgestellt hatte.

Zurück im Büro, servierte ihr Elisa aus den üblichen Beschwerden und kurzfristigen Änderungswünschen den »Best of compliances«: »Die Tochter von Herrn im Turmweg hat sich beschwert – Achtung, O-Ton: Wieso es in der Küche ihres Vaters nach Fäkalien stinke!«

»Keine Ahnung, hat der Pfleger die Windeln nicht im Sanitärschlucker entsorgt?«

Elisa ließ sich die Beschwerde noch mal vorspielen: »Scheinbar nicht, denn sie will wissen, wieso da Kot im Küchenmülleimer sei. – Nee, warte mal – sie schreit *Hunde*kot!«

Nana und Elisa schalteten gleichzeitig: »Oh, Mist, das war Tante Sybille mit dem Makler-Schoßhündchen. Wieso schmeißt die das denn nicht ins Klo?«

»Sei froh, dass nicht. Die wäre noch so clever, die mit der Plastikverpackung in die Toilette zu werfen!«

»Na, dann halt mit der Windel in die Sanibox! Mann, das ist doch nicht zu glauben!« Mehr noch als über Tante Sybille, die mit zunehmendem Alter immer tüdeliger wurde, regte sich Nana über den inflationären Trend dieser Kleintiere auf.

»Wenn diese blöden Schoßhündchen doch schon so überzüchtet sind, warum müssen die immer noch Exkremente absondern?« Und dann verknüpften sich zwei diffuse Gedanken zu einem klaren: Im Grunde musste man die Care-o-bots auch gleich als Schoßhundersatz einführen. Für verzogene Kinder, egozentrische Singles, griesgrämige Alte und alle, die sich unisono vernachlässigt fühlten und unterhalten werden wollten! Gleich am Sonntag wollte sie dem Herrn Finanzberater von ihrem Konzept für diese rasant wachsende Zielgruppe berichten.

Romina

Die guten Wünsche vom frühmorgendlichen Chat mit ihrem kleinen Samuel und ihrer großen Afina klangen Romina noch im Ohr, als sie ihr Leihfahrrad an der S-Bahn Wilhelmsburg abstellte. Es war bereits über zwanzig Grad warm, als sie an der Rothenbaumchaussee das nächste Leihrad aufschloss. Sie klemmte ihren Personal Assistant an den Lenker und ließ sich den Rest des Weges bis zu einem Hinterhof anzeigen. Hier lag die Agentur, die einen Pitch zur Projektkooperation für eine Software-Fachkraft ausgeschrieben hatte. Eine kleine Agentur, die von Altenpflege, Hauswirtschaft, Kinderhüten, Botendiensten bis hin zum Dogsitting alles anbot, wozu den modernen Leistungsträgern Nerven und Zeit fehlten. Klang erst mal ganz sympathisch, die Frage war nur, ob sie bei dieser Projektkooperation auf einen grünen Zweig käme. Würde sie die Aufgabe nicht besser als ihr Mitbewerber lösen können, blieb ihr nur eine magere Aufwandsentschädigung. Gewänne sie den Pitch, könnte sie ihre Leistungen mit erster Referenz auch an andere Unternehmen verkaufen, denn die Rechte lägen bei ihr. Die

Projektkooperationen und Pitches hatten zugenommen, seitdem viele Unternehmen eher Experten für temporäre Projekte anstatt langfristige Mitarbeiter suchten. Wenn im IT-Bereich noch angestellt wurde, verlangte der Arbeitgeber in der Regel eine 24-Stunden-Verfügbarkeit, höchste Vertraulichkeit, und sämtliche Rechte an der Entwicklungsarbeit blieben im Unternehmen. Gestern hatte sie sich in so einem großen Konzern beworben. Der Job dort klang vielseitiger und wäre auch besser bezahlt, aber das Auswahlverfahren war so anonym verlaufen, dass sie sich nicht vorstellen konnte, dort zu arbeiten. Ihr Mann hatte diesen Einwand nicht nachvollziehen können. »Du bist momentan nicht in einer Situation, in der du nach deinem Bauchgefühl entscheiden kannst. Du bist nach deinem letzten Projekt nicht weiterbeschäftigt worden und jetzt auf Jobsuche. Das haut unseren ganzen Plan durcheinander! Wie sollen wir je zu dir nach Deutschland kommen, wenn dein Einkommensnachweis nicht halbwegs lückenlos und dein Verdienst die geforderte Mindestsumme ist? Eine Anstellung in einem globalen Konzern zählt bei der Bewilligung immer noch mehr als eine sympathische Klitsche!«

Romina kniff die Augen zusammen, weil die schräg stehende Sonne blendete. Sie hatte nichts erwidern können. Er hatte recht, aber es fühlte sich einfach nicht gut an. Weder sein Ton noch die Erinnerung an das Bewerbungsgespräch. Die Firma hatte ihre Büros in einem der Hochhäuser am Berliner Tor. Mit drei anderen Kandidaten war sie von einer Assistentin in der Lobby empfangen und in einen hinteren Bereich der Lounge geführt worden, wo kleine Kabinette mit gepolsterten Bänken und verspiegelten Wänden Arbeits- und Rückzugsmöglichkeiten für Freelancer und den Coworker boten. Jeder Bewerber hatte in einer Koje Platz genommen und ein eTablet erhalten, auf dem man das Rekrutierungsgame anwählen musste. Über einen Avatar hatten sie virtuell die Abteilung angesteuert, in der Bedarf ausgeschrieben war. Animierte Mitarbeiter hatten Romina begrüßt und ihr den Arbeitsplatz und das Aufgabenspektrum gezeigt. Die Darstellungsqualität des Serious Game war so hoch, dass sie zeitweise geglaubt hatte, sie wäre per Videokonferenz zugeschaltet. Die Mitarbeiter hatten Englisch gesprochen, viele hatten asiatisch ausgesehen. Mitten im Spiel hatte sich plötzlich der Head of Recruitment im Chat zugeschaltet und wissen wollen, ob sie noch Fragen zu ihrer künftigen Aufgabe hätte.

»Kann man die späteren Vorgesetzten kennenlernen?«, hatte Romina gefragt. Der Rekrutierungschef hatte eine gewisse Jennifer angewählt und ihr Romina als Bewerberin vorgestellt: eine kaum Dreißigjährige mit Pferdeschwanz in einem hell erleuchteten Büro. Romina hatte durch die Glaswände hinter ihr die Köpfe der übrigen Mitarbeiter sehen und erkennen können, dass es draußen heftig regnete und die Straßen bereits erleuchtet waren. Das Büro musste in einem anderen Land in einer anderen Zeitzone liegen. Eine Sekunde lang hatte Jennifer ausgesehen, als hätte der Rekrutierungschef sie gerade gestört. Dann hatte sie professionell gelächelt und Romina mit zwei, drei Sätzen Small Talk begrüßt. Bevor Romina etwas hatte fragen können, hatte der Recruiting-Chef das Interview beendet und auf den Fortlauf des Games verwiesen, das alle weiteren Informationen bereithalten würde. Faktisch hatte sich das zu großen Teilen bewahrheitet, das angebotene Salär war auch ansehnlich, aber emotional blieb bei Romina nach wie vor ein großes Fragezeichen.

Die Ausschreibung heute war dagegen wieder nur eine Übergangslösung. Zumindest für sie, die plante, Mann und Kinder endlich nach Deutschland zu holen. Im Grunde konnte sie in ihrer Situation die Festanstellung gar nicht ablehnen. Aber weil Bewerbungsgespräche und Projektkooperationen Punkte im Businesskompetenzsystem einbrachten und der erste Chat mit dieser Elisa so nett gewesen war, hatte sie sich auf den Weg gemacht. »Zufälle passieren schließlich nur, wenn man ihnen eine Chance dazu gibt«, redete sie sich aufmunternd zu. Ihre Tochter Afina hatte im Chat heute Morgen noch gemeint, es wäre doch toll, wenn sie Programme für Mütter oder Väter entwickelte, die ihre Kinder selten sehen. Dann würden sie sich vielleicht nicht so sehr nach einander sehnen. Sie war stolz auf ihre Große, die emotionale Defizite mit Pragmatik zu lösen versuchte.

Romina war inzwischen in den Hinterhof abgebogen, ein alter Gewerbehof in zweiter Reihe hinter den Villen, in dem sich laut Türschild in der dritten Etage die Concierge-Agentur befand. Romina schloss das Rad ab und stellte sich kurz in den Schatten, um etwas abzukühlen. Sie hatte noch Zeit. Ein elektrischer Pick-up mit etwas Eingepacktem auf der offenen Ladefläche surrte in den Hinterhof und parkte unweit entfernt von ihr. Ihm entstieg ein attraktiver dunkler Lockenschopf, der ihr einen nickenden Gruß zuwarf und ins Haus lief. Langsam folgte sie ihm in den dritten Stock. Oben wurde die Tür geöffnet, und ein paar Frauenstimmen begrüßten ihn lachend: »Hola, Chico!« Noch bevor die sonnengelb lackierte Stahltür sich wieder schloss, konnte sie sie aufhalten und selbst eintreten. Die Sonnenstrahlen, die sich ihren Weg durch das Laub der Bäume im Hof gesucht hatten, tanzten auf dem grau lackierten Fußboden, und die Farben an den rau verputzten Wänden erinnerten an die Karibik. Sie erkannte Elisa sofort wieder. Die Bolivianerin trat freudig auf Romina zu und begrüßte sie herzlich. Während Elisa drei Iced Coffee zubereitete, rief sie nach Nana.
 Am Ende des Lofts löste sich eine blonde schlanke Frau aus

einer türkisfarbenen Besprechungskoje und kam nach vorn. Sie stellte sich gleich mit Vornamen vor und strahlte mit ihren aus der Stirn geflochtenen Haaren, gebatikter Bluse und Jeans-Hotpants die typische Leidenschaft aus, die Romina an Frauen kannte, deren Job sie so erfüllte, dass sie Freizeit und Arbeit nicht mehr trennen konnten. Romina wusste, dass so jemand die gleiche Haltung von seinen Mitarbeitern verlangte. Während der Begrüßung scannte Romina ihr Gegenüber weiter: Die wohlgeformten Barbie-Beine mussten Nanas Alter nach mindestens eine Bindegewebsstraffung hinter sich haben, und die Permanententhaarung verwies auf einen gewissen Hang zur Perfektion. Ihr Umgang aber war gewinnend natürlich, locker und offen. Beim Iced Coffee auf dem gelben Lederpolster merkte Romina gar nicht, wie schnell sie vor den beiden Frauen ihr komplettes Leben skizziert hatte. Sie fühlte sich verstanden, aber dass sie die Kinder nach Deutschland holen wollte, verschwieg sie lieber.

Nana erklärte die Angebote des Concierge-Services, den sie vor acht Jahren gestartet hatte. »Unsere Kunden wählen meist einen oder zwei vereinbarte Standards, wie z. B. Housekeeping, Hemdenservice, Altenpflege, Shuttle-Dienste, Gärtnern, Einkäufe erledigen, Kochen, Kinderbetreuung, Hausaufgabenhilfe und Dogsitting.«

»Pigsitting von Zwergschweinen gibt es demnächst auch«, kicherte Elisa. »Na, das wird ein Spaß, die toben und zerstören alles, und wir haben dann wieder nicht aufgepasst!« Nana klang genervt: »Das musst du unbedingt bei unserer Versicherung anmelden.«

Elisa nickte und fuhr fort: »Dann gibt es Extras wie Hausverwaltung und Hausmeister-Concierge für größere Immobilien. Daneben noch Partyservices oder mal sporadische Buchungen aus diesen Angeboten.«

Nana hat inzwischen zum eTablet gegriffen: »Das ist unsere aktuelle Kontaktplattform, und das hier ist unser Timetool und Projektmanagement. Hier sind alle Termine vermerkt, hier können Mitarbeiter, denen der jeweilige Stundensatz hinterlegt ist, zum Beispiel Zeiten tauschen, in der Kontaktplattform können sich Kunden beschweren oder Sonderwünsche äußern. Das hätten wir jetzt gern alles in einer Applikation mit unterschiedlichen Zugriffsrechten – so, dass alles mit allem vernetzt ist, jeder seinen Zuständigkeitsbereich von Kunde bis Kostenstelle einsehen kann und wir möglichst viele Personalsynergien erhalten. Zum Beispiel, dass Wege zur Schule gleichzeitig zum Hundeausführen verwendet werden etc. Und wir möchten direkt beim Verschieben erkennen können, was welche Einsätze uns kosten – und ab wann die Kundenhonorarpauschalen unsere Kosten nicht mehr decken.«

Die Aufgabe reizte Romina: Sicher gab es dazu bereits Open-Source-Bausteine, auf die sie aufsetzen könnte. »Das klingt gut, ich hätte große Lust, das Projekt zu übernehmen«, bekräftigte sie. Nana lächelte verbindlich und fuhr etwas zögerlicher fort: »Es gäbe noch eine andere Ausschreibung, die den IT-Bereich etwas übersteigen würde. Hast du schon mal im Bereich Care-o-bots gearbeitet?«

Romina verneinte ehrlich, wusste aber, was Nana meinte.

»Ich überlege, diese Kerlchen einzusetzen, um die Betreuungszeiten der Mitarbeiter zu reduzieren. Vielleicht könntest du mir mal einen Vorschlag machen, wie man den Kontakt zwischen Älteren oder Kindern mit diesen Care-o-bots intensivieren kann, um eine emotionale Bindung herzustellen.«

»Ja, das müsste über Haptik und Kindchenschema zu leisten sein. Ich fände auch eine Edutainment-Funktion sehr wichtig.«

»Genau! Damit eine Zwiesprache in Gang kommt.«

»Dazu müsste man allerdings eine Spracherkennungssoftware einsetzen.« Für Romina stellte sich diese Aufgabe etwas komplizierter dar als die erste. »Ich kann mich da mal umschauen, was es gibt, würde mich aber zunächst an die Zusammenführung der Kunden-, Kosten- und Einsatzpläne machen«, bot sie an.

Bevor sie das Finanzielle ansprechen konnte, stand Nana auf und bat Elisa, einen zweiten Termin zu verabreden, um erste Rechercheergebnisse von Romina zu begutachten und die weiteren finanziellen Modalitäten zu besprechen. Der Einsatzplan und die Care-o-bots würden als Bewerbungstest laufen, für die sie ein Konzept und einen Kostenvoranschlag erstellen und die inhaltlichen Schritte anhand eines Zeitplans auflisten sollte. Außerdem schlug sie vor, dass Romina in der Agentur arbeiten könne, an ihrem eigenen oder einem Agenturlaptop, und wies auf einen Fensterplatz mit rosa getünchten Wänden. Romina wusste, dass mit dem Angebot ebenfalls Kosten verbunden waren, weil Arbeitsplätze von Mitarbeitern oder Externen gebucht werden mussten.

»Zu welchen Social- oder Business-Webportalen würdest du uns kurzzeitig Zugang gewähren, damit wir dich noch ein bisschen näher kennenlernen können?«, fragte Nana am Ende ihres Gesprächs.

Romina nannte drei, ein internationales, eins für ihren lokalen Freundeskreis in Hamburg und das dritte für den in der Ukraine. »Die sind aber alle weniger Business-lastig«, fügte sie entschuldigend hinzu.

»Das passt schon. Im Grunde ist unsere Tätigkeit ja auch eher Social als Business«, lächelte Nana und bedankte sich für die temporären Zugangscodes.

Als Romina in den sonnigen Innenhof trat, war sie zwiegespalten. Einerseits würde sich diese kleine Agentur niemals eine eigene IT-lerin leisten können. Andererseits ließen sich die gerade gestellten Aufgaben bestimmt gut auf größere Kunden übertragen. An den Projekten könnte sie endlich mal zeigen, was kreativ alles in ihr steckte. Inhaltlich war sie total angefixt von der Idee mit dem Care-o-bot. Das würde sie nachher gleich Afina im Chat erzählen. Doch als Rominas Gedanken von Afina zu Eduard wanderten, verlor sie den gerade gefassten Mut: Hinsichtlich der geplanten Familienzusammenführung war sie hier keinen Schritt weitergekommen. Finanziell stand sie auf wackeligen Beinen. Sie müsste mit ihrem Care-o-bot zunächst tatsächlich eine Marktlücke treffen und sich dann auch noch als Vermarktungsprofi entpuppen, bevor sie vom Erfolg profitieren könnte. Die Kommentare von Eduard, der immer auf Nummer sicher ging, konnte sie förmlich schon hören. Also würde sie nachher auch von dem gestrigen Bewerbungsgespräch die Testunterlagen downloaden und irgendwie versuchen, beides zu schaffen. Damit hatte Romina vier arbeitsreiche Wochen vor sich – ohne eine veritable Arbeitsstelle.

Fakten zu Ausbildung und Karriere

Digitale Medien erobern die Klassenräume, der demografische Wandel verändert die Arbeitswelt, und die öffentlichen Kassen sind leer. Politik und Wirtschaft appellieren an die Eigenverantwortung der Menschen. Viele werden sich auf die Veränderungen einstellen können, einige werden es nicht wollen, und manche es nicht schaffen.

Wissen im Wandel

Bereits seit einigen Jahren setzt sich die Erkenntnis durch, dass erlerntes, gespeichertes Wissen unwichtiger wird und Zugangswissen an Bedeutung gewinnt. Noch mehr als heute wird es in Zukunft darum gehen, über die Fertigkeit zu verfügen, sich relevante Information schnell zu beschaffen.

Professor Peter Struck fasst zusammen: »In Zukunft wird es kaum noch um pures Wissen gehen. Heute verdoppelt sich bereits alle fünf Jahre das Wissen, das der Menschheit zur Verfügung steht. Es ist unmöglich, alles zu wissen. Schlüsselqualifikationen wie Teamgeist oder vernetztes Denken werden deshalb immer wichtiger, um innerhalb dieses Stroms von Informationen noch die Übersicht zu behalten. Die Wirtschaft braucht kompetente Köpfe, keine Lexika.«[1]

Auch der Mathematiker und promovierte Theologe Marc Luyckx Ghisi fordert in einem Vortrag zum Thema »Bildung im Jahr 2020« eine radikale Änderung der Lehrpläne an Schulen und Universitäten. Er plädiert jedoch für Generalisten: »Anstelle von Spezialisten, die alles über ein sehr kleines Gebiet wissen, benötigen wir unbedingt Generalisten. Menschen, die kompetent in Management, Buchhaltung, Technologie, Psychologie, Theater, Philosophie usw. sein können. Unsere Universitäten werden ›Dr. phil. in generellen Dingen‹ produzieren müssen. Wir brauchen Menschen, die ein umfassendes Bild davon haben, was in der Gesellschaft vor sich geht.«[2] Generalisten und interdisziplinäre Ansätze werden wir in Zukunft dringend brauchen, denn in einer immer komplizierter werdenden Welt wird es von großer Bedeutung sein, den »Überblick« zu behalten und Entwicklungen richtig einschätzen zu können. Hierfür wird eine fundierte und vor allem umfassend definierte Allgemeinbildung unbedingt nötig sein.

Neue Vermittlungsformen

Betrachtet man neben den vielerorts diskutierten alternativen pädagogischen Ansätzen den veränderten Umgang mit digitalen Medien in der Schule, so zeichnet sich nach etlichen Jahren konservativen Misstrauens eine Trendwende ab: Wird mit Games und Simulationen gelernt, so werden bessere Leistungen und eine positivere Einstellung zum Lernen erwartet als mit herkömmlichen Unterrichtsformen. »Wenn Computerspiele im Unterricht gezielt zur Vermittlung von Problemlösungsstrategien eingesetzt werden sollen, dann kann dies sowohl mit unterhaltungsbezogenen Spielen als auch mit Lernspielen geschehen«, so der Medienpädagoge Dominik Petko in seinem Essay *Unterrichten mit Computerspielen*.[3]

Der Einsatz digitaler Medien in der Schule verbessert den Unterricht: Durch Lernsoftware und Internet verändern sich nicht nur Lerninhalte, sie können auch den sich voraussichtlich durchsetzenden individualisierten Unterricht elektronisch unterstützen.[4] Der Hightech-Verband Bitcom ist nach repräsentativen Umfragen unter 1000 Lehrern und Schülern zu dem Ergebnis gekommen, dass 79 Prozent der befragten Lehrkräfte überzeugt sind, ihre Schüler würden schneller lernen, wenn sie im Unterricht mit Computern und dem Internet arbeiten. Auch seien die Schüler motivierter, wenn sie digitale Medien benutzen dürfen.[5] »Im Kern geht es um eine stärkere individuelle Förderung der einzelnen Schüler«, sagte Bitcom-Präsident August-Wilhelm Scheer während der Cebit 2010.[6] Denn Lernsoftware übernimmt einen Teil der Betreuung: Sie hat Feedbackfunktionen zum Korrigieren von Fehlern und zur Erläuterung von Lösungen. Neben der Wissensvermittlung können »Serious Games« auch an ernste Themen heranführen. Im Spiel Po-LITWORLD, das Studenten der Uni Paderborn gemeinsam mit der Bundeszentrale für politische Bildung entwickelt haben, setzen sich die Spieler mit Kriegen und Flüchtlingswellen auseinander. Bei diesen »ernsthaften Spielen« gehe es darum, die Generation Internet mit der Ursache von Konflikten vertraut zu machen. Denn die unter 30-Jährigen, berichtet der Medienexperte Soenke Zehle, »lesen nur noch in Ausnahmefällen Zeitung«.[7] Wer in dieser Zielgruppe Botschaften platzieren will, müsse multimedial denken.

Mobil, virtuell, gemeinschaftlich – der Unterricht geht neue Wege

Forscher der Fernuniversität Hagen haben in dem Projekt »Mobile Learning: prozessorientiertes Informieren und Lernen in wechselnden Arbeitsumgebungen« Möglichkeiten entwickelt, um Konzepte aus dem bereits gebräuchlichen E-Learning auf die nächste Stufe zu heben. Das neue »M-Learning« soll das Lernen auf mobilen Endgeräten ermöglichen. Dabei werden vor allem Unterbrechungen und kurzfristige Lernphasen sowie ständige Ortswechsel in den angewandten Lernmethoden berücksichtigt.[8]

Avancierte Formen des E-Learnings bietet das US-amerikanische Unternehmen Toolwire seinen Studenten an: Es versetzt die Studenten in virtuelle, fotorealistische Lernräume, in denen sie per Video Aufgaben erhalten und ihr Wissen unter Beweis stellen können. Die Kommunikation mit anderen Projektteilnehmern findet per Videokonferenz statt, Leistungen werden in der realen Welt evaluiert.[9]

Wie man in einer Community mit webgestützten Werkzeugen lernen kann, zeigt das »Learners' Garden Projekt«[10], das Professor Wolfgang Neuhaus 2010 ins Leben gerufen hat. Zentrales Online-Werkzeug seiner Lehrveranstaltungen ist ein Wiki (pro Veranstaltung), in dem Studierende und Lehrende flexibel und übersichtlich, an jedem Ort zugänglich, Inhalte strukturieren und an jeweils aktuelle Planungen und Diskussionen anpassen können. Dozenten und Studenten trainieren so gleichermaßen, ihr Lernen selbst zu organisieren.

So weit, so gut. Doch auch in den Klassenräumen wird die Schere zwischen Arm und Reich immer größer. In der Bildungsrepublik Deutschland hat der soziale Status bereits heute weitreichende Auswirkungen auf die Lernerfolge des Einzelnen. Und in Zeiten leerer Kassen kann man davon ausgehen, dass sich diese Tendenz weiter fortsetzt.

Bildung nur für Reiche

In Deutschland hängt die Zukunft eines jungen Menschen in hohem Maße vom Geldbeutel der Eltern ab. Diesen Trend spiegelt auch die aktuelle 16. Shell Jugendstudie wider. Während die Mehrheit der Jugendlichen optimistisch in die Zukunft blickt, ist die Zuversicht bei Jugendlichen aus sozial schwachen Haushalten weiter gesunken.[11] Bereits im Grundschulalter investieren Eltern in private Nachhilfe für ihre Kinder. Die Bertelsmann Stiftung hat untersucht, dass Eltern über alle Klassenstufen verteilt jährlich fast 1,5 Milliarden Euro für privaten Nachhilfeunterricht ausgeben. Wenn schulische Anforderungen aber ohne zusätzlichen Unterricht nicht zu bewältigen sind, verschlechtern sich die Bildungschancen der Kinder aus sozial schwachen Familien schon in jungen Jahren. Die steigende Zahl allgemeinbildender Privatschulen in Deutschland scheint diese Entwicklung zu unterstreichen: Innerhalb von zehn Jahren, von 2000 bis 2010, ist ihre Zahl um 26 Prozent gestiegen, womit sich etwas mehr als 7 Prozent aller deutschen Schulen in freier Trägerschaft (nur wenige arbeiten profitorientiert) befinden.[12] Dass Privatschulen nicht per se ein Indiz für Bildungsungerechtigkeit sind, zeigt der internationale Vergleich: In den Niederlanden gehen rund 70 Prozent aller Schüler auf private Schulen.[13] Die Bereitschaft der (gebildeten) Eltern, in die Bildung ihrer Kinder zu investieren, zeigt aber auch, dass es dem Staat bisher nicht gelungen ist, ein faires, sozial durchlässiges und zukunftsweisendes Schulsystem zu schaffen.

Auch im Hinblick auf die absehbaren Folgen des demografischen Wandels hat es der Staat bisher nicht geschafft, zukunftsträchtige Modelle vorzustellen. Er appelliert auch hier an die Verantwortung des Einzelnen.

Arbeit im Wandel: Uns gehen die Arbeitskräfte aus

Erste Auswirkungen des demografischen Wandels, der wie kaum ein anderer Trend unsere Gesellschaft umfassend beeinflussen und verändern wird, sind bereits heute am Arbeitsmarkt spürbar. In der Elektro- und Metallindustrie beispielsweise blieben selbst im Krisenjahr 2009 5 Prozent der Lehrstellen unbesetzt. Die Lücke in den Branchen, für die Personal mit Abschlüssen in Mathematik, Informatik, Naturwissenschaften oder Technik gesucht wird, könnte sich, so schätzt die deutsche Wirtschaft, bereits bis 2014 auf 220 000 Fachkräfte erstrecken.[14] In den nächsten zehn Jahren sorgt der Babyboom, mit seinen hohen Geburtenraten von Mitte der 1950er bis Ende der 1960er Jahre, noch für gemäßigte Auswirkungen des demografischen Wandels auf die Arbeitsmarktsituation und damit auf die wirtschaftliche Leistungsfähigkeit der Nation. Bis 2020 sinkt die Zahl der erwerbsfähigen Menschen um vergleichsweise moderate 2 Millionen. Danach allerdings kommen die geburtenstarken Jahrgänge ins Rentenalter. Infolgedessen wird sich die Zahl der Erwerbsfähigen bis 2034 um weitere 8 Millionen auf nur mehr 40 Millionen verringern.[15] Selbst wenn ab heute mehr Kinder geboren werden sollten, würde es mindestens 20 Jahre dauern, bis diese das erwerbsfähige Alter erreichen und als Arbeitskräfte die Altersstrukturen verjüngen und in die Rentenkassen einzahlen. Bis dahin aber steigt unsere Lebenserwartung weiter, und die geburtenstarken Jahrgänge wären dann doppelt belastet, denn sie hätten für mehr Kinder und gleichzeitig für mehr Ältere zu sorgen. Einst hatten Fachleute für 2010 eine Arbeitslosenquote um 5 Millionen erwartet. Aktuell liegt sie – aus verschiedenen, auch rechentechnischen Gründen – bei etwas mehr als 3 Millionen. Doch bereits für 2015 sagt das Wirtschaftsforschungsunternehmen Prognos einen Arbeitskräftemangel von 3 Millionen Menschen voraus. Bis 2030 würden dem Arbeitsmarkt durch die Folgen des demografischen Wandels nach dieser Studie mehr als 5 Millionen Arbeitskräfte fehlen.[16]

Diese rein rechnerische Voraussage bedeutet natürlich nicht, dass es 2015 in Deutschland keine Arbeitslosigkeit mehr geben wird. Davor steht die große Anzahl der Geringqualifizierten. Hier ist etwa jeder Fünfte arbeitslos.[17] Und die schlecht Ausgebildeten verdienen seit Mitte der 1990er Jahre im Vergleich zu den Höherqualifizierten immer weniger.

Obwohl diese Menschen dem Arbeitsmarkt theoretisch zur Verfügung stehen, wird ein Großteil von ihnen auch in Zukunft keinen Arbeitsplatz finden. Denn in einer globalisierten Welt spricht alles dafür, dass Unternehmen gering qualifizierte Tätigkeiten vermehrt ins Ausland verlagern. Mit dieser Entwicklung ist eine klare wirtschaftspolitische Botschaft verbunden. Die Bildungspolitik muss verhindern, dass sich die Zahl der bildungsfernen Schüler, also derjenigen, die einen Großteil der zukünftigen Geringqualifizierten ausmachen werden, weiter erhöht. Ob das gelingt, bleibt abzuwarten.

Karrierefrauen

Die Wirtschaft wird weiblich. Davon gehen zumindest Wirtschaftsforscher aus. Wenn in Zukunft hierarchische Strukturen abgebaut werden und immer mehr Teams aus gleichberechtigten Mitarbeitern entstehen, sind sogenannte weibliche Attribute immer gefragter. Vernetztes und inhaltsorientiertes Denken, Erfassen komplexer Zusammenhänge, gründliches Abwägen, gute kommunikative Fähigkeiten, hohe Sensibilität und Geduld – mit diesen Merkmalen will die Wirtschaft in Zukunft punkten. Weiblichen Nachwuchs gibt es genug in Deutschland: Während aktuell Schulabbrecher zu zwei Dritteln männlich sind, ist 2010 mehr als die Hälfte der Hochschulabsolventen weiblich. Im Fach Medizin sind bereits 70 Prozent der Studenten Frauen.[18]

Die bessere Ausbildung und der höhere intellektuelle Anspruch lassen den Schluss zu, dass Frauen bis 2030 vermehrt Karriere machen. Anzeichen dafür gibt es bereits. Der Frauenanteil im oberen und mittleren Management ist in den letzten 15 Jahren von 8 Prozent auf heutige 20 Prozent gestiegen. Nur die höchsten Stufen in der Karriereleiter bleiben den Frauen bis heute verwehrt. So machten Frauen 2010 zwar 56 Prozent der Abiturienten aus, die Hälfte der Uni-Absolventen, 43 Prozent der Promovierten, aber nur 16 Prozent der Professoren, und sie besetzten nur 3 Prozent der Vorstandsposten in den 200 größten deutschen Unternehmen.[19]

Auch was die Vergütung ihrer Arbeit angeht, müssen Frauen aufholen, denn nur vier von zehn Frauen lebten 2010 ausschließlich von der eigenen Tätigkeit. Von den 32,5 Millionen Frauen, die hierzulande einen Privathaushalt führen, finanzieren 42 Prozent ihren Lebensunterhalt durch ihre eigene Berufstätigkeit, teilte das Statistische Bundesamt zum Weltfrauentag 2010 mit. Weitere 29 Prozent leben überwiegend von einer Rente oder Pension. 19 Prozent der deutschen Frauen sind den Zahlen zufolge auf die Einkünfte von Angehörigen angewiesen, 10 Prozent auf Arbeitslosengeld I oder Arbeitslosengeld II – oder sie lebten von ihrem eigenen Vermögen.

Bei steigenden Scheidungsraten werden in Zukunft immer mehr Frauen ihren Lebensunterhalt allein bestreiten müssen. Und laut der Deutsche-Bank-Studie *Auf dem Weg zu mehr Gleichstellung* wird das für Frauen in der Zukunft kein Problem darstellen. Bereits im Jahr 2020 werden sie deutlich besser dastehen als heute. Die Wirtschaft werde alles daransetzen, um Frauen das Leben und Arbeiten leichter zu machen. »Es gibt für Unternehmer keine Alternative«, sagen die Experten. »Nur wenn Frauen leichter in Führungsetagen aufsteigen, können Unternehmen Innovation und Wachstum garantieren.«[20]

Für diese Zuversicht nennt die Studie verschiedene Gründe: In einer schrumpfenden Gesellschaft, der die Fachkräfte ausgehen, können die Unternehmen gar nicht anders, als verstärkt auf Frauen zu setzen. Die virtuelle Vernetzung wird dazu führen, dass immaterielle Tätigkeiten immer häufiger in Projektarbeit erledigt werden. Flexible Arbeitszeitmodelle werden in Zukunft zunehmen. Soziale Kompetenzen wie Kooperation und Kreativität gewinnen an Bedeutung. Diese Soft Skills schreibt man nach wie vor allem Frauen zu.

Doch selbst wenn mehr Frauen in die Führungsetagen aufsteigen, den kommenden Fachkräftemangel wird das nicht ausgleichen.

Unternehmen müssen sich an den demografischen Wandel anpassen

Die Unternehmen werden es in der Jobwelt der Zukunft mit völlig anders strukturierten Belegschaften zu tun haben. Bereits 2010 ist etwa ein Viertel der Arbeitnehmer über 50 Jahre alt, und der Anteil wird steigen. Auf diese Zunahme der Älteren müssen sich Unternehmen einstellen. Mit einem vom Adecco Institut entwickelten demografischen Fitness-Index konnten Betriebe 2006 erstmals ermitteln, ob sie fit für den demografischen Wandel und dessen Konsequenzen sind. Geprüft wurden bei dieser Untersuchung fünf Gebiete, die maßgeblich beeinflussen, inwieweit ein Unternehmen in der Lage ist, dem Wandel erfolgreich zu begegnen. Dazu zählten Karrieremanagement, lebenslanges Lernen, Wissensmanagement, Gesundheitsmanagement und Altersvielfalt. Laut dieser Studie erkennen Europas Unternehmen zunehmend die Bedeutung des demografischen Wandels. Sie beginnen mehr und mehr, die Altersstrukturen ihrer Belegschaften zu analysieren und sich auf ältere

Arbeitnehmer vorzubereiten. 70 Prozent der deutschen Unternehmen sehen in der Bewältigung des demografischen Wandels eine große Aufgabe. 2007 wurde die Umfrage erneut durchgeführt: Für 2008 planten nun bereits mehr Großunternehmen, Arbeitnehmer über 50 Jahre einzustellen, als noch ein Jahr zuvor.[21]

Es ist bereits heute abzusehen, dass sich durch den demografischen Wandel die Lebensarbeitszeit verlängern wird. Positiv für die hoch qualifizierten Mitarbeiter ist, dass sie – weil sie begehrter sein werden als bisher – auch immer mehr Möglichkeiten haben, nach den Unternehmen zu suchen, die ihnen die besten Arbeitsbedingungen bieten. Neben Weiterbildungsangeboten und Karriereförderung wird es auch immer wichtiger, zukünftigen Mitarbeitern die optimale Work-Life-Balance zu bieten. Probleme könnten besonders solche Betriebe bekommen, in denen Arbeit weiter verdichtet wird und der Stress zunimmt. Angesichts älterer Belegschaften wird es nötig sein, für ausgewogene Belastungen am Arbeitsplatz zu sorgen. Nimmt mit zunehmendem Alter das Leistungsvermögen ab, wird es Möglichkeiten geben müssen, einen Arbeitnehmer entsprechend seiner Leistungskraft an einem anderen Arbeitsplatz einsetzen zu können, an dem er möglichst viel des erworbenen Erfahrungswissens einbringen kann. Denn vom direkten Wissens- und Erfahrungsaustausch zwischen jungen und erfahrenen Kollegen profitieren die Unternehmen und deren Kunden. So setzt beispielsweise die Deutsche Bank heute schon auf Age Diversity in Arbeitsteams, etwa zur Kundenbetreuung. So sollen möglichst alle Generationen eingebunden werden. Denn auch auf der Kundenseite geht der Anteil der Jungen zurück, und nicht jeder ältere Kunde möchte von einem Mittzwanziger beraten werden.

Mit einem ganzheitlichen Konzept, das auch Aspekte des Gesundheitsmanagements beinhaltet, bereitet sich die BMW Group auf die längeren Lebensarbeitszeiten ihrer Mitarbeiter vor. An fast allen Werksstandorten gibt es Fitnesscenter, Sportkurse und physiotherapeutische Einrichtungen. Besonderes Augenmerk richtet man darauf, durch ergonomische Arbeitsplätze das Arbeitsumfeld zukunftsorientiert zu gestalten. So investierte der Autobauer allein im Werk München 25 Millionen Euro, um die Karosseriemontage körperlich weniger anstrengend zu machen. Neben den körperlichen Aspekten wird in Zukunft auch die mentale Fitness der älteren Arbeitnehmer im Fokus stehen.

Alterscoaching

In Zukunft werden wir Abschied nehmen müssen von einem letzten Lebensdrittel im Ruhestand. Für die Mehrheit der Menschen wird mit Ende sechzig das Erwerbsleben nicht enden. In der Arbeitswelt von morgen wird es immer mehr Menschen im fortgeschrittenen Alter geben. Sei es aus wirtschaftlichen Gründen, weil die Rente nicht reicht, oder aufgrund veränderter Selbstwahrnehmung: Fürs »Abstellgleis« fühlen sich die meisten auch mit 67 noch zu jung.

Coaching wird dann eine große Rolle spielen. Gerade für Menschen, die sich im fortgeschrittenen Alter in individuellen und kollektiven Lern- und Leistungsprozessen weiterbilden müssen, um den Anforderungen des Arbeitslebens genügen zu können. Alterscoaching wird dann zumindest in den Führungsebenen gang und gäbe sein. Infolge des Fachkräftemangels werden Unternehmen alles daransetzen, dass auch ältere Mitarbeiter ihre Leistungsfähigkeit erhalten und damit die Entwicklung des Unternehmens fördern. Diejenigen, die aus gesundheitlichen Gründen nicht mehr mithalten können, werden sich auf finanzielle Einbußen einstellen müssen.

Altersarmut – die fetten Jahre sind vorbei

Der Paritätische Wohlfahrtsverband geht davon aus, dass im Jahr 2030 rund 10 Prozent der Rentner von Altersarmut betroffen sein werden, wobei es für Armut im Alter unterschiedliche Definitionen gibt. Als im Alter arm gilt, wer seinen Lebensunterhalt nicht durch die gesetzlichen oder privaten Versorgungssysteme decken kann. Für die Weltgesundheitsorganisation WHO gilt derjenige als arm, der monatlich weniger als die Hälfte des durchschnittlichen Einkommens seines Landes zur Verfügung hat. Die Europäische Union definiert als arm, wer weniger als 60 Prozent des Medianeinkommens seines Heimatlandes zur Verfügung hat. Aber unabhängig davon, wie man das Phänomen genau definiert, klar ist: Die Altersarmut wird deutlich zunehmen. Das bestätigte bereits 2006 der Sozialexperte des Paritätischen Wohlfahrtsverbandes in Deutschland Ulrich Schneider. Noch sei die Lage »solide«, so die OECD-Rentenexpertin Monika Queisser. »Weniger gut« stehe es jedoch in der Zukunft um die Versorgung von Geringverdienern sowie der zunehmenden Zahl von Menschen, die nicht durchgehend Rentenbeiträge gezahlt hätten. In Zukunft wird die Rente nur eine Existenzsicherung sein, denn künftig muss ein Durchschnittsverdiener 37 Jahre in die gesetzliche Rentenversicherung eingezahlt haben, um eine Leistung knapp über dem Armutsniveau zu erhalten. Für viele Freiberufler, Langzeitarbeitslose und auch Frauen, die wegen der Kindererziehung keiner Erwerbsarbeit nachgegangen sind, wird dieser Zeitraum an Beitragszahlungen unerreichbar sein.[22]

Diese Prognosen vor Augen, sind immer mehr Menschen bereit, sich mit Hilfsmitteln fit für den Arbeitsalltag zu machen.

Karriere und Enhancement

In der Leistungsgesellschaft wird sich der Einsatz von Neuro-Enhancern weiter durchsetzen. Diese nicht medizinisch indizierten Medikamente sollen die Arbeitsleistung von grundsätzlich gesunden Menschen optimieren. Ob verbesserte Konzentrationsfähigkeit, Nervositäts- und Stressabbau oder Stimmungsaufhellung: Wirkstoffe wie Methylphenidat (das unter das Betäubungsmittelgesetz fällt) und Modafinil oder Medikamente aus der Gruppe der Betablocker machen es möglich. Deren Einnahme scheint gesellschaftlich akzeptiert zu sein. Die Ansicht, dass jeder entscheidungsfähige Mensch über sein persönliches Wohlergehen, seinen Körper und seine Psyche frei bestimmen kann, ist weit verbreitet. Laut einer DAK-Studie haben in Deutschland bereits bis zu 2 Millionen Arbeitnehmer mindestens ein Mal Psychopharmaka im Job eingenommen, knapp die Hälfte davon tut dies gezielt und regelmäßig. Im Consulting-Bereich ist dieses Verhalten besonders ausgeprägt: Hier nehmen sogar sechs von acht Mitarbeitern regelmäßig Psychopharmaka, um dem täglichen Druck standzuhalten.[23] 2010 gaben 17 Prozent der Deutschen an, verschreibungspflichtige Medikamente zur Leistungssteigerung oder Stimmungsaufhellung ohne medizinischen Grund eingenommen zu haben. 26 Prozent der Deutschen hielten die Medikamenteneinnahme zur Verbesserung beruflicher Leistung für vertretbar.[24]

Brendan Maher, Autor beim Wissenschaftsmagazin Nature, geht davon aus, dass die Einnahme von Wirkstoffen zur kognitiven Leistungssteigerung in Zukunft ähnlich zunehmen wird wie die Schönheitschirurgie, wenn die bioethischen und psychologischen Bedenken überwunden werden. Das Internet werde zur schnellen Verbreitung beitragen. In einer Leserumfrage von Nature sagten 80 Prozent der Teilnehmer, dass gesunden Erwachsenen die Einnahme von leistungssteigernden Medikamenten möglich sein sollte. 69 Prozent gaben an, dass sie bei der persönlichen Verwendung auch leichte Nebenwirkungen akzeptieren würden.[25] Zur Steigerung der Jobchancen hat sich die Schönheitschirurgie in breiten Gesellschaftsschichten längst etabliert. Man kann davon ausgehen, dass chirurgische Eingriffe auf diesem Gebiet weiter zunehmen werden. Bereits heute glauben 90 Prozent der Männer, dass attraktives Aussehen wichtig ist, um beruflich erfolgreich zu sein. Bei den Männern zwischen 30 und 39 Jahren finden das sogar 97 Prozent, so 2008 das Ergebnis einer deutschlandweiten TNS-Infratest-Umfrage unter 1000 Männern.[26] Äußerliche Schönheit scheint also immer wichtiger zu werden. Nur das soziale Netzwerk wird im Schnitt mit 93 Prozent höher bewertet als attraktives Aussehen. Und so verwundert es dann auch nicht, dass 2010 bereits jeder fünfte Patient einer Schönheitsoperation männlich war. Die Zahl hat sich damit seit 2000 verdoppelt.[27] Es scheint also so, dass es in Zukunft weniger um das eigene Wohlgefühl geht als vielmehr um das perfekte Funktionieren in einer immer anspruchsvoller werdenden Arbeitswelt.

Anmerkungen

1 NGZ-Online, NGZ-Gespräch mit Professor Peter Struck: »Die Wirtschaft braucht Köpfe, keine Lexika«.
http://www.ngz-online.de/rhein-kreis/die-wirtschaft-braucht-koepfe-keine-lexika-1.180248 (Stand: 05.05.2011)
2 Eudec-Konferenz; Vortrag »Bildung im Jahr 2020« von Marc Luyckx Ghisi (2008). http://www.adz-netzwerk.de/Interview-mir-Marc-Luyckx-Ghisi-zum-Thema-Bildung-im-Jahr-2020.php (Stand: 05.05.2011)
3 Dominik Petko, »Computerspiele und Videogames in formellen und informellen Bildungskonzepten«, Medien Pädagogik, Themenheft Nr. 15/16 (2008).
http://www.medienpaed.com/15/petko0811.pdf (Stand: 02.05.2011)

4 z. B. die Leuchtturmwirkung des Deutschen Schulpreises, der seit 2006 von der Robert-Bosch-Stiftung verliehen wird: http://schulpreis.bosch-stiftung.de/content/language1/html/index.asp (Stand: 10.06.2011)

5 vgl. Bitcom Presseinformation (2011): »Schüler lernen mit Computer und Internet schneller.« http://www.bitkom.org/de/ presse/8477_67135.aspx (Stand: 19.08.2011)

6 vgl. http://www.seriousgames.de/2011/03/08/schuler-lernen-mit-computer-und-internet-schneller/ (Stand: 03.04.2011)

7 zit. n. 3Sat: »Zocken mit Hintergrund. Ernsthafte Computerspiele führen an Konflikte heran.« http://www.3sat.de/page/?source=/nano/gesellschaft/149236/index. html (Stand: 21.07.2011)

8 vgl. Fernuniversität in Hagen, Forschungsprojekt Mobile Learning. http://mlearning.fernuni-hagen.de/ (Stand: 05.05.2011)

9 vgl. http://www.toolwire.com/highlights (Stand: 05.05.2011)

10 vgl. http://www.learnersgarden.com/index.php?d=4 (Stand: 05.05.2011)

11 16. Shell Jugendstudie (2010): »Eine pragmatische Generation behauptet sich«

12 vgl. Statistisches Bundesamt Deutschland (2006). http://www.destatis.de/jetspeed/portal/cms/Sites/destatis/Internet/ DE/Presse/pm/2006/12/PD06__545__21,templateId=renderPrint.psml (Stand: 04.05.2011)

13 vgl. Füller, Christian (2010): Ausweg Privatschulen. Was sie können, woran sie scheitern. edition Körber-Stiftung, S. 20 und 192.

14 vgl. Handelsblatt (30.06.2010): Kampf um Fachkräfte entbrennt. http://www.handelsblatt.com/politik/deutschland/arbeitsmarkt-kampf-um-fachkraefte-entbrennt;2610307 (Stand: 23.04.2011)

15 vgl. Statistisches Bundesamt Deutschland (2009): 12. koordinierte Bevölkerungsvorausberechnung. http://www.destatis.de/bevoelkerungspyramide/ (Stand: 23.04.2011)

16 vgl. Vereinigung der Bayerischen Wirtschaft (2009): Arbeitslandschaft 2030. http://www.bayme.de/agv/bayme-Themen-Brennpunkt-Arbeitslandschaft_2030-Arbeitslandschaft_2030_Die_Auswirkungen_der_Wirtschaftskrise_auf_Deutschland--29736,ArticleID__8609.htm (Stand: 03.05.2011)

17 vgl. Institut der deutschen Wirtschaft Köln.
http://www.iwkoeln.de/Publikationen/IWDossiers/tabid/126/
articleid/30404/Default.aspx (Stand: 03.06.2011)

18 vgl. faz.net (28.06.2010): Die Ärztinnen sind da.
http://www.faz.net/artikel/S30125/medizin-die-aerztinnen-sind-
da-30282132.html (Stand:18.08.2011)

19 vgl. sueddeutsche.de (2010): »Arbeit wird weiblich«.
http://www.sueddeutsche.de/karriere/jobwelt-der-zukunft-einmal-an-
der-uhr-gedreht-1.77515-4 (Stand: 05.05.2011)

20 spiegelonline, 05.02.2008: »Auf dem Weg zu mehr Gleichstellung«.
http://www.spiegel.de/wirtschaft/0,1518,551591,00.html
(Stand: 05.05.2011)

21 vgl. Adecco (2008): Pressemitteilung.
http://www.adecco.de/german/newsandpress/presse/Pages/
pressemitteilungennewsdetail.aspx?newsid=7 (Stand: 03.05.2011)

22 vgl. http://www.cecu.de/altersarmut.html (Stand: 03.07.2011)

23 vgl. dradio.de (2010): http://www.dradio.de/dlf/sendungen/
essayunddiskurs/1119760/ (Stand: 24.04.2011)

24 vgl. Brand Eins (2010): Die Welt in Zahlen. In: Brand Eins, 04/2010

25 vgl. Nature 2008, Vol. 425

26 vgl.http://karrierebibel.de/schoengeist-maenner-halten-attraktivitaet-
fuer-karriereturbo/ (Stand: 21.07.2011)

27 vgl. derwesten (06.07.2011): Immer mehr Männer unterm OP-Messer.
http://www.derwesten.de/nachrichten/panorama/Immer-mehr-
Maenner-unterm-OP-Messer-id4838527.html (Stand: 18.08.2011)

KONSUM
Die Welt als Warenhaus

Geoffrey

Im Mai legte sich eine schmuddelige Schicht aus gelbem Pol-
lenstaub auf Elektrocars und alles, was länger draußen stand.
Seit drei Wochen hatte es nicht geregnet, und die Temperaturen stiegen in sommerliche Höhen. Geoffrey, der die Hitze
nicht gut vertrug, ließ sich über seinen Personal Assistant die
aktuellen Temperaturen in Hamburg anzeigen. Den kleinen
digitalen Helfer trug er immer am Gürtel bei sich und ließ sich
profilgenaue Anregungen häufig direkt auf seine Brille oder
Kontaktlinsen einblenden. Es war eine Art Zwitter aus Mobiltelefon, Kamera und Desktop, direkt mit seiner Cloud verbunden, wodurch er jederzeit im Netz recherchieren konnte.
Eingehende Angebote wurden mit seinem persönlichen Profil
abgeglichen und entweder zugelassen oder abgeschmettert.
Momentan aktivierte der Assistent aufgrund der gemessenen
Kreislaufdaten die Health-Funktion. Abgestimmt auf die lokale
Wetterlage und seine aktuelle körperliche Verfassung, sendete
sein Personal Assistant immer wieder neue Vorschläge zum
Abkühlen oder Warmwerden, um Kreislauf und Biorhythmus
zu optimieren. Dass die Health-Assistenzfunktion im Mai be-
reits die Temperaturen der Außen- wie der Innenräume von

Restaurants, Tagesbars, Einkaufsgelegenheiten oder Abend-locations abbildete, war ungewöhnlich. Normalerweise rettete ihn diese Funktion im Juli und August durch die Hitze. Es war ein fast sommerlich warmer Abend, und Geoffrey, der einige Termine hinter sich gebracht hatte, war nach einem kühlen Drink. Unter den Vorschlägen fand er eine brasilianische Ver-nissage im tropischen Dachgarten des Biologischen Instituts der Universität. Weil sein Personal Assistant anhand der getä-tigten Reisen und Einkäufe errechnet hatte, dass Geoffrey ein großer Brasilien-Fan sein müsse, lockte er ihn zusätzlich mit einem Surprise-Voucher auf das Dach der Universität. Große Überraschungen hätte es gar nicht gebraucht. Eins dieser alko-holfreien, schön gekühlten Biermischgetränke wäre vollkom-men ausreichend, dachte Geoffrey, folgte aber dann doch mit einer gewissen Neugier der aufgezeigten Route.

Er kannte das Gebiet zwischen Bundesstraße und Schröder-stift, weil man immer wieder überlegte, die für den Univer-sitätsbetrieb unbrauchbar gewordenen Flächen in Pflegewoh-nungen umzuwandeln. Vor Jahren sollten hier neue Labore und Gebäude für die Universität entstehen, die allerdings dann wegen Geldmangels gestrichen wurden. Die Anrainer freuten sich, weil ihre Wohnungen und die davor liegende Hundewie-se, die eigentlich der Universität gehörten, nun doch nicht den Studenten zugeschlagen wurden. Doch inzwischen war das Quartier in den öffentlichen Bereichen ziemlich herunterge-kommen. Die Universität war aufgrund baulicher, personeller und finanzieller Mängel an ihrer Excellenzeinstufung geschei-tert. Folglich kamen immer weniger Studenten, was weitere Einsparungswellen nach sich zog. Inzwischen konnte sie sich nur noch über privatwirtschaftlich geförderte Projekte mehr schlecht als recht am Leben halten und öffnete nachts einige ihrer Räumlichkeiten für Markenpräsentationen und Vernissagen. Die abgewrackten Räumlichkeiten wiesen die erforderliche Fläche und Bestuhlung auf, hatten kaum Lärmschutzauflagen und konnten vom Veranstalter komplett umgestaltet werden.

Der Weg dorthin war jedoch nicht gerade einladend. In den gesponserten Fakultäten brannte zwar noch Licht, aber sie waren gegenüber dem verwahrlosten öffentlichen Rest der Universität durch hohe Zäune abgesperrt. Obdachlose schliefen in den wenigen zugänglichen Hallen und in den geschützten dunklen Ecken. Geoffrey, der sich noch einen entspannten Cocktail in warmer Exotik versprach, nahm die Hürde und folgte den erleuchteten Glasfaserschnüren bis in die Laborflure und hoch zur Dachterrasse, wo ihm zwischen den Palmen und Orchideen plötzlich lebendige brasilianische Musik und buntes Treiben entgegenschlugen. Als er erkannte, dass sich der Voucher auf die hier gerade stattfindende Modenschau der brasilianischen Marke Beijaflor bezog, ahnte er, dass der Vorschlag nicht an seine Adresse gerichtet war, sondern dass sich wahrscheinlich seine Tochter Carina wieder bei irgendeiner Shoppingaktion über sein Kontingent eingeloggt hatte. Sie erhoffte sich durch seine Ansammlung gestandener Premiummarken einen besseren Status bei dieser brasilianischen Kette.

Ein kleiner Caterer-Roboter mit comichaft kindlichen Formen schnurrte ihm entgegen, blinkte ihn aufmunternd an und streckte ihm ein Tablett mit marinierten Fleischstückchen von Brasil Foods entgegen. »Ich esse kein Fleisch«, winkte Geoffrey ab. Die Pupillenbälle des Roboter-Männchens ruhten weiter auf ihm, doch die Mundwinkel wirkten bereits einen Deut trauriger. »Mach jetzt bloß keine Szene«, wandte Geoffrey sich ab und spähte durch die Farne und Orchideen: Wahrscheinlich war Carina hier irgendwo zwischen all den fleischfressenden Pflanzen. Er fühlte sich von seinem Personal Assistant zunehmend falsch verstanden. Latino-Pop statt relaxter Rhythmen, Mode statt Mixgetränk und am Ende jetzt noch die anwesende Tochter statt einer möglichen neuen Bekanntschaft. Nicht dass er darauf aus war, er hätte auch gut im Stillen seinen Drink unter Palmen genießen können, aber den ganzen zusätzlichen Klimbim hätte es nicht gebraucht. Geoffrey drückte seinen Personal Assistant an der Stelle, wo er es nicht leiden mochte, als Signal, ihn vor solchen Vorschlägen künftig zu verschonen.

»Sorry. Was war falsch?« Es erschien sein zugewiesenes Konterfei mit betrübtem Gesichtsausdruck.

»Modenschau, Fashion Victims, Latino-Pop, Fleisch«, antwortete Geoffrey ins Voice-Menue. Als er wieder aufschaute, traf sein Blick eine blonde Frau, deren Blick sich aus einer Gesprächsgruppe löste und leicht irritiert zu ihm hinüberschaute. Typ Fashion Victim, an der Oberfläche, aber der Blick schien dann doch mehrere Ebenen zu haben. Hatte sie seine Worte gehört? Fleisch in Kombination mit Fashion Victims? Da würde jeder Erklärungsversuch nur noch mehr Schaden anrichten. Sie hatte sich zum Glück schon wieder dem Gespräch der Gruppe zugewandt, und Geoffreys Blick durfte noch ein paar Sekunden haften bleiben. Sie trug eines dieser langen Kleider, wie sie auch gerade auf dem Laufsteg zwischen den Palmen zu sehen waren. Tief liegender spitzer Ausschnitt, von dem gebatiktes Orange in Blau bis zum Boden lief. Die Haare waren im Nacken geknotet, und zwischen einzelnen Strähnen in Orange und Blau steckte eine kleine, weiße Blüte. Jetzt drang von links eine bekannte Stimme an sein Ohr, von der er hoffte, dass sie nur zugeschaltet und nicht in persona anwesend wäre.

»Warte – ich hab's schon gescannt! Der Stoff ist Batist, es gibt nur noch achtundzwanzig Modellkleider davon, und bei fünfundzwanzig erfolgt der nächste Preisanstieg. Gib mal dein Profil, wir gucken, wie viele es noch in deiner Größe sind.«

Es war eindeutig. Seine Tochter Carina übernahm mal wieder das Kommando. Geoffrey sah durch einen Palmwedel, wie sie gerade zum Personal Assistant ihrer Freundin griff.

Carina glich die Daten ab und eröffnete ihr: »Mist, du hast die Allerweltsgröße, und davon gibt es nur noch drei zum mittlerweile höchsten Showtarif. Du hättest dich eher entscheiden müssen.«

Während er mit den Ohren dem Gespräch folgte, um abschätzen zu können, wann er entdeckt werden würde, versuchte er, wenigstens mit den Augen die blonde Schönheit wiederzuentdecken.

»Aber es ist doch immer noch günstiger als im Laden, oder?«, fragte der Pagenkopf neben Carina mit schwach französischem Akzent.

»Kommt jetzt ganz drauf an, wie viel Promotions du bis zum Ladenkauf nachweisen kannst. Ich würde an deiner Stelle schon mal über die Show hier quer durch dein Netzwerk und die Fashionblogs posten.«

Es war hoffnungslos. Barbie war im Dschungel verschwunden, und Carina würde beim nächsten Blick auf ihren Assistenten bemerken, dass ein Familienmitglied hier war. Noch redete sie weiter auf ihre Begleiterin ein: »Eingeloggt hattest du dich doch schon bei Beijaflor?«

Das schien das Stichwort für Geoffreys Auftritt zu werden, um Carina zuvorzukommen, die von ihrer Freundin gerade erfuhr: »Ja, ja, das macht er bei jeder Fashionmarke automatisch.«

Im selben Moment wandte sich die Französin zu dem Herrn um, der sich gerade von rechts an sie herangepirscht hatte und ihr zuraunte: »Es gibt noch eine Möglichkeit, wie Sie für das Kleid im Laden einen besseren Tarif erzielen können«, und während Carina ihn erblickte und ein »Daaaad!« stammelte, empfahl er der Brünetten: »Sie können sich auch einfach über ein fremdes Profil einloggen, das mehr Markenkontakte aufweist und mehr Umsatz macht«, und mit einem Blick zu Carina: »Fragen Sie am besten mal Ihre Freundin, wie es geht, dass dennoch am Ende Sie profitieren.«

Jetzt hatte der Pagenkopf anstelle des Mundes ein offenes Loch. Aber Carina hatte die Situation schon wieder im Griff. »Hi, Dad, das ist Monique, die ich in Lausanne kennengelernt hab. Sie arbeitet inzwischen hier in Hamburg bei einem großen Kosmetikkonzern und ...«

»Oh, pardon«, warf Monique ein und schaltete ihren Assistenten auf den Kennenlern-Modus, der jedem, der sie annavigierte, einige Grundinformationen zu Familienstand und Beruf preisgab. »Wie unhöflich von mir, mich nicht vorzustellen.«

»Oh, ich bitte Sie, kein Problem, ich war bis dato ja auch inkognito hier – bis ich meine Tochter gesehen habe – und damit fällt bei Vätern ja bekanntlich jede Maske.« Damit gab auch Geoffrey sich seinem direkten Umkreis zu erkennen und schaute kurz auch auf Carinas Profil. »Du outest dich als Single?«

»Ach ja, das ist noch vom Spontantheater eben. Das war eine Sonderaufführung, speziell für Singles, die in das Spiel mit eingebunden werden.«

»Ja, das wollten wir einmal ausprobieren«, erklärt auch Monique etwas verlegen ihren S-Status.

»Spontantheater für Singles?«

»Ja das ist eine neue interaktive Veranstaltung, bei der Schauspieler bekannte Klassiker spielen und pro Akt einen Protagonisten und drei bis vier Komparsen aus dem Zuschauerraum auf die Bühne holen. Die müssen dann in eigenen Worten die jeweilige Rolle übernehmen.«

»Und das sollten im Idealfall Singles mit Selbstdarstellungs-drang sein.«

Monique nickte: »Voilà! Das Stück lebt von der Improvisa-tion im Spiel zwischen Profis und Laienschauspielern.«

»Was wurde denn gegeben?«

»Der *Sommernachtstraum*.« Carina hob beide Handflächen hinter den Kopf und ließ sie wie Eselsohren wippen.

»Aber es war wirklich amüsant, denn es gibt pro Akt zwei Werbekunden, die in die Szene eingebettet werden müssen. Unsere Firma war mit einem neuen Lippenstift mit Boosting-Effekt dabei.«

Während Geoffrey noch rätselte, ob Monique ihre Lippen boostete, übernahm Carina: »Der eigentliche Gag war, dass außerdem eine neue Droge zur Verstärkung der weiblichen Libido angepriesen werden sollte, was die schwäbische Elfen-königin bei ihrer Liebesszene mit dem Esel etwas überfordert hat. Als nämlich Titania die Stichwörter zu Lippenstift und Li-bido erhalten hatte, hielt die nur kurz inne und antwortete dann: ›Ha noi, was schwädsch denn du? Libido? I lieb' di doo!‹, und dann hättest du mal die Zuschauerkommentare über die Bühne sausen hören sollen!«

Monique schaute leicht gequält: »›Sag mal, Eselchen, warum hast du denn so dicke Lippen?‹, kam da.«

»Schön war auch die Antwort: ›Damit i mehr Buabaspitzle neikrieg.‹« Carina kicherte schadenfroh, und Monique mur-melte irgendetwas von einstweiliger Verfügung und Health-Claim-Verordnungen.

Bei Geoffrey hielt sich der Scherzpegelausschlag eher im unteren Niveau: »Dann macht das Schauspielhaus jetzt also dem Reeperbahn-Lustspiel Konkurrenz?«

Monique wiegelte ab. »Der größte Teil des Programms ist ja gar nicht so klamaukig. Das sind nur Sonderformate zwischendurch, als Single-Entertainment oder mal Themenfestivals, wie neulich das große Klima-Festival mit Jazz-Picknick im Stadtpark und Bootslesungen auf der Alster. Ansonsten wollen die Firmen, die sich hier engagieren, ja auch ihren kulturellen Anspruch bezeugen.«

Von der Bootslesung hatten ihm Luc und Vincent erzählt. Dabei wurden von vier Pontons, die auf der Alster verteilt waren, Texte aus vier unterschiedlichen Epochen vorgetragen und mit einem Instrument untermalt. Die Zuschauer gesellten sich in Kanus und Ruderbooten um die vier schwimmenden Pontons, hörten an einer Stelle zu oder ließen sich zum nächsten Ponton treiben. Das Interessante war wohl gewesen, dass die vier Instrumente ein räumlich entzerrtes Quartett ergaben und jedes nicht nur seinen Part vortrug, sondern gleichzeitig die musikalische Brücke zur Textpassage darstellte. Luc war beeindruckt gewesen, wie gut das Wasser die Stimmen und Töne transportiert hatte, und Vincent hatte begeistert berichtet, wie viele Verbindungen sich in den zeitlich und sprachlich so kontrastreichen Werken entdecken ließen. Geoffrey meinte sich zu erinnern, dass Luc erzählt hatte, die Bootslesungen seien von vielen unterschiedlichen Firmen und Organisationen gesponsert worden, darunter auch politische Parteien und globale Klimaschutzorganisationen.

»Die Hansestadt kann das Theater ja nur noch pro forma halten«, fuhr Carina in Geoffreys Überlegungen hinein fort. »Zwei Premieren mit Gastspielen finanzieren sie mit großer Schwierigkeit noch aus dem Haushalt, ansonsten vermieten sie das Haus an Konzerne, die ein kulturelles Sprachrohr suchen. So ist dieses Single-Sonderformat entstanden oder auch das Klima-Festival. Aber ansonsten wird jede Spielzeit samt Programm von einem Konzern getragen. Diesmal ist Blue-Energy am Zug. Und deren Intendant hatte wirklich hervorragende Regisseure und obergute internationale Ensembles eingeladen, die jetzt in dieser Blue-Energy-Kombination noch an fünf anderen Häusern in Europa auftreten.«

»Zwischen den Konzernen hat ein künstlerischer Wettbewerb begonnen. Wir haben überlegt, hier einzusteigen, aber es ist wirklich schwer, das Angebot immer wieder zu übertreffen. Für die nächste Spielzeit sind bereits ein Software- und ein Pharmakonzern in den Verhandlungen.«

Geoffrey versuchte, von Monique mehr über das Geschäftsmodell zu erfahren: »Wie zahlt sich denn der Invest für Blue-Energy aus?«

»Eins zu eins zahlt sich das wahrscheinlich für keinen Konzern aus, aber sie bedienen damit ihre Corporate-Social-Responsibility-Zwänge und nutzen die kulturelle Schnittstelle für sich zur Markenpositionierung und Kundengewinnung.«

»Und wie messen sie den Effekt?«

»Sie messen lokal und temporär den Anstieg der User-Markenkommunikation und lassen ein semantisches Monitoring mitlaufen, das ihnen inhaltliche Hinweise zum aktuellen Meinungsbild zu Marke und Unternehmen gibt«, erklärte Monique. »Aber das Wichtigste sind die Datenprofile, die sie erhalten. Das heißt, dass jeder, der mit dem Schauspielhaus in der Blue-Energy-Spielzeit in Kontakt tritt, sein Profil auch für Blue-Energy öffnet und sie ihn mit individuellen Angeboten als Kunden gewinnen können.«

»So wie mich!«, frohlockte Carina: »Ich hab die Karte nachträglich fünfzig Prozent billiger bekommen, weil ich Kundin geworden bin! Sie haben mir noch vor Vorstellungsbeginn einen individuellen Tarif, garantiert ohne französischen Atomstrom, angeboten«, sie knuffte Monique in die Seite, »der zu meinem Anbieter kaum einen Aufpreis bedeutete und erst mal für sechs Monate gilt. Fand ich fair.«

»Und sie werden dich jetzt mit ihren Angeboten morgens wecken und abends zu Bett bringen«, warnte Geoffrey.

»Ach, Dad, das machen doch nur noch die, die keinen Kundendialog können und keinen Zugriff auf Nutzerprofile bekommen. – Bekommst du denn noch solche penetranten Angebote? Ich habe die alle längst ausgelistet.«

»Den meisten hab ich schon auch den Riegel vorgeschoben«, warf Geoffrey ein, »aber selbst die Kontaktaufnahme der Marken oder Produkte, die mich interessieren und die ich freigeschaltet habe, erfolgt für meinen Geschmack immer noch auf eine Art und Weise, die man keinesfalls als ›partnerschaftlich‹ beschreiben kann.«

»Ja, da gruppieren viele Algorithmen doch noch etwas stumpfsinnig«, lächelte Monique und erklärte:»Deutschland setzt nach wie vor die größten Hürden beim Datenschutz. Aber die stark eingeschränkte Weiterreichung der Profildaten und der transparente Umgang hat den deutschen Unternehmen einen großen Vertrauensvorteil bei ihren Landsleuten und allen kritischen Kunden beschert.«

Das war auch bei Geoffreys Entwicklungsmodellen zur Altenpflege schon ein Thema gewesen, das man allerdings zu umgehen wusste.»Viele deutsche Marken haben ihren Firmensitz doch längst im Ausland oder kaufen ausländische Unternehmen zu, um ihre Daten in erweitertem Umlauf zu bringen und anzureichern. – Blue-Energy hat seinen Sitz gewiss nicht mehr in Deutschland«, vermutete Geoffrey.

»Kann sein, aber das steht immer noch in keinem Verhältnis zu dem, wie in den USA und erst recht in Asien die Daten gesammelt, angereichert und verkauft werden. Wie viele aktuelle Kontakte und agile Kundendaten man hat, entscheidet in der Konsumgüterindustrie heute über den Wert des Unternehmens.«

Es war Geoffrey fremd, seine Tochter so reden zu hören. Überhaupt konnte er sich nicht erinnern, wann er zuletzt eine inhaltliche Diskussion mit ihr geführt hatte. Aber vielleicht sprach sie diese Sätze auch gar nicht zu ihm, sondern einfach als internationale Marketingbeauftragte ihrer Modefirma, die in der Türkei ansässig war.

»Solche fehlerhaften Belästigungen sind leider auch typisch deutsch, weil die Software hierzulande viel zu wenig Datenmaterial hat und sich die Lücken selbst ergänzen muss. Und angesichts des schrumpfenden Marktes – verglichen mit den Kundenstämmen der Emerging Markets – macht sich kein Unternehmen mehr die Mühe, die Deutschen auf ihre alten Tage noch persönlich kennenzulernen.«

Während Geoffrey noch überlegte, ob er Carinas Aussage als Hieb in seine Richtung verstehen sollte, wurde er von Monique versöhnlich gestimmt: »Wir werden ja sehen, wie der Blue-Energy-Algorithmus Carinas freigegebene Daten jetzt innerhalb seiner Unternehmensverbände spiegelt und was er vorschlägt, um sie glücklich zu machen. Wenn er sich dabei tollpatschig anstellt, sitzt Blue-Energy tatsächlich noch in Deutschland!«, grinste sie und fuhr, während Carina lachte, fort: »*Mich* heute hier glücklich zu machen wäre ziemlich einfach: Es wäre dieses Beijaflor-Kleid«, sie deutete durch die Palmen hindurch auf das weit ausgeschnittene Batistkleid an der blonden Schönheit, »in meiner Größe – zum vergünstigten Vernissage-Tarif!«

Geoffrey, der sich über Barbies Wiederentdeckung freute, schmunzelte: »Ja, das wäre mir durchaus auch mal einen Datenaustausch wert.«

Nana

Es war Sonntag, und das Gespräch mit dem Bankberater war einigermaßen glimpflich verlaufen. Zumindest hatte er ihr Aufschub gegeben, um die Care-o-bot Lösung durchzurechnen. Wie sich herausstellte, pflegten er und seine Frau gerade seinen Vater und schienen am Ende ihrer Nerven zu sein. Sie arbeiteten beide in Pflegeteilzeit in Frankfurt, wo die Betreuungssätze höher waren als in Hamburg. Er meinte, sie müsste für ihre bisherigen Dienstleistungen auch mehr Geld verlangen können, und wenn die Idee mit dem Care-o-bot einschlagen würde, sollte sie das ausbauen: »Wenn das mit der Überwachung und Kommunikation einwandfrei funktioniert – ich bin der Erste, der seinem Vater so ein Kerlchen ans Bett stellt, auch wenn ich mich dafür verschulden muss!«, hatte er gesagt. Sie hatten also ein gemeinsames Interesse an dem Lösungsprojekt, was der Geschäftsbeziehung nur guttun konnte. Nana hatte beim Web-Suchservice Gravity bereits ihre Stichpunkte eingegeben und konnte förmlich zusehen, wie Informationen von allen Seiten sich um ihre Schlüsselwörter gruppierten. Parallel hatten sich noch zwei Interessenten auf die Projektausschreibung gemeldet, die sie der ukrainischen IT-Bewerberin neulich skizziert hatte. Dadurch, dass die ganzen Vorbereitungen im Hintergrund abliefen, war sie jetzt entspannt. Sie schickte Elisa und der Vertretung einen kleinen Dankesgruß für deren außerplanmäßigen Einsatz und hatte überraschend schnell einen freien Sonntag. Bei ihrem engeren Freundeskreis meldete sie sich als ›offen für Unternehmungen‹, setzte außerdem einen Haken bei ›personalisierte Vorschläge aus Konsum & Kultur‹ und erhielt sofort zahlreiche Anregungen: Lisa war mit Freunden unterwegs zum Beachvolleyball in Blankenese, Magdalena suchte ein Sommerkleid in der Tauschbörse, Yussuf hatte für heute Abend ein Kartenkontingent für eine Tribal-Tanzgruppe im Kaufhaus des Ostens zu vergünstigten Konditionen und suchte noch vier Abnehmer, Leon, Kalle und Ulf gingen zum Red-Bull-Rodeo-Reiten in den Schlachthof, Jolande malte in Övelgönne, das Kaufhaus des Ostens hatte noch Nähkurs-Plätze zum Abwandeln folkloristischer Trachten frei, Kaijsa picknickte mit Kindern und befreundeten Familien zu einer Lesung im Römischen Garten, Norbert segelte auf der Alster, Ben suchte noch Helfer beim Streichen seines Hausbootes, und Josef spielte heute Abend mit seiner Band im Ponyclub. Nana wählte Yussuf an, buchte eine Karte für sich und reservierte eine zweite für den Tribal Dance im Kaufhaus des Ostens. Irgendwer würde sich schon noch finden. Sie freute sich, Yussuf wiederzusehen, der einer ihrer ersten Mitarbeiter gewesen war und sich inzwischen mit einem Catering-Service selbstständig gemacht hatte. Yussuf erwiderte ihre Freude, und sie zahlte ihm schon mal ihre Karte als verlässliches Zeichen, sich heute Abend zu treffen.

Zwischen den Vorschlägen war »Luises Zimmer« aufgetaucht, ein Link innerhalb der Hamburger Leih- und Tauschbörse, in der neben kommerziellen auch unzählige private Anbieter ihr Hab und Gut gegen Sicherheitshinterlegung entweder über verhandelbares Entgelt verliehen oder nach gleichem festgestellten Schätzwert tauschten. »Luises Zimmer« lautete eine Adresse, die bei ihrer Suche recht häufig der Absender ausgesuchter Fashionmarken war. Nana klinkte sich ein und stand wenige Sekunden später in dem virtuellen Zimmer einer jungen Frau, das komplett als Ankleidezimmer zu fungieren schien. Überall hingen Kleider, Taschen, Stolen und Accessoires an Bügeln und Haken, über Sofalehnen oder lagen ausgebreitet auf dem Bett. Den Spiegel am Schminktisch umspielten Foulards, Ketten, Hüte, Kapuzen und Blumenschmuck.

»Schauen Sie sich um, Sie können alles leihen (Tauschen aus-
geschlossen). Virtuelle Anprobe favorisiert, Realanprobe vor
Ort nach Vereinbarung möglich«, stand da, während sich
Nana im Raum drehte und hinter Schubladen und Schranktüren weitere Schätze entdeckte. UV-Schleier mit silbernen
Reflexen, Bionik-Badeanzüge mit Haifischhaut, Augmented-
Kontaktlinsen und ausgefallene Labelbrillen lagen in Reih und
Glied in einer Lade. In einem Fach gab es haufenweise Körper
formende Bauch-Beine-Po-Unterwäsche. Im Hängeschrank daneben entdeckte sie die uniformen schürzenhaften Überwür-
fe, die je nach Farbe und Markenaufdruck Stewardessen oder
Servicekräfte trugen. Als sie sah, dass die Verleiherin online
erreichbar war, gab sie ihr Interesse zu erkennen und erfuhr
statt der üblichen Marketing-Story die reale Geschichte zu Luises Zimmer – im Chat von Luises Vater: »Dieses ganze Zeug
war ihr Lebensmittelpunkt. Sie hat uns erzählt, sie arbeite als
Model und bekäme die Dinge umsonst. Tatsächlich arbeitete
sie als Stewardess oder Kellnerin und handelte nebenher mit
ihren Schmuckstücken im Internet. Wenn der tragische Unfall
nicht gewesen wäre, ich weiß nicht, wie weit sie ihre Schulden
noch getrieben hätte. Für uns ist jetzt nicht nur der Verlust der
Tochter, sondern auch unser Anteil an ihrem hinterlassenen
Schuldenberg zu verkraften.«

»Den müssen Sie aber doch nur in einer geringen Höhe
bezogen auf ihr Einkommen mittragen«, meinte Nana sich
an das neue Familienprivatverschuldungsgesetz zu erinnern.
»Und was nach drei Jahren nicht ausgeglichen werden konnte,
entfällt.«

»Ja, aber in drei Jahren will diese modischen Kleider niemand mehr haben. Daher muss ich den Nachlass jetzt für mich
arbeiten lassen, und zwar so, dass nur ein Teil davon in die
Schuldentilgung fließt.«

Also wurde der Rest schwarz abgewickelt.

Nana, die eigentlich die Anonymität der virtuellen Anprobe schätzte, war mit dem Elektro-Pick-up zu den gesichtslosen Wohnungsblocks in Hamburgs Osten gefahren und hatte vor Ort gestöbert. Luise hatte ihr Zimmer im väterlichen Appartement behalten. In der durch Jalousien abgedunkelten Wohnung, in der der Vater mit überwiegend billigen Möbeln lebte, bildete Luises Zimmer einen eigenen Kosmos. Alles sah genau so aus wie per Webcam gesehen. Luises Vater hatte offenbar mit einem dieser Programme, die aus Filmaufnahmen die dreidimensionalen Modelle als Renderings errechnen konnten, das Zimmer seiner Tochter fast naturgetreu ins Netz transportiert. Sogar verschiedene Funktionen wie Öffnen und Schließen, Schatten oder animierte Bewegungen waren naturalistisch zu sehen gewesen. Trotzdem schwang jetzt hier vor Ort etwas Befremdliches mit. Die Vorstellung, Sachen einer unbekannten Verstorbenen zu tragen, nahm Nana die Lust am An- und Ausprobieren. Als ihr Blick schon zur Tür fiel, blieb er auf einem Foto hängen, das eine hübsche Frau mit einem langen Abendkleid in der Wüste zeigte. Sie saß mit angewinkelten Beinen auf der Kuppe einer Sanddüne. Die Sonne, die gerade hinter der Düne vor ihr versank, ließ mit ihren letzten Strahlen ein paar Steine an der Silhouette des Kleides aufblitzen und erhellte ihr Gesicht so weit, dass es gleichmäßige und entspannte Züge andeutete. Ob das Foto Luise während eines Aufenthalts irgendwo in der Sahara zeigte oder ob sie mit der Abbildung einer ihr ähnlichen Frau ihrem Vater ihr Modelleben hatte vorschwindeln wollen, blieb unklar. Es war jedenfalls das Bild, das Luise mit ihrer ganzen Staffage auszufüllen versuchte und das sie an ihre Umgebung senden wollte.

»War das Luise, oder war sie das in ihrer Parallelwelt?«, fragte Nana den Vater, der zögernd geklopft hatte, um zu fragen, ob sie etwas trinken wollte.

»Es schmerzt mich, Ihnen sagen zu müssen, dass ich Ihnen diese Frage gar nicht beantworten kann. Immer, wenn sie hier war, chattete und Filme von sich und anderen Models im Netz kommentierte, war ich mir nicht ganz sicher, wie weit ihre Ernsthaftigkeit bei dem Spiel ging.«

Nana verstand, was er meinte. Es war im Netz leichter als in der Realität, seine Sehnsüchte und Sonderinteressen zu befriedigen. Fast jeder Mitarbeiter in ihrem Concierge-Service führte mindestens ein Doppelleben oder erweiterte seine Existenz in irgendwelchen Communities. Für die meisten war es eine unterhaltsame Bereicherung, eine spielerische Testphase beim Ausloten der eigenen Fähigkeiten und Optionen oder schlichtweg die beste Möglichkeit, Gleichgesinnte zu finden und sich auszutauschen. Wer halbwegs originell erscheinen wollte, musste sich inzwischen durch eine außergewöhnliche Community oder kreative Beiträge, die in der Fangemeinde herumgereicht wurden, hervortun. Nicht wenige hatten jedoch Schwierigkeiten, die Bedeutung ihrer Wahlcommunity im Vergleich zum realen Umfeld richtig einzuordnen. Seitdem es auch möglich war, in der virtuellen Welt sein Einkommen zu verdienen, und normale Angestellte oder Konsumenten hier zu kreativen Produzenten oder Vertriebsleuten mutierten, hatte Nana Mitarbeiter erlebt, die ihre künstlichen Welten ernster nahmen als die Realität. Während einige auf den virtuellen Marktplätzen erfolgreicher waren, als es ihnen auf dem realen Parkett bisher möglich gewesen war, wurden andere von den künstlichen Welten gleichsam absorbiert und gaben ihre Arbeit, Familie, Freunde und sonstigen Alltagsberührungspunkte zugunsten ihrer virtuellen Existenz auf. Eine ähnliche Erfüllung schien Luise in ihrem künstlichen Modeldasein gefunden zu haben – das sie die Realität und den Schuldenberg ausblenden ließ. Und das war ja fast noch eine milde Form: Vor Kurzem hatte Nana gelesen, dass bei München eine Spezialklinik für Menschen eröffnet hatte, die, getriggert durch den Aufenthalt in virtuellen Welten, unter Wahnvorstellungen litten; offenbar mussten die regelrecht auf einen Entzug. »Gefallen Ihnen die Sachen?«, unterbrach der Vater ihren Gedankengang. Jetzt wollte sie ihn nicht hängen lassen und gab sich einen Ruck. Drei Kleidungsstücken, die sie im Netz bereits angelacht hatten, konnte sie nicht widerstehen. Ob sie passten, hatte sie schon online überprüft, und ihr übliches Geschick, noch einen Rabatt herauszuhandeln, setzte sie diesmal mit Blick auf den geknickten Vater nicht ein.

»Kommen Sie ruhig öfters. Es macht mir Freude, wenn es noch jemand trägt und wie Luise Gefallen daran hat«, sagte er zum Abschied und fügte hinzu: »In drei Jahren verkaufe ich die Dinge vielleicht. Wenn Sie Interesse dran haben, notiere ich das gleich und funke sie dann an.«

Auf den Stufen vor dem Haus saßen ein paar Mädchen vor einer schmuddeligen Decke, auf der ein paar ihrer Spielzeuge und billige Merchandising-Artikel zum Verkauf ausgebreitet lagen. Nana kaufte aus Mitleid ein Klebebild einer Manga-Schönheit und zahlte bei dem älteren Mädchen.

»Kaufen Sie auch von meinen Sachen was!«, rief die Kleinere, und Nana kaufte noch das eines Ninja-Kämpfers, um ihr eine Freude zu machen.

»Sie müssen auch von den Sachen da drüben was kaufen«, rief die Ältere und deutete auf ein paar abgenutzte Plastikfiguren, die etwas abseits lagen und aussahen, als kämen sie aus dem Müllcontainer.

»Nein, ich hab jetzt von jedem von euch etwas, das reicht.«

»Aber die da drüben sind von Chantal. Wenn die wiederkommt, ist sie traurig, wenn wir nichts von ihren Sachen verkauft haben.«

Nana schlug vor: »Dann teilt euch doch den Verdienst.«

Die Ältere insistierte: »Chantal musste nur kurz hoch, ihrer kranken Mutter was zu essen machen. Die ist ganz schlimm krank, die Mama von Chantal.«

Nana warf eine Münze auf das Tuch in Chantals Bereich, bestellte einen Gruß an sie und ging. Die Mädchen tuschelten, als Nana in den ePick-up stieg, und sie war sich nicht sicher, ob eine Chantal wirklich existierte.

Zu Hause stellte sie den Wagen ab, brachte die Kleider hoch und schnappte sich ein Leihfahrrad, um schon mal zum Kaufhaus des Ostens zu radeln. Für den Tribal-Tanz war es zwar noch zu früh, aber sie wollte sich ein bisschen durch die fernöstlich inszenierten Welten treiben lassen.

Die HafenCity war voll mit Kreuzfahrttouristen, die sich auf Balance-Rollern oder elektrisch unterstützten Rollatoren durch die Gegend navigieren ließen. Nana war jedes Mal aufs Neue von diesen ferngesteuerten Passanten genervt. Meistens telefonierten sie noch und riefen lauthals Belanglosigkeiten über das Wetter und Ähnliches vor sich hin. Beim Eingang ins Kaufhaus des Ostens mussten drei dieser Individualroller hinter ihr bremsen, weil die Sensoren sie als langsameres Hindernis erkannt hatten. Ein aufgebrachter circa Neunzigjähriger brüllte sie an: »Gehen Sie doch zur Seite!« Sein Rollator hatte ihn bei der Bremsung stark in die Stehgurte gepresst. Sein Mini-Tablet flog ihm aus der Hand und landete neben Nana auf dem Boden. Das Gehäuse hatte sich während des Fluges um das Gerät geschlossen, um das Display zu schonen.

Nana hob es auf: »Ihre Alters-Ausnahmeerlaubnis erlaubt es

Ihnen zwar, mit diesen Rollern hier reinzufahren, nicht aber, die Fußgänger zu maßregeln!« Sie übergab ihm das Tablet, das sich in ihrer Handwärme bereits wieder geöffnet hatte und den sensationslustigen Nachrichtenfeed BOLD freigab.

»Was muss man sich als alter Mann eigentlich noch alles bieten lassen?«, schnaubte der Alte und drängte sich mit seinem Gefährt an ihr vorbei. Die anderen beiden taten es ihm gleich. Die ältere Frau rief beim Hinterherrollen noch: »Oh my goodness! He cannot do this!«, aber ihr Gesichtsausdruck verriet, dass sie telefonierte und Nanas Situation gar nicht im Blick hatte. »Hello? Mary? Hello? Can you hear me?«, rief sie weiter vor sich hin und wusste anscheinend nicht, dass das Kaufhaus des Ostens alle externen Funkkontakte unterband und nur die Inhouse-Kanäle der anwesenden Retailer sowie deren Angebote und Kundenresonanzen auf Social-Media-Plattformen zuließ.

Beim Einchecken ins Kaufhaus erhielt Nana hundert Treuepunkte. Na bitte, endlich hatte sie mal wieder was verdient! Zufrieden gewährte sie Zugang zu ihrem Tagesprofil. Eine individuell abgestimmte Auswahl der Special Offers und Sonderaktionen, von denen die meisten nur innerhalb der nächsten zwei Stunden verfügbar waren, wurde ihr zugewiesen. Sie vermied die Sightseeing-Route, weil dort die meisten Schauvorführungen stattfanden, bei denen sich immer die Kreuzfahrtschifftouristen tummelten. Um sich von dieser banal anmutenden Realität weiter zu entfernen, ließ sie sich von einer jungen Thailänderin eine Augmented-Reality-Szenerie auf ihre Brille spielen, die sie mit ihrem Assistenten koppelte. Eine zweite Ebene legte sich über die Warenhausrealität, suchte alles Exotisch-Asiatische für Nana heraus und blendete zusätzlich kleine Geschichten samt Angeboten über inspirierende Bilder ein. Die Szenerie wurde von Jeremy gestaltet, dem aktuell gefeiertsten Avantgardisten für Augmented-Reality-Inszenierungen. Er mischte Geschichten früherer Volkskulturen mit dem lokal aktuellen Lifestyle zu einem Feuerwerk aus Bild und Musik.

Aber auch ohne die Augmented-Ebene war das Kaufhaus des Ostens ein inspirierender Ort. Es befand sich in einem umgebauten Speicher in der HafenCity und führte ausgewählte Produkte aus der fernöstlichen Welt. Man warb damit, dass man hier keinen Artikel finden könnte, den es in den unzähligen Ketten und Franchisegeschäften der Einkaufszentren gab. Das stimmte nicht ganz, aber dadurch, dass die Grenzen zwischen den Geschäften und den Gastrozonen aufgehoben waren und sich Themeninseln statt Flagshipstores oder Ladengeschäfte aneinanderreihten, hatte man den Eindruck, zwischen den dicken Backsteinpfeilern durch einen Basar zu schlendern. Wechselnde Kuratoren stellten mit einem Team verschiedener Einkaufsscouts das Sortiment zusammen. Sie mischten ausgewählte traditionelle, handwerkliche Güter mit den modernen, hippen Marken aus Fernost.

Der Nähkurs interessierte Nana zwar nicht, aber die handgearbeiteten Artikel der Ethnic Minorities aus Vietnam wollte sie gern betrachten und fuhr in den dritten Stock. Einige Teenager saßen hier und färbten sich unter Anleitung vietnamesischer Hmong-Frauen eine Jeans, die vom angesagten türkischen Label Ashna ungefärbt bereitgestellt wurde, mit Indigoblau. Nana erinnerte sich, dass sie ihre Freundin Magdalena schon mal mit einer hellen, mit blauen Ornamenten bedruckten, weit plissierten Jeans gesehen hatte. Als sie die Bezugsquelle checken wollte und den RFID-Code zum Scannen gesucht hatte, war die Anzeige negativ gewesen. Magdalena hatte sich ihre Hose wohl hier bei den Frauen aus Sapa schneidern lassen. Sie erkannte die typisch tiefblauen Ornamente

wieder, die die Hmongs selbst auf ihren meterlangen Falten-
röcken im Hüftbereich trugen. Aus Stoffresten und Bordüren,
die aus Sapa, Thailand oder Laos stammten, wurde der untere
Rockteil patchworkartig ergänzt. Fünf junge Vietnamesinnen,
die von der ethnischen Minderheit aus dem Norden abstamm-
ten, nähten vor den geöffneten Ladeluken in der Speicherstadt
Auftragsarbeiten und zeigten Interessenten, wie sie ihre eigene Kreation verwirklichen konnten. Die Sonne schien herein
und brachte die drapierten bunten Stoffe zum Leuchten. Über
die Brille konnte Nana draußen die Reisterrassen der Hmong-
Bäuerinnen sehen. Ein Hippie mit Ethno-Stirnband zahlte gerade einen beachtlichen Betrag für seinen handbedruckten
Rock, und die Hmong-Frau legte ihm noch ein paar der üblichen Samtbänder zum Wadenwickeln dazu.

Zwei Seniorinnen unterhielten sich vor Nana laut über ihre
Reise durch Vietnam, als Hanoi noch ein Gewimmel kleiner
Straßen gewesen war und der Innenstadtverkehr im Grunde
dem langsamen Schieben und Gewährenlassen von heute ent-
sprochen hatte. Wie zum Beweis blendete sie auf ihrem aus-
rollbaren Display eine Filmsequenz aus früheren Tagen ein,
auf dem man massenweise Motorroller und Autos sehen konnte, die sich in verschiedenen Richtungen auf einer Kreuzung
aneinander vorbeischoben. »Nur dass der in Hanoi nicht voll
automatisiert erfolgte«, amüsierte sich die andere mit silbern
glänzenden Haaren.

Nana beobachtete die Szene und naschte von der getrock-
neten Jackfrucht, die zur Verkostung in Scheiben in kleinen
handgeflochtenen Weidenkörben lagen.

»Ich möchte eigentlich noch mal nach Vietnam«, hörte sie
die andere Frau sagen, die an die neunzig Jahre alt sein musste.
»Diese Dynamik, diese positive Aufbruchstimmung – obwohl
sie noch in erbärmlichen Verhältnissen leben – und die vielen

jungen, unternehmungslustigen Menschen, so was findet man in Old Europe einfach nicht mehr.«

Das kannst du laut sagen, Mütterchen, dachte Nana und begab sich zurück in die Orientlandschaft des Erdgeschosses. Sie passierte die Feinkostauslagen, blieb kurz vor den täuschend echt aussehenden Blumenarrangements stehen und wollte gerade das Kaufhaus des Ostens verlassen, als eine als Haremsdame verkleidete Orientalin ihr ein Tablett voll mit kleinen Gläsern frischen Minztees entgegenhielt. Nana nahm sich eines, und während sie der Orientalin dankend zunickte, traf ihr Blick den eines attraktiven Mittfünfzigers, der ihr sympathisch zulächelte. In der einen Hand hielt er ebenfalls ein Glas Tee, mit der anderen nahm er seine Augmented-Reality-Brille ab, um ihr zu signalisieren, dass er überprüfen wollte, ob sie eine irreale Schönheit wäre. Nana lächelte. Die Tour war nicht neu, aber er beherrschte sie gut.

»Ich sehe, Sie sind Jeremys Harem entkommen?«

Das war nun doch ein bisschen zu dick aufgetragen und vertrug einen Dämpfer: »Behalten Sie Ihre Fantasien lieber für sich«, forderte sie ihn lachend auf.

»Oh nein, das war ja noch nicht mal meine Fantasie«, wehrte er ab. »Wir sind doch beide nur noch Komparsen in dieser überblendeten Konsumwelt.«

O haua ha. Ein verkrampfter Idealist oder angestrengter Intellektueller, das fehlte ihr. »Ich hab nichts gegen Konsumieren, ich liebe es sogar«, versetzte Nana ihm einen Hieb, den er zu verwandeln wusste.

»Ich weiß. Und Sie zeigen ein feines Gespür bei Ihrem Hang nach Exotik: Das brasilianische Kleid sah an Ihnen wundervoll aus!«

Er gewann Vorsprung. Nana überlegte. Ihr Assistent konnte sie nicht verraten haben, der stand auf anonym. Hier im Kaufhaus des Ostens gab es nichts Brasilianisches, und das letzte Mal, dass sie ein brasilianisches Kleid getragen hatte, war … auf der Beijaflor-Vernissage gewesen. Wenn er bei der hippen Marke gewesen war, konnte er dem Konsum eigentlich nicht so abgeneigt sein.

»Ich kenne eine junge Dame, die bei einem Kosmetikkonzern arbeitet, die würde sich datentechnisch komplett ausziehen, um dieses Kleid zu bekommen.«

»Das musste ich zum Glück nicht«, grinste Nana, die das Kleid an dem Abend von einer ehemaligen brasilianischen Mitarbeiterin leihweise erhalten hatte. »Was hat Sie als Konsumkritiker denn auf diese Modenschau getrieben?«

»Oh, ich wurde von meinem Assistenten ferngesteuert.«

»Aha. Dann ging es Ihnen wohl nicht um die Kleider!«

»Zugegeben – in meinem Fall haben Sie da ganz recht, obwohl mir das Ihrige nachhaltig in Erinnerung geblieben ist.« Sie wartete, also musste er mit der ganzen Geschichte raus: »Meine Tochter hat sich in mein Profil eingehackt, keine Ahnung, was sie sich versprochen hatte, ich war bisher nur zwei Mal in Brasilien gewesen, und das ist lange her.«

Seine Ausflüchte mit den Urlauben waren niedlich. Nana vermutete sofort ein zahlungskräftiges Profil und eine hohe Premiummarken-Affinität. Was sich an seinem Äußeren bereits zeigte. »Trotzdem wirken Sie selbst dem Konsum ja auch nicht abgeneigt«, sprach sie ihre Gedanken laut aus.

»Das haben bisher ja auch nur Sie behauptet.« Er stellte sein Glas auf einem Mauervorsprung ab.

»Der Komparse in der überbordenden Konsumwelt?«, zitierte sie.

»Ja, das bin ich! Ach, wissen Sie, ich spiel inzwischen jedes Spielchen mit.«

Romina

Romina hatte die letzte halbe Nacht und den ganzen Vormittag am Bewerbungstest des Konzerns gesessen. Für morgen 9:00 Uhr war noch ein Chat mit Jennifer in Bangalore eingeplant, und dann sollte sie damit eigentlich durch sein. Jetzt war ihr nach Belohnung und Abwechslung, und das schöne Wetter zog sie in die Innenstadt. Sie versuchte über ihr Smartphone, einen der selbst fahrenden eCar-Shuttles zu erwischen, bei dem sie nicht umsteigen musste. Eine Sechserkabine hielt an, in der zwei Mädchen, ein Mittdreißiger und eine Frau um die sechzig über ihre jeweils angezeigte Musikfunktion signalisierten, dass sie nicht auf Gesprächssuche aus waren. Romina schaute aus dem Fenster. Die Innenstadt war voll von Best-Agern. Die Fitteren kurvten auf Balance-Rollern durch die Gegend, die Fragileren ließen sich auf ihren teilelektrischen Rollatoren zu ihrem Ziel navigieren. Egal, da musste sie jetzt durch. Vielleicht würde sich am Gänsemarkt bei den vielen hippen Youth Stores ein anderes Bild bieten. Der Pay-Sensor des eCar-Shuttles ertönte und leuchtete rot/grün, als Romina aus dem eCar auscheckte. Sofort empfing sie die Gesprächsfetzenwolke, verursacht von unzähligen älteren Damen und Herren, die lauthals telefonierend an ihr vorübercruisten. Angeblich hatte man bei der verbrennungsmotorfreien Innenstadt auch von Lärmfreiheit gesprochen. Statt Hintergrundbrummen gab es nun vordergründiges Rufen, Schnattern, Lachen und Befehlen. Fast jeder sprach mit jemandem, wenn nicht mit seinem physischen Begleiter, dann mit einem vernetzten Gesprächspartner. Romina ließ den Abstellplatz der Roller und Rollatoren hinter sich und entschied sich, ein paar Schritte zu Fuß zu gehen, um etwas für ihr Energiekontingent zu tun. Später könnte sie sich immer noch einen Balance-Stehroller schnappen. Romina ließ sich zum Gänsemarkt treiben und peilte den Kindermarkentempel ChildHood an, um sich für ihr Care-o-bot-Projekt inspirieren zu lassen. Geronto-Väter bevölkerten mit ihren jungen Frauen und kleinen Kindern den Platz, auf dem Skateboarder und Parcour-Amateure ihre Kunststücke vorführten. Augenpaare aus dicklichen Kinderkörpern folgten mit Staunen der Akrobatik. Vor den Auslagen des ChildHood fielen zwei verwahrloste Jungen auf, die sich die Nasen an den Scheiben platt drückten. Ein Wachmann scheuchte den wohl siebenjährigen Migrantenjungen und dessen größeren Bruder weg: »Weg mit euch! Streuner wie ihr haben in dieser Premiumzone keinen Zutritt. Schert euch weg, sonst lass ich euch abholen! Seht ihr die Kameras da drüben?«, drohte er, worauf der größere Bruder mit seinem kleineren böse fluchend abzog.

Ein herausgeputztes kleines Mädchen an der Hand ihrer südamerikanischen Tagesmutter schaute den Jungen halb verängstigt, halb verstört hinterher. Meine Güte, wen belästigten denn diese Kinder? Noch dazu unter ständiger Beobachtung? Auch Romina schaute den Kindern kopfschüttelnd nach. Aber sie kannte die Reglements unter den Bezirken und wusste, dass sich die Anrainer, Händler und Bewohner der Innenstadt und HafenCity für Personenkontrollen ausgesprochen hatten, bei denen nicht nur Bettler oder Obdachlose, sondern auch Menschen, die dem Premiumanspruch des Bezirksmarketings nicht Rechnung trugen, verjagt wurden. Die beiden Jungen würden jetzt umgekehrt in ihre Banlieue zurückkehren, in die Romina sich selbst tagsüber ohne zugeschalteten Wachdienst nicht mehr alleine traute. Romina sah den stromernden Brüdern nach, die zur U-Bahn hinunterstiegen. Es schmerzte sie, machtlose Zeugin dieser Ausgrenzung zu sein. Und es war kein Wunder, dass die Premiumzonen der Innenstadt bereits den Hass der ausgegrenzten Bürger zu spüren bekamen. Man nannte die Aufständischen bereits die »Banlieues«, die, ermuntert durch die Revolten in den Pariser Vorstädten, ihr eigenes Gesetz in den Bezirken walten ließen. Zwei-, dreimal im Jahr knöpften sie sich die Hamburger Premiumbezirke vor, indem sie gezielte Aktionen im Verbund mit gewaltbereiten Linken oder Rechten durchführten. Danach waren die Fronten noch verhärteter als zuvor.

Wenn Romina in Telefonaten mit Eduard ukrainische Stadtszenen im Hintergrund sah, fielen ihr sofort die vielen jungen Menschen und die Selbstverständlichkeit von Kindern auf. Kinder, die eigentlich unauffällig waren – sowohl von der Kleidung als auch im Verhalten. Solche Kinder vermisste sie hier zwischen den perfekt Ausstaffierten und den vernachlässigten Armen. Und besonders ihre eigenen, zweitausendfünfhundert Kilometer entfernten.

Das ChildHood bot jedoch Ablenkung. Hier gab es alles auszuprobieren und zu kaufen, was Kindern (und Kidults) Spaß machte. Man konnte ganze Wochenprogramme buchen, bei denen die Kinder an verschiedene Experience- oder Lernfelder geführt wurden, in denen sie sich erproben konnten. Das wäre eine Synergie für Nanas Kinderbetreuungsansatz, fuhr es Romina durch den Kopf. Im Innenhof, der mit Grünpflanzen, Hochseilen, Lianen und Netzen aussah wie ein Adventure-Dschungel, kletterte eine Gruppe Zehnjähriger eine Free-Climbing-Wand hinauf, während andere an Seilen gesichert auf gespannten Hochseilen über den Köpfen der Besucher balancierten. Der Hochseilgarten war eine Kooperation eines lifestyligen Sportartikelherstellers mit einem Freizeitpark. Auch bekannte Outdoor-Marken und Funktionstextilien erkannte Romina, während sie den Kindern zuschaute.

Plötzlich bemerkte sie im Augenwinkel etwas Bekanntes. Sie wendete sich um und blickte in die schwarzen Knopfaugen eines gelben Teddys, der zwischen Süßigkeiten und sich bewegenden Stofftieren thronte. Es war genau die Art von Teddy, den ihre damals zweijährige Tochter Afina immer im Arm gehalten hatte, als sie einige Monate im Kinderkrankenhaus verbringen musste. Er hatte dem Krankenhaus gehört, und Romina war nicht wohl gewesen, als sie an all die Viren und Bakterien gedacht hatte, die sich im Fell des Kumpanen eingenistet hatten, doch er war Afina auch mit den fantastischsten Alternativangeboten nicht zu entwenden. Romina hatte schließlich den gleichen Teddy besorgen müssen, damit Afina ihren im Krankenhaus ließ und bereit gewesen war, mit nach Hause zu kommen. Doch im letzten Moment hatten sich die Ärmchen dann fest um den abgeranzten Plüsch geschlossen, und der nagelneue Teddy war im Hospital geblieben. Romina richtete ihren Assistenten auf den Teddy und sandte sein Konterfei an Afina, die heute siebzehn Jahre alt war und zusammen mit ihrem acht Jahre jüngeren Bruder Samuel bei ihrem Mann Eduard und seiner Mutter in Odessa lebte. Während Romina Heimweh erfasste und sie ihre Familie vermisste, zeigte das Display tatsächlich den original ukrainischen Hersteller und bepreiste diesen Teddy auf fünfunddreißig Euro, solange noch fünfzehn Stück verfügbar waren. Sie ließ sich günstigere Alternativangebote zusenden und entschied sich für einen großen Logistiker, der ihr den Teddy für zwanzig Euro am übernächsten Tag direkt in Nanas Büro liefern würde. Er könnte durchaus ihr Care-o-bot-Modell werden. Um den Vorzugspreis von achtzehn Euro zu ergattern, müsste sie das Produktfoto noch samt Bezugsquelle an mindestens einen Freund verschicken. Romina wählte ihren Mann an: »Habe ich hier gerade gefunden. Seltene Gelegenheit zu einer gemeinsamen Erinnerung«, verfasste sie als Sprachtext und schickte die Message Richtung Schwarzes Meer.

Sie durchlief den zweiten Innenhof, der eher für die Eltern gedacht schien, die sich ein wenig ausruhen wollten. Abgetrennt durch Hecken waren hier drei Oasen entstanden, durch die sich die Besucher hindurchmäandern oder mit Gebäck und hausgemachter Limonade weiter in die grünen Nischen zurückziehen konnten. Romina ließ sich die Karte auf ihr Smartphone spielen, freute sich an der liebevoll gestalteten Aufmachung und bestellte eine Orangen-Kumquat-Ingwer-Limonade mit italienischen Mandelplätzchen, die ihr nach der Transaktion von einer jungen Schwarzen gebracht wurde. In der Nische gegenüber saßen an dem einen Tisch eine über Achtzigjährige und an dem anderen eine etwa Fünfundzwanzigjährige, die beide ihr Schoßhündchen dabeihatten. Romina beobachtete, wie sich die dürren Mini-Modehündchen vorsichtig gegenseitig beschnupperten und dabei am ganzen Körper zitterten. Die beiden Hundebesitzerinnen waren bereits angeregt im Gespräch über Bezugsquellen von wärmenden Kaschmirüberwürfen und koscherem Futter für ihre Lieblinge. Hinter der Hecke vernahm sie ein Surren und Kinderstimmen. Ein etwa Vierzigjähriger mit langen Rastalocken näherte sich mit seinen beiden Zwillingsmädchen, die jeder einen kleinen Spielzeugroboter mitführten. Wie überdimensionierte Marienkäfer schnurrten sie um die Mädchen herum und beherbergten in den aufgeklappten Flügeln allerhand Utensilien der Kids. Noch mehr Car-o-bots! Romina verharrte schweigend in Lauerstellung.

»Ich will ein Minzeis!«, rief das eine Mädchen und stürmte auf die weiß getünchte Bretterbude zu.

»Hab ich noch Taschengeld auf meiner Assi-Uhr, Dad?« Die andere Kleine im Grundschulalter hob ihren Arm mit dem digitalen Assistenten für Kinder hoch zu ihrem Vater.

»Das kannst du hier sehen: Du musst das Ziffernblatt ausblenden und dann auf das Euro-Symbol tippen. Da siehst du dann, wie viel Guthaben du noch hast.«

»Zwölf Euro in Blau und fünfundachtzig Euro sechsundsiebzig in Rot mit einem Schloss blockiert.«

»Ja, die zwölf kannst du allein ausgeben, die fünfundachtzig Euro sind noch der Rest von deinem monatlichen Kindergeld, da müssen Mama oder Papa mit dabei sein, wenn du das ausgibst. Das ist Geld für Kleidung oder Schulsachen oder wichtige Dinge.«

»Lilli, die Riesenkugel kostet fünf Euro!«, verkündete das andere Schleckermaul vor der Ladentheke.

Die Kleine stürmte zur Bude: »Wie viel Eis krieg ich für zwölf Euro?«

Der Marienkäfer surrte panisch hinter seinem Frauchen her. Die Spielsachen klapperten zwischen den Flügeln.

»Dafür könnten deine Schwester und du jeder eine Kugel haben, und du hättest dann noch zwei Euro übrig«, tönte es aus dem Schatten der Box.

»Hast du kein Geld mehr, Liane?«, fragte das eine Zwillingsmädchen seine Schwester.

»Nööö.«

»Zeig mal!« Sie drehte das Handgelenk ihrer Schwester zu sich herum.

»Au! Lass das!«

»Da sind doch noch vier Euro fünfzig drauf!«, empörte sich die andere.

»Ja, aber das reicht nicht!«, zickte Liane zurück, besann sich dann und kam angekrochen: »Leihst du mir fünfzig Cent?«

»Ja, klar.« Lilli streckte gönnerhaft ihre Uhr hoch, damit die Bedienstete ihr helfen konnte, die fünfzig Cent on top abzubuchen. Dann streckte Liane ihr Ärmchen an den Scanner, worauf der piepte und blinkte als Signal, dass das verfügbare

Konto jetzt leer geräumt war. Zeitgleich brummte der Assistent beim Vater. Romina kannte das schon von ihrer früheren Tätigkeit bei einem Finanzinstitut. Jetzt würde dem Vater angezeigt werden, welches seiner Kinder auf dem Trockenen saß. Das war eine der seltenen Gelegenheiten für die Bank, ihm individuelle Angebote zu Minikrediten für ihn oder Finanzcoachings für die Kinder anzubieten.

»Oh, Nervkram!«, tönte es prompt aus seinem Liegestuhl. Romina wusste, was ihm jetzt zugespielt wurde: Die rhythmischen Aufforderungsangebote würden erst aufhören, wenn er A) seine noch fehlenden Angaben für die Schufa vervollständigte, B) dem Besuch eines Finanzberaters binnen eines Jahres zustimmte oder C) seiner Tochter einen Mini-Dispo bewilligte. Romina musste nicht lange auf die Empörung warten.

»Ja, spinnen die? Unglaublich, das war doch nur ein Kinderbudget. Hab ich da jetzt zwei Konten oder was? Nein, will ich nicht! Nein, geh mir weg. Lasst mich in Ruhe mit eurem Scheiß!«

»Was ist, Papi?« Liane kuschelte sich seitlich an den Liegestuhl.

»Da, schau. Du gibst dein Geld aus, und bei mir machen sie Alarm. Willst du ein Finanzcoaching?«

»Was ist das?«

»Da kommt einer und erzählt dir, wie man mit Geld umgeht, wie viel man ausgeben oder sparen sollte und so weiter.«

»Ach ja! Das hatten wir auch schon in der Schule.«

»Stimmt!«, erinnerte sich jetzt auch Lilli. »Da kam statt Matheunterricht ein ›Bänker‹ und wollte wissen, wie viel Taschengeld wir haben, und dann haben wir ein bisschen gerechnet.«

»Und weißt du was, Papi? Der Florian, der hat am meisten Taschengeld von allen. Der kriegt vierzig Euro in der Woche!«

»Ja und? Das sieht man ihm auch an, dass so viel Eis gar nicht guttut.«

»Aber der Felix ist viel dicker und kriegt weniger Taschengeld«, konterte Liane.

Die Rastalocken lehnten sich nach vorn: »Sagt mal, hat da jeder offen erzählt, wie viel Taschengeld er bekommt? Das sind ja amerikanische Zustände.«

»Die meisten schon. Die Steffi bekommt am wenigsten, aber sie sagt, sie braucht kein Taschengeld, sie bekommt alles, was sie will – jedes zweite Wochenende von ihrem Papi.«

»Schon klar. So lernt man nur nicht, mit Geld umzugehen.«

»Genau das hat der ›Bänker‹ auch gesagt!« Lilli hüpfte vor Aufregung vor Papas Stuhl auf und ab. »Und weißt du, was Steffi geantwortet hat?«

»Na?«

»Aber so lernt man, mit Männern umzugehen!« Die beiden Girls hielten sich prustend die Hände vor den Mund und kicherten sich weg.

»Das glaub ich jetzt nicht«, seufzte der Vater fassungslos.

»Der ›Bänker‹ hat uns übrigens noch was mitgegeben«, Liane trippelte vor ihm auf und ab, »für die, die nicht so viel Geld haben, hat er gesagt, damit es mehr wird.«

»Ja! Da musst du noch was unterschreiben, Dad«, fällt Lilli ein.

»Wie?! Nee! Bestimmt nicht! Ich unterschreibe gar nichts mehr!«

Die beiden Spielzeug-Marienkäfer, die den Groll in Vaters Stimme vernommen hatten, schmiegten sich an die Mädchen, die ihre weiche Oberfläche wie bei einem Hündchen streichelten. Obwohl sie keine Sprachsensorik hatten, sondern nur Fieps-, Schnurr- und Quäklaute von sich gaben, schienen sie zumindest auf den Tonfall der Stimme reagieren zu können.

Romina sprach die Mädchen auf ihre mechatronischen Tierchen an: »Sagt mal, habt ihr die Marienkäfer hier gekauft?«

Die Kids schüttelten schüchtern die Köpfe, und der Vater drehte sich zu ihr um: »Die sind nur ausgeliehen. Es gibt fünf unterschiedliche Tierpärchen, die hier zu unterschiedlichen Zeiten durchs Haus geschickt werden. Wer sie entdeckt und das Rätsel löst, das dem Finder bei Lokalisierung zugespielt wird, darf sie einen Tag ausborgen.«

Jetzt entdeckte er den Teddy neben Romina auf dem Stuhl. Sie forschte weiter: »Und was können die so alles? Fressen sie den Kühlschrank leer?«

Der Rastamann lachte: »Sie können eigentlich nicht viel außer Schnurren und Surren – und meinen Töchtern folgen.« Er hob die Tunika des einen Mädchens hoch, sodass Romina den Peilsender sehen konnte.

»Aber sie reagieren schon auch auf Stimmungen im Tonfall?«

»Ja, angeblich können sie nach einer Zeit auch die Stimme ihres Herrchens oder Frauchens erkennen und ihr folgen, aber das klappt natürlich nicht, wenn sie dauernd verliehen werden.«

Romina kramte ihr Smartphone heraus, machte einen Schnappschuss von den Marienkäfern und fragte nach der Marke. Dann bedankte sie sich bei der tierlieben Kleinfamilie und versuchte, jemanden vom ChildHood-Einkauf zu sprechen, der ihr mehr über die Robotertierchen und andere hier erhältliche Care-o-bots sagen konnte. Sie hatte Glück. Es entwickelte sich ein netter kurzer Chat mit einem Einkäufer, der gerade in Asien unterwegs war, ihr aber nächste Woche mehr erzählen und auch gleich die nächste Generation vorstellen könnte.

»Gibt es auch etwas Vergleichbares mit Spracherkennung und mehr Infotainment-Funktionen, sodass es auch für Erwachsene interessant wäre?«, fragte sie und erhielt die Antwort, dass die verbale Interaktion in Korea und Japan schon sehr weit fortgeschritten sei. Romina freute sich über den Kontakt und wollte sich bis zum Termin erst mal im Netz gründlich schlau machen.

Als sie später ihre Freundin Bianca an den Marco-Polo-Terrassen traf und ihr den Teddy zeigte, konnte sie den Kauf nicht wirklich erklären. Bianca, die ihre Familie auch erst Jahre später von der Ukraine nach Deutschland nachholen konnte, weil der Studienabschluss ihres Mannes in Deutschland nicht anerkannt wurde und Alexandru erst noch eine teure Zusatzausbildung abschließen musste, tröstete sie: »Wenn es dir morgen lächerlich vorkommt, gibst du ihn halt einfach wieder am Deli in die Rücknahme. Aber mach dir nichts draus. Du hast einfach einen kleinen Heimatblues. Am besten, du triffst mal wieder ein paar alte Bekannte. Komm, lass uns rüber in die Balkan-Bar«, deutete sie auf Rothenburgsort. »Alexandru kann uns in einer halben Stunde mit dem Boot rüberfahren.«

Romina nickte und nippte an ihrer Maracujaschorle. Sie legte den Kopf zurück in den Schein der Nachmittagssonne. »Und werdet ihr zwei wieder wie wild Polka im Sand tanzen?«, fragte sie mit geschlossenen Augen.

»Du meinst unseren Ausdruckstanz, so wie damals, betrunken in Odessa?«

»Ja, nur dass ihr hier nicht warten müsst, bis es dunkel ist, und schon am Nachmittag durch den Sand stürmen könnt.«

»Aber im Hellen können wir draußen nicht trinken, Romina! Nein, nein, unseren Ausdruckstanz machen wir doch lieber im Dunklen«, schmunzelte Bianca und prostete Romina zu: »Sonst erinnert mich das zu sehr an den Tanztee in Odessa!«

Fakten zu Konsum- und Medienkultur

Demografie, Digitalisierung und Globalisierung bestimmen in zunehmendem Maße die Entwicklungen im Handel. e- und mCommerce verändern die Shoppinglandschaft, gesellschaftliche Veränderungen verlangen nach neuen Produkten, und die Globalisierung beeinflusst das Kaufverhalten

Prosuming und Customizing

Elektronische Märkte ermöglichen eine Individualisierung von Produkten und verändern die herkömmliche Rollenaufteilung. Kunden sind nicht länger allein passive Konsumenten (Consumer), sondern auch aktive Entwickler und Anbieter von Produkten oder Dienstleistungen (Producer). Der Käufer wird zum »Prosumer«, Produkte werden individuell. Beispielhaft für diese Produktionsform steht die britische »Flash Factory«. Während der Mailänder Möbelmesse 2010 stellte der Designer und Produzent Tom Dixon sein neues Konzept vor.[1] Individuell gefertigte Produkte lösen demnach Massen- und damit Überproduktion ab. Für den klassischen Produzenten ergeben sich hier ganz neue Möglichkeiten, denn die digitale Produktion stellt nur jene Dinge her, die vorab per Klick bestellt wurden. Dadurch sind Lagerkosten gering, und man bekommt einen Überblick über die Kundenwünsche. Vom Müsli[2] bis zum Turnschuh[3] kann man schon jetzt vielfach Produkte nach den eigenen Wünschen gestalten.

Daneben werden Personalisierung und Variationsmöglichkeiten ein immer wichtigeres Thema für die Produktgestaltung. Das Handy klingelt, und an der grünen Farbe sieht man, dass der Arbeitskollege anruft. Ist es ausgeschaltet, passt sich das Smartphone wieder wie ein Chamäleon der eigenen Kleidung an. Mit der Entwicklung der Electronic Skin ist Philips einen weiteren Schritt in Richtung Customizing gegangen.[4] Die »e-skin« ist eine hauchdünne Folie, die über Produkte gezogen werden kann, damit diese in Farbe oder Muster beliebig veränderbar sind. Anstatt das Wohnzimmer neu zu streichen, betätigt man in Zukunft einfach einen Knopf, und schon erstrahlt der mit einer »e-skin« ausgeschlagene Raum in der neuen Wunschfarbe. Im Bereich der Architektur eingesetzt, soll die Folie in Zukunft Vorteile hinsichtlich der Energieeffizienz bieten. So könnte »e-skin« auf Fenstern als Jalousie dienen, die sich automatisch verdunkelt oder wieder hell wird. Auf dem Dach eines Hauses installiert, könnte die elektronische Folie viel Energie einsparen. Je nach Wetterlage wechselt der Hausbesitzer die Farbe. Im Winter absorbiert ein dunkles Dach Licht und Wärme, im Sommer hält ein helles Dach das Haus kühl.

Sich aus der Masse hervorzuheben ist ein ungebrochener Trend, auf den viele Hersteller schon heute reagieren und Produkte entwickeln, die sich hinsichtlich Farbe, Ausstattung und Details dem persönlichen Geschmack und den Wünschen der Kunden anpassen lassen.

Zugang statt Besitz – die neue Auktionskultur

Elektronische Märkte und Handelsplattformen im Internet verändern das Konsumverhalten tief greifend. Dinge können problemlos
ge- und wieder verkauft werden, und dadurch ändert sich die Einstellung zum Güterbesitz: weg vom Anhäufen von Produkten hin zu
einer »Auktionskultur«. Der Begriff beschreibt einen neuen Umgang
mit Besitz und eine veränderte Haltung zum Kaufen und Verkaufen.
Die größte Veränderung im Besitzverhalten liegt darin, dass die aktive Nutzung der Produkte gegenüber dem passiven Besitz immer
mehr an Bedeutung gewinnt. Professor Peter Wippermann, Gründer des Trendbüros, sagt dazu: »Nicht das Produkt an sich, sondern
seine Bedeutung und sein Nutzen für das aktuelle Lebensgefühl
bestimmen unser heutiges Verhältnis zum Besitz.«[5] Belegt wird
seine These durch die rasante Zunahme von Carsharing-Anbietern,
vor allem in den Metropolen. Auch die Zahlen der internationalen
Tauschbörsen unterstreichen: Tauschen statt Kaufen wird immer
beliebter. Weltweit schätzt die International Reciprocal Trade Asso-
ciation, dass 2009 Waren und Dienste im Wert von 11,5 Milliarden
getauscht wurden, ein Plus von 15 Prozent im Vergleich zum Vor-
jahr.[6]

e- und mCommerce verändern den Handel

Der eCommerce generierte laut Bundesverband Digitale Wirtschaft
(BVDW) e.V. im Jahr 2010 allein in Deutschland 23,7 Milliarden Euro
Umsatz.[7] Mobile Commerce als Teilbereich des elektronischen Handels machte dabei rund 2 Prozent des Gesamthandelsvolumens
aus.[8] Allein Amazon erwirtschaftete über Smartphone-Apps rund
eine Milliarde Dollar.[9] Mit steigender Geräteverbreitung, günstigen Tarifen und bequemen Angeboten wird mCommerce weiter in

Schwung kommen. Die Welt wird zum Warenhaus, alles ist überall mit einem einzigen Klick käuflich zu erwerben. Durch das Smartphone ändert sich die Art, wie wir kommunizieren, konsumieren und interagieren. Das mobile Surfen ergänzt den Meinungsbildungsprozess um einen ständig und überall verfügbaren Kanal. Konsumenten kommen bereits informiert in die Geschäfte. Oder sie vergleichen mit ihrem Smartphone vor Ort den Laden- mit dem Online-Preis. 43 Prozent der Smartphone-Nutzer haben ihr Smartphone ganz bewusst beim Einkaufen dabei, um sich unterwegs über Produkte oder Preise zu informieren.[10] Insgesamt haben 23 Prozent der Smartphone-Nutzer schon einmal aufgrund mobiler Informationen den stationären Kauf abgebrochen.[11] Forrester schätzt, dass bis 2014 53 Prozent des gesamten Retail-Umsatzes direkt oder indirekt vom Web beeinflusst sein werden.[12]

Mobile, Social und Augmented Shopping

Mobile und Social dynamisieren die Grenzen zwischen Off- und Online, indem man Freunde in Echtzeit an Kaufentscheidungen teilhaben lassen kann: Blitzschnell ist das Foto von mir in der neuen Jeans von der Umkleidekabine auf meiner virtuellen Pinnwand gelandet. Und mit nur einem Klick auf das Facebook- oder Twitter-Icon können Produkte weiterempfohlen oder zur Diskussion gestellt werden. Mittels Kommentarfunktion und Like-Button übernimmt anschließend die Community die Rolle des Fachverkäufers. Social Commerce nutzt diese neue Art von Vertrauens- und Empfehlungsmarketing. Im Levi's Friends Store erhält man eine über Facebook sozial vorselektierte und bewertete Auswahl.[13] Hunch hat ein Programm entwickelt, mit dem sich der individuelle Geschmack eines Menschen ermitteln lässt. Das New Yorker Unternehmen hat 30 Milliarden persönliche Informationen über die Vorlieben von Menschen gesammelt und die Verbindung zwischen den Informationen analysiert. So sollen schlummernde Wünsche erahnt und dann mit gezielten Empfehlungen verstärkt werden.[14] Location-based Services wie Foursquare oder Facebook Places beziehen den Aufenthaltsort des Nutzers ein und ergänzen die lokale Realität um eine virtuelle Ebene. Man kann über die virtuelle Landkarte sehen, wo welche Läden sind und ob sich Freunde dort aufhalten. Augmented Reality wird uns bald durch dieses Geo-Fencing genannte Verfahren mit Couponsystemen belohnen. Ein unterhaltsames Beispiel war der Airwalk Invisible Pop-up Shop. Wer am 6. November 2010 in Venice Beach, L. A. oder dem Washington Sq. Park, NYC mit der passenden App ein Foto vom Augmented-Reality-Schuh schoss, den lockten ein Paar limitierte Airwalks.[15] Vielleicht werden mittels erweiterter Realität bald alle öffentlichen Plätze zum Showroom. Mit der intelligenten Verknüpfung von Informationen, Orten, Angeboten und Individuen betritt das Endkundengeschäft eine neue Ebene. Die Herausforderung liegt zunehmend darin, die Akzeptanz durch den Konsumenten zu gewährleisten.

Virtuelle Umkleidekabinen fürs Eigenheim

Bereits 13 Millionen Deutsche kaufen Kleidung über das Internet. Doch häufig passt das bestellte Stück nicht, deshalb liegt die Rücksendequote im Modemarkt bei 40 Prozent.[16] Wenn Waren zurückgehen, ist das sowohl für den Käufer als auch für den Verkäufer mit logistischem und zeitlichem Aufwand verbunden. Der Online-Handel wird jedoch bald Lösungen bieten, die noch dem stationären Handel eigen sind. Das Start-up UPcload hat zum Ziel, mit einer Webcam die Kleidergröße des Kunden zu vermessen.[17] Mit der virtuellen Anprobe wird dem Online-Shopping eines der größten Hindernisse genommen. Denkbar ist auch, dass der Kleiderschrank zur Datenbank wird. Er kombiniert die Outfits, macht nach Abgleich mit meinem Terminkalender Vorschläge, wie ich mich wann zu kleiden habe, gibt Shoppingempfehlungen und signalisiert, wann ich ein paar neue Socken zu kaufen hätte.

Social, Mobile und Micro Payment: neue Bezahlfunktionen

Rund ein Drittel aller Verbraucher, die planen, sich ein Smartphone anzuschaffen, nannten in einer Studie Mobile Payment als einen der Gründe für die Anschaffung.[18] Der Traum, ein universelles Gerät zu haben, mit dem man telefonieren, bezahlen und die Tür aufschließen kann, scheint mit dem Smartphone langsam Gestalt anzunehmen. Zumindest teilweise funktioniert das Mobile Payment bereits. So kann man in den amerikanischen Filialen seinen Kaffee schon via Starbucks Card App zahlen.[19] Diese Zahlungsmethode ist schnell, einfach und sicher; laut Starbucks' Vizepräsident Brady Brewer wird sie bereits bei jeder fünften Transaktion eingesetzt.[20]

Nirgendwo hat sich eine so vielfältige Kultur rund ums Handy entwickelt wie in Afrika. Denn weniger als ein Viertel der Einwohner hat Zugang zu Computern, aber mehr als die Hälfte besitzt ein Mobiltelefon. Das Micro Payment via Handy ist daher stark verbreitet. In Kenia kann man beispielsweise per SMS Gesprächsminuten verschenken. M-PESA, ein von Safaricom und Vodafone entwickeltes System für die Abwicklung von Geldtransfers, ermöglicht es, den Taxifahrer, Gemüsehändler oder sogar die Gehälter über SMS zu zahlen. So ist die Telefongesellschaft Safaricom innerhalb weniger Jahre zur größten Bank Ostafrikas herangewachsen.[21] Mit seinem guten Namen – oder besser: seinen Kontakten – zu zahlen, das ermöglicht Pay with a Tweet.[22] Wer einen Link zu Online-Publikation oder einem Musikdownload als Statusnachricht in Twitter oder

Facebook postet, der erhält das Medium gratis. Dieses Social Payment belohnt für Empfehlungsmarketing.

Die Welt als virtuelles Warenhaus

In der Entwicklung des Konsumentenmarktes zeichnet sich in den letzten Jahren eine Tendenz ab, die man auf die Formel bringen kann: Online- kannibalisiert Offline-Umsatz. Was zählt, sind nicht Grabenkämpfe zwischen den einzelnen Kanälen, sondern Integration und Cross-Promotion. Wer als globale Marke nicht im traditionellen, mobilen und zunehmend auch im Augmented Web präsent ist, existiert nicht – oder nur für einen sehr kleinen Kreis. Statt Absatz und Reichweiten einzelner Kanäle gegeneinander zu messen, müssen sie in ihrer gemeinsamen Wirkung verstanden werden. Denn der Konsument nutzt die Systeme intuitiv nach Bedarf. Offline- und Online-Filialen bilden in seinen Augen gemeinsam das Firmenimage. Die Welt wird zum Lookbook. Womöglich kann man bald alles kaufen, was man irgendwo in Hotels, Restaurants oder an Passanten sieht. Virtuelle Pricetags in Augmented Reality oder als App sind technisch bereits heute möglich. Inwieweit ihre Verbreitung stattfindet, hängt weniger von den technischen Möglichkeiten als von der Akzeptanz der Kunden ab.

Vom Gehsteig auf die Couch?

Wie wichtig wird Mobile Commerce in Zukunft also tatsächlich für den Online-Händler in Deutschland? An dieser Frage scheiden sich die Geister. »Mobiles Shoppen wird zum Milliardengeschäft«, titelt beispielsweise das Handelsblatt im Oktober 2010 und verweist dabei auf den Online-Marktplatz eBay, der in diesem Jahr weltweit 1,5 Milliarden Online-Umsatz über mobile Endgeräte erwirtschaften will. Jochen Krisch von Exciting Commerce sieht das anders. »Deutschlands Online-Händler werden auf absehbare Zeit keine relevanten Umsätze über iPhone & Co erwirtschaften. Nüchtern betrachtet«, berichtet er in seinem Fachblog, »sind mobile Anwendungen heute für den Online-Handel auch beim besten Willen noch nicht einmal ein Nice-to-have. Und das dürfte auf absehbare Zeit so bleiben. 2010 nutzten lediglich 5,2 Mio. Deutsche das Internet laut ACTA-Studie des Allensbach Instituts überhaupt schon mobil via Handy / Smartphone. Und das Letzte, was sie dabei tun, ist shoppen. Andererseits war es mit der Online-Nutzung ja nicht anders: Auch da kam der eCommerce erst so richtig in Schwung, als es jenseits der erschwinglichen Geräte auch kostengünstige DSL-Zugänge gab. Für Mobile Commerce gibt es eigentlich nur zwei Hoffnungen: flächendeckend Gratis-Wifi oder kostengünstige Flatrates. Nicht Apple, Microsoft & Co. bestimmen, ob Mobile Commerce einen Markt findet, sondern Telekom & Co.«[23]

Und was wird aus dem stationären Handel?

Wenn Kunden überall unabhängig von Zeit und Ort einkaufen können, was passiert dann mit dem klassischen stationären Handel? Martina Kühne, Wissenschaftlerin im Gottlieb Duttweiler Institute (GDI), spricht von einem »Unstoring«-Trend.Der stationäre Handel müsse seine Vorteile wie Haptik und den persönlichen Kontakt zu anderen Kunden sowie die Beratungsleistung stärker herausstellen.[24] Denn laut einer Umfrage ist der fehlende Berater der größte Frust beim Online-Shopping.[25] Zudem müssen Ladenflächen zu Erlebnisräumen, Showrooms und Inspirationsquellen werden, sie werden nicht in erster Linie als Verkaufsstätte dienen. Showrooms, in denen Testmuster verteilt werden, ohne dass man die Produkte kaufen kann, bieten bereits Sample Lab[26] und Samsung Experience[27] im New Yorker Time Warner Center. Hightech dringt in die Ladengeschäfte vor, nicht nur, weil es Platz spart, auch, weil es modern, interaktiv und zeitgemäß anmutet. So haben Intel und Adidas eine virtuelle Schuhwand[28] gestaltet, und eine Konzeptstudie von Cisco spielt mit der virtuellen Anprobe im Laden[29]. Neben der Inspiration liefern jene Läden, in denen es nicht um die Versorgung von Grundbedürfnissen geht, künftig verstärkt eine Plattform für Begegnung, Aufenthalts- und Freizeitangebote. In nächster Zeit droht dem stationären Handel also nicht das endgültige Aus. Nur wird es weniger Geschäfte geben. Und diese sind verstärkt markengetriebene, emotionale Begegnungsorte mit Eventcharakter. Bei zeitlicher Priorisierung wird alles, was lästige Pflicht ist, zeitsparend online oder automatisch gekauft. Dort, wo Zeit totzuschlagen ist oder wo der Produktkauf Spaß macht, wird weiterhin gebummelt.

Die alte Mehrheit kauft stationär

Für das Fortbestehen des stationären Handels sorgen besonders die sogenannten Silver Ager. Als Wirtschaftsfaktor gewinnt die Generation 50 plus an Bedeutung; nicht nur aufgrund der demografischen Entwicklung, sondern auch aufgrund ihrer – in den nächsten ein bis zwei Jahrzehnten noch immer – beachtlichen Kaufkraft. Laut Institut für Wirtschaftsforschung wird heute jeder dritte Euro des privaten Konsums von älteren Kunden und Kundinnen ausgegeben. Bis 2020 wird dieser Anteil auf 40 Prozent ansteigen.[30] Zudem sind diese »Neuen Alten« konsumfreudiger und aufgeschlossener gegenüber Neuerungen als frühere Generationen. Sie sind gebildeter und stellen hedonistische Ansprüche an ein aktives, selbstbestimmtes Leben im Alter. In den nächsten fünf bis zehn Jahren wird sich die Generation 50 plus nicht mit ihrem Smartphone in die eigenen vier Wände zurückziehen, sondern nach Geschäften und Läden verlangen, die ihnen neben dem Zugang zu Konsumgütern auch die Teilhabe am sozialen Leben bieten. Ladengeschäfte werden deshalb in Zukunft vermehrt auf rollatortaugliche Gänge, gut sichtbare Beschilderung, Ruhezonen und Erlebnisflächen setzen müssen. Galeria Kaufhof beschäftigt bereits eine Demografiebeauftragte, und seit 2010 vergibt der Handelsverband Deutschland (HDE) das Qualitätszeichen »Generationenfreundliches Einkaufen«.[31]

Sinkende Kaufkraft

Allerdings wird es nicht allen so gut gehen. Denn die Versorgungsleistungen vonseiten der Kommunen werden weiter gekürzt und die Alltagsbelastung direkt auf die Bürger umgelegt. Zudem wird sich in Deutschland die Schere zwischen Arm und Reich weiter öffnen. Laut Statistischem Bundesamt waren 2010 15,5 Prozent der Menschen in Deutschland arm oder armutsgefährdet, betroffen war also etwa jeder Sechste.[32] Laut einer Studie zur Armutsentwicklung, die das Berliner Wirtschaftsinstitut DIW 2010 vorlegte, hat sich die Zahl der von Armut gefährdeten Bundesbürger innerhalb der letzten zehn Jahre um rund ein Drittel erhöht.[33] Zudem liegt für einen großen Teil der Ostdeutschen, die ab Ende der 2020er in den Ruhestand gehen, die gesetzliche Rente nahe oder sogar unter der Grundsicherung von 600 Euro.[34] Es sind also bei Weitem nicht allein die technischen Neuerungen, die den Handel und den Konsum beeinflussen und verändern, sondern vor allem die Lebensumstände der Menschen.

Technische Revolution versus wirtschaftlich-sozialer Kollaps – mit diesen beiden Szenarien für das Jahr 2020 konfrontierte die Agentur für marketing+research (pdc) die Teilnehmer des Consumer Forums.

»Technische Revolution« beinhaltet weltweite Datennetze, gläserne Kunden, automatisierte Produktion, Plastikgeld und den Siegeszug der Biotechnologie. Der »wirtschaftlich-soziale Kollaps« ist gekennzeichnet durch ständig steigende Arbeitslosigkeit, Inflation, das Verschwinden des Sozialstaates und die vollendete Zwei-Klassen-Gesellschaft. Welches der beiden Szenarien wird kommen?

Das Ergebnis der Befragung: Im Bewusstsein der Befragten sind beide Szenarien eng miteinander verknüpft. Als gesellschaftlicher Trend lässt sich hieraus erkennen: Die Ich-Bezogenheit nimmt zu, Vereinsamung wird zu einem breiten Problem. Die staatliche Solidargemeinschaft verschwindet, bestenfalls Grundbedürfnisse werden noch abgedeckt. Die logische Konsequenz für den Handel hieße dann: Sinkende Kaufkraft verlangt nach billigen Produkten. Und eine Zwei-Klassen-Gesellschaft verlangt konsequenterweise den Zwei-Klassen-Markt. Doch was wird dann aus dem sozialen Burgfrieden?

Ehrenamtliches Engagement, wie die Gründung von Tafeln, zunehmende Proteste der Bürger (Stichwort: Stuttgart 21) und nicht zuletzt die vom amerikanischen Internet-Experten Clay Shirky aufgestellte These, dass wir durch das Netz Schritt für Schritt zum medialen und gesellschaftlichen Akteur werden und durch unser Handeln die Gesellschaft verbessern (bestätigt sieht er seine These durch ehrenamtliche Projekte wie Wikipedia oder Ushahidi), geben Grund zur Hoffnung, dass wir uns in Zukunft mehr Zeit für das nehmen, was der Sozialstaat nicht mehr leisten kann.

Lohas verändern die Produktlandschaft

Nachhaltigkeit als Lifestyle-Konzept ist ein weiteres Phänomen, das auf ein verändertes Konsumbewusstsein schließen lässt. Güter werden heute an einem Ende der Welt produziert, anderswo gehandelt und an dritter Stelle verkauft. Angesichts globaler Klima-veränderungen und sinkender Rohstoffreserven propagieren die Vertreter nachhaltig produzierter Waren einen »Lifestyle of Health and Sustainability«. Auf ihrer Homepage fordern sie »eine Umkeh-rung der Lebensweise nach Selbstkenntnis, nach Stressfreiheit und Entschleunigung, Gesundheit, Nachhaltigkeit und Beständigkeit.«[35] Und sie haben Erfolg damit. Die sogenannten »Lohas« haben sich zu einer einflussreichen Kraft entwickelt. Anders als die Ökobewe-gung der 1980er verweigern sie sich nicht dem Konsum, sondern tun genau das Gegenteil: Sie kaufen ein. Jedoch nicht wahllos. Lohas bevorzugen Bioläden oder kaufen direkt beim Biobauern, CO_2-Pau-schalen zum Ausgleich von Flügen begrüßen sie ebenso wie die Anschaffung von Autos mit Hybridantrieb. Mit ihrem konsum-orientierten Ansatz haben die Lohas innerhalb weniger Jahre mehr erreicht als die gesamte Öko-Bewegung der vergangenen 25 Jahre. Und das aus einem einzigen Grund: Sie haben die Nachhaltigkeit attraktiv gemacht.

»Die Lohas sind nicht deswegen erfolgreich, weil sie die Gesetze der Marktwirtschaft in Frage stellen. Sie sind deswegen erfolgreich, weil sie das System benutzen. Denn schlussendlich sind es nicht die Firmen oder gar die Politik, die über Produktentwicklungen bestimmen. Es sind die Konsumenten, die mit ihren Kaufentschei-dungen – bewusst oder unbewusst – eine enorme Macht ausüben«, schreibt Normann Kietzmann in einem Artikel auf der BauNetz-Site Designlines.[36]

Die Zahlen geben ihm recht. Bio-Supermärkte schießen wie Pilze aus dem Boden. Zwischen 2004 und 2007 hat sich der Umsatz in deutschen Bio-Supermärkten von 220 Millionen auf über 600 Mil-lionen Euro verdreifacht – Tendenz weiter steigend. Längst sind es nicht mehr nur Studenten und radikale Ökos, die auf einen nachhal-tigen Konsum achten. Nachhaltigkeit hat die gesellschaftliche Mit-te erreicht, und die Lohas verfügen über eine ernst zu nehmende

Kaufkraft. Nachhaltig produzierte Produkte schonen nicht nur die Umwelt, sondern vermitteln auch das Gefühl, mit dem Kauf etwas Gutes zu tun. Ein Aspekt, der den Trend zur Nachhaltigkeit auch in Zukunft befeuern wird.

Digitalisierung von Kultur

Das Internet revolutioniert nicht nur den Handel, auch in der Unterhaltungsindustrie werden die Karten neu gemischt. Laut Forsa-Umfrage nutzt fast die Hälfte der deutschen Internetnutzer (49 Prozent) Videoangebote im Internet. 12,5 Prozent laden sich Filme herunter oder streamen sie.[37] Besonders bei einem jüngeren Publikum sinkt die Anzahl der Kinobesuche. In der Gruppe der 20- bis 29-Jährigen hat die Zahl der Kinobesuche in den letzten zehn Jahren deutlich abgenommen.[38] Doch woran liegt das? Ist es der Preis, der damit verbundene Aufwand, oder entsprechen kurze user-generated Videosequenzen einfach eher dem Zeitgeist einer vernetzten Generation von multitaskenden Digital Natives? Auf jeden Fall hält das Kino dagegen. Neue Technik soll das Kino attraktiver, aktueller und flexibler machen. Die Produktionsfirmen warten mit teuren 3-D-Filmen auf, um ein Alleinstellungsmerkmal zu kreieren. In Zukunft wird es hier vor allem darauf ankommen, ob die Branche in der Lage ist, teure 3-D-Blockbuster zu produzieren. Der Medienhistoriker Professor Gundolf S. Freyermuth bezeichnet die 3-D-Technik in einem Interview als weiteren Schritt in Richtung »total cinema«. Seiner Meinung nach wird das totale Kinoerlebnis am Ende haptisch sein.[39]

TV gegen das Internet

Die Home-Entertainment-Hersteller ziehen nach. Laut Prognose von Goldmedia werden im Jahr 2015 insgesamt 22 Prozent der deutschen Haushalte 3-D-TV besitzen.[40] Nahm früher das Fernsehen den größten Anteil des Medienkonsums ein, hat das Internet aufgeholt. So entfallen auf das TV durchschnittlich momentan rund 35 Prozent, auf das Radio 32 Prozent, auf Print 11 Prozent und auf die Internetnutzung 21 Prozent. Doch dieses Verhältnis wird sich, wenn man vom Verhalten der Smartphone-Nutzer als Vorreiter in Sachen Medienkonsum ausgeht, weiter zugunsten von Online verschieben. Sie verbringen schon heute genauso viel Zeit mit der Nutzung des stationären Internets wie vor dem Fernseher (jeweils 32 Prozent des gesamten Medienbudgets).[41] Während sich der Medienkonsum allgemein erhöht, steigt auch die Parallelnutzung, besonders die der Medien Internet und TV. 47 Prozent der Fernsehzuschauer nutzen mindestens einmal täglich TV und Internet parallel.[42] So wundert es denn auch nicht, dass laut einer Befragung des Marktforschungsinstituts GFK fast jeder zweite Fernsehzuschauer auch vom Sofa aus ins Internet gehen möchte.[43] Wenn Menschen heute TV gucken, chatten sie häufig gleichzeitig über das, was sie sehen. Saß früher die gesamte Familie gemeinsam vor der Flimmerkiste, wird in Zeiten von individueller Programmvielfalt und On-Demand-Angeboten der virtuelle Freundeskreis zugeschaltet. Besonders die jüngeren Fernsehzuschauer nutzen parallel Social-Media-Plattformen, um sich live über das Gesehene auszutauschen. Mit den digitalen Medien als »Rückkanal« kann man nicht mehr von einer Vereinzelung vor dem Fernseher sprechen. Als logische Konsequenz bringen die Hersteller internetfähige Fernseher auf den Markt. Mit dem Vormarsch von Breitband und breiteren Inhaltsangeboten – beispielsweise plant YouTube, mit seinen »Channels« in Konkurrenz zu Rundfunk und Kabel zu treten[44] – scheint das vielversprechend. In den ersten

16 Monaten seit der Einführung im März 2009 kletterte der Marktanteil der Hybrid-Fernseher auf 36 Prozent. Fast jeder zweite Deutsche (46 Prozent) möchte seinen Fernseher ans Internet anschließen, um Web-Inhalte auf seinem TV-Gerät ansehen zu können, so die repräsentative Umfrage von Deloitte und BITCOM.[45] Und wer macht sich dann künftig noch auf den Weg in die Videothek, wenn er sich die Filme zum gleichen Preis auch bequem auf den eigenen Rechner bzw. Fernseher laden kann? Im nächsten Schritt wird der Bildschirm dann wohl zum vielschichtigen Infotainment-Kanal. Die Konzeptstudie MetaMirror von Notion Design möchte das Fernsehen zum Point of Sale machen.[46] So könnte man, während man eine Kochshow sieht, direkt einen Einkaufszettel erstellen, die Klamotten der Serienstars bestellen oder Tickets für das Konzert der Band, die die Pause der Quizshow so schön überbrückt hat. Auch hier zeichnet sich also ein Trend zu Bequemlichkeit und kurzen Wegen ab.

Von Print zu eBooks

Die multimediale Revolution ist in vollem Gange, doch einige Bereiche zeigen sich bisher von diesen Entwicklungen weitgehend unbeeindruckt. eBooks und Tablet-PCs sollen den Printmarkt revolutionieren. Doch haben 2010 in Deutschland nur rund 540 000 Leser zu einem eBook gegriffen und für einen Umsatz in Höhe von 21 Millionen Euro gesorgt. Betrachtet man den Gesamtmarkt für Download-Produkte, der 2010 insgesamt 417 Millionen Euro erwirtschaftete, ist dies verschwindend gering. Der eBook-Umsatz hat am Gesamtumsatz der Buchbranche bisher nur einen Anteil von 0,5 Prozent.[47] Auch wenn der Marktanteil laut einer Prognose bis 2015 auf 6,3 Prozent steigen soll,[48] belegen diese Zahlen doch, dass trotz gutem technischem Angebot der Leser noch nicht bereit für das eBook ist. Ein Grund dafür ist wohl das kulturell gewachsene Verhältnis der Deutschen zu Buch und Literatur. 78 Prozent der Deutschen geben an, keine Bücher am Bildschirm lesen zu wollen.[49] Neben der Haptik hat sich ein emotionaler Überbau in Jahrhunderten rund um das Buch entwickelt. Ob nun Tablets die Bedrohung oder Rettung für klassische Medienangebote sind, muss die Zeit zeigen – viel wird davon abhängen, aus welchen Gründen gelesen wird: zur Information, zur Unterhaltung, als Auseinandersetzung mit einem Kunstwerk – je nachdem wird der Leser auch zu verschiedenen Medien greifen. Im Bereich der Nachrichten ist diese Frage jedoch teilweise bereits beantwortet, denn bei Zeitungen spielt die Materialität eine traditionell geringere Rolle als beim Buch. Das Internet mit seinen Bewegtbildern und Hyperlinks begünstigt das selektive Lesen. Kurzlebige Informationen kann man getrost auch in Häppchen über das Smartphone rezipieren. So ist der Zeitaufwand für die Zeitungslektüre im Medienbudget parallel zum Anstieg der Online-Nutzung gefallen.[50] Und damit auch die Verkaufszahlen der Zeitungen. Daneben können neue Programme wie die iPad-App »Flipboard« Online-Content magazinig aufbereiten. Aus dem Newsfeed von Twitter, Facebook und anderen ausgewählten Online-Publikationen wird dem Leser ein personalisiertes Magazin zusammengestellt.[51] So kann man ganz in Ruhe die Leseempfehlungen der eigenen Kontakte durchstöbern. Ob diese Entwicklung sich auch für Bücher fortsetzt, und wenn ja, ob sie sich auf alle Genres von der Literatur über das Sach- und Fachbuch bis zum Ratgeber erstrecken wird, ist noch fraglich. Auf absehbare Zeit ist hier vielleicht eher von Ergänzung als von Ersatz zu sprechen.

Anmerkungen

1 vgl. http://www.tomdixon.net/news/2010/04/flash-factory-launches-in-milan-salone-del-mobile (Stand: 27.04.2011)

2 http://www.mymuesli.com/ (Stand: 27.04.2011)

3 http://nikeid.nike.com/nikeid/index.jsp (Stand: 27.04.2011)

4 vgl. http://www.research.philips.com/downloads/video/200912-eskin-video.html (Stand: 21.07.2011)

5 eBay / Trendbüro / Prof. Homburg & Partner (2008): Auktionskultur: Leben im Jetzt, Besitzen auf Zeit. www.trendbuero.de/upload/06-Publikationen/auktionskultur_dossier.pdf (Stand: 18.08.2011)

6 vgl. http://wissen.dradio.de/frankreich-tauschen-statt-kaufen.37.de.html?dram:article_id=5715 (Stand: 27.04.2011)

7 vgl. Branchenverband Digitale Wirtschaft (2010): Digital Insights zu E-Commerce, S. 2.

8 vgl. http://www.gfm-nachrichten.de/news/archives/Prognose-2,7-Milliarden-Euro-Umsatz-im-M-Commerce-2014.html (Stand: 22.07.2011)

9 vgl. http://www.ibusiness.de/aktuell/db/891940SUR.html (Stand: 22.07.2011)

10 vgl. Otto Group / Google / Trendbüro / TNS Infratest (2010): Go Smart. Studie zur Smartphone-Nutzung 2012. http://www.ottogroup.com/fileadmin/pdf/go_smart.pdf

11 ebd.

12 vgl. http://www.forrester.com/rb/Research/western_european_online_retail_forecast%2C_2009_to/q/id/56543/t/2 (Stand: 25.07.2011)

13 http://store.levi.com/

14 http://hunch.com/

15 vgl. http://www.psfk.com/2010/11/airwalks-invisible-pop-up-shop-offers-pre-orders-for-limited-edition-shoes.html (Stand: 27.04.2011)

16 vgl. http://www.welt.de/wissenschaft/article13285703/Webcam-erfasst-Masse-beim-Online-Shopping.html (Stand: 27.04.2011)

17 http://www.upcload.com/ (Stand: 27.04.2011)

18 vgl. Otto Group / Google / Trendbüro / TNS Infratest (2010): Go Smart. Studie zur Smartphone-Nutzung 2012. http://www.ottogroup.com/fileadmin/pdf/go_smart.pdf

19 vgl. http://www.starbucks.com/coffeehouse/mobile-apps/starbucks-card-mobile (Stand: 28.04.2011)

20 vgl. http://www.finanzen.net/nachricht/Mobile-Payment-Debuts-Nationally-at-Starbucks-1012251 (Stand: 28.04.2011)

21 vgl. Kucklick, Christoph (2011): SMS-Adler. In: brand eins 04 / 2011.

22 http://www.paywithatweet.com/ (Stand: 28.04.2011)

23 zit. n. http://www.excitingcommerce.de/2010/10/acta-2010-mobile-commerce.html (Stand: 22.07.2011)

24 vgl. http://www.derhandel.de/news/unternehmen/pages/show.php?id=6015 (Stand: 03.02.2011)

25 http://www.internetretailing.net (Stand: 18.08.2011)

26 http://www.sample-central.com/ (Stand: 22.07.2011)

27 http://pages.samsung.com/us/experience/index.html (Stand: 22.07.2011)

28 http://www.fastcompany.com/1715933/intel-adidas-virtual-footwear-wall,01/2011 (Stand: 22.07.2011)

29 Cisco Konzeptstudie (2010): »The Future of Retail«. http://www.youtube.com/watch?v=jDi0FNcaock (Stand: 22.07.2011)

30 vgl. http://www.bbwmarketing.de/senioren_trend_maerkte_2009_automobile_2015_50_plus_s103.html (Stand: 22.07.2011)

31 http://www.generationenfreundliches-einkaufen.de/pb/site/gen/node/653951/Lde/index.html (Stand: 28.04.2011)

32 vgl. http://www.spiegel.de/wirtschaft/soziales/0,1518,726163,00.html (Stand: 28.04.2011)

33 vgl. http://www.tagesspiegel.de/politik/deutschland/armut-in-deutschland-steigt-rasant/1685086.html (Stand: 28.04.2011).

34 vgl. http://www.stern.de/wirtschaft/news/diw-studie-renten-im-osten-sinken-auf-hartz-iv-niveau-1551716.html (Stand: 28.04.2011)

35 http://www.lohas.de (Stand: 22.07.2011)

36 http://www.designlines.de/feel/Eine-Geschichte-voller-Missverstaendnisse_834775.html (Stand: 23.05.2011)

37 vgl. http://www.bitkom.org/files/documents/BITKOM_Presseinfo_IPTV_Summit_22_06_2010.pdf (Stand: 27.04.2011)

38 vgl. http://www.ffa.de/downloads/publikationen/kinobesucher_2008.pdf, S. 33.

39 vgl. http://www.getidan.de/kolumne/daniela_kloock/19176/zukunft-kino (Stand: 02.05.2011)

40 vgl. http://www.rapidtvnews.com/index.php/201010318553/8-million-3d-tv-sets-in-germany-by-2015.html (Stand: 18.08.2011)

41 vgl. Otto Group / Google / Trendbüro / TNS Infratest (2010): Go Smart.
    Studie zur Smartphone-Nutzung 2012, S. 7.
    http://www.ottogroup.com/fileadmin/pdf/go_smart.pdf
42 Mediarise (2009): Delphi Studie »Fernsehen 2012«, S. 44.
    http://www.media-rise.de/delphi-studie-fernsehen-2012/
    (Stand: 22.07.2011)
43 vgl. http://www.spiegel.de/netzwelt/gadgets/0,1518,724119,00.html
    (Stand: 02.05.2011)
44 vgl. http://online.wsj.com/article/SB100014240527487040136045762 4
    7060940913104.html (Stand: 22.07.2011)
45 vgl. BITCOM (2010): »Die Zukunft der Consumer Electronics«.
    http://www.bitkom.org/files/documents/DieZukunftderdigitalenCE_
    web(3).pdf (Stand: 18.08.2011)
46 http://www.designbynotion.com/metamirror-next-generation-tv/
    (Stand: 22.07.2011)
47 vgl. http://www.pcgameshardware.de/aid,816557/GfK-Studie-sagt-
    Nachfrage-bei-E-Books-noch-gering-nur-0-5-Prozent-Marktanteil-in-
    Deutschland/Tablet-PC/News/ (Stand: 22.07.2011)
48 vgl. PricewaterhouseCoopers (2009): »E-Books in Deutschland. Der
    Beginn einer neuen Gutenberg-Ära?«.
    http://www.pwc.de/de/technologie-medien-und-telekommunikation/
    e-books-in-deutschland-der-beginn-einer-neuen-gutenberg-aera.jhtml
    (Stand:18.08.2011)
49 vgl. http://www.zeit.de/kultur/literatur/2011-03/leipziger-buchmesse-
    ebooks (Stand: 11.04.2011)
50 vgl. Otto Group / Google / Trendbüro / TNS Infratest (2010): Go Smart.
    Studie zur Smartphone-Nutzung 2012, S. 7.
    http://www.ottogroup.com/fileadmin/pdf/go_smart.pdf
51 http://flipboard.com/ (Stand:18.08.2011)

BEZIEHUNGEN
Leben in unterschiedlichen Realitäten

Geoffrey

Es wurde bereits Winter, und er spürte immer noch den Frühling in sich. Es kribbelte so sehr, dass er sich zeitweise ernsthaft ins Gewissen zu reden versuchte: War es vielleicht nur die Andersartigkeit, die Jugendlichkeit, die Unabhängigkeit, die ihn an ihr faszinierte? Sie war komplett anders als die Frauen, die ihm in den verschiedenen Partnerbörsen vorgeschlagen wurden. Sie entsprach nicht seinem Profil, was in der Regel bedeutete, es lohnte sich höchstens, eine kurze Liaison zu starten. Oder man ließ besser gleich die Finger davon. Auch in seinem Fall machten die nachträglich konsultierten Partnercheck-Berechnungen wenig Hoffnung auf eine inhaltlich harmonische Beziehung. »Mit Ihren unterschiedlichen Interessen und Haltungen werden Sie beide jeweils in Ihren Realitäten verhaftet bleiben«, lautete die Prognose. Geoffrey musste herzlich lachen. Bis dato dachte er, seine Investition in diese systematische Beurteilungsmaschine würde ihm helfen, die Dinge klarer einschätzen zu können. Die meisten Fragen und Zwischenergebnisse hatte er als hilfreiche Gedankengymnastik empfunden, um nicht nur Nana, sondern auch sich selbst objektiver kennenzulernen. Und nun endete das Ganze in dieser Glückskeks-Prosa? Das war doch lächerlich! Er klinkte sich aus und sammelte seine eigenen Eindrücke. Es stimmte: Vieles, das Nana interessierte, hatte in seinem Leben nur wenig Bedeutung. Schon wie sie sich kennengelernt hatten: erst diese Fashion-Victim-Modeparty und dann dieses Ethno-Tribal-Getanze. Brasilien und Bauchtanz. Das musste man nur einmal zusammen erwähnen, und jeder normale Mensch wusste: Es war lächerlich und passte nicht zusammen. Es ergab keine Logik, keine Story. Weder für seine Ratio noch für die eines Partnersuchprogramms.

Und doch, da war was. Eine Anziehung? Hormongesteuert? Vielleicht nur Lust auf Abwechslung. Eine Idee von einem anderen Leben mit anderen Optionen. Die Nacht, als sie bei Ben vom Hausboot nackt in die Elbe gesprungen waren. Direkt unter dem Rauschen der Autobahnbrücke von Waltershof, im Schein blinkender Signallichter der Müllverbrennungsanlage. Das hätte ihm eine Frau mit passendem Profil nie bieten können. Nanas Umgebung war bunt und szenig, die Freunde alle ein bisschen schräg, aber herzlich. Ihre Familie, Vater und Stiefmutter, die irgendwo in Südafrika lebten, war höchstens als Urlaubsziel existent. Nana selbst war unabhängig, und ihr Concierge-Service schien gut zu laufen. Organisieren war ihre Berufung, den Alltag anderer, ihr eigenes Leben. Nichts schien ihr schwerzufallen, sie bewegte sich in ganz heterogenen Umgebungen mit der immer gleichen Sicherheit. Daneben fühlte er sich konservativ, aber auch endlich wieder alterslos. Es war ihm aufgefallen, dass Nana sich wenig von seinem Leben vorstellen konnte. Sie schien zum Glück auch noch nicht viel von seinen Midlife-Crisis-Minderwertigkeitsgefühlen zu merken, die aufgrund des Altersunterschiedes noch größer geworden waren. Er wusste, wenn er sich jetzt nicht antrieb und mit der nötigen Disziplin bei der Sache blieb, würde er die letzte

Chance vertun, seinem Leben mit eigenen Inhalten eine neue Wendung zu geben. Und dazu war Nana mit ihrer dynamischen Art genau die Richtige.

Er fand bei Nana den Schwung, den er suchte. Je weiter es ihn weg aus seinem bisherigen Leben trieb, umso besser. Er wollte einen Haken schlagen, wie es Adolf Muschg mal in *Im Sommer des Hasen* beschrieben hatte. Wenn sich das Leben zu einem scheinbar unausweichlichen Druck über einem aufgetürmt hatte und man dem Ganzen nur noch mit einem Ruck entkommen konnte: den aufgestauten Vorstellungen davon, was es heißt, sein Leben zu meistern. Zu einer gewissen Gesellschaftsklasse zu gehören. Die Erwartungen der Familie, die der Familien-Familie und des Freundeskreises nach anerkanntem Muster zu erfüllen. Den beruflichen Erfolg vor sich und anderen abzubilden. Das Bedürfnis, sich mit den richtigen Marken die Orden der bürgerlichen Akzeptanz selbst zu verleihen. War das überhaupt noch zeitgemäß? Vincent, sein Freund und Psychologe, hatte gemeint, so ein Ballast sei vielleicht bedrückend, aber er böte nach wie vor Orientierung, und an der fehle es heute mehr denn je. »Es ist zwar für lokale Freaks und Außenseiter im Vergleich zu früher heute ganz einfach, sich integriert zu fühlen, weil jeder noch so isolierte Geist im Netz haufenweise Gleichgesinnte finden kann und sie alle ihre kleine Nische maßlos überschätzen«, hatte Vincent gesagt. »Aber wenn du zu einer gewissen Community dazugehören willst, musst du dich immer noch deren Muster anpassen.«

»Mag sein«, hatte Geoffrey geantwortet, »aber wenn alles so schön hergerichtet ist – und man feststellt, dass der eigene Kopf nicht mehr unter den Hut passt? Muss man sich da nicht geradezu für Brasilien und Bauchtanz interessieren?«

Sein Psychologe hatte das für Sättigungserscheinungen gehalten und gemeint, wenn's nichts Schlimmeres sei, könne sein Patient ja froh sein. Er hatte nicht geglaubt, dass Geoffrey wirklich ausbrechen wollte. Hatte gemeint, das sei eine Altersphase, quasi die Third-Quarter-Life-Crisis. »Aber bevor du dein bisheriges Leben wegwirfst, würde ich dir erst einmal eine Augmented-Reality-Brille von diesem Spitzenszenografen Jeremy empfehlen!«

»Damit ich nicht nur mir fremde Vorstellungen erfülle, sondern auch noch ferngesteuert rumlaufe?«, hatte Geoffrey unwirsch entgegnet. Früher hat man die Menschen mit Fernsehen betäubt, jetzt sitzt das Kino direkt vor dem Kopf, dachte er. Von seinem Freund hatte er eigentlich mehr Hilfe erwartet.

Das war rund ein Dreivierteljahr her. Er hatte sich gegen die Brille und für Nana entschieden. Er hatte den Haken plötzlich und schnell geschlagen, um der schweren Luftsäule mit einem Ruck zu entkommen. Er hatte auf eine neue Perspektive im wirklichen Leben gehofft.

Und einige Monate lang hatte sich die Hoffnung erfüllt. Er war bei seiner Familie ausgezogen und hatte sich bei dieser Immobilienkette eingemietet, die Appartements gemeinsam mit Einrichtungshäusern in über fünfzig europäischen Städten schick möbliert anbot. Er konnte sich für seine monatliche Miete aussuchen, wo er gerade wohnen wollte, was ihm durch die neu gestartete Beratertätigkeit gut zupasskam. Wenn es ihm zu unpersönlich wurde, blieb er ein paar Nächte bei Nana in ihrem Loft, aber das dort herrschende kreative Chaos sowie das Büro, zwei Etagen tiefer, wurden ihm schnell zu viel, und so schätzte er am Ende sogar die saubere Anonymität seiner wohlgestalteten Fluchten. Er genoss die wiedergewonnene Unabhängigkeit und konnte sich auch beruflich über einen vielversprechenden Neustart freuen. Im Frühsommer hatte er sein Angestelltenverhältnis in einen freien Beratervertrag verwandelt, der ihm fünf große Projekte für die nächsten zwei Jahre garantierte. Den Rest würde er selbst akquirieren und konnte dabei auf das Backoffice zurückgreifen. So war er nur noch an die fixierten Zielvereinbarungen gebunden und glücklich, sich damit seiner neuen, hoch motivierten Chefin entziehen zu können.

Im Juli hatte er zwei Kontakte reaktiviert. Einer der beiden arbeitete inzwischen bei einem Investor, der zwei schwach frequentierte Stadtteile in Chemnitz und Flensburg in preisgünstige, durch Forschungssponsoren gestützte Demenz- und Diabeteskurdörfer umwandeln wollte. Seine Expertise auf dem Gebiet war willkommen.

Motiviert von seinen beruflichen Erfolgen, konnte er seinen Alterskomplex gegenüber Nana eindämmen. Der Sommer war so intensiv wie selten eine Zeit in seinem Leben: Sie hatten wild in den Sylter Dünen gecampt, waren von zwei jungen Polizisten abgeführt worden, hatten auf dem Polizeirevier weitergeknutscht. Beim Art Walking in Berlin hatten sie eine ihren künstlerischen Vorlieben entsprechende Führung durch die Galerieszene erhalten. Sie hatten sich zwei Tage im Schrebergarten von Freunden an der Süderelbe eingenistet und unvergessliche Nächte auf Bens Hausboot verbracht und sich wie wilde Aussteiger gefühlt, während er auf Klettertour war.

Das neue Leben, das er sich gewünscht hatte, war Realität geworden, und alles lief rund. Bis er merkte, dass Nana dieses aufregende Leben schon zur Genüge kannte und in ihm eigentlich etwas anderes suchte. Das erste Mal waren ihm im Schrebergartenhäuschen Bedenken gekommen, als er sich beim Nachmittagssex mit Nana an dem Gerümpel in der kleinen Hütte einige blaue Flecken zugezogen hatte. Sie hatten erschöpft auf dem provisorischen Bett gelegen und ihre Blessuren gerieben, als sie sich auf den Rücken drehte und begann, ihre gemeinsame Wohnung zu skizzieren. Sie hatte noch versucht, es mit »Luftschloss bauen« zu umspielen, aber die Botschaft war bei Geoffrey schon angekommen: »Ich hab mir vorgestellt, dass es dir auch lieber ist, wenn jeder von uns seinen eigenen Trakt hat.« Ihre Hände hatten Raumabfolgen in der Luft skizziert, »mit Arbeits- und Schlafbereich und eigenem Badezimmer. Und außerdem könnten wir einen großzügigen Teil zur gemeinsamen Nutzung haben: Wohnzimmer mit lockerem Übergang zum Esszimmer und zur offenen Küche. Ich fände auch eine vorgelagerte repräsentative Meetingfläche für Besprechungen oder geschäftliche Einladungen sehr schön. Dann hätte man wie in den Jahrhundertwende-Altbauten aus dem letzten Jahrtausend einen Übergang vom Halböffentlichen ins Private.«

Ihre Körperwärme war langsam verflogen, und Geoffrey hatte die schwere Herbsterde in den Gärten gerochen.

»Du hast die Dienstbotenzimmer samt eigenem Treppenhaus vergessen«, frotzelte er. Er war sich nicht sicher, ob er seinen hohen Lebensstandard im Alter weiterhin würde halten können, seine Appartements konnte er als freier Berater zwar von der Steuer absetzen, aber angesichts der Dimensionen, die Nana in die Luft skizzierte, war ihm mulmig geworden. »Das klingt nach einem Loft oder zwei Endetagen. Irgendwo in Schleswig-Holstein wäre das finanziell noch zu stemmen, aber innerhalb Hamburgs scheint mir das doch sehr gewagt.«

»Wir könnten eine Bürofläche in der Innenstadt umnutzen – oder einen Dachausbau irgendwo aufsetzen. So wie dein einer Auftraggeber, mit Alsterblick!«, und murmelnd war sie fortgefahren: »Cooler wäre natürlich Elbblick, aber das wäre mir zum Büro zu weit.«

Gab es eigentlich noch Laubfeuer? Fieberhaft hatte Geoffrey nach einem Themenwechsel gesucht, der nicht zu offensichtlich nach Themenwechsel aussah. Und er spürte, wie ein Druck, von dem er sicher geglaubt hatte, sich befreit zu haben, wie ein Bumerang aus unerwarteter Richtung zu ihm zurückkam.

Nun war bereits Advent. Die Winterkälte war unerwartet früh und heftig hereingebrochen, seit Wochen war es unter null Grad. Schnee deckte die Stadt zu, auf der Binnenalster bildete sich seit Jahren erstmals wieder eine dünne Eisdecke. Viele hatten sich freigenommen, um allein, mit Kindern oder als Paar das selten gewordene Wintermärchen zu erleben. Alster- und Elbufer waren voller Spaziergänger. Der Winter war ihrer.

Bei ihren Familien hatten sie sich jeweils für Weihnachten ausgeklinkt, was für Nana unproblematischer verlaufen war als für Geoffrey. Hand in Hand spazierten sie die Elbe entlang, auf der dünne Eisschollen trieben. Neues Eis, noch brüchig. Nana hatte wieder von der Wohnung angefangen. Und es half ohnehin nichts, es noch länger aufzuschieben: »Tickt eigentlich deine biologische Uhr, Liebling?«

Die Frage war im Grunde überflüssig, er glaubte zeitweise, einen tickenden Tinnitus zu haben, doch die Antwort war verhalten: »Die hab ich auf Winterzeit gestellt.«

»Aber du scheinst mit deinem Nestbautrieb bereits den Frühling im Kopf zu haben. Ich hör was ticken, Nana.«

Sie sah eine Weile dem Containerschiff nach, das von einem Schlepper elbaufwärts gezogen wurde. Das Wasser sah vor Kälte ganz dickflüssig aus. »Wollen wir nächstes Jahr Weihnachten zu mir nach Hause fliegen? Kapstadt ist traumhaft im Winter!«

»Vielleicht. Ich will im Moment lieber erst mal dich kennenlernen, nicht Kapstadt.«

Geoffrey kaufte an einer Bude Punsch. Kinderpunsch hatten sie das früher genannt. Es gab ja nur noch alkoholfreien, seit ein Gesetz den Alkoholkonsum außerhalb der eigenen oder der gastronomischen vier Wände stark eingeschränkt hatte.

Egal, der wärmte auch. Geoffrey nahm noch zwei Decken mit und kuschelte sich mit Nana in einen Strandkorb.

Er begann kein neues Thema und wartete, bis sie antwortete: »Ja, ich möchte schon gern irgendwann Kinder haben. Gefühlt würde ich sagen, in drei Jahren wäre ich so weit. Dann wäre beruflich ein guter Zeitpunkt, bei uns hätte sich der Alltag eingeschlichen, und wir hätten ein sichereres Gespür, ob es trägt.« Ihr Blick wanderte über den eisigen Fluss.

Er bemerkte, wie sich bei ihr eine Verkrampfung löste, die direkt zu ihm hinüberkroch. Die Schonfrist war faul: »In drei Jahren bist du achtundvierzig, und ich bin sechsundsechzig.«

»Du meinst, sie müssten dann bereits einiges wach kitzeln bei uns?« Nana lehnte sich amüsiert an seine Schulter.

»Das müssten sie jetzt schon. Ich hab neulich beim Urologen alle Werte checken lassen, und in puncto Fruchtbarkeit liege ich da bereits ziemlich im Hintertreffen.«

»Bei meiner Ärztin klang das ähnlich, aber sie sagt, dass die Hälfte ihrer Patientinnen bereits eine Hormonbehandlung macht und sie von genauso vielen weiß, die sich ihren Kinderwunsch in Dänemark erfüllen lassen.«

Ihr Optimismus machte ihm Angst. Sie schien sich schon entschieden zu haben. Wie konnte es sein, dass er das nicht zu einem Zeitpunkt bemerkt hatte, als er sie noch hätte umstimmen können? War es Taktik, dass sie das Thema so lange umschifft hatte? Jetzt war es zu spät für eine Strategie. Er hatte ihr selbst den kleinen Finger gereicht, und sie griff nach der ganzen Hand: »Könntest du dir denn Kinder mit mir vorstellen?«

Vorstellen konnte er sich vieles. »Ich mag Kinder. Zumindest nach dem Windel- und vor dem Pubertätsstadium. Also zwischen vier und elf.«

Nana lachte, weil sie die Antwort für einen Scherz hielt: »Und was machen wir danach mit ihnen?«

»Carina war mit fünf auf der internationalen Schule und mit acht bereits in ihrem ersten Internat. Wenn ich es mir so überlege, habe ich nicht viel jenseits des Windelstadiums von ihr mitbekommen«, dachte er laut.

»Aber dann hat dich das Kind in deinem Leben auch nicht belastet?«, forschte sie nach.

»Doch, die ersten acht Jahre schon. Ich hab mich anfangs sehr gefreut und Carina sogar mehr Zeit gewidmet als meine Exfrau, die damals beruflich nicht kürzertreten wollte. Aber die Organisation des Alltags, die Abstimmung zwischen uns dreien, diese ganzen Banalitäten. Die lange Zeit, in der man fremdbestimmt war, das hat so viel Lebensqualität und Zeit für die eigene Weiterentwicklung gefressen, dass ich heute nicht sicher bin, ob es das wert war. Die Beziehung ist gescheitert, und das Verhältnis zu meiner Tochter ist auch eher indifferent – viel ist das nicht gerade.«

Nana schwieg. Ein Pärchen mit kleinem Hund und drei Decken steuerte auf den Strandkorb schräg gegenüber zu. Er breitete eine Decke für das mit einem grünen Steppmäntelchen bekleidete Hündchen aus.

»Eine teure Angelegenheit war es obendrein. Vor allem durch die Ausbildung ab acht«, setzte Geoffrey nach. Die Frau im Strandkorb kramte in ihrer Handtasche, holte einen abgekauten Zahnpflegeknochen aus einem Plastikbehälter und legte ihn dem Hündchen auf die Decke.

»Na, aber für diese ganzen Banalitäten habe ich doch den Concierge-Service, Geoffrey! Der würde uns den Rücken frei halten.« Das war ihr Argument für ihr Lebenskonzept mit ihm. Ein Plan, der vom Organisationstalent Nana schon fertig ausgedacht war. Ohne ihn.

Nana

Sie joggte noch vor dem Büro um die Alster und schaltete dazu ihren Energiezähler ein, der über Bewegungssensoren ihre Laufenergie an den Schuhen erfasste und damit ihren Personal Assistant auflud. Als sie auf den Screen schaute, blinkten mehrere Wohnungsangebote in der von ihr favorisierten Nähe zum Büro. Da sie ihr Training nicht unterbrechen wollte, um zu lesen, ließ sie sich die Angebote per Sprachwiedergabe erzählen. Das dritte Angebot ließ sie aufhorchen:»200 Quadratmeter Wohnung oder Gewerbefläche in charmantem Hinterhof von Feldbrunnenstraße, Altbau, 4. OG, Dachterrassenausbau möglich, Aufzug, Isolierindustrieverglasung, Energieklassifizierung B ...« So ging es eine Weile weiter. Nana war sich fast sicher, dass hier die Dachwohnung über ihrem Büro beschrieben wurde. Das wäre natürlich der Traum! Bei der Größe für sie allein unerschwinglich, aber mit Geoffrey? Sie beschleunigte und versuchte sich die Wohnung vorzustellen, die sie bisher nur von außen kannte. »Trinkwasseranlage und Brauchwassernutzung, Breitband-Datentransfer. Unter Vorbehalt ist die Fläche im Energieplushaus um weitere 200 Quadratmeter Bürofläche erweiterbar.« Sie stutzte. Sollte damit die Bürofläche gemeint sein, die sie gemietet hatte? Nana spürte Seitenstiche und lief auf nur halber Strecke langsam aus. Drei Altherrensportler in neonfarbener Funktionskleidung, die sich über den nächsten Triathlon unterhielten, überholten sie mit sehnigen Waden. Zur Kontaktaufnahme sollte man sich wenden an – ihre Hausverwaltung. Nana stoppte und blickte über das erfrischende Blau der Außenalster. In Gedanken ging sie die vier Stockwerke im Hinterhaus durch. Im Erdgeschoss saß eine alte Werkstatt, die ihr Büro noch im ersten Stock hatte, der ansonsten von der Eventagentur in Beschlag genommen war.

Das bedeutete, dass keine der beiden Flächen auf die 200 Quadratmeter Gesamtfläche kam. Den zweiten Stock hatte eine Werbeagentur gemietet, die selbst nur auf der Hälfte der Etage saß und die übrige Hälfte als Co-Working-Arbeitsplätze untervermietete. Das lief im stillen Einverständnis und anscheinend auch ganz gut, sodass sie sich nicht vorstellen konnte, dass sie diese Einnahmequelle aufgeben würden. Die dritte Etage war ihr Büro mit 200 Quadratmetern. Sollte also mit dem zweiten Mahnschreiben, das sie letzte Woche wegen vier längst fälliger Mietzahlungen erhalten hatte, die Ausschreibung ihrer Bürofläche einhergegangen sein? Die Innenansichten ließen sich nur zur Wohnung abrufen. Die Bürofläche war unter »nähere Auskünfte« zu finden und dort nur schriftlich mit dem Verweis »unter Vorbehalt« beschrieben. Das tröstete Nana aber nicht, sondern führte ihr die Dringlichkeit, sich mit einem zweiten Standbein finanziell abzusichern, nur stärker vor Augen.

Das Blau der Alster hatte heute nichts Besänftigendes. Sie spürte Blicke im Nacken und drehte sich um. Auf der Wiese bewegte sich eine Gruppe von fünfzehn Thai-Chi-Vitalisten im meditativen Zeitlupentempo. Ihr Blick folgte den Bewegungen. Wie betäubt stand sie mitten auf dem Weg. Dann spurtete sie direkt ins Büro und rief die Hausverwaltung an. Dort bestätigte man ihren Verdacht. Schlagartig war Nana klar, dass sie sich mit ihrem Bankberater weiterhin gut stellen musste. Und dass Geoffrey für sie der richtige Partner war. Mit dem Bankberater musste sie eine Überlebensstrategie für ihre Firma finden. Geoffrey bedeutete Sicherheit, die sich aus Erfahrung, Wohlstand und Zuneigung zusammensetzte. Eine gute Basis, um ihr Lebenskonzept zu verwirklichen.

Eine elektronische Erinnerung an ihren Arzttermin, der in einer halben Stunde stattfinden sollte, beendete den Gedanken.

Sie war spät dran. Als der Knoten zum Thema Familiengründung endlich geplatzt war, hatte sie mit Geoffrey unzählige Diskussionen geführt, die ihm die Ängste nehmen sollten, aber das Gegenteil zu bewirken schienen. Schließlich hatte sie das Reden sein lassen und ihn durch Taten überzeugt. Sie hatte versucht, ihm zu demonstrieren, dass sich ihr Leben nicht verändern würde, dass sie sich nicht setteln wollte und auch ihr die Spontaneität, die Liebe, der Sex, der Job, die Freunde und alles andere wichtig waren. Es wurde ihr zweiter Fulltime-Job. Sie hatte sich weiter ausgefallene Unternehmungen ausgedacht und darunter ab und an auch Treffen mit Freunden gemischt, die unkomplizierte Kinder hatten. Geoffrey war fantastisch mit den Kindern. Herzlich, natürlich, lustig, unaufgeregt.

Zu Ostern hatte er ihr ein Straußenei geschenkt und gemeint, er wäre jetzt versuchsbereit. Sie hätte ihm die Chance zu einem Neuanfang gegeben, nun stünde auch ihr zu, sich ihren großen Wunsch zu erfüllen. »Vorausgesetzt, du bleibst, wie du bist!«, hatte er nachgesetzt. Hatte das wirklich so drohend geklungen, wie es ihr jetzt schien?

Jedenfalls schaffte sie genau das gerade nicht. Seit dem Beginn der Hormonbehandlung machte ihr Körper mit ihr, was er wollte, und es war die Hölle, derart die Kontrolle über sich zu verlieren. Mal waren es Heulkrämpfe, mal Schweißausbrüche, dann fiel sie in depressive Löcher, aus denen sie sich nur mit Psychopharmaka wieder herausholen konnte. Sie reagierte wegen Nichtigkeiten unkontrolliert emotional und hörte sich Gedanken äußern, die eigentlich nicht ihre eigenen sein konnten. Geoffrey, der sich anfangs noch liebevoll um sie gekümmert hatte, wurde aufgrund seiner eher schwächlichen Spermienaktivität langsam auch dünnhäutig. Sie sagte natürlich nie, dass er ein Versager sei, aber der Vorwurf stand im

Raum und mit ihm die leidigen Diskussionen um den Altersunterschied. »Es gibt über achtzigjährige Geronto-Väter! Dein Körper reagiert einfach auf Umweltgifte«, hatte sie versucht, ihn zu beruhigen, indem sie die Erklärung des Arztes und diverser Webforen wiederholte. Sie hatte alle Plastikflaschen aus ihrer Umgebung verbannt, obwohl die laut EU-Richtlinie längst Bisphenol-A-Ersatzstoffe beinhalteten. Aber gegen blank liegende Nerven halfen auch keine Flaschen aus recyceltem Glas.

Nana schüttelte den Kopf: keine Zeit, neue Wohnung hin oder her. Sie musste sich beeilen, wenn sie rechtzeitig zu ihrem Fruchtbarkeitsspezialisten kommen wollte.

Schwer atmend kam sie dreißig Minuten später in der Facharztpraxis an. Nur mit einer rücksichtslosen Radfahrt hatte sie es rechtzeitig zu ihrem Termin geschafft und schaute nun etwas peinlich berührt an sich herab: Vor lauter Grübelei hatte sie vergessen, sich umzuziehen, und trug noch ihren Laufdress. Zum Glück schluckten die Funktionstextilien inzwischen auch alle möglichen Schweiß- und Muffelgerüche über vierundzwanzig Stunden, sodass sie in einem überfüllten Wartezimmer keine Belästigung darstellte. Im Wartezimmer saßen noch eine ältere Dame und ein jüngeres Pärchen in Trainingsanzügen. Sie hatte neulich sogar Operngäste darin gesehen.

Die anderen Eltern in spe waren fast alle paarweise angetreten. Das spiegelte zwar keineswegs die Statistik wider, aber es schwächte Nana. Und ihr Facharzt war auch keine emotionale Stütze. Im Gegenteil: Demütigende anderthalb Stunden ließ er sie warten. Erst war Nana froh, ein bisschen verschnaufen zu können, dann wurde sie ungeduldig, und schließlich war sie empört. Obwohl sie wusste, dass es nicht klug war, konnte sie sich ihm gegenüber im Sprechzimmer eine Bemerkung nicht verkneifen. Sein sofort einsetzendes Lamento über die bürokratischen Unzumutbarkeiten unterbrach sie wutschäumend: »Sie lassen mich neunzig Minuten vor der Tür warten, um mir dann lang und breit zu erzählen, an ihrer Organisationsinkompetenz seien andere schuld? Was glauben Sie eigentlich, wie viel Müll Sie auf meinem Zeitkonto abladen können? Wessen Sprechstunde ist das hier? – Ihre oder meine?«

Wortlos führte der Arzt die immer noch schäumende Nana zur Tür und bat die Assistentin, die Klientin hinauszubegleiten. Nana kochte. Den Wartezimmerpärchen rief sie noch zu, dass ein Spaziergang im Regen bestimmt fruchtbarer wäre als die Behandlung hier. Dann fiel die Praxistür hinter ihr ins Schloss.

Sie lehnte sich an die Tür zum Verschnaufen. Eine Nachricht von Geoffrey erreichte sie: »Liebste Nana, ich hab dir doch von meinem Wunsch nach einer kleinen eigenen Reise erzählt und hab sie soeben gefunden: 12 Tage, beginnend in einem Kloster und danach in einem historischen Dorf in der Lausitz. Zum Runterkommen und Nachdenken, mit Feldarbeit und Bauerntätigkeiten, wie in uralten Zeiten zum kompletten Abschalten. Ich koche für dich heute Abend und erzähle dir dann alles genauer, aber ich muss jetzt schnell buchen, um noch den letzten Platz zu kriegen. Ich liebe dich«, las sie noch, dann verschwamm die Schrift in den Tränen, und sie sackte heulend auf der obersten Stufe im Treppenhaus zusammen.

Romina

Da sie zu Hause keine vollflächige Medienwand besaß, hatte sie im Gaming Center eine Multimedia-Koje gemietet, um mit Eduard und den Kindern mal wieder intensiver chatten zu können. Sie setzte sich vor die Projektionswand und holte ein paar

Aufnahmen aus den letzten Tagen aus ihrer Cloud, die sie als Filmchen abspielen oder als Hintergrundbild wollte, und wartete auf Antwort. Es dauerte nicht lange, bis das vertraute Bild aus dem Wohnzimmer in Odessa erschien. Ihr Mann saß im Sessel, die achtzehnjährige Afina auf der Armlehne, und der zehnjährige Samuel hockte auf dem Fußboden davor. »Hallo, meine Schätze!«, rief Romina erfreut.

»Hallo, Mama!« und »Hallo, mein Schatz« kam es zurück. Der Auftakt war immer schwierig. Wenn sie sich lebensgroß und dreidimensional sahen und die Fernanwesenheit mit einem Schlag überbrückt war, schlugen die Gefühlswellen hoch. Vor allem mit den Kindern war es, als bräche ein Staudamm, über dessen Anstauungsvolumen man sich gar nicht im Klaren gewesen war. Afina hatte Tränen in den Augen, und Samuel schluckte merklich. Nur mit Eduard verhielt es sich schwierig. Er wirkte immer etwas distanziert, und Romina vermutete, dass er ihre Selbstständigkeit in Deutschland bis heute nicht anerkennen wollte.

»Wo ist Maty?«, überwand Romina ihren Kloß im Hals. Sie sah ihre Schwiegermutter nirgends.

»Die pflegt die Nachbarin und kommt später«, erklärte Eduard. »Erzähl von dir, wir sind noch ungestört.« Er grinste schwach.

»Ja, erzähl uns was!«, rief Samuel.

»Also, bei dir, mein Süßer, muss ich mich erst mal für deinen kleinen Film bedanken. Der war richtig spannend! Hat dir Afina bei der Gespensterfratze geholfen?«

»Ja, aber nur bei den Augen, den Mund hab ich selbst gemacht!«

»Supergruselig sah das aus!«, lobte Romina. »Afina, wie weit bist du bei den Paintball-Contests gekommen?«, fragte sie weiter, denn ihre Tochter hatte bei den Verfolgungsjagden, bei denen zwei Gruppen sich in leer stehenden Häusern mit Farb-beutelpatronen beschießen, bereits Preise für ihre Wendigkeit und Treffsicherheit gewonnen.

»Ich bin jetzt Teil der Kernmannschaft! Letzte Woche haben wir uns in den Gängen und Etagen der riesigen Beautyklinik-Baustellenruine gejagt. Das war so thrilling, das kannst du dir nicht vorstellen, Ma!«

»Wow, meine Große! Doch, da kommen mir ein paar tolle Szenen in den Sinn, aber ich habe jedes Mal Angst, wenn ich mir deine halsbrecherischen Stunts in diesem unsicheren Roh-bau vorstelle. Trotzdem, wenn du mal wieder einen Mitschnitt hast, wäre das klasse«, wünschte sich Romina ihre Tochter in Aktion zu sehen. »Soll ich euch jetzt zeigen, was ich letztes Wo-chenende gemacht habe? – Stellt euch vor: Ich habe Franziska zufällig wiedergetroffen!«, begann sie ihren Bericht. Die drei kannten ihre ehemalige Mitbewohnerin Franziska noch von früher und mochten sie wegen ihrer schlagfertigen Art sehr. »Ich wollte einfach mal sehen, wie sich das Quartier weiter-entwickelt hat, und bin zu den Bürowohntürmen in die City Nord.«

Romina erinnerte sich an die Zeit, als sie direkt nach ihrer Ankunft in Hamburg dort in der Nähe ihr erstes Appartement gefunden hatte. Nachdem die City Nord als reiner Bürostand-ort unattraktiv geworden war, suchte man nach einer alter-nativen Nutzung für die teils denkmalgeschützten Gebäude aus den sechziger und siebziger Jahren des 20. Jahrhunderts. In den ehemaligen Verwaltungssitzen internationaler Unter-nehmen und großer Firmen siedelte man nun Flüchtlinge und Immigranten aus dem Maghreb an. Maghreb Nord: Der neue Spitzname zeigte, dass dort, wo früher Büromenschen in hanseatischem Grau und Dunkelblau das Bild eines effizien-ten Stadtteils geprägt hatten, nun ein bunteres, entspannteres

Treiben herrschte. Und wer vor zwanzig Jahren geklagt hatte, dass das Quartier nach Büroschluss wie ausgestorben sei, fand jetzt reges Leben auf Plätzen und Straßen, bis in den angrenzenden Stadtpark hinein. Die Etagen der Hochhäuser wurden unterteilt und mit Ladengeschäften, Büros oder Wohnungen belegt. Es war ein bunter Mix, der die räumliche Nähe zwischen Arbeit und Familie ermöglichte und der Clan-Mentalität der neuen Bewohner entsprach.

Romina blendete ihre kleinen Filmsequenzen ein: Die unterschiedlichsten Bazare hatten sich in den ehemaligen Foyers und Galerien der Empfangshallen angesiedelt. Im ersten Stock eines ehemals repräsentativen Verwaltungsgebäudes war ein ganzer Elektronikmarkt entstanden, in dem gebrauchte, neue und wahrscheinlich auch geschmuggelte Artikel gehandelt wurden. Auch weiter oben in den Büroetagen herrschte geschäftiges Treiben. Die innen liegenden Räume wurden als Lager genutzt, durch Eingangsbereiche und über umlaufende Balkone gelangte man in Läden, in denen Lebensmittel, Lederwaren oder Möbel und Kunsthandwerk zu finden waren. Frühere Forschungs- oder Laborbereiche waren für die Lebensmittelverarbeitung umgebaut worden, und in den ehemaligen Kantinenküchen wurde an Festtagen und für Familienfeiern gemeinsam gekocht. Die nordafrikanischen Araber, die nach einer Lockerung der EU-Einreisebestimmungen leichter zuwandern konnten, hatten in dieser stadtplanerischen Konstruktion die Infrastruktur für ihre Kultur der familiengeführten Unternehmen freudig wiedererkannt.

»Als ich hoch auf die Dachterrasse wollte, hab ich im Fahrstuhl Franziska mit ihrem tunesischen Mann Muhammad getroffen. Das war ein schöner Zufall. Na, und wie ihr Franziska kennt, wurde ich gleich zur Familienfeier mitgeschleift. Obwohl sie selbst kaum noch zu Hause ist, weil sie als Projektentwicklerin mittlerweile international arbeitet. Ihr müsst euch vorstellen, dass dieses Hochhaus, das ihr seht, fast komplett in tunesischer Hand ist. Über mehrere Etagen wird es von verschiedenen tunesischen Großfamilien bevölkert – hat mir zumindest Muhammad erzählt. Samuel, die nennen das hier Clan. Zumindest spricht Muhammad immer von seinem Clan, wenn er seine Etagenmitbewohner meint. Der Umgang ist jedenfalls sehr familiär, aber vielleicht wirkt das auch nur so, weil er sich mit den anderen Tunesiern aus dem Haus immer sehr schnell darauf einigen kann, dass die Ägypter oder Libyer in den gegenüberliegenden Bürowohntürmen es zu gar nichts bringen.«

Eduard und Afina lachten. Romina fuhr fort: »Damals – bevor ich mit Franziska zusammenzog – habe ich in einem sehr gemischten Bürowohnblock gelebt, in dem jeder eher vor sich hin wurschtelte. Mittlerweile sind der ägyptische, libysche oder dieser tunesische Turm Miniaturausgaben der Heimatnationen. Mit all den Vorteilen und traditionellen Freund- und Feindschaften.«

»Ist das Quartier gefährlicher geworden?«, fragte Eduard. »Man hört so viel von Übergriffen gegen Zuwanderer. Nicht nur die deutschen Medien berichten darüber. Und wenn wir dann bald nachkommen …«

Romina glaubte einen leisen Vorwurf in diesem Nachsatz zu hören, ignorierte ihn aber. »Hier nicht so sehr, aber mancherorts schon. Da, wo alle Gebäude gleich heruntergekommen und hässlich sind und die breiten Straßen unüberwindbar scheinen, siehst du schon eine verarmte Alltagstristesse. Es gibt weiter am Stadtrand in den sogenannten Banlieues viele ohne Geld und Perspektive. Straßenkämpfe und manch blutige Familienfehde kommen in Maghreb Nord zwar leider auch immer wieder vor, aber sie haben keine wirklich strukturellen

Ursachen. Ich glaube, das passiert eher, weil es bei vielen Leuten auf engem Raum einfach Aggressionen gibt. Hier ist es den Afrikanern mit viel Engagement gelungen, ihre Heimatkultur zu bewahren und wirtschaftlich erfolgreich zu übersetzen. Das ist schon toll, sehr bunt, sehr urban. – Afina, es gibt hier drei Hamams, die jeweils in den letzten beiden Geschossen der Hochhäuser sind. Die Badenischen sind fast wie Höhlen, mit Tadelakt verziert, das sieht wunderschön aus, ganz anders als die Banjas, in die wir früher gegangen sind. Es gibt getrennte Männer- und Frauentage, und dann kann man in Tuniken gehüllt, mit einem Minztee zur Erfrischung, versteckt hinter der üppigen Begrünung über ganz Hamburg und den Stadtpark blicken.«

»Schön, da gehen wir dann zusammen hin, Mama!«

»Ja, das machen wir, mein Schatz! Ich muss euch das nächste Mal Bilder von den hängenden Dachgärten der Hamams zeigen.« Sie verkleinerte die Darstellung. »Wir können Maghreb Nord jetzt eigentlich auch verlassen. Ich hab aus Versehen den ganzen Nachmittag aufgenommen, weil ich vergessen hatte, die Kamerafunktion an der Brille auszuschalten. – Peinlich, hoffentlich hat keiner das kleine Signal bemerkt. – Eduard, du kannst dir den Film ja parallel downloaden und ein bisschen Mäuschen spielen und Deutsch üben, wenn wir nicht miteinander sprechen können. Jetzt will ich aber hören, was ihr erlebt habt!«, schließt Romina.

Darauf hatten die Kinder nur gewartet: Afina hatte sich trotz ihrer großen Liebe zu ihrem Freund Mika durchgerungen, sich zum nächsten Termin um ein Studienstipendium in Deutschland zu bewerben. Romina hoffte, dass sie es nicht nur ihr zuliebe getan hatte. Sie wusste, dass ihr Weg nach Deutschland ein schwerer Schritt für sie war, und Afina gab zu, dass sie immer wieder an ihrem Entschluss zweifelte.

»Eigentlich nur, wenn du von Mika zurückkommst«, beobachtete Eduard.

»Ja, weil mir dann klar wird, dass ich weiter in der Rolle des Kindes bleibe, wenn ich das mache. Ich bin dann wieder auf euch angewiesen. So werde ich nie eine erwachsene Frau!«, ereiferte sich Afina. »Ihr erzählt mir immer, wir würden in einem Land zusammenleben, das mir mehr Möglichkeiten bietet. Aber hier könnte ich viel leichter auf eigenen Füßen stehen!«

»Aber nur kurzfristig, mein Schatz. Und wenn du dann mehr erreichen wolltest, müsstest du ins Ausland. Und ich glaube nicht, dass sich das später leichter in deiner Lebensplanung unterbringen lässt«, versuchte Romina die Bedenken zu zerstreuen.

»Vielleicht will ich gar nicht erfolgreich werden?«, schmollte Afina. »Vielleicht reichen mir ein Mann und viele Kinder?«

»Auch nur kurzfristig, würde ich sagen«, kommentierte Eduard und legte den Arm um sie. »Dazu bist du viel zu sehr die Tochter deiner Mutter, als dass dir das allein auf Dauer genügen würde.«

Romina schmunzelte und sandte einen Kuss zu den beiden. Eduard stupste den Kleinen mit dem Fuß an: »Aber vielleicht lassen wir Samuel hier. Der will dir nämlich was beichten.« Dem erschreckten Blick von Samuel folgte ein leises Gestotter. Schließlich verstand Romina, dass seine Deutschnoten schlecht waren.

»Du musst so lange hier bei Maty bleiben, bis deine Noten besser werden. Sie lassen dich so nicht rein«, drohte Eduard ihm. Romina warf Eduard einen strengen Blick zu: Solche Dramatisierungen brachten überhaupt nichts.

»Na, erst muss Mama ja mal einen richtigen Job finden«, wollte Eduard mit seinem Lieblingsthema anfangen, »und so, wie sich das momentan darstellt, hast du noch ein bisschen Zeit zum Deutschlernen, Samuel.«

Nicht jetzt und vor den Kindern. Romina verabredete sich mit Eduard für einen intimeren Chat am späten Abend und erzählte zum Schluss noch vom Fortgang des Care-o-bot-Projekts. »Und ich wär da nie drauf gekommen, Afina, wenn ich nicht an deinen alten Teddy hätte denken müssen!« Afinas Lächeln machte Romina ganz sentimental. »Einen dicken Kuss euch dreien, und macht es gut!«

»Nein, jeder einen eigenen«, quietschte Samuel schon wieder munter dazwischen.

Als Eduard Samuel ins Bett gebracht hatte und Afina und seine Mutter sich in ihre eigenen Zimmer verkrochen hatten, schaltete er Rominas unbeabsichtigten Dreh ein. Er sah Deutschland jetzt durch Rominas Augen, sah, was sie sah, hörte sie sprechen, registrierte die Blicke, die ihr galten. Er war seiner Frau schon lange nicht mehr so nahe gewesen. Gleichzeitig schmerzte ihn zu sehen, wie unabhängig und vernetzt sie ihr Leben mit Menschen führte, mit denen er keine Berührungspunkte hatte.

Er sitzt wie ein Floh auf Rominas Brille, die neben Franziska und Muhammad im tunesischen Hochhaus vor der Tür seiner Eltern steht. Gerade sagt sie panisch zu Franziska: »Ich hab überhaupt nichts zum Mitbringen!«

»Quatsch! Egal«, knurrt Franziskas Mann, doch da drückt ihr Franziska schon eine Tupperware mit irgendwelchen Spinatröllchen in den Arm. »Nimm das hier. Ich hab dich ja genötigt, mitzukommen«, raunt sie. Schon dehnt sich ihr Mund zum Lächeln, weil gerade die Tür von einer üppigen Tunesierin aufgerissen wird.

»Ah, encore! Du schleppst schon wieder so ein künstliches

Junkfood an«, begrüßt Nursaba ihre deutsche Schwiegertochter, die jetzt nur noch zwei knisternde Tüten in der Hand hält.

»Ja, Mama, wenn dein Sohn ordentlich kochen könnte, gäb's was Anständiges. Aber so musst du leider damit vorliebnehmen.« Franziska drückt ihr die Tüten in der Umarmung vor den Busen und küsst sie abwechselnd auf die Wangen. Ihr Mann lächelt seine Mutter entschuldigend an und drängt sich betreten in den kleinen Flur, der bereits voller Menschen steht.

»Ach, Romina! Quelle bonne surprise!« Strahlend umarmt Nursaba die frühere Nachbarin.

Eduard wird es fast schwindlig, weil das Kamerabild so schnell schwenkt und nun in einer verwischten Nahaufnahme von Nursabas Kopftuch verschwindet. Das ist ja noch schlimmer als bei diesen uralten Dogma-Filmen, denkt er und versucht, sich wieder auf das Gespräch zu konzentrieren.

»Wie lange hab ich dich nicht gesehen?«

»Lange genug, als dass ich zwischenzeitlich kochen lernen konnte«, scherzt Romina, gibt aber gleich zu, dass Franziska die Spinatröllchen gemacht hat und sie sich gerade ganz zufällig getroffen haben.

Franziska drängt sich vorbei und baut sich vor ihrer Schwiegermutter auf: »Dabei kommt das hier«, sie sucht Nursabas Blick und presst den Finger so fest auf die grün-silbrige Packung, dass sie fast zu platzen droht, »direkt aus Doha, Mama. Und das sind salzige Pistazienkekse.«

»Ah, j'adore les pistaches!«, und mit gesenkter Stimme fügt sie hinzu: »Du weißt doch, du bist mein Herz, Franziska.«

»Ja, ich weiß, dass du Pistazien liebst«, lacht die.

»Allez! Venez! Kommt rein, Kinder, kommt rein!« Nursabas Mann Ali ruft vom Wohnzimmer aus seine Großfamilie. Durch das große Wohnzimmerfenster, das seitlich von UV-Stores und Troddeln eingerahmt ist, sieht Romina Ali und Muhammads

Brüder, die lässig an der Balkonbrüstung lehnen und alkoholfreies Ginger Beer trinken. Gegenüber an der Hauswand sitzen Hamid und seine Frau Shalima, die gerade ihren Schleier beiseitelegt und ihre beiden kleineren Jungs zurechtweist, die hinter dem Massagesessel irgendeinen Krieg ausfechten. In der Küche deuten Geschirrklappern und Frauenstimmen auf weitere Freunde oder Verwandtschaft hin.

Eduard sieht, wie Romina auf ihre Füße schaut, und fühlt fast ihren Unglauben über die watteweichen Perserbrücken, die den ganzen Wohnzimmerboden bedecken. Das große Buffet, das Nursaba vor dem Balkonfenster aufgebaut hat und das sich draußen über ein paar Tische neben dem Grill fortsetzt, lässt ihm das Wasser im Mund zusammenlaufen.

»Bonjour, mes enfants. Was möchtet ihr trinken? Es gibt Tee, Minze und schwarz, Ginger Beer, Mango Lassi, Cola und Kinderbowle – ihr wisst, es gibt hier keinen Alkohol. Und die Limonade da ist mit Zitrusfrüchten und Minze.« Er schöpft Romina und Franziska eine Limonade.

»Wir müssen mal wieder zusammen in den Hamam gehen, Romina«, sagt Franziska.

»Oh ja! In welchen gehst du denn am liebsten?«

Franziska flüstert: »Psst! Ich geh drüben zu den Ägyptern ins Mocca, weil da der Masseur besser ist und ich den Kaffee dort liebe.«

»Endlich guten Kaffee im Tchibo-Hochhaus«, schmunzelt Romina und wendet sich weiter Franziska zu: »Du bist wohl immer noch ständig auf Achse?«

»Es ist im Grunde genau wie früher, nur dass die Entfernungen größer geworden sind. Sie haben mir gerade ein Angebot für Doha gemacht, eine riesige Projektentwicklung in Katar. Da wäre ich allerdings immer mindestens sechs Wochen am Stück dort und könnte danach maximal zwei Wochen hier sein.«

»Und wie machst du das diesmal mit den Kindern?«

»Entweder Muhammad kümmert sich um sie, oder ich muss sie dort in eine englische Schule schicken, oder wir schicken sie gleich nach England ins Internat. Die Schulbildung hier ist sowieso die Katastrophe.«

»Habt ihr sie hier im Quartier in der Schule?«

»Nein, auf keinen Fall, bist du verrückt? Bei einem Migrantenanteil von 98 Prozent und den Schlägerbanden? Es reicht schon, dass wir hier wohnen geblieben sind.«

Eduard erinnert sich, dass Romina von der neuen Wohnung erzählt hat, einer extrem schicken ehemaligen Büroetage, die Franziska mit einer Innenarchitektin umgestaltet hatte. Den Blick über ganz Hamburg hatte sie auf unzähligen Partys genossen. Der Gedanke versetzt ihm einen kleinen Stich.

»Nein, wir haben sie in Winterhude, in der Nähe von Muhammads Orientalischer Oase. – Hab ich dir das schon erzählt? Muhammads Bruder hat für die Innenhöfe des Lifestyletempels wundervolle hängende Gärten geplant! Na jedenfalls gehen sie dort nach dem Hort hin, bekommen in Babas Café immer noch eine Süßigkeit, und dann nimmt Muhammad sie mit heim. Aber die Schule ist dort auch nicht viel besser.«

Romina hat offenbar ins Schwarze getroffen, Franziska redet sich in Fahrt. »Muhammad sagt, von dem Unterricht laut Stundenplan finden höchstens zwei Drittel statt. Der Rest fällt aus oder wird wegen Lehrermangel nicht erteilt, oder es sind Aushilfskräfte, die die Kinder nur beaufsichtigen, statt sie zu unterrichten. Wenn ich den Job bekomme, könnten wir den Kindern ein wirklich gutes englisches Internat für die nächsten vier Jahre finanzieren. Da sind inzwischen so viele deutsche Kinder, die fühlen sich da wie zu Hause.«

Rominas Blick schweift durch den Raum. Ob sie wohl an Afina und Samuel denkt?, fragt Eduard sich. Dann hört er sie sagen: »Und wie lange würde das Projekt dich dort unten binden?«

»Drei Jahre wahrscheinlich. Die sind bei den Abstimmungen mit den Behörden und brauchen jetzt jemanden mit Erfahrung, der sich da voll reinhängt.« Sie rührt in der Limonade und setzt sich auf die Armlehne des Außensofas, in dem Hamid und Shalima mit ihrem dreijährigen Sohn Platz genommen haben. »Aber Muhammad ist natürlich nicht begeistert. Und mit den Kindern haben wir noch gar nicht gesprochen, bis wir wissen, wie wir das organisieren wollen. Wir hatten eigentlich gehofft, es wird irgendwann weniger mit dem Reisen, aber es werden immer größere Entfernungen. Osteuropa ist bis auf die Türkei entwicklungstechnisch ausgebaut, da muss erst mal der Wohlstand wieder aufholen. Jetzt interessieren nur noch die Emerging Markets in Indonesien, Südamerika und Teilen Afrikas oder kleine reiche Staaten, wie Katar, und die sind leider weit weg.« Sie schaut zu Romina hoch: »Wie läuft das eigentlich mit deiner Familie auf die ewige Distanz?«

»Technisch bestens. Ich schaue mir die Hausaufgaben an, kann mich Eduard zeitweise zuschalten und ihn auf Spaziergängen, Autofahrten oder in all den anderen überflüssigen Zeiten ein wenig begleiten und erfahre immer ein paar Ausschnitte aus seinem Alltag. Manchmal schickt er mir Musik von seiner Band oder Bilder von einem gerade fertiggestellten Projekt.«

Eduard stellt fest, dass sich Rominas Beschreibung ihrer Ehe besser anhörte, als sie sich anfühlt. Sie verschweigt, dass sie sich oft zum falschen Zeitpunkt antreffen und auf später vertrösten oder den anderen kommentarlos wegdrücken. Auch das Thema Treue wurde von beiden Seiten einfach vermieden, um die Beziehung nicht noch komplizierter zu machen, als sie ohnehin schon war. Der milde Blick von Franziska scheint ihm zu verraten, dass sie aus eigener Erfahrung nur zu genau weiß, was alles an Nebenkriegsschauplätzen dazugehört.

»So ist das, wenn man alles erreichen und sich dennoch geliebt fühlen will. Ich hab viele Kollegen und Kolleginnen, die mit Eintritt in das Projektentwicklergeschäft ihre Beziehung und Familie auf Eis gelegt haben. Also eine Auszeit genommen haben und danach einfach sehen wollten, ob auf beiden Seiten noch was ist, was eine erneute Bindung rechtfertigt.«

»Ein bisschen sehr cool, oder?«

»Also ehrlich gesagt machen wir das doch genauso, oder?«

Das Kamerabild tanzt, als Romina heftig den Kopf schüttelt: »Nee, finde ich nicht. Wir halten doch täglich den Kontakt zu unseren Kindern, und ehrlich gesagt ist Familie nicht einfach nur ein Gefühl, das man sich aussuchen kann!«

»Wem sagst du das?« Franziska macht eine ausladende Handbewegung in Richtung der versammelten Sippschaft. »Nein, aber ich finde es ehrlicher, die Liebe nicht über Jahre und Kilometer hinweg konservieren zu wollen und am Ende verrückt zu werden, weil man erkennt, dass gar nichts mehr da ist. Die eine Art ist, so wie du und ich zu agieren, und das bedeutet, sich zu verpflichten. Trotz einem neuen Umfeld und neuer Freiheit. Die andere ist, die Freiheit zu leben und zu hoffen, dass der vertraute im Endeffekt auch der Wunschpartner bleibt. Und wenn nicht, offenbart das nur ehrlich, dass man sich auseinandergelebt hat.«

»Wenn ich dich so deutschrational daherquatschen höre, mein Schatz, frage ich mich wirklich, welche Rolle ich in deinem Leben spiele!«, schaltet sich Muhammad in die Diskussion ein. Der hektische Schwenk der Kamera verrät, dass die beiden Frauen sich ertappt fühlen.

»Es ist eigentlich auch ein bisschen romantisch«, versucht Franziska sich zu verteidigen.

»Naiv trifft es besser. – Que penses-tu? Für wie dackelig hältst du mich eigentlich?«, zischt er sie mit unterdrückter Stimme an »Meinst du, du kannst uns allen das Leben aufpfropfen, das der Vorstellung von deinem am besten passt?«

»Immerhin sichert es dir deine Vorstellung von einem Leben als Inhaber eines Einrichtungs- und Lifestyletempels.« Eduard zuckt in stiller Solidarität mit Muhammad zusammen. Franziska versucht es erneut, gerade noch freundlich: »Was ist denn mit dir los? Wir haben doch gewusst, wofür wir das machen: Du wolltest die finanzielle Unabhängigkeit von deiner Familie, dann gefiel uns die Wohnung, dann kam das Angebot mit dem Gewerbeblock, und über meine Auslandsreisen kann ich dir helfen, deine Stücke vor Ort günstiger einzukaufen. Es läuft doch auch alles gut an. Was ist denn falsch daran?«

»Vielleicht stört es mich, dass ich Wünsche habe und du entscheidest, wie sie erfüllt werden.«

Franziska schweigt kurz, bevor sie vorschlägt: »Okay, Muhammad, lass uns die Diskussion auf zu Hause vertagen. Am Mittwoch muss ich mich entscheiden, bis dahin können wir tausend andere Konzepte durchspielen.« Im Bemühen, die Schärfe etwas herauszunehmen, frotzelt sie: »Aber ich koche nicht für den Clan hier!«

Es scheint zu wirken, Muhammad nimmt sie in den Arm und sagt zu Romina gewandt: »Ist das nicht furchtbar? Die Frau ist gerade aus Katar gelandet und war davor vier Wochen in Indonesien. Die letzten drei Monate habe ich sie vielleicht sieben Nächte im Arm halten können. Je mehr Sehnsucht ich und die Kinder nach ihr haben, umso mehr treibt es sie weg. Ich versteh das nicht. Elle est terrible!«

»Andernfalls wäre sie todunglücklich«, wendet Romina ein.

»Ja, das wäre ich. Aber vielleicht bin ich mir wirklich zu sicher, dass Muhammad und die Kinder mich bedingungslos lieben. Das ist für mich eine Art Fundament, das ich nicht hinterfrage.«

»Ein wackeliges Fundament, ma chère. Deine Kinder wissen kaum etwas von dir. Für sie ist Tante Momo der Mutterersatz und Nursaba die Grandmère, mit Pascha Ali.«

Muhammad scheint weniger auf Franziskas Muttergefühle zu geben.

»So einen Job mit der Verantwortung kannst du nur machen, wenn du hundert Prozent gibst«, versucht Romina ihrer Freundin beizuspringen. Jetzt schaltet sich Shalima ein: »Hier geben auch viele hundert Prozent und haben trotzdem kein Jetset-Leben. Fatima, die als Hausmädchen eine Siebzig-Stunden-Woche hat, obwohl sie nur vierzig bezahlt bekommt, gibt alles. Marusha, die nachts leere Büroetagen putzt, morgens Hamid auf dem Großmarkt hilft und dann die Kinder für die Schule fertig macht. Die schläft nur vier Stunden am Vormittag. Oder Hamid, den ich kaum sehe, weil ständig in irgendeiner Filiale was schiefläuft. Laut Vertrag ist er Supervisor und muss dafür sorgen, dass die Läden laufen. Aber sein Chef setzt viel zu wenig Personal ein, sodass Hamid überall selbst mithelfen muss. Und ich gebe auch hundert Prozent für meinen Job, obwohl ich nicht sagen kann, dass mich Hilfsköchin ausfüllt oder ich in den letzten sechs Jahren irgendwas dazugelernt habe, um weiterzukommen.«

»Simri ist weiter gekommen«, wirft Nursaba ein.

»Oui, bien sûr, der Onkel von Simri ist ja auch der Cousin vom Chef«, spottet Shalima.

»Na ja. Andererseits, du kennst es doch von uns allen hier nicht anders.« Nursaba hält dagegen, und Eduard folgt Rominas Blick, wenn sie von einer zur anderen schaut, wie bei einem Tennismatch, und dazwischen immer wieder auf den Teller in ihrer Hand guckt, von dem kontinuierlich Vorspeisen, Couscous und gebratenes Lamm verschwinden. Es sieht ein bisschen bedrohlich aus, wenn sie die Gabel oder das Glas zum Mund führt, denkt Eduard.

»Ich habe Muhammad und seine Brüder auch kaum gesehen, weil ich Ali im Laden geholfen habe. Wir Frauen haben das ganze Lager, die Logistik und den Verkauf gemacht. Ali hat sich um den Einkauf gekümmert und Geld besorgt, wenn es mal knapp war. Der Rest blieb an uns hängen. Aber die Familie hat es aufgefangen. Meine Kinder waren bei Alis Maman, und dort ging es ihnen gut.«

»Genau das meine ich«, pflichtet Shalima bei. »Die Familie fängt das auf. Für die Kinder ist gesorgt. Wenn du in Schwierigkeiten bist, hilft sie, und du hast nicht das Gefühl, die Einzige zu sein, die hart arbeitet, weil es hier jeder tut.«

»Na, ich kenne auch ein paar, die machen sich nicht kaputt, und die Familie deckt das«, wendet Franziska ein. »Ich meine die Paschas, die den großen Max markieren und ihre Familie für sich schuften lassen.«

»Mais non, Franziska! Die tun sehr wohl was!« Nursaba widerspricht energisch. »Die halten die Verbindungen und Kontakte. Das ist sehr wichtig, denn sie tragen die Verantwortung, dass es jedem in ihrer Sippe gut geht und keiner durch das Netz fällt.«

»Ihr könnt in dieser traditionellen Aufgabenverteilung aber immer nur ein Mittelmaß halten«, versucht Franziska ihr Lebenskonzept von dem der Großfamilie abzugrenzen. »Die Kinder werden zwar beaufsichtigt, aber nicht gefördert. Die Jungs werden nach wie vor hoffnungslos verwöhnt. Und weil die meisten unter ihnen nur Mütter sehen, die sich als Personal für andere Familien kaputt machen, und Väter, denen es als Servicekraft nicht viel anders geht, entwickeln sie kaum Ideen für einen Beruf, der sie inhaltlich ausfüllen kann. Ihr helft den Schwachen, aber fördert nicht die Starken. Und wenn eine auffallend gut ist unter euch, wie zum Beispiel die Nichte von Hamid, dann fällt das erst mal als Störung auf, weil es die geplante Rangordnung durcheinanderbringen könnte.«

»Na, bei Hamids Nichte war das ja nicht so schlimm, weil sie eine Frau ist. Die sind in der Rangordnung eh nicht vorgesehen«, grinst Muhammad.

»Ja, genau wie deine Cousine. Die führt ihr eigenes Hotel, stellt haufenweise Familienmitglieder ein, hat aber keine entsprechende Position in der Familie.«

»Oui, t'as raison.«

»Ist doch immer wieder gut zu hören«, lacht Franziska, »dass hier keiner was gegen arbeitende Frauen hat.«

Die Aufnahme ging noch weiter, aber Eduard hatte fürs Erste genug gesehen. Es war überdeutlich zu erkennen, dass Romina immer selbstständiger und unabhängiger agierte. Zwar durfte er ihr über die Schulter sehen, aber er war nicht viel mehr als ein stummer Begleiter. Und mittlerweile schien er ihr als stummer Begleiter lieber zu sein denn als der Partner und das Korrektiv, als die Stütze, die er ihr sein wollte. Sie reagierte schnell gereizt, wenn er sie zu einer Festanstellung überreden wollte, und umgekehrt kam sie mit so verrückten Ideen wie diesem Roboter-Teddy, was zu allem Überfluss ein unbezahltes Projekt zu sein schien. Es war als ihr Ehemann ja wohl seine Aufgabe, sie vor ihrer eigenen Gutmütigkeit zu schützen, aber die Distanz war inzwischen nicht nur räumlich, sondern auch emotional gewachsen. Wie lange war sie schon nicht mehr in der Ukraine gewesen? Mehr als zwei Jahre musste das jetzt her sein, zu Samuels vorletztem Geburtstag. Er sei ja ein Halb-Ehemann, spotteten seine Freunde, nur die Pflichten, nicht die Rechte. Sie hätten auch gleich sagen können: ein halber Mann.

Fakten zu Liebe und Zusammenleben

Liebe, Romantik und Zweisamkeit müssen sich zunehmend der individuellen Selbstverwirklichung im schnellen und technisch bestimmten Leben beugen. Die Partnersuche wird digitalisiert, das Finden des »perfect match« der App überlassen. Familien im klassischen Sinne werden noch weiter abnehmen, das Beibehalten des unabhängigen Single-Lifestyles stellt dabei keinen Widerspruch zu fester Partnerschaft und Kinderwunsch mehr dar.

Singleisierung in einer Multioptionsgesellschaft

Aktuell gibt es 17 Millionen Singles in Deutschland.[1] Und fast 40 Prozent der Deutschen leben allein, in den Stadtstaaten Hamburg und Berlin wohnen sogar mehr als die Hälfte der Einwohner in Ein-Personen-Haushalten.[2] Bis 2030 werden 81 Prozent der Haushalte aus nur einer oder zwei Personen bestehen, berechnete das Statistische Bundesamt. Haushalte mit drei oder mehr Bewohnern – vor allem Familien mit Kindern – werden immer seltener: Ihre Zahl wird bis 2030 etwa um ein Viertel abnehmen.[3] 57 Prozent der Singles sind der Meinung, dass es mehr als eine Person gibt, mit der sie glücklich werden könnten.[4] Immer weniger Menschen wollen und können sich festlegen. 28 Prozent der Singles glauben, zu anspruchsvoll bei der Partnersuche zu sein, und mehr als ein Viertel hat Angst, dass Verbindlichkeiten wie eine gemeinsame Wohnung, Ehe oder Kinder die persönliche Freiheit und Unabhängigkeit einschränken.[5] Entzieht sich die Multioptionsgesellschaft mit ihrer Wankelmütigkeit also der Liebe?

Digitale Freunde

Mit zunehmender Singleisierung und alternativen Familienkonstellationen wird der Freundeskreis immer mehr zur Wahlverwandtschaft. Als »Ersatzfamilie« kommt den Freunden eine immer wichtigere Rolle zu. Das Netz und die Mobiltelefonie haben das Kommunikationsverhalten grundlegend verändert. Besonders junge Menschen kommunizieren so viel wie nie zuvor, lesen aber gleichzeitig immer ungenauer. Sie haben viel mehr Kontakte, aber immer weniger enge Freunde. Man simst, während man mit den Freunden Kaffee trinkt. Beim Ausgehen werden permanent Updates von Besuchern anderer Partys empfangen. Vor lauter Kommunikation nimmt man oft gar nicht mehr wahr, was um einen herum geschieht. Dabei geht Geschwindigkeit oft vor Inhalt. Eine Generation von Digital Natives ist konstant mit ihrer Peergroup vernetzt. Das moderne Leben lässt sie weniger mit realen Menschen interagieren als mit der Simulation realer Menschen über das Facebook-Profil oder den Avatar im Chat. So werden wir gemeinsam einsam, denn unverbindliche digitale Beziehungen beinhalten die Illusion einer Gemeinschaft, ohne die Anforderungen an echte Freundschaften zu stellen, meint die Soziologin Sherry Turkle.[6]

The Internet is for porn!?

Wenn die Freundschaftspflege und Partnersuche zunehmend im Netz stattfindet, verwundert es nicht, dass auch die Sexualität zunehmend online befriedigt wird. Das Internet revolutioniert eine ganze Branche. Hochglanzhefte und Videos, die man aufgrund von zu viel nackten Inhalten umständlich verstecken musste, sterben aus. Stattdessen wird über YouPorn und Co. live gestreamt. 12 Prozent aller Webseiten, 25 Prozent aller Suchmaschinenanfragen und 35 Prozent aller Internet-Downloads sind pornografisch.[7] Ein Markt differenziert sich aus: Im Internet gibt es keine Mainstream- und schon gar keine Softpornos mehr, sondern für jede noch so spezielle Vorliebe findet sich ein Untergenre. Gewöhnliche Pornografie wird selten – mit Auswirkungen auf unser reales Liebesleben. Bislang tabuisierte Praktiken wie Analsex werden zum »Standardprogramm«. So gaben 2010 in einer Studie der Indiana University 46 Prozent der 25- bis 29-Jährigen an, Analverkehr zu haben. 1992 bekannten sich dazu nur 20 Prozent der Befragten, also weniger als halb so viele.[8] In derselben Studie gaben auch 20 Prozent der 18- bis 19-Jährigen an, mindestens einmal Analverkehr gehabt zu haben. Sie ahmen nach, was sie im Internet sehen. YouPorn übernimmt die Aufklärung. In der BRAVO Dr.-Sommer-Studie von 2009 gaben zwei Drittel der 11- bis 17-Jährigen an, schon einmal pornografische Bilder und Filme gesehen zu haben.[9] Pornos zu schauen gehört mittlerweile zum normalen Medienkonsum Heranwachsender.[10] Und wenn wir durch Hardcorepornos aufgeklärt werden, prägt das unsere Vorstellung von Sexualität. Beunruhigend an dieser These ist, dass Seiten wie YouPorn ungeschönt, roh und ohne Vorgeplänkel in kurzen Clips Amateure beim Sex zeigen, der sich einzig auf die Highlights des Aktes beschränkt. Die Autorin Gail Dines fürchtet, dass diese völlig emotionslose Pornografie Männer dahingehend konditioniert, Frauen zu Objekten zu erniedrigen, und dass Respekt, Liebe und

Verbundenheit als Elemente von Sexualität weiter an Bedeutung verlieren.[11]

Dennoch hat Social Media in den letzten zwei Jahren die Pornografie als Topaktivität im Netz abgelöst.[12] Ist die Generation Y zu beschäftigt mit Facebook und Co., um sich nackte Haut anzusehen? Oder finden mittlerweile Sextalks über Social Media und Peepshows über VoIP statt? Zudem boomen Seitensprungportale wie ashleymadison.de.[13] Der weltweit führende Dating Service für diskrete Treffen hat über 9 105 000 anonyme Mitglieder und wird in Radio, Fernsehen und Tageszeitungen beworben. Laut Europachef Constantin Dietrich registriert sich alle elf Sekunden ein neues Mitglied, und umsatzmäßig ist es das am schnellsten wachsende soziale Netzwerk nach Facebook.[14]

Partnersuche auf digitalen Wegen

Das Angebot an Seitensprung- und Partnerportalen ist enorm. Zwar geben 60 Prozent aller deutschen Singles an, glücklich mit ihrer beziehungslosen Situation zu sein, aber gleichzeitig wollen 85 Prozent nicht mehr alleine sein.[15] Für 70 Prozent der deutschen Singles zwischen 18 und 29 Jahren zählt eine Beziehung zu den wichtigsten Dingen im Leben.[16] Liebe bleibt also ein Sehnsuchtsfeld. Aber wie suchen wir uns in Zukunft einen Partner? Wird statt dem zufälligen Kennenlernen am Arbeitsplatz, an der Supermarkttheke oder auf Partys einfach ein Computeralgorithmus unseren »perfect match« auswählen? Es scheint so, denn immer mehr Deutsche verlassen sich auf die Rechenleistung von Online-Partnerbörsen, bei denen der Code aus Einsen und Nullen den passenden Partner zuweisen soll. Angeblich lernten sich bereits 17 Prozent der Ehepaare, die 2010 geheiratet haben, über das Internet kennen.[17] Und knapp 28 Prozent der 30- bis 40-Jährigen setzen auf die digitale Partnersuche.[18]

So wird aus der Liebe ein ertragreiches Geschäft. »Der Online-Dating-Markt ist in den vergangenen Jahren um durchschnittlich 20 Prozent gewachsen. Und ein Ende ist noch lange nicht in Sicht«, so Henning Wiechers, Geschäftsführer des Internet-Portals Singlebörsen-Vergleich.[19] Der Erfolg führt zur Ausdifferenzierung des Segments. So gibt es mittlerweile Singlebörsen, die nach Wohnort (www.MuenchnerSingles.de), Konfession (ChristsuchtChrist.de), Bildungsgrad (Elitepartner.de), Musikgeschmack (tastebuds.fm), Äußerem (lange-liebe.de) oder auch Lebensumständen (handicaplove.de) gefiltert bindungswillige Gleichgesinnte zusammenbringen wollen. Ob echte Liebe oder ehrlicher Sex, Online-Dating-Plattformen versprechen, mit einem Klick den passenden Partner ins reale Leben downzuloaden. Drei von vier deutschen Singles bezweifeln jedoch die Ehrlichkeit von Menschen, die in Internet-Partnerbörsen aktiv sind.[20]

Mehr Glaubwürdigkeit besitzen soziale Netzwerke wie Facebook, bei denen die Wahrscheinlichkeit, hinter dem Profil einen echten Menschen zu finden, höher und die Anonymität geringer erscheint. Man vertraut Personen, die mit den eigenen Kontakten ebenfalls befreundet sind. Dazu kommt, dass das digitale Flirten hier kostenlos ist, auch wenn es im Zweifelsfall etwas mehr Mut erfordert, jemanden anzuchatten. Der Erfolg der Facebook App »Breakupnotifier«,[21] die per Mail über die Änderung des Beziehungsstatus von Freunden informiert, stützt diese These.

Aber nicht jeder gibt den Beziehungsstatus überhaupt oder korrekt an. Auch hier gibt es Wege, eine Illusion aufzubauen, auch wenn Facebook ein Netzwerk realer Identitäten sein möchte. Denn auch in der Liebe gilt: Konkurrenz belebt das Geschäft. Waren es früher fingierte Anrufe und SMS auf dem Mobiltelefon, findet die Illusion jetzt auf der eigenen Pinnwand statt. So können sich männliche Singles, die den Eindruck erwecken möchten, sie wären in einer Fernbeziehung, beim Start-up-Unternehmen Cloudgirlfriend eine Fake-Freundin nach persönlichen Wünschen zulegen, die mit dem Benutzer, für alle Kontakte sichtbar, in sozialen Netzwerken kommuniziert.[22] So kann sich der Klient auch ein Alibi vor Freunden und Familie verschaffen, sollten beispielsweise die sexuellen Interessen dem eigenen Geschlecht gelten, ohne dass das Outing für alle sichtbar im Social Web stattfinden soll.

Romantik, on- und offline

Fake-Freundinnen, von einer Datenbank gematchte Partner und Pornos on Demand – in der digitalen Sphäre der Liebe scheint kein Platz mehr für Romantik. Trotz dieser technologischen Rationalisierung der Zwischenmenschlichkeit wird die Partnerwahl in Zukunft bestimmt nicht ausschließlich auf Datenautobahnen stattfinden. Auch offline finden vermehrt Datingveranstaltungen mit Eventcharakter statt. Dabei wird gekocht, in fremden Sprachen geredet oder die Stoppuhr gestellt, wie beim Speeddating. Leistungsgetrieben und effizient wird das Kennenlernen im Eiltempo vollzogen. In der kurzen Zeitspanne zwischen zwei Tonsignalen kann man das Gegenüber nach Gemeinsamkeiten abklopfen, bis weiter reihum gewechselt wird.

Trotzdem wird man nach wie vor zufällig auf jemanden treffen, der einem das Herz höherschlagen lässt. Doch wie ihn oder sie dann ansprechen? Bei dieser größten aller Hürden könnte die Technik uns wiederum behilflich sein. Anbieter wie FlipMe[23] stellen eine Webplattform bereit und verkaufen Flirtkarten mit personalisierten Codes. Sieht eine Frau dann einen interessanten Mann, steckt sie ihm einfach eine Karte zu. Darauf steht, neben einem kurzen Spruch, eine Webadresse und ein Passwort, das den Zugang zu ihrem Online-Profil freigibt. Der klare Vorteil ist hier der reale Erstkontakt, der das langwierige Durchstöbern geschönter Profile überflüssig macht. Nicht zuletzt werden Apps noch spezifischer. Nachdem Facebook die automatische Gesichtserkennung von Personen auf Fotos eingeführt hat, wird der nächste Schritt aus dem 2-D- in den realen 3-D-Bereich sein. Wenn man der passenden Person in einem unpassenden oder schüchternen Moment begegnet, zückt man dann das Smartphone, scannt die Person und ruft hilfreiche Informationen wie Kontaktdaten oder Beziehungsstatus ab. Falls gewollt, hat das Gegenüber nämlich persönliche Daten freigeschaltet, die diese über Augmented Reality wolkenähnlich umgeben. Stimmen die Angaben mit den eigenen Ansprüchen und Überzeugungen überein, kann der Kontakt gespeichert oder sofort eine Nachricht geschrieben werden. Dieses Augmented-Reality-Flirting stellt eine Mischung aus off- und online dar.

Smartphone-Apps wie StreetSpark oder Flirtomatic, die nach Art von Foursquare oder Google Places den eigenen Standort einbeziehen, zeigen Singles in der Nähe an.[24] Bei Übereinstimmung der Nutzerprofile werden die Personen aufeinander aufmerksam gemacht. Ob man sich nun direkt anspricht oder lieber zunächst mit einer Ping-Nachricht das Interesse vortestet, ist jedem selbst überlassen. Entscheidend ist, dass man nicht mehr selbst suchen muss, sondern per GPS-Ortung und Push- oder SMS-Benachrichtigung automatisch über potenzielle Partner in der näheren Umgebung informiert wird.

Family reloaded

Ist der digitale Kennlernschritt gemacht und die Beziehung per Klick auch im realen Leben erfolgreich, dann heißt das nicht, dass nun die Beziehung im klassischen Sinn geführt werden muss. Der gesellschaftliche Wandel wirkt sich auch auf unser familiäres Zusammenleben aus. Globale und mediale Vernetzung, aber auch die Forderung nach einem flexiblen Lebensstil führen dazu, dass immer mehr Menschen in Fernbeziehungen leben. 20 Prozent der Deutschen unter dreißig leben bereits heute in einer sogenannten »bilokalen Partnerschaft«.[25] Über alle Altersgruppen hinweg sind es 9 Prozent. Die Gründe sind häufig Karriere und Beruf, also äußere Zwänge. Aber nicht ausschließlich: So leben Witwer und ältere Paare häufig in getrennten Wohnungen, weil sie ihr Lebensumfeld nicht mehr verlassen möchten. Um dieses Phänomen herum hat sich auch der Begriff LAT, als Abkürzung für »living apart together«, für Paare herausgebildet, die zwar fest zusammen sind und auch am selben Ort wohnen, jedoch nicht auf ihre eigene Wohnung als Rückzugsort verzichten wollen.

Die steigende Zahl später Eheschließungen zeigt, dass viele Menschen schließlich doch den Wunsch nach einer festen, beglaubigten Partnerschaft verspüren. 1991 heirateten Männer im Schnitt noch mit 31,8, 2008 mit 37 Jahren. Bei den Frauen stieg das Heiratsalter von 28,9 auf 33,8 Jahre.[26] Dabei spielen neben romantischen Erwägungen sicher auch juristisch-rationale eine Rolle: Da der Gesetzgeber verheiratete Paare zum Beispiel im Erb- und Steuerrecht oder bei der elterlichen Sorge für gemeinsame Kinder immer noch besserstellt als unverheiratete Paare, gibt es auch praktische Gründe für eine Eheschließung. Zugleich gibt es immer weniger den sozialen Druck einer frühen Heirat, sodass unterschiedliche Formen des Zusammenlebens erprobt werden können und die wilde Ehe lange ausgelebt werden kann. Auch das Familienleben mit Kind wird zunächst ausprobiert, bevor man sich im letzten Schritt das Jawort gibt. Hatten 1991 8 Prozent der Brautleute gemeinsame Kinder, waren es 2008 schon knapp 20 Prozent.[27]

Projekt Baby

Das Thema Kind stellt sich also nicht mehr traditionell erst nach der Hochzeit, sondern in allen Lebensphasen und Beziehungsformen. Doch durch instabile finanzielle Verhältnisse, die Karriere oder den fehlenden Partner (44 Prozent) wird die Entscheidung für oder gegen ein Kind immer mehr unter rationalen Gesichtspunkten getroffen. In Zeiten von Planungssicherheit und zuverlässiger Verhütung würden sich dennoch 50 Prozent der Frauen zwischen 25 und 34 Jahren freuen, wenn ihnen das Schicksal die Entscheidung abnähme und sie einfach so schwanger würden.[28] Die steigende Zahl der Einzelkinder verdeutlicht den Hang zur Selbstverwirklichung einer von der individuellen Sinnsuche getriebenen Gesellschaft. Viele Eltern möchten ein Kind, jedoch ohne ihren Lebensstil zu verändern. So kommt es, dass »Latte-macchiato-Mamas« und »Dadster« versuchen, ihren Nachwuchs in den urbanen Alltag und in vorfamiliäre Gewohnheiten zu integrieren. Hier wird jugendliche und jung gebliebene Coolness mit erwachsenem Selbstbewusstsein und Verantwortung gepaart. Denn diese Szeneeltern hüten ihr Kind nicht isoliert daheim als Hausmütterchen, sondern sie verabreden sich zum Shoppen und Kaffeetrinken. In den In-Vierteln deutscher Metropolen sind Kinder mittlerweile fast zu Modeaccessoires geworden. So haben gehässige Zungen Berlins Viertel Prenzlauer Berg wegen seiner hohen Geburtenrate bereits in »Pregnant Hill« umgetauft.[29]

Gleichzeitig erfolgt die Familiengründung immer später. Biologische Grenzen werden nicht mehr einfach akzeptiert, sondern dank neuer Medizintechnik in einzelnen Fällen sogar überwunden. So wurde etwa Sängerin Gianna Nannini noch im Alter von 54 Jahren Mutter. Diese alten Eltern gehören meist zu einer höher gebildeten, gesellschaftlich und beruflich etablierten Gruppe. Wenn äußere Ziele erreicht und innere verwirklicht sind, fehlt ihnen zum Lebensglück nur noch der Nachwuchs. Oftmals wird mit viel medizinischer Hilfe das Wunschkind, das das Leben vervollkommnen soll, strategisch geplant. Das Kind wird zum Projekt, für das hart gearbeitet wird. Nicht zuletzt durch die sinkenden Geburtenraten werden Kinder zur kostbaren Investition, die sich auszahlen soll. Dadurch steigt die Erwartungshaltung vieler Eltern gegenüber den Betreuern ihrer Kinder und den Kindern selbst. Kinder sollen erfolgreich sein, um jeden Preis, wie es scheint. Einer Leserumfrage des Wissenschaftsmagazins Nature zufolge wäre ein Drittel der Eltern bereit, ihren Kindern leistungssteigernde Medikamente zu verabreichen, wenn deren Klassenkameraden diese ebenfalls einnähmen.[30] Der Leistungsdruck verschärft sich also auch schon bei den Jüngsten.

Alleinerziehende, Patchwork- und Regenbogenfamilien

Die Zahl der Ehescheidungen in Deutschland steigt. Von den im Jahr 2008 geschiedenen Ehepaaren hatten fast die Hälfte Kinder unter 18 Jahren.[31] Jede fünfte Familie ist alleinerziehend.[32] Dabei ist das Alleinerziehen zu 90 Prozent »Frauensache«. Nur jeder zehnte Vater kümmert sich alleine um das Trennungskind. Vor allem jüngere Kinder bleiben zunächst bei der Mutter. Je älter die Kinder sind, desto wahrscheinlicher ist es, dass sie bei ihrem Vater leben. 36 Prozent der alleinerziehenden Väter betreuten 2009 Kinder im Alter von 15 bis 17 Jahren, bei alleinerziehenden Müttern lebten deutlich weniger Trennungskinder dieses Alters.[33] Besonders häufig sind Alleinerziehende in Großstädten mit mehr als 500 000 Einwohnern anzutreffen. Mit 26 Prozent liegt der Anteil deutlich über dem Bundesdurchschnitt von 19 Prozent.[34] Denn Großstädte bieten generell eine bessere Infrastruktur mit einem breiteren Angebot an Kinderbetreuung, Versorgungseinrichtungen, Jobmöglichkeiten und Verkehrsanbindung, die den Alltag Alleinerziehender erleichtern.

Mit der höheren Lebenserwartung gehört zur zweiten Lebenshälfte, aber auch bis ins hohe Alter, immer häufiger ein neuer Lebensabschnittsgefährte oder gar eine neue Familie. Laut Statistischem Bundesamt waren 2009 von den 8,2 Millionen Familien in Deutschland 72 Prozent Ehepaare mit minderjährigen Kindern, 19 Prozent alleinerziehende Mütter oder Väter und fast jede zehnte eine Lebensgemeinschaft, die Patchworkfamilie.[35]

Zudem steigt seit Schaffung dieser Möglichkeit im Jahr 2001 die Zahl der homosexuellen Eheschließungen – und mit ihnen der Kinderwunsch in diesen eingetragenen Lebenspartnerschaften. In Deutschland wachsen derzeit über 19 000 Kinder in sogenannten »Regenbogenfamilien« auf. [36] Alternative Formen des Zusammenlebens ergänzen also das traditionelle Familienbild. Bereits 2008 lebte jeder vierte Jugendliche zwischen 14 und 17 Jahren bei einem alleinerziehenden Elternteil, einem Paar ohne Trauschein oder einem homosexuellen Paar.[37] Diese Lebensmodelle werden somit zur festen Größe in deutschen Familienkonstellationen.

Anmerkungen

1 vgl. http://www.zeit.de/karriere/beruf/2011-02/beruf-flirttrainer
  (Stand 25.03.2011)
2 vgl. http://www.welt.de/wirtschaft/article12350483/Deutschland-hat-eine-neue-Single-Hauptstadt.html (Stand: 24.03.2011)
3 vgl. http://www.spiegel.de/wirtschaft/soziales/0,1518,754082,00.
  html, http://www.destatis.de/jetspeed/portal/cms/Sites/destatis/
  Internet/DE/Navigation/Statistiken/Bevoelkerung/Vorausberechnung-
  Haushalte/VorausberechnungHaushalte,templateId=renderPrint.
  psml__nnn=true (Stand: 07.07.2011)
4 vgl. Singlestudie von ElitePartner (2010). http://www.elitepartner-
  akademie.de/wp-content/uploads/2011/03/ElitePartner-Singlestudie-
  Juni-2010.pdf (Stand: 07.07.2011)
5 ebd.

6 vgl. Interview mit Sherry Turkle, brand eins, April 2011.

7 vgl. http://www.wirefresh.com/35-of-all-global-web-downloads-are-porn/ und http://www.good.is/post/internet-porn (Stand: 01.04.2011)

8 zit. n. Vargas-Cooper, Natascha (2011): Das Märchen vom guten Sex. In: Neon, 04 / 2011.

9 vgl. BRAVO Dr.-Sommer-Studie (2009): Liebe! Körper! Sexualität! http://www.bauermedia.de/uploads/media/BRAVO_DrSommer Studie2009_Sperrfrist_2009-05-12_gr.pdf (Stand: 07.07.2011)

10 vgl. Grimm, Petra / Rhein, Stefanie / Müller, Michael: Porno im Web 2.0. Welche Rolle spielen sexualisierte Web-Inhalte in der Lebenswelt von Jugendlichen? http://www.hdm-stuttgart.de/grimm (Stand: 07.07.2011)

11 zit. n. Vargas-Cooper, Natascha (2011): Das Märchen vom guten Sex. In: Neon, 04 / 2011.

12 vgl. http://borkweb.com/story/facebook-is-better-than-porn (Stand: 01.04.2011)

13 vgl. http://www.ashleymadison.com/ (Stand: 27.04.2011)

14 vgl. welt.de (2010): Größtes Fremdgeh-Portal startet in Deutschland. http://www.welt.de/wirtschaft/webwelt/article10591428/Groesstes-Fremdgeh-Portal-startet-in-Deutschland.html (Stand: 27.04.2011)

15 vgl. FriendScout24-Liebesstudie (2010). http://www.presseportal.de/ pm/19470/1685709/friendscout24 (Stand: 07.07.2011)

16 vgl. Singlestudie von ElitePartner, Juni 2010. http://www.elitepartner-akademie.de/wp-content/uploads/2011/03/ElitePartner-Singlestudie-Juni-2010.pdf (Stand: 07.07.2011)

17 vgl. http://healthland.time.com/2011/01/03/will-facebook-steal-online-dating-sites-girl/#ixzz1AcmBJJFI (Stand 25.03.2011)

18 vgl. Singlestudie von ElitePartner (2010). http://www.elitepartner-akademie.de/wp-content/uploads/2011/03/ElitePartner-Singlestudie-Juni-2010.pdf (Stand: 07.07.2011)

19 zit. n. http://www.focus.de/finanzen/boerse/online-dating-der-findet-der-suchet_aid_480769.html (Stand: 26.03.2011)

20 vgl. http://www.focus.de/digital/computer/gesellschaft-singles-bezweifeln-ehrlichkeit-bei-online-flirts_aid_488443.html (Stand 25.03.2011)

21 http://www.breakupnotifier.com/ (Stand: 29.03.2011)

22 http://www.cloudgirlfriend.com (Stand: 07.07.2011)

23 http://flipmedating.com (Stand: 07.07.2011)

24 http://www.streetspark.com/what-is-streetspark.html und
http://www.flirtomatic.com/ (Stand: 25.04.2011)

25 vgl. Dorbritz, Jürgen (2009): Bilokale Paarbeziehungen – Die Bedeutung
und Vielfalt einer Lebensform. VS Verlag für Sozialwissenschaften, Zeit-
schrift für Bevölkerungswissenschaft, Jg. 34, 1-2 / 2009, S. 31–56.

26 vgl. http://www.zeit.de/2010/49/Langzeitpaare-Ehe
(Stand: 07.07.2011)

27 ebd.

28 vgl. Forsa-Studie (2010): http://www.guj.de/index2.php4?/de/presse/
suchergebnisse/meld_110214_70.php4 (Stand: 07.07.2011)

29 Der Berliner Bezirk Pankow, zu dem der Ortsteil Prenzlauer Berg gehört, war 2009 der Stadtteil mit der höchsten Geburtenrate in Berlin.
Vgl. http://www.statistik-berlin-brandenburg.de/Publikationen/Stat_
Berichte/2011/SB_A1-1_A2-4_q03-10_BE.pdf (Stand: 24.04.2011).
Nach Angaben des Amtes für Statistik Berlin-Brandenburg lebten 2009
genau 10 162 Kinder unter sechs Jahren in Prenzlauer Berg, 100 weniger
als im Ortsteil Neukölln. Vgl. www.berlinonline.de/berliner-zeitung/
berlin/160340/160341.php (Stand: 25.04.2011).

30 vgl. http://www.heise.de/tp/artikel/27/27695/1.html und
http://www.nature.com/news/2008/080409/full/452674a.html
(Stand: 25.04.2011)

31 vgl. Statistisches Bundesamt (2009): Alleinerziehende in Deutschland.
Ergebnisse des Mikrozensus 2009, S. 13.
http://www.destatis.de/jetspeed/portal/cms/Sites/destatis/Internet/
DE/Presse/pk/2010/Alleinerziehende/pressebroschuere__
Alleinerziehende2009,property=file.pdf (Stand: 07.07.2011)

32 ebd.

33 ebd.

34 ebd.

35 ebd.

36 Studie des Statistischen Bundesamts Wiesbaden (2008).
http://www.zeit.de/gesellschaft/generationen/2010-02/jugendliche-
familie-deutschland-2 (Stand: 07.07.2011).

37 ebd.

ARBEIT
Engagement für die eigene Sache

Geoffrey

Der Peilsender führte ihn hinter der Kuppe entlang eines Bachlaufs, direkt auf die Klosteranlage zu, deren weiß-gräulich getünchte Mauern in der Abendsonne lange Schatten warfen. Geoffrey kreiste das Motiv ein, wischte die Hochspannungsmasten aus dem Ausschnitt und schickte Nana die Aufnahme der Anlage. Sie hatte ihn nur widerstrebend ziehen lassen. Ihre Hormondröhnung setzte ihr gerade wieder mächtig zu, und Geoffrey, der mit unter ihren Stimmungsschwankungen litt, war insgeheim froh, ein paar Tage Abstand zu haben, bis sie wieder erträglicher eingestellt war.

Er ging weiter den Feldweg hinab, der ab und an mit Flecken aus Wiesenmargeriten gesäumt war. Aus dem aktuellen Stimmungsrepertoire wählte er eine Mozartsonate aus und stellte die In-Ohr-Klänge so leise, dass das Vogelgezwitscher noch zu ihm durchdrang. Seine Schuhe hatte er schon vor einer Stunde unten am Bachlauf ausgezogen und in die Seitentaschen seines Rucksacks gesteckt. Inzwischen störten ihn die vereinzelten Steinchen und auch das Kitzeln des Grases nicht mehr. Er lief auf der Grasnarbe und roch den Duft der warmen Erde. Alle Sinne waren hellwach, aber die zerrenden Gedanken ließen nicht ab von ihm. Noch bevor der erste Satz verklungen war, drängte sich die schrille Stimme seiner Exfrau wieder in sein Bewusstsein. Er erinnerte sich schmerzhaft an die Szene, als sie gegenüber ehemaligen Freuden versucht hatte, seinen geplanten Kurzausstieg der Lächerlichkeit preiszugeben. Welcher Teufel hatte Vincent bloß geritten, ihr überhaupt Bescheid zu sagen, dass er ein paar Tage verreisen würde? Bissig hatte sie die idealisierten Bilder und esoterisch angehauchten Zitate der autarken Community verspottet, die sie online gefunden und auf der riesigen Medienwand eingeblendet hatte. Pathetisch und sektenhaft hatte sie sie genannt. Na ja, das war schon nachvollziehbar. Geoffrey, der zugeschaltet gewesen war, hatte betretenes Unverständnis in den Gesichtern erkannt. Sich jetzt auszublenden war unmöglich geworden, zu erklären, dass es ihm um das Spirituelle gar nicht ging, noch unmöglicher. So war es am Ende seine Tochter Carina gewesen, die wie üblich mit hilflosen Rechtfertigungen das Eis zu brechen versucht hatte, als ihre Mutter sich aus dem Chat abgemeldet hatte: »Das musst du verstehen, Papa. Sie ist einfach enttäuscht, dass du dir eine junge Freundin gesucht hast. Ihr wart zwar schon vorher auseinander, aber jetzt fühlt sie sich so richtig alt und abgelegt. Du weißt ja, dass sie Gefühlen lieber aus dem Weg geht, aber als sie gehört hat, dass du jetzt nicht nur eine jüngere Frau liebst, sondern sogar Bäume umarmen gehst, das hat ihr schon ihr Defizit schmerzlich vor Augen geführt.«

Die Violine setzte ein. Ein Windzug strich von Norden durch die Zweige und streute ein paar weiße Blüten auf seine blassen Zehen, durch die von unten grün das Gras quoll. Geoffrey schickte ein gelb-weißes Margeritenfleckchen an Carina, die sich sofort mit einem grinsenden Freundschafts-Icon zuschaltete: »Darf ich dich auf deinem Eso-Trip ein Stück begleiten?«

»Wenn du einen gemeinsamen Spaziergang schon als esoterisch einstufst, solltest du dir das gründlich überlegen«, frotzelte er zurück. Eine Zeit lang begleitete sie ihn schweigend durch die Landschaft und die Geigenklänge und drückte nur über den Farbcode ihr Wohlwollen und den Genuss am Spaziergang aus.

»Willst du ein Kind mit Nana?«, fragte Carina plötzlich so direkt, dass beide erschraken. In die verwirrte Pause hinein meldete sich eine Bildsendung von Nana an, die Geoffrey abspeicherte, ohne sie anzusehen.

»Wir sind schon dabei, eigentlich«, antwortete Geoffrey, »aber es ist nicht mehr ganz so einfach.« Der Feldweg machte eine Biegung, und eine Steinmauer erstreckte sich rechts zum Hang hin.

»Schwierig wird's doch eigentlich erst, wenn es geklappt hat.«

»Hast du das so empfunden?«

»Ich hab zumindest gespürt, wie sehr du und Mama von dem Anspruch getrieben wart, in mir sämtliche Talente zu wecken. Immer sollte ich Höchstleistungen bringen. Diese ewigen Spezialisten und Eliteinternate haben mich schnell von euch abgenabelt. Das ging doch schon los mit denen, als ich erst vier war.«

»Wir hätten dir das Zuhause nicht bieten können, Carina. Mehrfache Ortswechsel in der Kindheit und Jugendzeit sind nachweislich der beste Weg, um später die geforderte Flexibilität im Berufsleben problemlos leisten zu können. Die Internatsaufenthalte in unterschiedlichen Kulturen haben laut allen Tests deinen IQ gefördert und deinen Horizont erweitert. Es hat dir doch auch ein Leben voller Chancen ermöglicht.« Verdammt, er klang wie das Bildungsministerium. Hilflos schob er hinterher: »Wir wollten dir eine gute Basis schaffen, auf der du dein eigenes Leben gestalten kannst.«

Ein Bussard schraubte sich über den Feldern in die Höhe. Der Dunst des heranrückenden Abends nahm der Sonne die Klarheit und Wärme. Die Distanz zum Kloster schien sich trotz des zurückgelegten Weges nicht zu verringern.

»Für die Ausbildung bin ich euch dankbar, aber diese vielen Etappen haben uns als Familie auseinandergebracht. Was verbindet uns denn noch? Als du dich getrennt hast, ist Mama dieses jahrelange Vakuum wahrscheinlich erst richtig klar geworden. Und mir vielleicht auch.«

»Ich hatte ja eher das Gefühl, ihr beide kommt ganz gut ohne mich zurecht. Deine Mutter hat mir wenig Nähe geschenkt. Und was schmerzt dich plötzlich, wenn dir schon seit deiner Kindheit die Nähe fehlt?«

»Es ist wahrscheinlich nur das Gefühl, dass es schon lange hätte anders sein müssen«, antwortete Carina und suchte nach einem Beispiel. »Schau dir meinen Nachbarn an. John ist Mitte dreißig, beruflich auch erfolgreich, aber er hat immer noch ein ganz enges Verhältnis zu seinen Eltern.«

»Hotel Mama ist nicht ernsthaft deine Wunschvorstellung?«

»Nein, aber John kann selbst wählen, wann er geht oder ob er bleibt. Das habt ihr für mich entschieden, als ihr mich zum Lernen weggeschickt habt. Ihr habt mir schon gefehlt, ich war doch wirklich noch klein damals.«

»Aber deine Internatsfreundinnen waren dir am Ende so wichtig, dass du zeitweise lieber mit ihnen in die Ferien gefahren bist als mit uns!«

»Na, Dad, mal ehrlich: Um mit dem Verlust von euch fertigzuwerden, musste ich mich doch so schnell wie möglich abnabeln. Ich fand's klüger, euch nicht zu vermissen.«

Ihr Ton wurde Geofffrey langsam zu vorwurfsvoll. »Ich werbe dich als nächste Eso-Trip-Kundin, und wenn du zurück bist, können wir gefühlsselige Erfahrungen austauschen. Da hätten wir mal was Gemeinsames. Wie wäre das?«, schlug er vor.

Carina lachte: »Darauf habe ich doch nur gewartet.«

»Du kannst leider nur bis zum Kloster dabei sein. Dort muss ich mich komplett von allem abkoppeln.«

»Dachte ich mir schon. Super! Dann kann Gregg sich in Ruhe in deinen Assistenten hacken und mir ein paar Vouchers auf mein Profil spielen. – Da! Lecker Weinbergschnecken«, unterbrach sie sich, noch bevor Geoffrey ein Schneckenmosaik an der Mauer entdeckte. »Kannst dich schon mal drauf einstellen, dass die schleimigen Tierchen jetzt auf deinem Speiseplan stehen werden.« Weg war sie. Typisch Carina, immer das letzte Wort.

Im warmen Schein der Abendsonne erreichte Geoffrey das Kloster St. Marien. Auf den letzten hundert Meter war der Feldweg auf eine alte, mit Kalksandsteinplatten ausgelegte Straße getroffen, die noch die Wärme des sonnigen Tages abstrahlte und in einen großzügigen Vorhof führte, an den sich zur einen Seite die Stallungen und zur anderen die Wirtschaftsräume anschlossen. Die großen Hoftore waren noch geöffnet, und im Schatten der Mauern mussten dem Geruch nach Pferde stehen. Durch das Tor tretend, konnte Geoffrey in einen Hofladen blicken, in dem ältere Klostermitarbeiter und Nonnen Obst und Gemüse, Käse, Honig, Wolle und Leinentücher in altertümliche Holzstiegen und Transportkisten packten. Plötzlich beklommen, nahm er den Hut seines Großvaters ab, den er extra für diese Reise in die Vergangenheit mitgenommen hatte, und eine etwa achtzigjährige Nonne löste sich aus dem geschäftigen Treiben und wischte ihre Hände an der kittellangen Schürze ab, die bis auf die Holzpantinen reichte.

»Gott zum Gruß«, sagte sie, langsam näher kommend, und

begleitete ihn dann schweigend in das Hauptgebäude, wo sie ihn der Pförtnerin übergab, die sich als Schwester Patricia vorstellte. Sie zeigte ihm ein großes ledernes Buch, in das er sich lediglich per Fingerabdruck eintragen musste.

»Sie können auch noch was dazuschreiben, wenn Sie wollen«, sagte sie, als sie seinen irritierten Blick auf die vielen schwarzen Fingerabdrücke, die die Seiten befleckten, bemerkte. »Aber alle notwendigen Personenüberprüfungsformalitäten sind ja schon während der Anmeldung erfolgt. Der Fingerabdruck, der hier eingescannt wird, genügt also zur Identifikation.«

Seine Sachen konnte er zunächst noch mit in die Zelle nehmen. Digital entkleiden müsste er sich allerdings schon heute nach dem Nachtmahl, mahnte Schwester Patricia freundlich. »Die Ausrüstung für das autarke Dorf wird Ihnen Bruder Simon zusammenstellen«, fügte sie hinzu. »Vielleicht wundern Sie sich, dass hier Männer und Frauen zusammenleben? Das Kloster beherbergt neben Mönchen und Nonnen unterschiedlicher Orden auch Gläubige anderer Konfessionen. Sie alle kommen zu Schulungen hierher, daher ist unser Leben weniger abgeschieden, als es sonst üblich ist. Und schließlich glauben wir alle an den einen Gott und an Jesus Christus, Seinen eingeborenen Sohn, unseren Herrn, nicht wahr?« Sie lächelte sanft.

Geoffrey nickte vage.

»Bis Sie von Ihrer Pilgerreise zurückkommen, warten Ihre weltlichen Habseligkeiten hinter diesen Verschlussladen auf Sie«, erklärte sie ihm mit leicht kratziger Stimme. Sie wies auf eine lange Reihe schlichter, rechteckiger Nussbaumpaneele im Flur der unteren Galerie. Wie aufgestellte Lehnen, auf denen am oberen Rand kurze Psalmen oder spirituelle Verse aufleuchten, vertäfelten sie die gesamte Wandlänge über einer durchgehenden Holzbank. Erst jetzt, beim näheren Hinsehen, erkannte Geoffrey oben in der Mitte neben dem leuchtenden Vers auf einer kleinen Glasplatte das Schneckensymbol für den dahinterliegenden Fingerprintscanner. Hinter jeder Tafel befand sich also ein Schließfach für die Sachen der Pilger.

»Ihr Fach ist seit Ihrem Abdruck unten im Buch nun auch aktiviert«, erklärte Schwester Patricia, während sie ihn an seiner Holztür vorbeiführte, von der kein Spruch leuchtete. Er hatte keinen gewollt, weil er in dem ganzen Versfirlefanz, der ihm von Autoheckscheiben, Handgepäckstücken, Shirts oder Stirn- und Armbändern entgegenblinkte, schon im Alltag nur ein hilfloses expressives Bemühen erkennen konnte. In seiner Zelle, die sich so schmucklos und karg erwies wie erhofft, warf er sich die obligatorische Kutte über, die auf seiner Pritsche bereitlag. Dann setzte er den Rundgang mit Schwester Patricia fort, die vor der Tür mit Blick auf den Klostergarten gewartet hatte.

Im Refektorium hatte bereits das Nachtmahl begonnen. Auf jedem der etwa zehn großen Holztische lagen zwei Laibe Bauernbrot, ein Hartkäse, luftgetrocknete Wurst, Leberpastete und geräucherte Forelle. Zu trinken gab es Leitungswasser, das in großen Krügen bereitstand. Jeder Tisch war zur Hälfte mit Mönchen, Nonnen oder spirituellen Wanderpredigern und Pilgern wie Geoffrey besetzt. Die großen Flügeltüren waren geöffnet und gaben den Blick auf eine Terrasse mit einer Pergola frei, die von einem alten chinesischen Blauregen durchwirkt war. Die bereits vertrockneten traubenförmigen, blassvioletten Blüten raschelten leise im Wind. Geoffrey verstärkte die Klostereindrücke über seinen Assistenten und bediente sich dazu der angebotenen Szenografie des Klosters, deren Trailer ihm auf der Website schon gefallen hatte. Der Blauregen wirkte gleich viel üppiger, und undeutliche Schwaden gregorianischer Gesänge drangen nun aus den geöffneten Türen der gegenüberliegenden Klosterkirche herüber.

Ein paar Mönche hockten auf umgebauten Fässern beim Wein zusammen, die Rücken der Restsonne zugewandt. Und an der sonnendurchwärmten Hauswand saßen Nonnen mit Landarbeitern auf einer Bank. Eine junge Katze streunte durch den Kiesweg zum angrenzenden Klostergarten, in dem Geoffrey Heilkräuter und Rosenbüsche erkennen konnte. Für den weiter hinten gelegenen Teil zeigte der Assistent ihm auch Gemüsebeete und Spalierobst an.

Ein etwa sechzigjähriger Mönch erhob sich, begrüßte Geoffrey, stellte sich als Simon vor und bedeutete ihm, an seinem Tisch mit drei Pilgern und zwei Nonnen mit Platz zu nehmen. Zwei der drei Pilger gaben sich über ihre Assistenten zu erkennen. Der mit den gefärbten Haaren war ein vierfach liierter Maschinenbauer, der überwiegend im Ausland unterwegs war, und der mit dem langen grau-violett gesträhnten Zopf ein dreifach liierter Creative Director aus der Kommunikationsbranche. Sie hatten sich beide offensichtlich eine ähnliche Physiognomie verpassen lassen wie der Serienschauspieler, den Carina so anhimmelte, und waren – so der aktuelle Gesprächsstand – nach der Oberflächenperfektionierung anscheinend doch noch nicht so zufrieden mit sich, wie ihnen versprochen worden war. Auch Geoffrey hatte seine Aura eingeschaltet und gab als Neuankömmling höflicherweise seinen Berufs- und Familienstatus zu erkennen, um den kurzen Abend nicht bloß mit Small Talk zu verbringen. Von den Versuchen, das Altern aufzuhalten, wandte sich die Unterhaltung zu den beruflichen und privaten Hürden, die man genommen hatte oder an denen man gescheitert war, was mit viel Witz und Selbstkritik zum Besten gegeben wurde. Nur die Frau blieb verschlossen. Geoffrey versuchte mehrfach, sie ins Gespräch zu ziehen, aber erst als sie bei den zuletzt durchgeführten Pilgerreisen angekommen waren, sagte sie leise, dass sie nach dem Unfalltod ihres Mannes und ihrer Tochter ihren Posten als Datenanalystin niedergelegt habe, um jetzt zum ersten Mal Abstand zu gewinnen. Der Gefärbte und der Bezopfte schauten sie an, als ob sie einen Fauxpas begangen hätte, und zogen sich mit einem Krug Wein auf die Terrasse zurück. Die beiden älteren Nonnen Barbara und Hortensia widmeten sich der jungen Witwe, die sich nicht mehr sicher zu sein schien, was sie von diesem Ort erwartete. Geoffrey fühlte, wie Müdigkeit sich schwer auf ihn legte. Der heutige Fußmarsch war doch lang gewesen, für seine Verhältnisse.

Bruder Simon schreckte den Dösenden auf: »Sie besuchen uns nur kurz, hat mir Schwester Patricia berichtet.«

Geoffrey hatte das Gefühl, sich rechtfertigen zu müssen, doch Simon wehrt ab. »Kein Problem, Sie sind da leider nicht der Einzige. Wollen Sie nicht noch nach Ihren Ahnen und Wurzeln forschen, bevor Sie sich morgen auf den Weg machen? Wie wollen Sie Ihren Weg finden, wenn Sie nicht wissen, wo Sie herkommen?«

»Ich habe gesehen, dass Sie hier entsprechende Recherchemöglichkeiten anbieten, aber unsere Familie hat sich zum achtzehnten Geburtstag meiner Tochter eine Ahnentafel ausstellen lassen. Ich war allerdings überrascht, wie viel sich damit rückblickend zu erklären scheint.«

Simon lächelte besänftigt. »Wenn Sie möchten, Geoffrey, können Sie mich einfach bei meinem Rundgang durch die Bibliothek begleiten. Die sollten Sie noch gesehen haben, bevor Sie morgen in aller Herrgottsfrühe aufbrechen.«

Die Bibliothek bildete mit dem Haupthaus und der Klosterkirche das innere Hofensemble. Zwei Nonnen, die sich in irgendeiner slawischen Sprache unterhielten, kreuzten ihren Weg. »Sie öffnen das Kloster also Ordensschwestern und Brüdern aus aller Welt?«, erkundigte sich Geoffrey.

»Allen christlichen Brüdern und Schwestern, und als Gäste begrüßen wir auch Gläubige oder Oberhäupter anderer Konfessionen«, erklärte Simon. »Allerdings waren diese beiden Schwestern von hier. Die Sprache, die sie sprechen, ist Sorbisch, und die Lausitz ist das letzte Fleckchen Erde, auf der diese ethnische Gruppe zu finden ist.« Während Simon auf das hell erleuchtete gläserne Eingangstor zusteuerte, erinnerte sich Geoffrey, dass auf seinem Weg durch die Felder ins Kloster die Ortsschilder alle zweisprachig gewesen waren. Er hatte das fälschlicherweise mit der Nähe zu Polen verbunden.

Inzwischen standen sie im Schatten des Bibliotheksflügels. Simon öffnete die Panzerglasschleuse per Fingerabdruck. Die ehrwürdigen Hallen der Klosterbibliothek von St. Marien waren unauffällig mit modernster Technik in einen Hochsicherheitstrakt verwandelt worden. Historiker, Ahnenforscher, Archäologen, eingeloggte Pilger sowie Nonnen und Mönche aus unterschiedlichen Orden sah man mit alten Büchern an Tischen sitzen, zwischen den mannshohen Regalen umhergehen, über Leuchtpulte gebeugt, in die Monitore eingelassen waren.

»Sie alle studieren hier Dokumente, Bücher, Mikrofiches und weltweit gesammelte Datensätze. Mit direktem Zugang zu allen wichtigen Klosterbibliotheken, Einwohnerregistrierungen und dem Migrations- und Völkerwanderungsinstitut der UNO finden sie Informationen zu ihren Forschungsprojekten – oder über sich selbst.« Simon hatte mit Geoffrey die Halle durchschritten. Obwohl die unterschiedlichen Zonen wie Archiv, Recherche und Dokumentation durch gewaltige Glasscheiben getrennt waren, blieb der imposante Gesamteindruck bis in die oberen Galerien erhalten. Ein Laufband beförderte sie ins Untergeschoss, das für Pilger normalerweise nur durch einen verglasten Bodeneinschnitt einsehbar war. Dort saßen Historiker und Ahnenforscher im Halbdunkel an Tischvitrinen, in deren innerem Vakuum bis tausend Jahre alte Codizes, Bücher und Listenwerke lagen. Die Gelehrten mussten über seitliche Öffnungen wie im Labor in weiße Handschuhe schlüpfen und damit die Buchseiten vorsichtig wenden. Die Stellen des Interesses wurden punktuell mit schwachen OLEDs beleuchtet, um das brüchige Pergament oder Papier und die organischen Farben zu schonen. Schweigend durchmaßen sie den Saal, und Geoffrey war froh über die Stille dort und darüber, dass Simons Inspektionsrunde ihm Gelegenheit gab, einen Blick auf diese bibliophilen Kostbarkeiten zu werfen.

»Hat Ihnen das Institut für Ahnenforschung und Völkerwanderung die Ahnentafeln zusammengestellt?«, fragte Simon, während das Förderband sie an einer animierten Wand entlang wieder auf Erdgeschossniveau brachte. Geoffrey schaute sich die riesige Animation an. Unter dem Broadcast-Absender IAV blendete die Wand die aktuellen Migrationsströme weltweit ein.

»Das IAV ist auch hier vertreten. Sie ergänzen unseren Bestand mit aktuellen Daten, und wir erlauben im Gegenzug die Einsicht in das verfügbare historische Klostermaterial. Unsere Bibliothek war anfangs recht überschaubar, aber wir sind aufgrund der regionalen und kulturellen Besonderheit mit Klöstern mit außergewöhnlichem Bibliotheksbestand vernetzt und konnten diesen Schatz auch hier vor Ort ausbauen. Im direkten Verbund mit dem IAV profitieren weltweit alle gemeinsam von der Forschung und den Serviceleistungen. Dank der hohen Migration und kulturellen Durchmischung hat sich unser Geschäftsmodell ziemlich erweitert«, lächelte der Mönch. Und als ob er selbst seine abgeklärte Aussage etwas gerade rücken wollte, fügte er hinzu: »Unsere Motivation dahinter bleibt dennoch seelsorgerischer Natur: Die Menschen möchten wissen, wo sie herkommen. Sie finden keinen inneren Frieden, ohne ihre Wurzeln zu kennen. Und mancher findet in Kirchenbüchern und Taufregistern heraus, wie sehr er doch eigentlich in der christlichen Tradition verwurzelt ist. – Und Sie, woran glauben Sie?«

Geoffrey atmete tief ein. Die Antwort würde Simon enttäuschen. Er war im Grunde auch einer von denen, die auf die Religion gut verzichten konnten, nicht aber auf das Metaphysische, die Atmosphäre in Kirchen und Klöstern, die Rituale und die Idee eines Ortes, der jenseits der weltlichen Interessen zu liegen schien.

»Wissen Sie«, antwortete Geoffrey ganz offen, »ich würde mich nicht als gläubig bezeichnen, und an Religionen haben mich lediglich die ethnologisch-historischen Aspekte interessiert. Dass Menschen sich aufgrund ihres Glaubens seit Urzeiten gegenseitig töten, ist für mich absolut unverständlich, mittelalterlich und zeugt von einem inneren Konflikt, der in der Anlage des Glaubens als subjektiver Gewissheit selbst begründet liegt. Wenn Überzeugungen solche fanatischen Auswüchse erzeugen oder billigen, sind sie schädlich und gefährlich. Wäre der Glaube nicht der Glaube, er wäre schon gesetzlich verboten worden.« Er hörte seine Stimme lauter werden und machte eine kleine Pause, weil ihm sein Aufbrausen gegenüber Simons einfacher Frage unangebracht erschien. Simon antwortete nicht. Er ließ dem Gespräch Zeit.

Geoffrey sammelte sich und fuhr langsam fort: »Und deshalb bin ich ausgetreten, aus der Kirche.« Simon wartete lächelnd. »Und jetzt stelle ich seit gut zehn Jahren fest, dass mein weltliches, durchaus erfolgreiches Leben mich nicht mehr ausreichend ausfüllt. Ich kann das rational nicht erklären, ich kann mich nicht mal beklagen, es läuft alles bestens – neue Eigenständigkeit im Job, neue Frau, gerade ist sogar eine neue Familie in Planung – eigentlich die komplette Frischzellenkur –, aber mit Abstand betrachtet ist es, als ob ich das alles schon mal durchlebt hätte.«

»Ein zweites Leben, das am Ende wieder das erste ist?«

»Ja, als ob ich nichts anderes könnte.«

»Vielleicht wollen Sie gar nichts anderes? Vielleicht fehlt Ihnen nur eine neue Dimension?«

Geoffrey ließ das Wort auf sich wirken.

»Warum haben Sie sich auf den Weg gemacht, Geoffrey? Ihre Wurzeln sind es doch nicht, die Sie suchen?«

»Nein, davon versuche ich mich eher zu lösen. Aber Sie haben da schon was Wahres erkannt: dass meinem Neuanfang eine zusätzliche Dimension fehlt. Die ist es wohl, die ich suche.«

Die gregorianischen Gesänge setzten drüben in der Kirche wieder ein und wehten mit der inzwischen empfindlich kühlen Abendluft zur Bibliotheksmauer herüber. Geoffrey, der noch auf die Frage, warum er hier sei, antworten wollte, blickte Simon mit einem neuen Gedanken belustigt an: »Hören Sie die Gesänge? Das ist ein Teil dessen, was ich hier zu finden hoffte. Ich bin kein Hobbyesoteriker, wie viele ab fünfzig es in meinem Umkreis geworden sind, aber auch ich suche nach dieser neuen Dimension, die meinem Leben einen tieferen Sinn verleihen soll. Es ist kein Gott, keine Religion, keine Bibel, aber es ist schon die Suche nach etwas Metaphysischem, nach einer spirituellen Kraft, die größer ist als man selbst und dadurch den eigenen Kosmos erweitert.« Geoffrey brach etwas verzagt ab. »Jetzt rede ich doch wie ein Hobbyesoteriker. Was ich Ihnen sagen will, ist, dass ich denke, dass Ihr offenes Konzept für so oberflächliche Pilger wie mich genau das richtige ist. Ich erhoffe mir durch die Rituale, die spirituelle Atmosphäre und auch durch die körperliche Arbeit in dem autarken Dorf eine Art Aufwachen. Diese neue Dimension, die Sie erwähnt haben, genau die ist es, die ich auf meinem Spirito-Trip hier suche«, schloss er selbstironisch, doch er sah, dass der Ausdruck »Spirito-Trip« Simon getroffen hatte.

»Ich verstehe Sie. Auch wir mussten aufgrund des wirtschaftlichen Drucks unser Wirken für die heutige Gesellschaft hinterfragen. Aber Sie müssen wissen: Das, was uns jetzt so erfolgreich macht, auch das, was Sie bei uns suchen, hätte ohne Glaube nie entstehen können.«

Geoffrey nickte: »Und es kann ohne ihn auch nicht glaubwürdig weitergeführt werden.«

»Genau. Das Geschäftsmodell, von dem ich sprach, besteht also darin, den Glauben auch für die Ungläubigen weiterzuführen. Nicht wie früher mit dem Ziel, neue Schäfchen zu gewinnen, sondern um einer breiteren Zielgruppe einen Zugang zur Spiritualität zu bieten, der sich in mannigfaltigen Angeboten ausdifferenziert. Nur so kann die Kirche ihre finanziellen Einbußen durch verlorene Mitglieder einigermaßen auffangen.«

Unter dem freundlichen Lächeln des Mönchs glaubte Geoffrey auch eine gewisse Resignation zu erkennen. Sein Spirito-Trip war für jemanden wie Simon, für die Kirche und die sie noch tragende Glaubensgemeinschaft wohl die lukrative Vermarktung ihrer Werte. Auch die Kirche war eben kein Ort außerhalb der Welt.

Vom Kräuterlehrgarten kamen Schwester Hanka und Bruder Jurij, beides Sorben um Mitte siebzig, auf Geoffrey zu.

»Sie werden sich noch vor dem Schlafengehen Ihrer letzten Habseligkeiten entledigen müssen«, kündigte Simon nüchtern die Prozedur an, die offiziell als Reinigungsritual bezeichnet wurde. »Alle digitalen Hilfsmittel müssen nun abgelegt werden. Mancher fühlt sich ohne seinen Assistenten nackter als ohne seine Hosen.« Er grinste schwach und verabschiedete sich mit guten Wünschen für Geoffreys Weg.

Die beiden Ordensleute führten den fröstelnden Geoffrey über den Hinterhof ins Badehaus, wo seine Größe gescannt und ihm ein Beutel mit regional hergestellter Kleidung ausgehändigt wurde, die er nach dem Bad gegen seine Alltagskleidung tauschen sollte. Nun musste er sich seiner letzten elektronischen Helfer entledigen: Sein persönlicher Assistent, der an der Brille fixiert war, wurde demontiert. Das unterschwellige, stimmungsvolle Grundklangrauschen brach abrupt ab und entließ ihn ins akustische Nichts. Der Raum wirkte plötzlich diffus und dunkler, die Dampfwolken im Nebenraum erschienen dichter. Erst nach einem kurzen Moment vernahm er reale Geräusche und leises Plätschern aus den angrenzenden Räumen.

Alle Daten, sämtliche Informationen für und über ihn waren abgekoppelt. Schwester Hanka schien ohne den Softfilter seiner Brille um Jahre gealtert, ihre Augen wirkten müde, und er erkannte herbe Züge um ihre Mundwinkel. Als sie ihn ins Badehaus schickte, war er überrascht, wie rau und leise ihre Stimme tatsächlich war. In einem Vorraum entkleidete er sich, und ein unauffälliger Nacktscanner im Steinbogen auf dem Weg in die dampfende Waschküche suchte den ernüchterten Nackten erfolglos nach weiteren implantierten Assistenten ab. Im Badehaus händigte Bruder Jurij ihm ein Stück Kräuterseife und einen Frottierlappen aus und wies ihm den dritten aus einer Reihe heiß dampfender Zuber zu. Gespannte Laken schützten vor den Blicken der anderen demontierten Badegäste. Geoffrey musste sich auf die Stufen konzentrieren, die im eingetrübten Wasser vor seinen Augen zu verschwimmen drohten. Er fühlte sich alt, nackt und verletzlich. Erst als er im Zuber eine entspannte Sitzposition auf der Holzbank gefunden und sich an das heiße Wasser gewöhnt hatte, roch er Seife und Eukalyptus. Ab und an drangen gregorianische Gesänge an sein Ohr, und er freute sich über die Überraschung der Tatsächlichkeit. Augenblicklich entspannten sich Geoffreys Glieder in der heißen Lauge.

Nana

Sie stand neben der Bushaltestelle und hielt ihren blinkenden Assistenten in der rechten Hand. Eben hatte ein Teilnehmer des Mobility-Programms ihr eine freie Mitfahrgelegenheit in seinem Wagen angezeigt. Als sie ihn unter fünf anderen Kandidaten auswählte, war er nur zwei Kreuzungen von ihrem Standpunkt entfernt. Und jetzt verfiel er auf einmal dermaßen ins Schneckentempo, dass die übrigen vier Kandidaten bereits auf- oder überholt hatten. Sie könnte noch zu Kandidat vier wechseln – wäre sogar ein schickeres Auto zu gleichen Konditionen –, aber sie hoffte, dass an diesem super Tag ihre Glückssträhne noch für einen Neukunden reichen würde. Und die Langsamkeit, mit der sich ihr Auswahlfahrzeug näherte, sprach dafür. Schließlich bestand der Hauptanteil ihrer Kundschaft aus pflegebedürftigen Älteren, gehandicapten Post-Vitalisten, gestressten Alleinerziehenden oder personalverwöhnten Familienmanagern, denen sie half, ihren Alltag auf die Reihe zu kriegen. Normalerweise nahm sie das firmeneigene eCar mit der Pick-up-Ladefläche. In letzter Zeit hatte sie aber immer häufiger über die Mitfahrgelegenheiten spontan neue Kunden auftun können, und deshalb wartete sie nun und hoffte auf einen hilfsbedürftigen Fahrer. Drei Wagen, die sich als die falschen erwiesen hatten, waren schon auf sie zugeschwenkt. Jedes Mal winkte ein gut aussehender Mann ihr lächelnd zu. Halb belustigt, halb genervt winkte sie ab. Die Hotpants hätte sie sich für solche Überraschungstouren vielleicht doch verkneifen sollen.

Endlich: Lichthupend hielt ihre Verabredung. Ein circa Fünfundachtzigjähriger saß am Steuer und begrüßte sie wohlwollend. Nana stieg ein und bedeckte ihre Oberschenkel mit ihrem riesigen Lederbeutel. Der Fahrer nickte matt, startete die Teilautomatik, mit deren Hilfe der Wagen sicher durch den Verkehr geleitet wurde. Da ihr passiver Fahrer schlecht hörte, gestaltete sich das Gespräch schwierig, und Nana gab es an der zweiten Ampel ganz auf. Es war eh egal, denn sie war mit ihren Gedanken bereits ganz woanders.

Sie war gerade mit dem Zug aus Dänemark gekommen, wo ihr nach einem kurzen Klinikaufenthalt endlich die künstlich befruchtete Eizelle eingepflanzt worden war, nachdem man die Spermien aufgepäppelt und das davon tauglichste – wie auch die Eizelle – auf alle möglichen Erbkrankheiten untersucht hatte. Das war praktisch, denn damit hatten Geoffrey und sie einen Erbgut-Scan erhalten, den in Deutschland zwar die Kassen auch teilfinanzierten, der aber – falls sich Krankheitsbilder abzeichneten – sofort den Tarif immens erhöhte. Bei Geoffrey war eine leichte genetische Veranlagung für Darmkrebs erkennbar, auch einige Hirntumore gab es in der Familienhistorie, von denen Geoffrey bereits wusste. In ihrem Familienstammbaum musste es anscheinend auch Schwarze gegeben haben, was in Südafrika zwar nicht ungewöhnlich, von ihren Eltern und Großeltern aber bisher verschwiegen worden war. Seitdem der Arzt bestätigt hatte, dass die befruchtete Keimzelle erfolgreich transferiert war, hoffte Nana, dass es diesmal endlich klappen würde. Ihr erster Gedanke war gewesen, Geoffrey anzurufen. Sie hatte ihm von diesem Klinikaufenthalt nichts erzählt, weil schon das Auf und Ab der letzten Versuche in diversen Spezialkliniken sie beide stark zermürbt hatten. Seit Geoffrey von seiner Pilgertour sprach, hatte Nana Angst, er würde danach seine Meinung ändern, und ihn zu einem letzten Versuch bewogen. Im Grunde war sein Sperma der Freibrief für seine Reise geworden, und dafür, dass er sie in dieser Phase eine Zeit lang allein lassen durfte. Sie wollte es jetzt endlich wissen und hatte sich noch vor seiner Abreise in Dänemark der ganzen Prozedur erneut ausgesetzt. Diesmal offensichtlich mit Erfolg. Ein Erfolg, den sie endlich wahnsinnig gern mit Geoffrey geteilt hätte. Sie hatte den Finger schon auf seinem Symbol, da hielt sie inne. Geoffrey war bereits auf dem Weg ins Kloster. Diesen Wunschtrip, diese zwölf Tage Mini-Sabbatical, hatte er in langen Diskussionen erklärt, erbeten, ja am Ende fast erbettelt und ertauscht. Wenn sie ihn jetzt anriefe, würde er sich verpflichtet sehen, zurückzukommen. Und was, wenn sich dann die Dinge doch negativ entwickelten? Dann hätte sie ihm seinen Kurztrip vermasselt, und sie säßen beide wieder so deprimiert zusammen wie vorher.

Zwölf Tage würde sie es schon allein mit dieser Freudennachricht aushalten. Oder eigentlich jetzt ja schon zu zweit. Und außerdem war es vielleicht sowieso kein passender Moment, um mit so einer Nachricht rauszuplatzen. Hier in diesem fremden Wagen, der sich langsam durch den städtischen Verkehr arbeitete. Sie erinnerte sich, dass der Arzt ihr zu einem Embryoscanner geraten hatte, der, auf der Bauchdecke angesaugt, wie ein äußerlich angewendeter Ultraschall funktionierte. Sie könne damit selbstständig das Kind überwachen und seinen Entwicklungsstand mit Internetbildern vergleichen – »und Sie können immer mal wieder reinschauen«, hatte er ihr mit seinem dänischen Akzent zugegrinst.

»Schöne Tasche!« Der ältere Herr neben ihr, der inzwischen die Hände vom Steuer genommen hatte, weil der Wagen ab dem zweiten Innenstadtring auf automatisches Fahren umgesprungen war, deutete auf den Lederklops, der ihre nackten Oberschenkel bedeckte. Trotz des dichteren Verkehrs konnte der Wagen etwas beschleunigen.

»Ja, die hab ich aus Mailand mitgebracht. Wo waren Sie denn zuletzt im Ausland?«, startete sie nun doch einen Versuch, herauszufinden, wie beweglich er noch war, wenn er bei erhöhtem Verkehrsaufkommen schon nicht mehr selbst fahren durfte.

»Och, ich bin vorige Woche erst aus Louisiana wiedergekommen, aber in Italien war ich schon lange nicht mehr. Das muss mindestens zwölf Jahre her sein. Ich hatte da früher ein kleines Haus oberhalb des Comer Sees, aber das hab ich dann verkauft. Ich besuche lieber, solange es noch geht, meine Tochter in Südafrika.«

Jetzt hätte Nana den diskursiven Lauf durch die Must-Have-Seen-Places starten können, bei dem jeder seine Favoriten im Schlagabtausch nannte und sich mit den originellsten Locations als Platzhirsch-Connaisseur zu behaupten versuchte. Aber wozu? Unterhalten wollte sie ihn nicht. Stattdessen fragte sie: »Und hier in Hamburg wohnen Sie allein?«

»Nein, Kindchen, das wäre ja traurig. Ich wohne mit Karl und Franz in einer Wohngemeinschaft, und wir werden von Maria versorgt, die ist rund um die Uhr für uns da.« In dem Moment empfing Nana ein Gespräch von Elisa wegen der abgelaufenen Arbeitserlaubnis einer Reinigungskraft. »Kommt die denn aus Kuba?«, fragte Nana bei Elisa nach.

»Maria kommt aus Estland«, antwortete der Alte, der offenbar nicht gemerkt hatte, dass sie mit jemand anderem sprach. »Und sie macht uns sonntags immer russische Blinis. Aber sie hat nicht so schöne Beine.«

»Ich ruf dich nachher zurück, Elisa!« Nana überging das Kompliment. »Na, dann sind Sie ja bestens versorgt. Ich hätte Ihnen sonst unsere Dienste aus dem Concierge-Service angeboten.«

»Ach, das ist nett, aber nicht nötig. Concierge mache ich selbst. Schauen Sie, da hinten drin hab ich eine reparierte Voliere für unseren Innenhof. Ja, wir haben alle noch so eine kleine Aufgabe und verdienen was dazu: Karl jobbt bei der Reinigung und beim Blumenhändler als Bote, Franz repariert alte Leuchten und Elektrogeräte und pflegt inzwischen fast alle Vorgärten in unserem Kiez.«

Na bestens, genau diese Vitalisten-Concierges waren Nanas Problem. Die Concierge-Renaissance hatte mit den arbeitswilligen, leicht unterbemittelten Best Agern in den Mehrgenerationen-Wohnblöcken begonnen. Als der Büroleerstand um sich gegriffen hatte, waren ganze Hof- und Kontorhäuser zu Mehrgenerationen-Luxuswohnanlagen umgewandelt worden. Und um die hohen Ansprüche zu befriedigen, waren auch Concierges gefragt. Meist wurden sie von der Betreibergesellschaft eingesetzt und waren Anlaufstelle für alle möglichen Versorgungsfragen. Als Gegenleistung lebten sie wie früher in kleinen, unattraktiven Appartements im Eingangsbereich. Sie beaufsichtigten die Kinder, die im Hof vor den schallschluckenden Fassaden spielten, betätigten sich als Hausmeister und kümmerten sich um viele der Alten in den Blocks. Neben den ab und an zugeschalteten Familienangehörigen und der jährlichen Krankenkassenvisite waren die Concierges die einzigen Ansprechpartner, die persönlich vorbeischauten. Hinzu kamen höchstens noch Arbeitssuchende aus der Nähe, die hofften, einen kleinen Auftrag zu bekommen. Solche Fürsorge zahlte sich aus, denn wer sich außer um seine Angehörigen auch um Hilfsbedürftige in seiner Umgebung kümmerte, konnte für seine eigene spätere Pflege geldwerte Betreuungspunkte sammeln.

Der Wagen war inzwischen an Nanas Aussteigepunkt angekommen und hielt. »Wir kommen ganz gut klar, aber Sie können mir ja mal Ihre Kontaktdaten morsen.«

Nana sandte ihm ihre Visitenkarte und überwies ihren Mitfahrer-Fahrtanteil gleich hinterher. »Danke fürs Mitnehmen! Wir können uns ja auch noch mal über Südafrika unterhalten, das kenne ich auch gut«, meinte sie im Aussteigen.

Der Alte kicherte und lehnte sich über den Beifahrersitz. »Mädchen, ich war nie in Südafrika oder am Comer See. Das war das goldene Rentnerleben, das meine Eltern sich im damaligen Wohlfahrtsstaat noch leisten konnten, zusätzlich unterstützt von dem Geld, das sie von ihren Eltern geerbt haben. Wie hätte meine Generation denn mit all den Krisen so einen Lebensstandard aufbauen können? Aber«, beugte er sich feixend zu ihr und verströmte einen leicht muffigen Altherrengeruch, »ich bin tatsächlich jede Woche in Louisiana!«

Und jetzt lachte Nana, weil ihr einfiel, dass das diese amerikanische Serie sein musste, zu der sich laut Elisa auch Herr Bigosh immer donnerstags mit Herrn Werner verabredete.

In der Apotheke auf dem Weg ins Büro fragte sie nach dem Embryoscanner und war schockiert, als sie hörte, wie teuer das Gerät war. »Ich habe eine Risikoschwangerschaft, gibt die Kasse in dem Fall etwas dazu?«

»Nein, die Krankenkassen halten die regulären Untersuchungsabstände für ausreichend. Das Gerät dient eher Ihrer persönlichen Beruhigung oder eben der Freude der Beobachtung. Aber das müssten Sie privat finanzieren.«

»Aber das ist doch unlogisch. Mit allem anderen, was mit dem Embryo bis zur Geburt geschieht, muss ich mich den Sicherheits- und Überwachungsmöglichkeiten beugen. Und das hier passt da doch voll ins Raster.«

»Schon, aber es ist eher Kür als Pflicht. Die Überwachung ist nur an problematischen Schnittstellen obligatorisch, also in bestimmten Entwicklungsstadien, zur genetischen Überprüfung oder alternativen Früherkennung von Defekten und schließlich bei der Geburt. Wenn Sie eine Risikoschwangerschaft haben, haben Sie vom Krankenhaus wahrscheinlich schon Ihren Geburtstermin erhalten?«

Nein, so weit war sie noch nicht, dazu hatte auch der dänische Arzt nichts gesagt – wieso auch, wenn erst seit wenigen Tagen in ihr Leben wuchs?

Die Apothekerin bemerkte Nanas Unwissenheit und fuhr fort: »Das Gesundheitssystem riskiert ja angesichts der schrumpfenden Bevölkerung keine Patzer und favorisiert Kaiserschnitte – wie übrigens die Hälfte der Frauen auch. Außerdem haben viele Frauen enorme Strapazen zur Fertilisation über sich ergehen lassen, sodass die Geburt kein Risiko mehr darstellen darf. Daher sind die Termine planbar und verlässlich.«

Nana erinnerte sich an die vielen über fünfzigjährigen Frauen in den Wartezimmern ihrer Ärzte und Fruchtbarkeitsexperten.

»Natürliche Geburten gehen auf private Kosten und privates Risiko«, redete sich die Apothekerin warm. »Darauf haben sich Geburtshäuser spezialisiert, in denen sich die Hebammen zusammengeschlossen haben, um die hohen Kosten und Forderungen der Versicherungen erfüllen zu können. Im Unglücksfall klagen können Sie aber nur bei einem Kaiserschnitt, weil der in der Verantwortung des Arztes liegt, sofern Sie zuvor alle Sicherheitschecks gemacht und bestanden haben. Wie bei einer anderen Operation halt auch.«

Elisa drang mit erneutem Gesprächsbedarf zu ihr durch: »Que pasa con Maria? Die Kubanerin sitzt hier und heult.«

»Muss das jetzt am Telefon sein? Wenn die Arbeitserlaubnis nicht verlängerbar ist, können wir gar nichts machen, Elisa. Warte noch mal eben.« Nana stellte das Smartphone stumm. »Ich komme die Tage noch mal wegen dem Embryonenscannerdings wieder, ja?« Sie winkte der Apothekerin dankend zu und ging über den Innenhof in Richtung Loft. »Da bin ich wieder. Und auch gleich bei euch.«

»Die Genehmigung ist nicht noch mal verlängerbar«, sprudelte Elisa trotzdem weiter. »Sie könnte jetzt nur noch hierbleiben, wenn sie wesentlich mehr verdienen würde. Laut Behördeneinstufung reicht ihr Salär nicht, um hier drei kleine Kinder großzuziehen.«

»Dann wäre es ziemlich riskant, illegal hierzubleiben und schwarzzuarbeiten.«

»Ach, das machen so viele, Nana, du hast keine Ahnung! Was glaubst du, wie sonst dieses Land überhaupt noch funktionieren würde?«

Ja, genau, und deswegen verdienten sie mit ihrem Service so schlecht. Nana dachte an die ewigen Preiskämpfe – sowohl an der Kunden- wie an der Mitarbeiterfront. Sie hörte sich schon wie der letzte korrekte Mensch an: »Aber das geht auf keinen Fall bei uns, Elisa! Hörst du? Wir kommen dafür ins Kittchen!« Nana kannte Elisas großes Herz. »Und es geht auch woanders nicht. Sie ist mit ihren Kindern längst erfasst, sie ist hier gemeldet und alles. Es ist ein Ding der Unmöglichkeit, jetzt komplett unterzutauchen. Sie kann nur ausreisen, die

Wiedereinreise beantragen, und dann geht die ganze Prozedur noch mal von vorne los.«

»Und die drei Kinder? Zwei sind im Kindergarten, eine auf der Schule!«

»Verdammt, Elisa, das ist nicht unser Problem! Sie kann auch einen Deutschen heiraten, schwanger werden. Oder für ihre Kinder eine Pflegefamilie suchen, sie zur Adoption freigeben, oder sie nimmt sie mit zurück nach Kuba.«

»Ausgerechnet! Weißt du nicht, was da gerade los ist? Da geht jetzt doch freiwillig niemand hin!«

Nana antwortete nicht. Sie hatte einfach die Optionen abgespult. Aber irgendwie bemerkte nicht nur Elisa, dass das im Grunde keine Optionen waren. Auch für Nana klangen sie mit dem Embryo im Bauch wie hohle Phrasen.

»No, Nana, es ist schon unser Problem, denn wenn sie mehr verdienen würde, könnte sie verlängern und weiter hier mit ihren Kindern zusammenleben.«

Bei Nana setzte bereits der Automatismus ein, der sie in der Handtasche nach den Psychopharmaka greifen ließ. »Wer soll uns das denn bezahlen? Dafür leistet sie doch gar nicht genug. Außerdem ist sie oder eines der Kinder oft krank. Sie kann gar nicht mehr machen als zurzeit, und höher qualifizierte Arbeit geht auch nicht, das weißt du.« Sie erinnerte sich an ihre Schwangerschaft und ließ die Pillen in den Sack zurückfallen. Verdammt, schon wieder ein Problem, das nach Sofortlösung schrie. Was konnte sie tun? Vielleicht Maria nur offiziell mehr auszahlen? Das würde aber auch erhöhte Sozialabgaben bedeuten. Maria müsste ihr dann vom Nettoverdienst die Differenz zurückerstatten und hätte weniger als vorher. Außerdem müsste sie das schwarz zurückzahlen, denn auf den Konten dürfte nichts auftauchen. Doch das würde bedeuten, dass Nana sich am Monatsende von der armen Kubanerin immer ein paar Scheine in die Hand drücken lassen müsste. Das war beschämend. Nein, der Plan war halbherzig, und wenn er aufflog, konnte sie immer noch eine Menge Ärger kriegen. Andererseits konnte sie die notwendige Aufstockung unmöglich komplett leisten. Es war ja sowieso schon immer alles eng gerechnet, und weder Marias Leistung noch Qualifikation rechtfertigten, dass sie auf einmal mehr verdienen sollte als die meisten anderen.

Als Nana die Stahltür zu ihrem Büro öffnete, hörte sie schon an Elisas Schreibtisch die schluchzenden Spanischkaskaden von Maria. Als sie Nana sah, wischte sie sich die Tränen ab und kam demütig auf sie zu: »Bitte, Frau Nana, wir müssen Lösung finden. Wenn nicht für mich, dann für meine Kinder!«

Nana schob Maria in ihr Büro und bat Elisa mitzukommen. Sie notierte einen kurzen Text, während die beiden Frauen auf Spanisch miteinander murmelten, druckte ihn auf Briefpapier aus und erklärte in ruhigem Ton ihre begrenzten Möglichkeiten. Auf dem Weg nach oben ins Loft war ihr eine Lösungsmöglichkeit eingefallen: »Meine Empfehlung ist, dass du dich bei dieser Rechtsorganisation meldest. Die beraten sehr engagiert Menschen in deiner Lage. Sollte es Geld kosten, Maria, dann sag mir Bescheid, ich helfe dir dabei gern, wenn es im Rahmen meiner Möglichkeiten liegt. Arbeiten lassen können wir dich allerdings unter den gegebenen Umständen nicht länger. Du könntest übergangsweise eventuell bei Frau Sauerbier auf eigene Kappe weitermachen, denn unser Vertrag mit ihr läuft diesen Monat aus und wird von ihr nicht verlängert. Ich weiß aber, dass sie auf Hilfe angewiesen ist.«

Maria wirkte zuversichtlicher. Und Nana ruderte zurück: »Das hast du von mir aber nicht erfahren! Und ich muss dich auch warnen: Schwarzarbeit ist in deiner Lage keine Lösung.

Du bist als ›zur Ausreise verpflichtet‹ registriert, und wenn sie dich erwischen, bestrafen sie dich wegen deines illegalen Aufenthalts und wegen Schwarzarbeit. Die Behörden machen da keine Ausnahme.«

Die Kubanerin sackte im Stuhl zusammen, während Nana weiter auf sie einredete: »Denk doch nur an deine Kinder! Du kannst die drei nicht illegal in Deutschland großziehen. Sie könnten nicht zur Schule gehen und müssten ständig mit der Furcht leben, entdeckt zu werden. Willst du, dass sie bei jeder Sicherheitskontrolle in Panik geraten? Schon nach kurzer Zeit kämt ihr aus der prekären Situation nicht wieder heraus. Ihr könntet dann auch nicht mehr ausreisen, ohne festgenommen zu werden. Maria, du schmeißt dein Leben und das deiner Kinder weg, wenn du glaubst, ihr übersteht das mit ein bisschen schwarz putzen!«

Nana drückte der verschüchterten Maria das Blatt mit der Adresse und Kontaktnummer der Rechtsberatung in die Hand. »Geh hierhin und lass dich auf meine Kosten beraten. Hier unten hab ich erklärt, dass ich bereit bin, das zu bezahlen, und da stehen auch meine Kontaktdaten. Das ist deine letzte legale Chance, Maria. Bitte nutze die! – Und dann sag Elisa Bescheid, was ihr vorhabt, die kann sonst wochenlang nicht schlafen.«

Romina

Ihr UV-Überkleid flatterte im Fahrtwind. Sie genoss den Sonnenschein, der bis auf ihre Haut drang. Ein abgeschwächtes Kontingent an UV-A-Strahlung ließ der luftige Überwurf durch, sodass die Vitamin-D- und die Hormonproduktion angekurbelt wurden. Sie freute sich über die Wärme und die gleichmäßige Pigmenttönung ihrer Haut – an Sommertagen wie heute war es in Hamburg fast so schön wie daheim am Schwarzen Meer. Aber wie alle hatte auch Romina gelernt, sich vor der Sonne zu hüten: Strahlen, die tiefer gingen, wurden durch das Überkleid abgeblockt, und gegen die Hautalterung durch UV-A-Strahlen hatte Romina ihr Gesicht mit einem 70+-Blocker eingesprüht. An den Händen trug sie kaum spürbare UV-Handschuhe, die inzwischen auch aus Hygienegründen sommers wie winters zur förmlichen Bekleidung dazugehörten und mehrmals am Tag antibakteriell besprüht wurden. Es galt im offiziellen Kontakt mittlerweile als unschicklich, jemandem die nackte Hand zu reichen. Das war ihr erst wieder in dem Konzern, in dem sie seit ein paar Wochen neu angestellt war, aufgefallen.

Heute wollte sie sich bei Nana um das Care-o-bot-Projekt bewerben. Auch wenn ihr neuer Job ihr eigentlich keine Zeit für Nebenbei-Projekte ließ, war Romina das Thema ein persönliches Anliegen geworden. Den letzten Kick hatte ihr das Gespräch mit dem ChildHood-Einkäufer gegeben, der der festen Überzeugung war, dass diese automatisierten Gesellen ein neuer Teil unserer Gesellschaft werden würden. »Sie werden sehen: Die kommen gleich nach dem Haustier! In Asien entdecken nach den Alten und den Kindern gerade die Erwachsenen diese neue Spezies«, hatte er ihr mit umwerfendem Enthusiasmus berichtet. Es war erstaunlich, dass nicht Firmen wie Disney längst solche Edutainment-Figuren weltweit vermarkteten. Aber wahrscheinlich waren die von ihren eigenen Figuren zu blockiert, um solche asiatischen Robotergesellen ernsthaft zu verfolgen, dachte Romina, während sie sich dem Gewerbehof näherte. Leider war sie mit ihrer Präsentation nicht so weit gekommen, wie sie wollte – zu viel Arbeit im Konzern –, aber sie war froh, dass sie den Job ergattert hatte, der ihr endlich wieder eine Grundsicherung für die nächsten sechs Monate verschaffte. Es standen noch ein paar wichtige Face-to-Face-

Termine und Chats hinsichtlich der Spracherkennung und der möglichen Übernahmefunktionen aus dem Gaming-Bereich aus. Aber sie hatte immerhin ein Konzept zu Look und Leistungsspektrum des freundlichen Kerlchens für den heutigen Pitch in ihre Cloud geladen.

Zum Pitch waren drei Kandidaten geladen, und sie war als Letzte dran. Als sie das Rad im Hinterhof abstellte und es sich selbsttätig abschloss, schienen die Kandidaten vor ihr gerade das Haus zu verlassen. Ein ungleiches Paar: ein Nerd und ein Freak, die mit unzufriedener Miene einen riesigen Karton schleppten. Sie schienen kein Paar zu sein: »Wieso erzählst du der auch noch, dass die Sache mit der Spracherkennung noch ihre Tücken hat?«

»Weil es nun mal so ist.«

»Das ist absolut unprofessionell.«

»Aber ich bin ja hier der Profi, der das nachher hinkriegen muss. Da mach ich doch keine wilden Versprechungen. – Kipp das mal!« Sie neigten den Karton, und irgendetwas Schweres rutschte im Kartoninneren.

»Wenn man das Teil so bekommt, frag ich mich langsam, was hier eigentlich deine Leistung ist.«

»Vielleicht, darauf zu achten, dass du nicht deine durchgeknallte Idee vom Liebesspiel des Care-o-bots ausbreitest!«

»Du kapierst das echt nicht, oder? In Japan …«

»Oh, hör mir auf mit der Story!«

Die beiden verschwanden in der Toreinfahrt. Romina wurde etwas flau: Die hatten da tatsächlich schon ihr fertiges Gerät angeschleppt! Sie selbst stand da mit dem albernen Plüschteddy in der Hand und ein paar Charts in der Cloud. Verdammt. Aber wie hätte sie es schaffen sollen? Der multinationale Konzern verschlang quasi ihre gesamte Zeit. Diese ewigen Abstimmungen mit den Japanern, das ständige Nachfordern und Revidieren hatte sie wirklich Nerven gekostet. Am Ende konnte sie ihnen den Kompromiss sogar so liefern, dass er nicht nach Kompromiss aussah. Aber den Großteil ihrer Überstunden hatte sie vertuscht, um nicht als ineffiziente Anfängerin dazustehen. Beim Treppensteigen spürte sie in den Knochen, dass sie in der letzten Nacht nur drei Stunden geschlafen hatte.

Als sie die Stahltür öffnete, standen Nana und Elisa am Tresen und amüsierten sich. »Ich hätte das Kerlchen dabehalten sollen! Geoffrey ist jetzt zwölf Tage weg«, sinnierte Nana.

»Besser so. Vielleicht willst du ihn danach nicht wieder«, konterte Elisa, und beide klopften lachend auf die Theke.

Anscheinend ging es noch um die Jungs von eben. Romina atmete auf. Das verbesserte ihre Chancen. Die beiden Frauen sahen auf.

»Hallo, Romina. Schön, dass du da bist.« Nana und Elisa holten sie zum Tresen, in den zwei großflächige Touchscreens eingelassen waren. Romina gab ihre Präsentation frei, die auf dem linken Monitor sofort sichtbar wurde, während der andere in einer festen Taktung unterschiedliche Stadtquartiere aus der Vogelperspektive einblendete.

»Vielleicht erklären wir erst mal, wie zurzeit unsere Pflegekunden versorgt und überwacht werden«, begann Nana, während der Screen das nächste Stadtbild zeigte. Die meisten Häuser waren unscharf verzeichnet, während bei den scharf gezeichneten grüne und vereinzelt auch gelbe Punkte leuchteten. »Hier siehst du die Quartiere in Hamburg, in denen unser Service aktiv ist – konkret sind das die scharf gezeichneten Häuser. Das können altengerecht umgebaute Singlewohnungen sein, Vitalisten-WGs, Alte in Mehrgenerationen-Wohnhäusern und sogar Senioren in betreuten Einrichtungen, wo uns Angehörige oder sie selbst zusätzlich mit kleineren Services wie Einkäufen oder mal Fußpflege beauftragen.« Sie tippte auf ein Haus, und es vergrößerte sich in eine Straßenansicht, in der die zu überwachende Wohnfläche farbig markiert war. Links daneben öffneten sich zwei Grundrisse mit grün leuchtenden Punkten: Bett, interaktive Medienwand, Health-Check-Toilette, Broadcasting-Badezimmerspiegel und Induktionsherd waren erkennbar. Rund um die Ansicht erschienen Bilder, die die Kamera aktuell in der Wohnung aufnahm. In der Küche sah man den gerade geöffneten Kühlschrank und davor eine unscharf maskierte Person im Trainingsanzug.

»Hier haben wir die Wohnung von Herrn Betheim, im zweiten und dritten OG. Mit Mikrochips, Sensoren und Funkmodulen ausgestattet. Würde er stürzen, käme über den Teppichboden oder sein Hörgerät eine Meldung zu uns. Wenn er von seinem normalen Tagesablauf abweicht, würde sein Personal Assistant ihn ansprechen und, wenn er keine Antwort erhält, eine Meldung zu uns schicken. Wir suchen ihn dann über die Kameras in seiner Wohnung und versuchen ihn zu kontaktieren. Wenn wir nichts rauskriegen, schicken wir jemanden zum Nachschauen.«

»Mhm, ich verstehe. Und was ist, wenn er rausgehen will?«

»Das kann er natürlich. Herr Betheim ist als mobil eingestuft und eigentlich ziemlich fit.«

»Er schafft auch noch die beiden Etagen und weigert sich hartnäckig, den Treppenlift zu benutzen«, warf Elisa ein.

»Die GPS-Funktion an seinem Personal Assistant würde melden, dass er das Haus verlässt«, fuhr Nana fort. »Dann verriegelt sie die Wohnung, nimmt die elektrischen Geräte vom Netz und vermerkt hier«, sie deutete auf ein kleines Feld an der Haustür, »den Zeitpunkt, zu dem er rausgegangen ist.«

Romina nickte konzentriert.

»Kommt er nicht innerhalb von sechs Stunden zurück,

müsste er sich über seinen Assistenten ein neues Zeitkontingent freischalten lassen. Diese Freischaltung würde dann ebenfalls hier«, sie tippte wieder auf den Screen, »in einem zweiten Fenster vermerkt werden, und wir bekämen parallel eine Information darüber. Solange er nicht stürzt oder länger bewegungslos bleibt, kann er beliebig verlängern oder auch einfach sagen, dass er verreisen will. Dann würde das entsprechend eingetragen, und unser Betreuungstarif würde sich verringern. Falls er sich aber ohne Ankündigung oder Rückmeldung zum Bahnhof, Flughafen oder außerhalb der Stadtgrenze bewegt, würden wir über das GPS-Tracking in seinem Personal Assistant alarmiert. Dann müssten wir sofort versuchen, Kontakt zu ihm herzustellen.«

»Und wenn er den Personal Assistant nicht bei sich hat?«, versuchte Romina die Schwachstellen aufzuspüren.

»Der Teppich und die Fußmatte zu beiden Seiten der Wohnungstür funken die Bewegungen, die über die Schwelle gehen, zu uns. Wir können daran sehen, ob jemand kommt, also auch überprüfen, wann unsere Helfer wie lange dort waren. Außerdem schalten der Teppichsensor und die Türbewegung automatisch die Kamera im Flur ein, sodass wir auch nachvollziehen können, wer kommt oder geht. Derjenige, der hier Aufsicht hat, erhält dann ein Tonsignal und bekommt das Bild in einem kleinen Fenster auf seinen Monitor gespielt«, erklärte Nana.

»Herr Betheim besucht auch ganz gern seine Nachbarin, und dann nimmt er meist den Follower-Ball mit der integrierten Kamera mit. Den versucht er vor sich her zu kicken, was nicht ganz einfach ist. Aber er ist noch ganz schön wendig«, lachte Elisa.

»Neben dem Fernmonitoring zur Überwachung der Medikamenteneinnahme sind etwa 500 Sensoren in der Wohnung verteilt, die ohne unser Zutun den Tagesablauf von Herrn Betheim auf Gesundheitszustand und Unfallfreiheit überwachen. Dabei sehen wir gar nicht zu. Und auch sonst interessiert uns Herr Betheim nur, wenn hier«, Nana tippte auf eine Menüleiste auf dem Screen, »etwas piept und rot leuchtet. Dann ist für die Mitarbeiter auch erst das Kamerabild scharf zu sehen. Nur die direkten Betreuer können sich außerhalb von Alarmsequenzen ein Bild machen. Und wenn sie das tun, kann das Herr Betheim an einem blauen Leuchten an der Kamera erkennen. Die Überwachung geschieht in beiderseitigem Interesse und ist transparent.«

»Allerdings haben wir mit Herrn Betheim jetzt ausgerechnet einen etwas sturen Kunden erwischt«, wandte Elisa ein. »Er will möglichst wenig Gerätekontrolle und ärgert uns ab und zu mit seinen Spielchen. Neulich hat er zum Beispiel fettige Soßen zu seinem Urin in seine Health-Check-Toilette gekippt. Worauf die natürlich absolute Horrorwerte zu Urinzucker und Fettanteil an seine Patientenkartei geliefert hatte. Dass er den Arztbesuch extra zahlen musste, war ihm der Spaß wert«, grinste sie.

Romina ergriff die Gelegenheit einzuhaken: »Aber Herr Betheim ist dann vielleicht genau der Richtige für das Thema Care-o-bot, oder?«, fragte sie, und als die beiden Frauen nickten, fuhr sie fort: »Weil er zwar Hilfe oder einen Ansprechpartner braucht, aber nur von unsichtbarer Technik umgeben ist.«

»Aber die Unsichtbarkeit an der Technik ist doch gerade ihr Vorteil. Die Sensorik arbeitet gefühlt ja nur über Sinneswahrnehmung, humanintegrierter geht es doch gar nicht«, versuchte Nana sie aus der Reserve zu locken.

»Ich denke, dass in der Unsichtbarkeit auch eine Misstrauensquelle liegt: zu wissen, dass man in seinem privaten Umfeld beobachtet wird, aber nicht sehen zu können, von wem.

Und außerdem, selbst wenn ich auf jedem Display meine gemessene Befindlichkeit ablesen kann: Vielleicht hat er die Soßen nur benutzt, um zu überprüfen, ob die Messungen der Health-Check-Toilette noch richtig funktionieren?«

»Meine Güte, man kann auch alles infrage stellen«, murmelte Nana.

»Die Sehnsucht nach Sicherheit verstärkt sich im Alter, und außerdem möchten auch alte Leute, wie jeder Mensch, Nähe und Zuwendung erfahren. Erst recht, wenn sie alleine leben.« Romina hatte ihre Präsentation gestartet und begann zu erklären, welche Bedürfnisse der Care-o-bot am Ende erfüllen könnte. Als sie den Teddy aus dem Rucksack holte, bemerkte sie kurzzeitig Nanas und Elisas Enttäuschung, doch es gelang ihr, die vermeintlichen Schwachpunkte in Vorzüge zu verwandeln, indem sie erklärte, dass die Menschen als Ergänzung zu der unsichtbaren Technik einen Gegenpol brauchten. Etwas Bekanntes mit Link zur Kindheit, weil die Erinnerung sich mit zunehmendem Alter vor die Gegenwartserfahrung schiebt. Ein Stoffteddy wäre hier der Klassiker, aber es ginge auch jedes andere Objekt, das positive Empfindungen auslöste oder zu dem man eine emotionale Bindung aufbauen konnte.

Romina fühlte sich zunehmend sicher, als sie das Interesse in den Augen der beiden Frauen sah: »Viele Studien haben die tröstliche Wirkung von Stofftieren in den Armen von Kindern, Kranken und einsamen Menschen belegt. Mich hat, als ich den Teddy konzipiert habe, auch eine Erinnerung an meine Tochter inspiriert, die als Kind mal länger im Krankenhaus lag«, schweifte sie kurz ab. »Das Kindchenschema ist wichtig und die kuschelige Haptik. Es muss sich bei Hautkontakt angenehm weich anfühlen, sodass man mit ihm schmusen kann. Der Körper sollte weich und beweglich gebaut sein, auf einer Art Skelettstruktur, damit der Care-o-bot nicht schlaff in sich zusammensackt. Kopf, Arme und Beine sollten zudem verschiedene Positionen einnehmen und darin fixiert werden können. Also genau wie bei den klassischen Gliederteddys. Die technischen Komponenten, die man nicht mitwaschen kann, würden hier hinten in einer gepolsterten Rückentasche stecken. Die Technik ist über ein Display steuerbar, das kann man freilegen, wenn man hier«, Romina zog an einem Klettverschluss und löste ein Stück aus Teddys Rückenfell, »dran zieht. Die Lautsprecher wären im geöffneten Maul platziert, damit der Klang auch aus der richtigen Richtung kommt.«

»Was spricht der Teddy denn?«

»Er liest vor. Geschichten zum Einschlafen oder aus dem Newsstream, oder er stellt Quizfragen. Musik ginge auch. Der Kopf bietet genügend Resonanzfläche. Für höhere Ansprüche könnte man Kopfhörer mit anbieten oder den Teddy mit der Surround-Anlage koppeln. Man kann auch leicht einen Empfänger einbauen, dann kann er von Familienangehörigen angerufen und als Mailbox benutzt werden. Sie könnten durch ihn Kontakt aufnehmen, anstatt über den Personal Assistant zu gehen.«

»Super«, ergänzte Elisa, »dann hätte ich endlich mal einen Menschen, der mir zuhört!«

Nana grinste, und Romina fuhr fort: »Da lassen sich noch eine ganze Menge Funktionen einbauen, sodass man eine Art Basismodell anbieten könnte und darüber hinaus Tiere, die mehr Features haben. Wenn man z. B. den Kopf um hundertachtzig Grad dreht, kann er auch den Sound zu verschiedenen Games abspielen, die man auf dem Rückendisplay spielen kann, wenn der Teddy so nach vorn geneigt sitzt.« Romina schaute in die kleine Runde und ließ den sitzenden Teddy los, der etwas nach vorne sackte und ratlos auf seine pelzigen Füße zu gucken schien.

»Die spielerische Infotainment-Funktion wäre absolut wichtig und eine gute Ergänzung zur Medienwand«, nickte Nana. »Die Erhaltung der geistigen Fitness ist seit dem extremen Anstieg von Demenzerkrankungen für unsere Kunden und ihre Angehörigen von immenser Bedeutung. Wenn wir hier eigene Angebote hätten, wäre das sicher ein Zusatzgeschäft«, überlegte sie laut. »Aber wie funktioniert die Verständigung?«

»Im Idealfall über Spracherkennung, aber da muss ich mich noch schlau machen«, antwortete Romina vorsichtig und dachte an das noch ausstehende Face-to-Face-Treffen mit einem gewissen Daniel, auf den sie bei ihrer Recherche gestoßen war und der im Chat schon einige vielversprechende Informationen für sie gehabt hatte. Er hatte spontan seine Hilfe angeboten, und sie hatten sich für morgen verabredet, ihrem einzigen noch freien Tag in diesem Monat. »Ich könnte dir dazu nächste Woche mehr sagen.«

Nana schaute nicht enthusiastisch.

»Vielleicht auch schon übermorgen«, setzte Romina nach, um ihre Position zu stärken. Immerhin war sie immer noch im Pitch und kannte nicht den dritten Kandidaten.

»Gut, angenommen, die Spracherkennung würde klappen, und die Angebote ließen sich um eine interaktive Komponente ergänzen, was würde so ein Care-o-Teddy uns in der Anschaffung kosten?«, fragte Nana geschäftsmäßig, während Elisa den Teddy mit ganz weichem Gesicht hin und her drehte und seine Arme und Beine bewegte. Romina zeigte das letzte Chart, auf dem sie die einzelnen Punkte summiert hatte. Durchaus im Rahmen, fand sie. Zumal es ja nur die Material- und Fremdkosten waren, nicht mal ihre Arbeitszeit. Doch Nana schien noch nicht so richtig mitzuziehen und schlug ihr plötzlich eine Gewinnbeteiligung vor, falls das Gerät ein Erfolg würde.

»Und wenn nicht?«

»Teilen wir uns den Verlust, die bis dato angefallenen Fremd-kosten und Materialien.«

»Aber ich investiere ja schon meine Arbeitszeit und mein Know-how in das Vorhaben. Alles als Vorleistung – ohne Garantie für den Auftrag und ohne Garantie für Erfolg.«

»Wo gibt es denn eine Garantie für Erfolg?«, fragte Nana kopfschüttelnd, und zu Elisa gewandt: »Also gut, wir machen es anders: Ich unterstütze dich zu einem Anteil von, sagen wir, fifty-fifty bei den Anschaffungskosten und nehme dafür die ersten drei der fertigen Care-o-bots ab – das wäre dann die Auf-tragsgarantie. Dafür würden dann fünfzig Prozent der Rechte an unserem Care-o-bot-Projekt an mich übergehen«, schlug Nana in verbindlichem Ton vor.

Romina widerstrebte es, die Rechte an ihrer Erfindung gleich zur Hälfte abzugeben. Sie rechnete sich schon einen ge-wissen Erfolg aus – vorausgesetzt, sie könnte den Care-o-bot erfolgreich vermarkten. »Aber damit sich das Projekt dann für uns beide lohnt, müssten wir es professionell vermarkten. Das wäre allein ein Fulltime-Job«, gab Romina zu bedenken. »Ich bin nur die Entwicklerin, keine Vertriebsfrau.«

»Wir starten mit meinen Kunden, und dann können wir es mit ein paar Videos auf ganz unterschiedlichen Online-Platt-formen platzieren«, schlug Nana vor.

»Das ginge«, überlegte Romina. »Er hat ja so ein bisschen was von allem, also könnten wir ihn bei Spielzeug und Brain-games platzieren und natürlich auch auf ausgewiesenen Be-treuungsseiten. Aber reicht das, um genügend Nachfrage zu erzeugen?«

»Wäre zu versuchen. Jeder würde fairerweise das verdienen, was er über seine Vertriebsplattformen und -ideen reinholt. Dann wäre auch klar, dass wir beide mit dem Engagement da-bei sind, das der Teddy zum Erfolg braucht«, meinte Nana.

Damit hatte sie zwar recht, aber das entsprach nicht ganz der Erwartung, mit der Romina am Pitch teilgenommen hatte. Und an Eduards Kommentar mochte sie gar nicht denken. Der würde sie für so viel Nachgiebigkeit bestimmt wieder ungespitzt in den Boden rammen. Obwohl – zum Start ihrer ersten Generation von Care-o-bots war es die Überlegung auf jeden Fall wert.

Fakten zu Arbeits- und Eigenzeit

Immer weniger Erwerbstätige müssen immer mehr Nichterwerbs-
tätige mitversorgen. Den klassischen 9-to-5-Job wird es nicht mehr
geben; das Leben wird nicht mehr in Arbeits- und Freizeit geteilt
sein. Mit neuen Freizeitmodellen lassen sich arbeitsfreie Lebensphasen planen. Freiberuflichkeit und ständige Erreichbarkeit sind
nicht mehr nur Phänomene bestimmter Berufsgruppen. Dienstleistungen rund um die Uhr werden zur Normalität. Der Konkurrenzdruck der Leistungsgesellschaft lässt kaum Raum für Familien-
planung.

Wir werden immer weniger ...

Deutschlands Bevölkerung schrumpft, das ist nicht neu. Bereits seit
Anfang der 1970er Jahre gibt es in Deutschland mehr Sterbefälle als
Geburten. Wie stark sich dies in der Zukunft auswirken wird, zeigt
die letzte Hochrechnung des Statistischen Bundesamtes. Danach
werden 2034 statt der heute 81,5 Millionen nur noch rund 76 Millionen Menschen in Deutschland leben.[1] Zwar gaben 52 Prozent der
kinderlosen unter 50-Jährigen in einer aktuellen Repräsentativbefragung des Allensbach-Instituts an, bestimmt einmal Kinder haben
zu wollen.[2] Und gefühlt war in den vergangenen Jahren in so man-

chem gut situierten Stadtteil in Hamburg oder Berlin ein Babyboom zu verzeichnen. Doch wie weit man tatsächlich von dem entfernt ist, was nötig wäre, um den jetzigen Bevölkerungsstand auch nur zu halten, verdeutlicht die nüchterne Statistik: Seit einigen Jahren hat Hamburg mit durchschnittlich 1,25 Kindern pro Frau bundesweit neben dem Saarland die niedrigste Geburtenrate. Und auch in Berlin sah es mit einer Rate von 1,3 nicht wesentlich besser aus.[3] Im Bundesdurchschnitt sind es zurzeit knapp 1,4 Kinder je Frau.[4] Damit ist der Abwärtstrend nicht zu stoppen, denn es wäre eine Geburtenrate von bundesweit mindestens 2,1 erforderlich, damit die Bevölkerungszahl nicht weiter schrumpft. Laut Statistischem Bundesamt ist bis zum Ende des nächsten Vierteljahrhunderts mit einem Rückgang von heute 15 Millionen auf 12,6 Millionen Kinder und Jugendliche unter 20 Jahren zu rechnen.[5] Der zu erwartende Bevölkerungsschwund wird sich in den kommenden Jahren in Ostdeutschland beinahe doppelt so stark bemerkbar machen wie in den westdeutschen Flächenländern.[6] Und dieser Schwund vollzieht sich nicht nur in Deutschland, sondern europaweit. Eine Modellrechnung der Vereinten Nationen kommt zu dem Ergebnis, dass die Einwohnerzahl der 27 EU-Staaten zwischen 2005 und 2050 um 35 Millionen sinken wird.[7]

... und wir werden immer älter

Mit dem Bevölkerungsschwund geht die kontinuierliche Überalterung unserer Gesellschaft einher. So wächst in Deutschland der Anteil der über 65-Jährigen von derzeit 16,8 Millionen bis 2034 voraussichtlich auf 23,6 Millionen.[8] Zudem steigt die durchschnittliche Lebenserwartung. Hat eine 60-jährige Frau heute noch eine Lebensspanne von etwa 25 Jahren vor sich, werden es 2034 weitere zwei Jahre sein. Auch bei den Männern um die sechzig ist für den gleichen Zeitraum ein Anstieg der durchschnittlichen Lebenserwartung um fast zwei Jahre von derzeit etwa 21 auf knapp 23 Jahre zu erwarten.[9]

Welche Folgen das Anwachsen der älteren Jahrgänge und der gleichzeitig ausbleibende Nachwuchs für den Altersaufbau unserer Bevölkerung haben werden, verdeutlicht der sogenannte Altenquotient. Laut aktueller Berechnung des Statistischen Bundesamtes stehen heute 100 Personen im erwerbsfähigen Alter zwischen 20 und 65 Jahren 34 Rentner gegenüber. In den nächsten 25 Jahren steigt der Altenquotient, so die Annahme, auf 59 über 65-Jährige pro 100 Erwerbsfähige.[10] Dies hätte zur Folge, dass im Jahr 2034 zwei Personen im Erwerbsalter mit ihrer Wertschöpfung sich selbst und mehr als einen Rentner mitversorgen müssten. Bezieht man in diese Berechnung noch die nicht erwerbsfähigen unter 20-Jährigen mit ein, käme es gar zu einem Anstieg von heute 64 auf 91 Nichterwerbsfähige pro 100 Erwerbsfähige. Somit würden dann jeder Person im Erwerbsalter beinahe ein Rentner oder ein Heranwachsender zur Mitversorgung gegenüberstehen.

Von der Industrie- zur Dienstleistungs- und Wissensgesellschaft

Nicht nur die soziale Struktur unserer Gesellschaft wird sich grundlegend ändern. Wir stehen am Übergang von der Industrie- zur Dienstleistungs- und Wissensgesellschaft, mit entsprechenden Folgen für die Industriearbeitsplätze. Laut einer Prognose des Instituts für Arbeitsmarkt- und Berufsforschung werden von den 18,3 Millionen Jobs im verarbeitenden Gewerbe bis 2025 bereits mehr als 2 Millionen weggefallen sein. Um im internationalen Wettbewerb weiter konkurrenzfähig zu bleiben, müssen deutsche Unternehmen mehr einfache Massenproduktionen ins Ausland verlagern und sich darauf konzentrieren, mit viel Know-how hochwertige Waren und anspruchsvolle Dienstleistungen anzubieten. In den kommenden 15 Jahren wird der Anteil der Beschäftigten im Dienstleistungssektor von momentan 73,2 auf knapp 77 Prozent steigen. 1995 waren es noch 64,6 Prozent.[11]

Mit dem Wandel hin zu einer wissensbasierten Arbeitswelt werden Jobs immer anspruchsvoller. Der Arbeitsmarkt wird sich weiter spalten in umworbene Hochqualifizierte, begehrte Fachkräfte und Geringqualifizierte, für die die Beschäftigungschancen in der zukünftigen Arbeitswelt immer geringer werden. Unser Arbeitsalltag wird anstrengender, denn wir werden stets bestrebt sein müssen, mit der Entwicklung Schritt zu halten. Der technologische Wandel macht Arbeit schneller, komplexer und kurzlebiger, weil auf längere Zeiträume weniger planbar. Wir werden uns von langen Unternehmenszugehörigkeiten verabschieden müssen, stattdessen werden Arbeitgeber genauso häufig wie Anstellungsmodi, Arbeitszeiten und Einkommensniveaus gewechselt werden. Feste Anstellungen, befristete Tätigkeiten, Freiberuflichkeit und Zeiten ohne Beschäftigung werden sich ablösen. Jeder Einzelne wird stärker für sich selbst verantwortlich sein – nicht nur, weil die staatliche Fürsorge nicht mehr zu finanzieren sein wird und sich die Formen des Zusammenlebens ändern werden. Sondern auch, weil Know-how schneller veraltet, Fachwissen kein Garantieschein für eine sichere Beschäftigung mehr ist und wir uns durch ständige Weiterbildung auf dem neuesten Stand halten müssen, um nicht überholt zu werden.

Die Jobwelt der Zukunft

Insbesondere für die gut qualifizierten Jüngeren werden sich in der Zukunft ganz andere Bedingungen und Perspektiven eröffnen als zur Zeit der industriellen Ära. Neue technologische Entwicklungen werden es ihnen ermöglichen, von jedem beliebigen Ort aus zu arbeiten. Sie werden eigenverantwortlicher und weniger in hierarchischen Strukturen arbeiten. Dafür werden sich die Wissensarbeiter der Zukunft selbst in Netzwerken und Projektgruppen steuern. Das Prinzip der Selbstverantwortung wird die zukünftige Arbeitswelt durchdringen. Die Beteiligten müssen selbstständig entscheiden, wie viel Zeit sie wann in welche Aufgabe investieren. Überschneidungen von Beruf und Freizeit werden zur Regel, und letztlich werden die Sphären nicht mehr zu trennen sein. Bereits heute stehen zwei Drittel der Berufstätigen dem Chef, Kollegen oder Kunden sogar regelmäßig nach Büroschluss per Internet oder Mobiltelefon zur Verfügung, so eine Studie des Hightech-Verbandes Bitkom.[12]

Neben den Vorteilen und der Vielfalt an Chancen, die eine flexible Jobwelt der Zukunft bietet, wird es auf der anderen Seite schwieriger werden, ein ausgewogenes Verhältnis zwischen Freizeit und Berufsleben zu organisieren. Viele Berufstätige werden mehr Arbeit mit nach Hause bringen. Feierabend, Wochenende und Urlaub werden sich den Anforderungen der jeweiligen Projekte unterordnen müssen. Die neue Flexibilität kommt vor allem den Arbeitgebern zugute, denn sie können immer und überall auf ihre Angestellten zugreifen. Das Smartphone macht das Restaurant zum Büro. Denn Kunden – und Chefs – erwarten, dass man stets zur Verfügung steht. Das Prinzip »anytime, anywhere« bestimmt die Arbeitswelt. »Wir wollen gar nicht 60 Stunden die Woche arbeiten, aber wir müssen«, konstatieren junge Führungskräfte und Freiberufler. Hinzu kommt die sinkende Verlässlichkeit. Seit dem Ausbruch der Wirtschafts- und Finanzkrise 2008 gingen weltweit 29,4 Millionen Arbeitsplätze verloren.[13]

Aus Angst, bei einem Jobverlust zu verarmen, sichern sich immer mehr Berufstätige durch zusätzliche Jobs ab. Ihre Zahl hat sich im Zeitraum von 2008 bis 2010 auf 15 Prozent vervierfacht.[14] Die Angst ist nicht unbegründet. Laut dem Sozialbericht für Deutschland

2008 steigt die Einkommensungleichheit ständig an. Nach Berechnungen des Deutschen Instituts für Wirtschaftsforschung waren im Jahr 2009 rund 11,5 Millionen Menschen in Deutschland arm oder von Armut bedroht. Ihnen standen also weniger als 60 Prozent des mittleren Jahreseinkommens der Deutschen zur Verfügung.[15] In einem Zeitraum von zehn Jahren stieg die Zahl der Armen um 33,7 Prozent.[16]

Die Jobwelt der Zukunft wird nach schöpferischen, unternehmerisch handelnden Menschen verlangen, die bereit und in der Lage sind, in allen Fragen für sich und andere Verantwortung zu übernehmen. In einer Arbeitswelt mit starken konjunkturellen Schwankungen werden nicht die Dienstjahre zählen, sondern Flexibilität und mentale Fitness. Aus angestellten Arbeitnehmern werden unabhängige Arbeitskraftunternehmer, die im Wettbewerb zueinander stehen und sich projekt- und zeitweise mit ihren individuellen Vorzügen anbieten. Sie werden sich in Teams zusammenfinden und lösungsorientiert arbeiten – ob als Festangestellte oder freie Mitarbeiter.[17] Diese neue Flexibilität bedeutet aber nicht nur ein geringeres Maß an Planbarkeit für den Arbeitnehmer, auch die Arbeitgeber werden sich darauf einstellen müssen, dass ihre Arbeitskräfte nicht mehr durch Loyalität, sondern nur durch das bessere Angebot gebunden sind. Und nicht zuletzt: Auch die staatlichen Einnahmen werden sich schlechter prognostizieren lassen, mit zusätzlichen Effekten für das Steueraufkommen und die sozialen Sicherungssysteme.

Diese neue Arbeitsweise hat natürlich ebenfalls großen Einfluss auf das Privatleben. Wenn unter diesen Voraussetzungen Arbeit, Freizeit und Familie unter einen Hut gebracht werden sollen, müssen sich alle flexibel zeigen. Ein Zuwachs an freiwilliger Gleitzeit-, Tele- und Heimarbeit, rund um die Uhr und immer erreichbar, scheint dann unumgänglich. Es wird noch immer Freizeit geben, aber die fällt nicht mehr zwangsläufig aufs Wochenende, sondern auf andere Tage – an denen dann vielleicht der Partner oder die Freunde gerade arbeiten. Freizeit wird nicht mehr als Auszeit genossen, sondern als Zeitfenster genutzt, in dem all die Arbeit unterzubringen ist, die nicht Erwerbsarbeit ist. Von denen, die sich in der Jobwelt der Zukunft eingerichtet haben, wird die Überschneidung von Arbeit und Freizeit als Optionszuwachs empfunden. Für diejenigen, die andere Prioritäten setzen, bekommt der Faktor Zeit eine ganz neue Bedeutung, und der Umgang mit ihr wird sich grundlegend ändern.

Downshifting

Ein (gegenläufiger) Trend, der sich immer mehr abzeichnet, ist, sich Zeit zu nehmen, seine Karriere zu überdenken. Daraus können sich Veränderungen in Form eines Sabbaticals (die Möglichkeit, für drei bis zwölf Monate auszusteigen und nach dieser Zeit an den Arbeitsplatz zurückzukehren) oder des Aufbaus einer neuen, einfacheren und weniger stressigen und verantwortlichen Tätigkeit ergeben. Es geht nicht darum, ganz dem Berufsleben den Rücken zu kehren, sondern die Lebensumstände zu verbessern und beruflich einen Gang herunterzuschalten. Diese Form der Zeitgewinnung und -nutzung wird »Downshifting« genannt, ein Trend aus den USA, der nun auch Deutschland erreicht hat und das Gegenmodell zur ständigen Verfügbarkeit des Arbeitnehmers in der hyperflexiblen Arbeitswelt bildet.

Obwohl es vielen Deutschen wichtig ist, ihren Job als sinnvoll zu erleben, hat »jeder fünfte Arbeitnehmer innerlich gekündigt«, schreibt das Gallup-Institut in seinem Engagement Index 2010. »In vielen Unternehmen ignorieren Führungskräfte nach wie vor die zentralen Bedürfnisse und Erwartungen ihrer Mitarbeiter teilweise oder völlig«, heißt es in der Studie weiter.[18] Und bereits im

März 2007 fand das Meinungsforschungsinstitut TNS heraus, dass 39 Prozent der Deutschen den »täglichen Kampf während der Arbeit sogar als sehr hart« empfanden.[19] Wenn die Unzufriedenheit dann noch mit einer hohen Zahl an Überstunden gepaart ist, kaum mehr Zeit für die Familie oder Freunde bleibt, drängt sich schnell der Gedanke auf: Geht das alles nicht auch etwas langsamer? Ist es das wert? Warum mache ich das eigentlich?

In den USA ist der Wunsch nach Downshifting bereits so weit verbreitet, dass sich Personalplaner um ihre Leistungsträger sorgen. Ende 2004 gaben 48 Prozent der Amerikaner an, dass sie in den zurückliegenden fünf Jahren freiwillig ihre Arbeitszeit verringert, eine Beförderung abgelehnt oder ihre Ansprüche und Berufsziele heruntergefahren hätten. »Mit den Aussteigern der 70er Jahre sind die Downshifter allerdings nicht zu verwechseln. Was die einen als politisches Statement verstanden, ist für die anderen heute Privatsache. Die Alten wollten das System verändern, die heutigen ›Aussteiger auf Zeit‹ wollen vor allem sich selbst umkrempeln.«[20]

Die Kinderfrage – Kind und Karriere

Egal, wie man sich gefunden hat und wie man zusammenlebt, in vielen Partnerschaften stellt sich irgendwann die Frage nach dem Kinderwunsch. In Deutschland sinkt die Geburtenrate parallel zur Überalterung der Gesellschaft immer weiter.[21] Dabei ist es keinesfalls so, dass junge Deutsche grundsätzlich auf Kinder verzichten wollen. Die allermeisten von ihnen streben nach wie vor eine traditionelle Familie mit Mutter, Vater und Kindern an. 52 Prozent möchten bestimmt einmal Kinder haben, 26 Prozent vielleicht.[22] Was also trennt den Kinderwunsch von der kinderlosen Realität?

In unserer hedonistischen Gesellschaft besitzen Selbstverwirklichung und persönliche Freiheit einen hohen Stellenwert – Kinder scheinen damit nicht vereinbar. Besonders Frauen fühlen sich unter Druck, weil sie sich gezwungen sehen, sich zwischen Kind und Karriere zu entscheiden.

Zu den persönlichen kommen finanzielle Ängste hinzu. Denn Kinder sind teuer, zumindest, wenn man sie nach heutigen Ansprüchen großziehen möchte. 66 Prozent der Deutschen unter 45 Jahren halten es für unabdingbar, dass wenigstens einer der Partner in einer beruflich gesicherten Position ist, bevor man über Nachwuchs spricht; fast alle denken, dass ein bestimmter finanzieller Standard erfüllt sein muss. In Trendbüros Werte-Index zum Thema Familie wird deutlich, wo die Ängste und Erwartungen liegen: Neben der Selbstverwirklichung ist es besonders der finanzielle Aspekt, der Mütter häufiger und immer früher in den Beruf zurücktreibt als noch vor einigen Jahrzehnten.[23] Sechs von zehn Müttern waren 2009 erwerbstätig.[24] Doch 68 Prozent derer, die in den Beruf zurückgekehrt sind, klagen anschließend über die Doppelbelastung, die durch unflexible Arbeitszeiten und das Fehlen geeigneter Kinderbetreuungsmöglichkeiten schmerzhaft spürbar wird. Lediglich 21 Prozent der Deutschen haben den Eindruck, dass sich hierzulande Familie und Beruf gut vereinbaren lassen.[25] Und die Männer entlasten die Frauen nach wie vor nicht ausreichend, auch wenn sich Männer in der mittleren und höheren Schicht offenbar etwas häufiger im Haushalt betätigen. Frauen übernehmen den größeren Teil der Hausarbeit, auch wenn sie arbeiten gehen.[26]

So radikal und schnell, wie die Frauenbewegung sich die Emanzipation in den 1970ern wünschte, lassen sich tradierte Rollenbilder wohl nicht auflösen. Doch sind Tendenzen zum Ausgleich spürbar. Und hierfür ist eine gute Betreuung der Kinder besonders wichtig. Dass 2009 zwar 53 Prozent der Mütter erwerbstätig waren, aber 47 Prozent nicht in den Beruf zurückgekehrt sind, mag auch mit fehlenden Betreuungsmöglichkeiten für die Kinder zu tun gehabt haben. In einer schrumpfenden Gesellschaft werden Frauen jedoch verstärkt als Erwerbstätige gebraucht. Eine gut organisierte Kinderbetreuung wird demnach immer wichtiger, sei es nun durch die Eltern selbst oder durch staatliche Institutionen, denn sonst droht die Geburtenrate weiter zu sinken. Laut dem »Ländermonitor frühkindliche Bildungssysteme« der Bertelsmann Stiftung steigt die Nachfrage nach Betreuung in Deutschland deutlich: Immer mehr Kinder unter drei Jahren gehen in Kitas oder zu Tagesmüttern. 2009 besuchte jeder fünfte Einjährige eine Einrichtung, bei den Zweijährigen waren es sogar fast 40 Prozent.[27]

Dies zeigt, dass veränderte Familienstrukturen und eine Arbeitswelt, die auf Flexibilität ohne feste Arbeitszeiten setzt, auch gravierende Folgen für die Betreuung von Kindern haben. In Zukunft wird die Betreuung weniger von der Familie selbst, dafür vermehrt von externen Fachkräften als eine Dienstleistung übernommen werden. Kinderbetreuung wird dann auf neue Bedürfnisse eingehen müssen, die durch eine veränderte Arbeitsorganisation entstehen. Teilzeitarbeit und variable Arbeitszeiten steigern die Nachfrage nach unkonventionellen Betreuungsmöglichkeiten, die schnell verfügbar, flexibel und spontan einsetzbar sind.

Denkbar wäre, dass Unternehmen, die ihre Mitarbeiter an sich binden wollen, diese Art von Betreuung organisieren. Daneben werden viele Eltern die Kinderbetreuung nach den englischen Friendfamilynetworks (Bewohner eines Stadtteils sorgen in den Ferien abwechselnd für die Betreuung ihrer Kinder) managen.

Wenn es dem Staat oder privaten Initiativen nicht gelingt, eine ausreichende Betreuung – und mit ausreichend ist nicht die Beaufsichtigung, sondern vor allem die Förderung von Kindern gemeint – für alle Kinder zu gewährleisten, wird es wohl auch bei der Kinderbetreuung auf eine Zwei-Klassen-Gesellschaft hinauslaufen. Eltern, die es sich finanziell leisten können, werden Personal anstellen, das sich um den Nachwuchs kümmert, während diejenigen, die sich als Personal um fremde Kinder kümmern, ihre eigenen im besten Falle von der Großfamilie aufziehen lassen. In Zeiten leerer Kassen zeichnet sich eine solche Entwicklung ab.

Anmerkungen

1 vgl. Statistisches Bundesamt Deutschland (2009): 12. koordinierte Bevölkerungsvorausberechnung, http://www.destatis.de/bevoelkerungspyramide/ (Stand: 04.05.2011)

2 vgl. Institut für Demoskopie Allensbach (2010): Monitor Familienleben. http://www.bmfsfj.de/RedaktionBMFSFJ/Abteilung2/Pdf-Anlagen/familienmonitor-2010,property=pdf,bereich=bmfsfj,sprache=de,rwb=true.pdf (Stand: 04.05.2011)

3 vgl. Statistisches Bundesamt Deutschland, Pressemitteilung Nr. 034 vom 27.01.2010. http://www.destatis.de/jetspeed/portal/cms/Sites/destatis/Internet/DE/Presse/pm/2010/01/PD10__034__12641,templateId=renderPrint.psml (Stand: 18.08.2011)

4 vgl. Statistisches Bundesamt Deutschland (2009). http://www.destatis.de/jetspeed/portal/cms/Sites/destatis/Internet/DE/Content/Statistiken/Bevoelkerung/GeburtenSterbefaelle/Tabellen/Content50/GeburtenZiffer,templateId=renderPrint.psml (Stand: 04.05.2011)

5 vgl. Statistisches Bundesamt Deutschland (2009): 12. koordinierte Bevölkerungsvorausberechnung. http://www.destatis.de/bevoelkerungspyramide/ (Stand: 03.05.2011)

6 vgl. wiwo.de (2010): Wie der Bevölkerungsrückgang deutsche Städte umformt. http://www.wiwo.de/politik-weltwirtschaft/wie-der-bevoelkerungsrueckgang-deutsche-staedte-umformt-427036/ (Stand: 04.05.2011)

7 vgl. Bundesinstitut für Bevölkerungsforschung in Zusammenarbeit mit dem Statistischen Bundesamt (2008): Bevölkerung – Daten, Fakten, Trends zum demographischen Wandel in Deutschland. http://www.bib-demographie.de/nn_750530/SharedDocs/Publikationen/DE/Download/Broschueren/bev3__2008,templateId=raw,property=publicationFile.pdf/bev3_2008.pdf; (Stand: 04.05.2011)

8 Statistisches Bundesamt Deutschland (2009): 12. koordinierte
Bevölkerungsvorausberechnung.
http://www.destatis.de/bevoelkerungspyramide/ (Stand: 04.05.2011)

9 vgl. Statistisches Bundesamt Deutschland, Pressemitteilung Nr. 364
vom 24.09.2009. http://www.destatis.de/jetspeed/portal/cms/Sites/
destatis/Internet/DE/Presse/pm/2009/09/PD09__364__12621,-
templateId=renderPrint.psml (Stand: 04.05.2011) und Bundeszentrale
für politische Bildung (2008): Die soziale Situation in Deutschland –
Entwicklung der Lebenserwartung. http://www.bpb.de/files/XH3MK2.
pdf (Stand: 04.05.2011)

10 vgl. Statistisches Bundesamt Deutschland (2009): 12. koordinierte
Bevölkerungsvorausberechnung.
http://www.destatis.de/bevoelkerungspyramide/ (Stand: 04.05.2011)

11 vgl. Welt Online (2010): 2025 nur noch 1,5 Millionen Arbeitslose.
http://www.welt.de/wirtschaft/article8167680/2025-nur-noch-1-5-
Millionen-Arbeitslose.html (Stand: 04.05.2011)

12 vgl. Bitkom, Presseinformation vom 09.06.2010.
http://www.bitkom.org/de/presse/8477_64166.aspx
(Stand: 04.05.2011)

13 vgl. ILO-Berlin, Presseinformation vom 30.10.2010.
http://www.ilo.org/public/german/region/eurpro/bonn/aktuelles/
meldungen10.htm (Stand: 04.05.2011)

14 vgl. Spiegel Online (2010): Die Angst vorm Abstieg.
http://www.spiegel.de/politik/deutschland/0,1518,druck-699777,00.
html (Stand: 04.05.2011)

15 vgl. Statistisches Bundesamt Deutschland, Pressemitteilung Nr. 31
vom 25.01.2011.
http://www.destatis.de/jetspeed/portal/cms/Sites/destatis/Internet/
DE/Presse/pm/2011/01/PD11__031__634,templateId=renderPrint.
psml (Stand: 07.07.2011)

16 vgl. DIW, Wochenbericht Nr. 7 / 2010: Weiterhin hohes Armutsrisiko in
Deutschland: Kinder und junge Erwachsene sind besonders betroffen.
http://www.diw.de/sixcms/detail.php?id=diw_01.c.347267.de (Stand:
19.08.2011)

17 vgl. wiwo.de (2010): Ungewissheit als einzige Gewissheit.
http://www.wiwo.de/politik-weltwirtschaft/ungewissheit-als-einzige-
gewissheit-433970/ (Stand: 05.05.2011)

18 http://eu.gallup.com/Berlin/146027/Pressemitteilung-zum-Gallup-EEI-2010.aspx (Stand: 09.02.2011)

19 zit. n. http://www.spiegel.de/jahreschronik/0,1518,519033,00.html (Stand: 19.08.2011)

20 vgl. Spiegel Online (2007): Karriere-Trend Downshifting: Endlich raus aus dem Hamsterrad.
www.spiegel.de/jahreschronik/0,1518,519033,00.html (Stand: 03.05.2011)

21 vgl. Spiegel Online (2010): Warum Deutschland vergeblich auf einen Babyboom hofft.
http://www.spiegel.de/politik/deutschland/0,1518,737001,00.html (Stand: 01.04.2011)

22 vgl. Institut für Demoskopie Allensbach (2010): Monitor Familienleben 2010. Einstellungen und Lebensverhältnisse von Familien. Ergebnisse einer Repräsentativbefragung. http://www.ifd-allensbach.de/main.php?selection=73&rubrik=0 (Stand: 19.08.2011)

23 vgl. http://www.werteindex.de/werte/#Familie (Stand: 25.07.2011)

24 vgl. Statistisches Bundesamt (2009): Alleinerziehende in Deutschland. Ergebnisse des Mikrozensus 2009.

25 vgl. Institut für Demoskopie Allensbach (2010): Monitor Familienleben 2010. Einstellungen und Lebensverhältnisse von Familien. Ergebnisse einer Repräsentativbefragung. http://www.ifd-allensbach.de/main.php?selection=73&rubrik=0 (Stand: 19.08.2011)

26 ebd.

27 vgl. Bertelsmann Stiftung (2010): Ländermonitoring Frühkindliche Bildungssysteme 2010.

STADTENTWICKLUNG
In fremden Welten

Geoffrey

Als Ältester gesellte Geoffrey sich im Morgengrauen zu der kleinen Gruppe, die im Kreuzgang nicht von Bruder Simon, sondern dem verschlossen wirkenden Lukas erwartet wurde. Neben dem Mönch mit seinen kurz geschorenen Haaren standen ein dicklicher Jugendlicher, der sich als Anton vorstellte, eine asiatische, etwa fünfzigjährige Schönheit namens Shan und ein hagerer älterer Mann, der Finn hieß.

»Ihr vier macht den Weg zum autarken Dorf Pommritz gemeinsam«, erklärte Lukas. »Versucht, so wenig miteinander zu sprechen wie möglich. Das ist kein gemeinsamer Wandertag, sondern ein Weg, den jeder von euch anders wahrnehmen wird. Öffnet euch den Eindrücken. Ihr habt später noch genügend Zeit, um eure Erfahrungen zu teilen.«

Er übergab jedem eine Papierskizze, eine Art improvisierte Karte und ein Päckchen Proviant. »Denkt dran, dass ihr ab nun ohne Orientierungs- und sonstige persönliche Hilfsmittel unterwegs seid. Versucht, eure eigenen Sensoren zu reaktivieren. Achtet auf euch und helft euch gegenseitig.«

Der eingezeichnete Weg, dem leider ein Maßstab fehlte, begann mit einem umfriedeten Quadrat, das das Kloster darstellte, und führte dann am Kräuterlehrpfad vorbei, an mehreren Teichen entlang nach Swinjarnja, weiter durch die Felder bis nach Koblicy, an einer Mühle und einem verfallenen Gehöft vorbei, dann mussten sie einen Wald durchqueren und Viehstallungen passieren. Nach einer weiteren von Kirschbäumen gesäumten Strecke endete die Route im Dorf Pomorcy, was wohl der sorbische Name für Pommritz sein musste.

»Die Symbole da«, legte Finn los, »könnten Höhenlinien sein, hier gibt es doch Braunkohle-Tagebau, oder?«

»Das ist hier nicht Bitterfeld«, brummte Geoffrey, für den es entschieden zu früh am Morgen war. »Vielleicht gehen wir einfach erst mal los?«

Sie traten durch das Tor des Klostergartens und ließen schnell die weiß getünchten Mauern der Klosteranlage hinter sich. Hintereinander stapften sie einen matschigen Feldweg im Schatten von Eichen entlang, vorbei an grüngrützigen Tümpeln, hinauf zu den Feldern und der Weggabelung mit den zwei mächtigen Linden, die ein Kruzifix und einen Wegstein überschatteten, ihrem ersten Anhaltspunkt auf der Karte. Geoffrey, der hinter dem dicken Anton das Schlusslicht bildete, versuchte, die matschigen Fußabdrücke der Vorgänger zu umgehen, indem er auf der Grasnarbe des Feldwegs lief. Die ausgegebenen Lederschuhe hatten weder Luftpolster noch Temperaturregulierung, noch anatomische Stützen und waren nach wenigen Metern durch das taunasse Gras kalt und feucht. Ohne zu wissen, wie lange ihr Marsch ins autarke Dorf dauern würde, in der frühmorgendlichen Kühle fröstelnd und immer wieder stolpernd, zogen sie weiter.

Die Dörfer, die sie durchquerten, waren zum Großteil verfallen, und nur noch einzelne Höfe schienen die Stellung zu halten. Die Idylle von einst war vielfach noch ablesbar, und es schmerzte zu sehen, mit welchen Anstrengungen sich die Zurückgebliebenen in ihrer Heimat über Wasser zu halten versuchten. Nur an wenigen Stellen sah man neue Investitionen. Bei Njezdašecy waren sie plötzlich an großen offenen Stallungen vorbeigekommen, wo die Massentierhaltung nach neuen Auflagen betrieben wurde. Jeder Stall war im Grunde nur ein riesiges Dach auf einer Pfosten-Riegel-Konstruktion, deren Wandfüllungen an warmen Tagen wie Jalousien hochgefahren wurden. Die Kühe standen zwar weiterhin auf ihren Rosten vor dem Futtertrog, aber sie blickten aus größeren Parzellen in die Landschaft und konnten Wind, Regen und Sonne entlang der seitlichen Öffnungen erfahren. Angeblich senkte der Blick in die Landschaft die Stressentwicklung unter den Stallkühen, und die als »Freiluft« deklarierte Zuchtmethode stärkte die Abwehrkräfte der Kühe, sodass der Medikamenteneinsatz reduziert werden konnte. Hinter dem Stall wurde die Gülle in riesigen Betonbecken gesammelt und einer Biogasanlage zugeführt. Obwohl hier heute sicher mehr Vieh stand als in den DDR-Stallungen, von denen noch einzelne verfallene Baracken zu sehen waren, beschäftigte die moderne Viehzucht nur noch einen Bruchteil der Menschen, die hier früher Lohn und Brot fanden. Es musste später Nachmittag sein, als sie in weiter Entfernung die verwilderten Ausläufer der Stadt Göda erblickten. Finn stolperte zum wohl hundertsten Mal, weil er gewohnt war, den Blick in die Umgebung zu richten und sich Hindernisse von seinem Assistenten anzeigen zu lassen. Shan musste abrupt abbremsen, um einen Zusammenstoß zu verhindern, und Anton nutzte die kurze Pause.

»Wart ihr schon mal in einer verlassenen Stadt?« Er hatte sich den ganzen Tag schon nicht an die Schweigeregel halten können. Lediglich wenn es bergauf ging, hielt er den Mund. Geoffrey vermutete, dass dann sein dicker Körper die ganze

Energie benötigte. »Die sind nie komplett verlassen. Auch wenn es so verwildert aussieht. Ich bin mal 'ne Weile in Weißwasser untergetaucht«, schnaufte Anton.

»Niemand kann mehr untertauchen.« Finns Einwurf von vorn kam, ohne dass er sich umgedreht hatte.

»Meine Mutter hat mich jedenfalls nicht gefunden. Vielleicht hat sie aber auch noch gar nicht bemerkt, dass ich weg bin«, kicherte Anton leise.

Geoffrey berührte dieser kurze Einwurf. Der junge Anton schien auch psychisch bereits schweres Gepäck zu tragen. Sie waren stehen geblieben und blickten an den Windrädern vorbei nach Göda. Geoffreys Verstand suchte erfolglos nach den üblicherweise über seine Brille eingeblendeten Informationen zu der kleinen Stadt. Er konnte sich ungefähr vorstellen, wie es dort aussah, er kannte schließlich genug verwahrloste Dörfer von seinen früheren Projekten in Ostdeutschland. Von der Landwirtschaft konnte man kaum leben, und wo dann nicht Forschung oder Industrie den angrenzenden Städten einen Aufschwung gebracht hatten, war die Bevölkerung in den Westen gezogen. Zuerst die jungen Frauen, dann die Männer. Zurück blieben die Alten und Langzeitarbeitslosen, die dank staatlicher Transferleistungen mehr schlecht als recht lebten. Andere Städte, wie zum Beispiel Görlitz, spezialisierten sich auf die Altenpflege und boten je nach Pflegestufe unterschiedliche Wohnformen zu günstigen Preisen mit hohem Standard an. Die Altstadt und kleine Quartiersplätze dienten als Treffpunkte und Besucherattraktion. Diese Städte bekamen wieder Zuwachs – wenn der auch nicht lange blieb ... Ganze Freundeskreise, die im Westen ihr Altwerden nicht mehr bezahlen konnten, schlossen sich zusammen und zogen in den Osten. Die Argumentationskette, um die hoch verschuldeten Stadtpolitiker von der Umwandlung in Altenstädte zu überzeugen, gehörte seit über zehn Jahren zur professionellen Klaviatur Geoffreys.

Finn stolperte erneut. »Welche Stadt könnte das sein? Cottbus oder Dresden?«

»Das sind wohl alle Oststädte, von denen du schon mal gehört hast?« Geoffrey war fassungslos über so viel Unkenntnis.

»Hey, Mann, woher soll ich das ohne GPS und Assistent wissen?«

»Es wird irgendeine kleinere Stadt östlich von Bautzen sein«, vermutete Geoffrey, »Dresden liegt sechzig Kilometer weiter südwestlich von uns.« Und um das Thema zu wechseln, fuhr er mit Blick auf Göda fort: »Wenn wir unsere Assistenten noch bei uns hätten, wüssten wir, was dort geplant wird. Ich kann mir nicht vorstellen, dass es noch viele dieser brachliegenden Städte gibt.«

Shan ließ sich zu Geoffrey zurückfallen. »Warum nicht? Die deutsche Bevölkerung schrumpft weiter – und hier im Osten, sagte man mir, funktioniert außer den Altenstädten nur noch die organische Agrarwirtschaft. Mit den Flüchtlingen aus dem Maghreb und arabischen Raum kann man die großen landwirtschaftlichen Flächen auch als Biobetrieb weiter bewirtschaften.«

»Da hat man dir nicht alles erzählt«, begann Geoffrey. »Als das Städtesterben im Osten um sich griff, war die Region ein willkommenes Revier für Experimente. In drei Städten, die in der Nähe zu Universitäten lagen, aber immer mehr Einwohner verloren, ließ man trotz massiver ethischer Proteste Freie Forschungszonen zu, in denen das jeweilige Landesrecht der Betreiber galt. Vorwiegend die Ostasiaten und Inder errichteten in den Freizonen Forschungszentren, um deren Plätze sich die gut ausgebildeten Wissenschaftler aus Deutschland und anderen westlichen Ländern immer noch reißen, weil sie nur dort legal an extrem spannenden Projekten arbeiten können, deren Forschungsinhalte hierzulande eigentlich illegal sind. Die Auflagen für diese Freien Forschungszentren sind aufgrund der Bürgergegenwehr gewaltig: Die Hochsicherheitszonen liegen unter riesigen Kuppeln und wurden vom Erdreich und von der übrigen Stadt über hochsensible Schleusen abgeriegelt. Die Städte füllten sich mit Wissenschaftlern und Dienstleistern, die in ihrer Freizeit den Charme der historischen Stadtquartiere genossen – und natürlich auch Geld ausgaben.«

»Ich dachte, die Chinesen kommen wegen der alten Schlösser und historischen Altstädte, die sie kaufen und zu touristischen Zielen nach asiatischen Vorstellungen von Europa umbauen«, fragte Shan nach.

»Das war das erste erfolgreiche Ostentwicklungsmodell. Zusammen mit den Beauty-Kliniken in den Schlössern. Das läuft immer noch erfolgreich, weil die Patienten sich nach der OP eh nicht aus dem Schloss trauen. Da ist es auch egal, wie verlassen die Landschaft drum herum ist.« Geoffrey stolperte über einen Stein, der aus dem Erdreich ragte. Er konnte sich einfach nicht daran gewöhnen, beim Wandern auf den Boden zu gucken. »Aber ohne Assistent kann ich nicht erkennen, ob und was hier geplant wird. Eine Freie Forschungszone wird es nicht sein, laut dem letzten Bürgerentscheid dürfen keine weiteren hinzukommen.«

Sie ließen das entfernte Göda hinter sich und erreichten den nächsten Hügelkamm, auf dem ein kleiner Schrein mit sonnengelben, wehenden Bändern stand. Das musste das eckige Gebilde mit dem Wimpel auf der Karte sein. Vor ihnen breitete sich eine der weiten Senken der Oberlausitz aus, umgeben von weitläufigen Feldern und einigen Waldstücken, die zum Horizont anstiegen.

Unterhalb der Kuppe mündete an einer alten Linde ein anderer Feldweg in den ihren. Der Weg überwand eine weitere kleine Kuppe und traf dann auf ein Dorf, das, von großen Gärten umgeben, in der sonnenbeschienenen Landschaft lag.

Nana

Beim Ausstieg aus dem Train_Blu spielte der Assistent ihr die Ankunfts-, Umsteige- und nächste Abfahrtszeit direkt auf ihre Kontaktlinse. Drei mögliche Wege mit jeweils anders gelagerten Hot Spots führten sie zu ihrem Ziel, dem verschämt abgelegenen Gleis der Regionalbahn. Sie entschied sich für die Route, deren Markenangebot die größte Überschneidung mit ihrem Interessenprofil aufwies. Während sie der eingeblendeten Wegbeschreibung folgte, sah sie links unten in ihrem Blickwinkel eine kleine Stoppuhr rückwärts laufen. 00:23:55 zeigte sie als noch verbleibende Zeit bis zur Abfahrt des nächsten Zuges an. Nana fiel auf, wie lange sie nicht am Hauptbahnhof in Berlin gewesen war. Der mehrstöckige Bahnhof hatte seine orientierungsräumliche Klarheit zugunsten eines ausschweifenden Shoppingangebots aufgegeben, das sich in Laufwege hineinwölbte und selbst den Luftraum zwischen den Etagen mit Schrägen und Stegen als Präsentationsfläche nutzte. Sie sah gerade irgendeiner Tanzcombo zu, die sich in wilden Kostümen vorbereitete, als sie ein Anruf einer ihrer Kundinnen erreichte. Sowie sie Nanas Stimme hörte, prasselte es los. »Ah, wie gut, dass ich Sie endlich mal persönlich dranhabe!«

Mist, wer hatte die denn durchgestellt? »Guten Tag, Frau Jost. Wo brennt's denn?«, versuchte Nana ihr den Wind aus den Segeln zu nehmen.

»Das geht unmöglich mit dem Dogsitting, während meine Kinder zur Schule gebracht werden. Da dreht sich alles nur noch um diesen verzogenen Köter, und keiner achtet mehr auf meine Zwillinge. Die sind einfach mit den Verkehrsregeln noch zu unsicher, das ist mir zu gefährlich. Ich verlange für den Preis die volle Aufmerksamkeit. Und apropos hatten wir ausgemacht, dass Ihr Personal die Schulranzen trägt. Ich will hier keine Rückenschäden schon vorzeitig einläuten. Die kommen sowieso noch, bei diesen unmöglichen Schulmöbeln. Charlie sagt, es würde nur der Ranzen von Klara getragen. Er müsse seinen immer selbst tragen – also, so was lehne ich schon aus Gender-Gleichstellungsgründen konsequent ab!«

Die arme siebzigjährige Sybille, jetzt sollte sie auch noch die beide Ranzen schleppen. Aber es schien Nana nicht klug, mit dem fortgeschrittenen Alter der Mitarbeiterin zu argumentieren, also sagte sie vorsichtig: »Wahrscheinlich, weil Charlie doch ganz kräftig gebaut ist?« »Kräftig gebaut? Er ist leider überhaupt nicht kräftig. Er ist fettleibig, wenn Sie darauf anspielen wollen, aber nicht kräftig!«

Autsch.

Aber Frau Jost preschte gleich weiter: »Ich habe einen entsprechenden Vermerk zu seinem ungünstigen Body-Mass-Index auf dem Zeugnis gelesen, und wir werden Charlie da im Sommer auch in eine dieser Kinderdiät-Freizeiten ...«

Der Rest ging unter der lärmenden Musik der Combo unter, die jetzt ihre Show vorführte. Nana flüchtete in den nahen Eingangsbereich eines Gaming-Centers.

»Hören Sie mich wieder? Wo sind Sie denn? War das die Tanzgruppe da hinter Ihnen?«

»Ja«, manchmal nervte Bildtelefonie.

»Also, ich mach es kurz, Sie sind ja offenbar gerade beschäftigt«, ätzte die Kundin weiter. »Folgendes: Vor dem Lina-Hilger-Gymnasium sind letzte Woche fünf Kinder von türkischen Schlägerjungs krankenhausreif geschlagen worden. Die Woche davor passierte das Gleiche am Mittelweg, und ich habe begründete Angst, dass das die Runde macht. Daher will ich kein Hündchen dabeihaben, sondern die volle Aufmerksamkeit Ihres Personals. Die Kinder sagten mir, dass sie nicht mehr von dem kräftigen Griechen begleitet werden, sondern von einer älteren Dame namens Sybille. Das hilft in solchen Fällen natürlich herzlich wenig.«

»Der Grieche wäre gegenüber den Türken noch problematischer«, warf Nana ein.

»Aber ich möchte, dass Ihre Begleitung im Ernstfall die Kinder schützt und aktiv verteidigt.«

»Das kann ich verstehen, aber das ist derzeit nicht Bestandteil der Tätigkeitsbeschreibung«, witterte Nana ihre Chance auf Nachverhandlung.

»Das braucht es nicht. Sollte Ihre Begleitung nicht eingreifen, fällt das unter unterlassene Hilfeleistung. Sie tun also besser daran, jemanden zu schicken, der es mit einer wilden Horde aufnehmen kann.« Nana ließ die Drohung unkommentiert im Raum stehen.

»Da ich mich auf Ihren Schutz da anscheinend nicht hundertprozentig verlassen kann, werde ich den Zwillingen wohl Verfolgungschips implantieren müssen, damit wir sie im Falle einer Entführung wiederfinden. Kennen Sie sich da aus, welche Modelle am besten sind?«

Nana rollte innerlich die Augen über diese panischen Helikopter-Mamis. »Sie dürfen die Verfolgersonden nur bei Kindern unter sechs Jahren anbringen. Ältere Kinder müssen ihre Einwilligung geben und können diese auch wieder zurückziehen«, klärte Nana sie auf. »Und implantieren würde ich die nicht, denn man erkennt das Leuchten durch die Haut, und Sie provozieren damit den Entführer, sie herauszuschneiden. Besser sind sie in Ohrringen getarnt oder als Muttermal.«

»Na, das dürfte den Entführern ja inzwischen auch bekannt sein«, grübelte die Kundin, mit der Ängstlichkeit derjenigen, die schon lange in einer streng abgeriegelten Gated Community lebten.

»Aber wenn Sie solche Angst vor Entführung haben, dann ist es doch am besten, wenn ein persönlicher Begleiter dabei ist?«

»Ich sorge mich vor allem wegen dieser Schlägertrupps. Die lauern inzwischen an jeder guten Schule, um es den ›Elitebürgern‹, wie sie uns nennen, heimzuzahlen. Und es gibt auch in Charlies und Klaras Klasse drei gewaltbereite Kinder, die immer wieder übel handgreiflich werden. Da braucht man gar nicht mehr zu reden, bei denen hakt irgendwas aus, und dann können die nur noch wild um sich schlagen, um ihren Frust rauszulassen. Das ist furchtbar.« Nana hörte Frau Jost schnaufen. »Man kann's ja sogar irgendwie verstehen. Um die drei Rabauken kümmert sich keiner so richtig, die kriegen zu Hause nur Druck, wenn sie keine guten Noten haben, sagt Charlie. Und so besonders helle sind sie wohl nicht. Da sind sie nicht anders als die anderen, die draußen rumlungern, denen hat das Bildungssystem wahrscheinlich nie eine Chance gelassen. Das mit der Chancengleichheit war doch nie mehr als ein halbherziger Versuch der Bildungspolitik, schon in meiner Jugend. Und die Kluft zwischen Arm und Reich wurde zuletzt sogar durch die Bürgerbeteiligung noch verstärkt. Und nach all den Reformen war's schlimmer als vorher. Weder wurden die Schwachen mitgezogen noch die Guten gefördert. Nur mit den Lücken, die die ganzen Pensionsfonds in die Kassen gerissen haben, damit waren sie konsequent: Die haben alle zu spüren bekommen. Man muss ja heute schon in eine superteure Privatschule investieren, wenn man will, dass die Kinder eine privilegierte Bildung bekommen.« Sie schnappte nach Luft. »Also, gerecht ist das alles sicher nicht, aber deswegen geht es ja trotzdem nicht, dass das Pack meine Kinder verprügelt. Da müssen Sie sich was einfallen lassen!«

Nana war froh, wieder beim ursprünglichen Thema angekommen zu sein: »Aber wenn die Schläger an jeder Gymnasialmauer stehen würden, dann wäre da doch längst Polizeipräsenz.«

»Ja, gibt es ja schon, aber das verlagert das Problem nur, und deshalb will ich diesen Tracking-Chip. Dann kann ich sehen, ob die Kinder sich nach Hause bewegen oder reglos am Boden liegen und ich kommen muss.«

»Frau Jost, glauben Sie mir, dafür sind wir da. Außerdem ist der Weg, den meine Mitarbeiterin geht, durchaus belebt. Viele Kinder laufen da. Ich veranlasse jetzt erst mal, dass wir die Kinder nicht mehr zusammen mit dem Hund begleiten, okay? Und über den Tracking-Chip können wir ja nächste Woche noch mal sprechen.«

Frau Jost war einverstanden oder erschöpft, jedenfalls willigte sie ein und beendete das Gespräch.

Nana legte stöhnend den Kopf in den Nacken. Ihr Blick fiel auf einen Screen, der Installationen von Jeremy ankündigte. Das Gaming-Center lockte mit dem berühmten Szenografen Besucher in seine Simultanwelten. Erst kürzlich, erinnerte sie sich, hatte eine Freundin ihr erzählt, dass sie dank einer dieser lebensnahen Inszenierungen endlich mit ihrem Vater eine Reise von Bolivien nach Chile durch den Salzsee Uyuni, die Hochplateaus der Anden und die Atacama-Wüste hatte machen können. Sogar die extreme Höhe hätten die beiden gespürt. Linette war zwar vor Begeisterung ganz außer sich gewesen, aber 00:22:45 Minuten erschienen Nana zu kurz für eine Simultan-Südamerika-Exkursion, und so lief sie lieber die vorgeschlagene Markenroute ab: Das Label, das sich zwischen einer Blini-Bäckerei und einer Parfümerie in ihr Sichtfeld einblendete, kam ihr bekannt vor. Sie aktivierte es und erfuhr, dass das die türkische Jeansmarke war, die ihr neulich an Susan so gut gefallen hatte. Weil sie sich als interessierte Neukundin hatte vormerken lassen, könnte sie innerhalb der nächsten vierzig Minuten eine Hose zum halben Preis kaufen. Obwohl ihr von der Geruchsmischung vor dem Laden ein bisschen schlecht wurde, trat sie ein, um die Hose näher zu betrachten. Warum nicht, das wäre ja wirklich ein Bargain, dachte sie, während sie über ihren Personal Assistant in den mCommerce einwilligte. Gerade als sie überlegte, sich die Hose ins Büro schicken zu lassen, um jetzt nicht noch mehr Gepäck schleppen zu müssen, schoss ihr siedend heiß ein Gedanke durch den Kopf: »Verdammt, ich bin ja schwanger! Was soll ich denn da mit einer sexy engen Jeans? Ich muss sofort mein Interessenprofil ändern!«, sagte sie weniger zu der verdutzten Verkäuferin als zu sich selbst und machte auf dem Absatz kehrt.

Im Weitergehen gab sie die Statusmeldung »schwanger« sowie den hochgerechneten Geburtstermin und das Krankenhaus, das sie sich ausgeguckt hatte, in ihr persönliches Profil ein und konnte in den darauffolgenden zwei Minuten förmlich zusehen, wie der Algorithmus ihren modisch-experimentellen Interessen automatisch eine Menge an Mama-typischen Angeboten zur eigenen und zur Umfeldveränderung vorschlug. »Stopp! Stopp! Stopp!«, schrie sie genervt und blockte die Hälfte der Vorschläge gleich ab. Was sollte denn das? Was für ein gestörtes Frauenbild hatten die Typen denn, die so was programmierten? Sie war doch nicht hormonell ferngesteuert! So viel unpassende Angebote hatte sie noch nie bekommen. Jetzt hieß es erst mal mühsam auszuflöhen. Nach einer Weile würde der Filter ihre neue Situation besser auf sie persönlich spiegeln und sich wieder als unverzichtbarer Beistand in der allgemeinen Informationsflut erweisen.

Zuerst flogen alle Baby- und Kleinkindangebote raus. Damit konnte sie sich beschäftigen, wenn das Baby gesund geboren wäre. Dann schmiss sie alle Angebote zur kontemplativen und psychologischen Erfahrung des Mutterwerdens raus. Was für ein unglaublicher Eso-Quatsch. Wer wollte denn wohl so was? Als ob man sein normales Leben aufkündigte und sich nur noch auf sein spirituelles Inneres konzentrierte. Schönen Dank, aber ohne sie. Wenn man als Schwangere schon wie im Ausnahmezustand behandelt wurde, wollte sie nicht erleben, was es bedeutete, krank zu sein. Bei den Apps und Ratgebern ließ sie nur die gelten, die auch ihr Freundeskreis für gut befunden hatte. Und schließlich schob sie auch ein paar ihrer Lieblingsmodemarken auf die neun Monate lange Bank. Susan war und blieb also die Königin der Röhrenjeans, sie bugsierte sich dagegen gerade ins modische Mama-Aus … Meine Güte, hatte sie sich das gut überlegt? Wenn sie sich selbst nicht gefiel, sagte ihr Psychologe immer, würde sie unerträglich. Und recht hatte er. Zum Spaß und als Gegensteuerung gab sie unter »Dazu würde ich aktuell gern mehr erfahren« ein: »sexy in der Schwangerschaft«. Sie bereute es sofort.

00:10:00. Die Stoppuhr vergrößerte sich in ihrem Sichtfeld. Das manuelle Ausmisten des Profils hatte zu viel Zeit gekostet. Jetzt musste sie den kürzesten Weg nehmen, um ihren Anschlusszug zu erreichen. Der Peilsender schickte sie durch einen riesigen asiatischen Discounter. Sie wischte die gelegentlich aufpoppenden Produktangebote mit einer abweisenden Handbewegung aus ihrer Aufmerksamkeitsspanne und fragte sich nervös, ob das wirklich der kürzeste Weg zum Gleis war. Doch, tatsächlich! Hinter dem Ausgang aus der Recycling-Abteilung erstreckte sich der gesuchte Bahnsteig, allerdings in eher desolatem Zustand: ohne gläserne Sicherheitsabsperrungen an den Gleisen und ohne die sonst übliche Versorgungskette von Automaten und Büdchen.

00:05:43. Puh, ganz so sehr hätte sie sich auch nicht beeilen müssen. Nana schlenderte den leeren Bahnsteig entlang, auf dem noch ein paar größtenteils ärmlich aussehende Leute fast reglos warteten, versunken in ihren eingespielten Stream. Die einzige Bewegung verursachte ein kleines Mädchen, das in Endlosschleifen um die Beine seiner Mutter kreiste. Die Frau war eine Latina, Mitte zwanzig, die zu irgendeiner Musik wippte und immer, wenn die Kleine vor ihr lief, in die Hände klatschte. Vielleicht brauchte man weniger mit Kind? Angeblich war man ja mit weniger glücklicher. Aber was brachte dann die Zufriedenheit? Eine kleine Person, die einen bedingungslos liebte? Aber wie lange tat sie das? Nana streichelte über ihren Bauch, als ob sie eine tröstende Antwort erspüren wollte. Sie konnte das Wunder immer noch nicht fassen. Getrieben von Vorfreude, überlegte sie erneut, ob sie Geoffrey nicht doch schon ihr Kommen ankündigen sollte. Da meldete ihr Assistent die Einfahrt des Zuges, und sie entschied sich für die echte Überraschung.

Der Zug, der nun langsam in den Bahnhof rollte, war eine uralte Regionalbahn, die noch aus dem letzten Jahrtausend stammen musste. Die Lok sah aus, als hätte sie zu ihren Hochzeiten noch Diesel verbrannt. Nana war entsetzt: Solch schäbige und runtergekommene Wagen hatte sie zuletzt in Westafrika gesehen. Rotbraun verrostet rollte das unförmige Gefährt in die Halle und kam quietschend zum Stehen. Das kleine Mädchen hielt sich die Ohren zu. Die junge Mutter näherte sich vorsichtig dem Zug und versuchte, die Tür zu öffnen. Ihre Umhängetasche rutschte ihr dabei vom Arm, und Nana kam ihr zu Hilfe. Gemeinsam gelang es ihnen, die Tür ein Stück weit aufzuziehen. Der Klappmechanismus der Bodenplatte klemmte und gab nur einen kleinen Einstiegsspalt frei. Über die Schulter sah Nana, wie sich an der nächsten Waggontür zwei ältere Damen in trutschigen Kostümen mit dem gleichen Problem abmühten. Empörtes Fluchen war zu hören, drei weitere Reisende kamen dem Pärchen zu Hilfe. Nana stemmte sich gegen die Innenseite der Tür, um zu verhindern, dass sie wieder zufiel, während die Mutter und das Kind die Trittroste erklommen. Die Latina versuchte, ihr Kind mit einem ausgestreckten Arm auf die Stufenroste zu bugsieren.

»Mama, der Zug ist zu weit weg«, jammerte die Kleine, mit ängstlichem Blick auf den breiten Spalt, der die verdreckten Gleise freigab.

»Halt dich an der Stange fest, Malina, und zieh dich rauf!«

Ein Babyspeckärmchen griff schlaff nach der vertikalen Stange: »Nein, das kann ich nicht!« Schon mischten sich Tränen in die Stimme.

»Ich helf dir doch«, stöhnte die Mutter, die von unten mit dem Knie versuchte, das Kind auf die erste Trittstufe zu stemmen, ohne dabei ihre Umhängetasche und ihr Gleichgewicht zu verlieren.

Nana, die sich die ganze Zeit nicht getraut hatte, das fremde Kind anzufassen, packte – als die Kleine gefährlich auf dem Knie taumelte – jetzt doch beherzt zu und schob sie in den Zug. Die Mutter stürzte, weil der Widerstand plötzlich nachließ, mit Sack und Pack auf die Trittroste, rappelte sich stöhnend wieder hoch und zog sich in den Waggon, aus dem die Kleine sie ängstlich anblickte. »Vielen Dank, das war sehr nett von Ihnen!«, bedankte sie sich erleichtert bei Nana.

»Der Einstieg ist aber auch wirklich eine Zumutung. Das dürfte für Kinder gar nicht zugelassen sein.« Nana hob ihren Trolley hoch und ließ sich von der zufallenden Tür in den Zug quetschen.

»Ich kann mich nicht erinnern, wann mich der Einstieg in einen Zug dermaßen derangiert hat!« Eine der beiden älteren Damen, die eben noch mit der anderen Tür gekämpft hatte, trippelte mit zerzausten Haaren den Gang entlang auf sie zu und lächelte das Mädchen vorwitzig an. »Na, mein Mäuschen, geht's aufs Land?«, fragte sie mit eher männlicher Tonlage und rückte beim Aufrichten die Kette auf ihrem Blouson wieder an Ort und Stelle.

»Hermine, du sollst nicht immer mit fremden Kindern reden!«, rief von hinten die andere Dame mit verstellt hoher Stimme. Hermines Kombination aus lila gefärbten Haaren und pinkfarbener Bluse war mutig.

»Hach, ich denk da immer gar nicht dran, aber manche Eltern reagieren da ja ganz empfindlich, nicht wahr?« Hermine blickte der perplexen Mutter fragend ins Gesicht, während ihre Freundin sich mit der Durchgangstür abmühte. »Gott, Elschen, wird das heute ein Hindernislauf, oder findest du bald mal ein Plätzchen?«

»Das ist mir hier alles zu schmutzig!«, kam es zwei Oktaven tiefer von Elschen. Hermines Antwort blieb unverständlich, die Schleuse öffnete sich, und die beiden entfernten sich operettenhaft kichernd.

Aus der Toilette im Vorraum drang Fäkalgestank, und die Reisenden beeilten sich, möglichst weit entfernte Plätze zu finden. Die Latina schob ihr Kind vor sich her in das dritte Abteil und ließ sich in die vergammelten Polster fallen. Nana setzte sich in den angrenzenden Großraumwagen, der in geschmacklosem Farb- und Formspiel den Waggon in Sechser-Sitzzonen unterteilte. Einige Reisende ließen sich in den angrenzenden Bereichen nieder und packten Brote aus. Ah, Mist, kein Bistro. Langsam fand Nana die Fahrt nicht mehr lustig. Wofür hatte sie eigentlich einen Personal Assistant, wenn der einem so was noch nicht mal ankündigte? Sie spähte aus dem Fenster, ob auf dem Bahnsteig noch ein Automat mit Obst oder Sandwiches in Reichweite stand. Nichts. Okay. Die Outskirts hatten offenbar bereits begonnen. Versorgung abgeschnitten. Sie kramte in ihrer Handtasche. Immerhin eine Flasche Wasser, noch halb voll, und ein Fruchtriegel. Ihr Zuckerspiegel würde die drei Stunden Fahrt damit gut überstehen, verkündete das Monitoring. Na dann. Sie schloss die Augen, um die versiffte Umgebung zu vergessen, und spürte den altertümlichen Ruck der Anfahrt. Das Schaukeln, mit dem der Zug die Weichen der Nebengleise des Hauptstadtbahnhofs passierte, empfand sie als so nostalgisch, dass sie ihren News- und Musikstream gar nicht erst anschaltete, sondern nur dem meditativen Rumpeln und Gleiten lauschte. Sie dachte an Geoffrey, der seine Meditationserfahrung auch gerade in einer Welt der Vergangenheit suchte.

Romina

Die Sonne schien, und Romina schnupperte den Sommerdüften nach. Nachdem sie in den letzten Tagen immer mit dem Elektroroller in die Firma gefahren war, hatte sie sich für ihren Besuchstrip heute ein Rennrad geliehen, um sich mal wieder körperlich zu betätigen. Ihr Personal Assistant schickte ihr ein Smiley vom Energiezähler, der nach der vielen Büroarbeit der letzten Tage ganz am Boden lag und jetzt wieder auf Touren kam. Es war wichtig, das eigene Energiekontingent im Auge zu behalten. Ihre eingekauften Anteile an erneuerbaren Energieressourcen bildeten gekoppelt an ihren Haushalts- und Mobilitätsverbrauch den Grundstock, der sich zusätzlich durch körperliche Aktivitäten, wie etwa jetzt den Energieumwandler am Fahrrad, zu kleinen Anteilen aufstocken ließ. Wenn der persönliche Verbrauch nicht mehr gedeckt war, konnten Kilowattstunden spontan zugekauft werden. In den letzten Tagen war sie einfach nicht zum Sport gekommen, aber jetzt roch sie den Sommer, und es gab Ablenkung – namens Daniel.

Er hatte vorgeschlagen, ihr aus verschiedenen Open-Source-Angeboten eine Spracherkennung mit einigen Gehirnjogging- und Unterhaltungsfunktionen für den Care-o-Teddy zusammenzubauen. Sie hatte selbst schon im Netz geschaut, war sich aber nicht sicher, ob er eine von denen meinte, die sie in der näheren Auswahl hatte. So oder so würden ein paar Hacker-Handgriffe zu tun sein, und der freundliche Geek hatte ihr netterweise angeboten, das zu erledigen. »Komm einfach am Donnerstag in meine Nerd-Höhle, und wir schrauben dir das Ding zusammen, wie du es brauchst«, hatte er gesagt. Sie musste grinsen, als sie an seine Wortwahl dachte. Eduard sah dagegen nur alt aus.

Sie verließ den ruhigen Wohnstadtteil mit den Backsteinriegeln und passierte die Gründgensstraße zur Wohnsiedlung in Steilshoop. Vor siebzig, achtzig Jahren galten die Wohnungen dort mit hochwertigen Grundrissen und Grünbezug für jede Einheit als Vorzeigesiedlung, doch durch die fehlende U-Bahn-Anbindung und die soziale Monokultur verloren sie schnell an Wert. Als schließlich die Wohnungsbaugesellschaft das Quartier an einen amerikanischen Hedgefonds verkaufte, war das der Startschuss zur Verwahrlosung. Inzwischen bildeten die Arbeiterfamilien, für die die Siedlung entworfen worden war, in dem Viertel nur noch die Minderheit und die verarmten Familien und Alten die Mehrheit. Romina hatte sich, als sie nach Hamburg gekommen war, über die Stadtgeschichte informiert – zu fremd war ihr am Anfang die Hansestadt erschienen. Aber auch in der Zeit, die sie selbst überschaute, hatte sie beobachten können, dass die Innenstadt so attraktive

Wohnungen anbot, dass sich das Umland immer weiter ausdünnte. Dafür freuten sich Handel und Gastronomie über eine wiedergeborene, lebendige Innenstadt, und Einheimische wie Zugezogene schätzten die Durchmischung von Wohnen und Arbeiten. Um keine Abwertung der Büroflächen im Vorzeigeprojekt HafenCity im generellen Überangebot auf dem freien Markt zuzulassen, setzte man in der Innenstadt auf Verknappung: Büroleerstand wurde auch dadurch vermieden, dass es Anreize gab, schwer vermietbaren Büroraum in Wohnraum zu verwandeln. So kamen Singles, alte Paare und sogar zahlungskräftige Familien zurück in die A- und B-Lagen der Innenstadt. In den C-Lagen siedelten sich Servicepersonal, Dienstleister und weniger zahlungskräftige Familien an, und die D-Lagen schließlich fingen den Rest auf: verarmte Städter, Leistungsempfänger oder ehemalige Pendler vom Land, die ihr Häuschen verkaufen mussten, um mit ihrer Rente überhaupt noch über die Runden zu kommen.

Steilshoop schien eine dieser D-Lagen zu sein, dachte Romina, während sie ihr Rad an Schlaglöchern vorbei durch Straßenfluchten navigierte, die seit mindestens dreißig Jahren vor sich hin verwahrlosten. Sie hörte, dass ein paar Alte ihr wirres Zeug hinterherriefen. Die Wohnblocks hatten ein Minimum an Überwachungssensorik, um gegenüber den Krankenkassen zu gewährleisten, dass die Alten hier selbstständig weiterleben konnten. Diese hatten weder genug Geld für einen Heimplatz, noch gab es genug Heimplätze für alle. So besserten ein paar der jüngeren Frauen aus dem Viertel ihre Haushaltskasse durch Pflegeleistungen auf. Nicht dass Romina ihre Schwiegermutter vermisste, aber in der Ukraine klappte das traditionelle System, in dem sich die Familie um ihre Alten kümmerte, noch halbwegs. Aber der Preis war hoch, das sah sie Eduard an.

Aus anderen Fenstern drangen Telenovela-Klänge oder die

Bässe der Musikkanäle, die auf Medienwänden liefen. Ein paar Gang-Mitglieder saßen vor den nicht enden wollenden Betonschleifen der Wohnblocks auf Brüstungen und in alten Autos. Kleinere Kinder turnten auf Sperrmüllbergen, die vor jedem dritten Haus herumlagen und von Bewohnern und Stadtstreichern immer wieder auf brauchbares Material untersucht wurden. Ab und an schien auch mal einer der Haufen zu brennen. Zumindest wiesen einige verkohlte Stellen auf.

Im Sonnenlicht erschien die Trostlosigkeit unwirklich. Nachts würde Romina einen Besuch in diesem Viertel nicht mal mit zugeschaltetem Wachpersonal wagen, so viel war ihr klar. Sie suchte die Hausnummern an den Eingangsleuchten, deren Schutzgläser fast alle zerstört waren. Ein paar heruntergekommene Benziner parkten zwischen den eRollern und alten Fahrrädern, die mit schweren Ketten angeschlossen waren. Ein Elektromobil der ersten Generation, das noch aussah wie ein traditionelles Auto, fuhr mit lauten Bässen im Inneren vorbei. Ihrem Assistenten zufolge waren es noch zwei Blocks die schnurgerade Gründgensstraße entlang, bis sie zum Edwin-Scharff-Ring abbiegen konnte. Dann musste sie durch eine Hofeinfahrt und links herum zu einem Werkstattschuppen. Das klang gestern Abend noch nett, sah in diesem Kontext aber bereits anders aus. Auch wenn ein Rennrad hier sicher Begehrlichkeiten weckte, war sie doch froh, damit die Straße entlangflitzen zu können. Soweit es deren Zustand zuließ.

Bei der Durchfahrt in den Hof schien Romina das Gewicht des darüberliegenden Betonsteinriegels förmlich zu spüren. Es brauchte vier Pedalumdrehungen, bis sie die kalte Hofeinfahrt hinter sich gelassen hatte und die Sonne wieder spürte. Sie suchte den Innenhof ab: Gab es denn hier keine Möglichkeit, das Fahrrad anzuketten? Die elektronische Wegfahrsperre schien ihr hier nicht sicher genug. Die Innenhoffassaden hatten ebenfalls Balkone, an einigen fehlten Mauersteine. Aus einigen Lücken wuchsen dünne Birkenstämme. In anderen hatten Schwalben und andere Vögel ihre Nester gebaut und flogen zwitschernd zwischen dem mächtigen Wohnblock und den größtenteils verwilderten Gärten umher. Romina sah nun auch den Schuppen: nicht mehr als eine zusammengeklopfte Holzhütte hinter einer bröckeligen Mauer. Sperrholzteile, kaputte Fenster und Schranktüren, die aus dem Verschlag zu stammen schienen, lehnten an der Mauerseite.

Romina schob ihr Rad das letzte Stück und entdeckte an der Hauswand ein Kellergitter. Es sah solide genug aus, um das Rad daran anzuschließen. Eine Frau im oberen Treppenhaus meckerte und schrie eine ganze Weile jemanden an, bis ein Schlag urplötzlich für Ruhe sorgte. Bedrängt von Lärm und Hässlichkeit, beeilte Romina sich, den Schuppen zu erreichen, obwohl der auch nicht sehr vertrauenerweckend wirkte. Die Fenster waren zum größten Teil mit Holzbrettern vernagelt, und nur neben der Tür waren noch ein paar Reste des dunkelgrünen Anstrichs, der das Häuschen einst zierte, zu erkennen.

Da ihr Klopfen keine Wirkung zeigte und angesichts des Lärms um sie herum auch vergebens schien, schickte sie Daniel ein Signal, dass sie angekommen war. Sie schaute zu den Balkonen hoch, von denen Dialogfetzen drangen. Tauben gurrten auf den Brüstungen, Wäsche hing an Kabelsträngen, Müll stapelte sich rund um den Türradius.

»Autsch!« Daniel fiel ihr mitsamt der Tür und seiner rechten Schulter entgegen.

»Sorry, die ist total verzogen«, entschuldigte er sich, untermalt von einem dumpfen Schrammen über der Bodenplatte.

»Eine ungezogene Tür.« Romina rieb sich den linken Oberarm, an dem die Tür sie gestreift hatte.

»Komm rein, ich hab grad Jack zugeschaltet, mit dem ich immer Musik tausche.«

Romina war, als sie aus der Sonne ins Dunkle trat, zunächst blind wie ein Maulwurf. Daniel war geräuschvoll irgendwohin weggekruschtelt, sodass sie vorsichtig einen Schritt vor den anderen setzte. Der Teppichboden warf an manchen Stellen kleine Falten. Romina traute sich kaum, sich zu rühren.

»Warte kurz, ich bin gleich durch, er hat nur jetzt kurz Zeit, verstehst du?« Romina verstand, dass sich Daniels Entschuldigung wohl auf Jack bezog, der irgendwo zugeschaltet war.

Plötzlich erschien auf der kompletten Stirnseite der Hütte ein rastalockiger Freak, der Jack sein musste. Offenbar gab es dort einen riesigen Screen, den Romina im Schummerlicht der Hütte nicht bemerkt hatte. Jack schien in einem Café zu sitzen, denn Romina konnte eine mit Holz verkleidete Bar und Ventilatoren erkennen sowie andere Gäste, die Espresso tranken und auf caféhauseigenen ePads Zeitung lasen. Daniel reichte Romina Innenohrhörer, die sie sich hinter den Augmented-Reality-Empfänger steckte. Rechts über der Szene konnte sie die Plattform erkennen, über die Daniel und Jack ihre Musikstücke austauschten. Wenn Daniel oder Jack eines der Cover ansteuerten, hob es sich hoch, und eine vertonte Notensequenz stieg wie eine Kobra aus dem Korb auf und verschwand darin wieder.

»Oh, you have an appointment, so let's quit this session. I come back to you, next week. It is more interesting after the festival anyway. – Cheers!« Während er sich aus der Übertragung verabschiedete, wickelten sich kobaltblaue Tücher um Jacks Kopf und verstauten seine Locken unter einem Tuareg-Turban.

»Enjoy Milan!«, rief Daniel ihm noch zu, dann machte sich Jack auf einem weißen Araber mit einer harten Wendung buchstäblich aus dem Staub. Das Caféhaus hatte sich in eine Wüstenlandschaft verwandelt, durch die er im gestreckten Galopp gen schneebedeckte Atlasberge ritt. Es war eine ungewöhnlich gut gestaltete Visitenanimation.

»Stimmt sein Profilbild mit seiner Herkunft überein?«, wunderte sich Romina über die Wüstenszenerie.

»Ja, so in etwa. Jack ist zwar kein Tuareg, aber er kommt aus Algerien«, erklärte Daniel. »Er hat den Tuareg als Profilbild gewählt, weil er selbst auch wie ein Nomade von Festival zu Festival zieht. Momentan ist er gerade in Mailand.«

Daniel zeigte Romina noch den Abspann von Jacks Profil, damit sie sich selbst ein Bild machen konnte: Ein Sandsturm wirbelte von links ins Bild und legte verschiedene kunstvoll verzierte Säulen und Tempelfundamente frei. »Er lässt die Strukturen von einem Algorithmus jedes Mal neu berechnen. Da, wo sie am kunstvollsten verziert sind, liegen die Bereiche, in die Jack gerade am meisten Zeit und Aufmerksamkeit steckt.« In eine reich profilierte Säulenbasis war der Name eines Musikfestivals gekratzt. Wahrscheinlich das in Mailand. Fasziniert sah Romina, dass die Säule von anderen umstellt war, die kleiner und weniger verziert waren, aber wohl auch mit Musik zu tun hatten, denn der Wind, der um sie heulte, legte jedes Mal andere Tonsequenzen frei.

»Jack komponiert auch Film- und Szenario-Musik für Augmented-Reality-Erlebnisse. Und natürlich für Spiele. Er hat zum Beispiel das Tropfsteinhöhlenspiel vertont, vielleicht kennst du das?«

Romina kannte es nicht, wie sie überhaupt wenig von Daniels Welt zu kennen schien, entdeckte aber in der nächsten Säulengruppe, die tief in einer Niederung lag, eine Art Tropfsteinhöhle. Darüber sah sie ein eng verschachteltes kubisches Dorf aus Wüstensand und in den einzelnen Häusern die Profile von unterschiedlichen Familienangehörigen. Und dann gab es noch eine kleine Oase, an der ein Jeep mit jungen Leuten stand. Gleich dahinter waren einige weiße Zelte aufgeschlagen, die offensichtlich von seinem Freundeskreis bewohnt wurden.

»Ist das sein öffentliches Profil oder sein privates?«

»Das ist sein öffentliches. In der Musikbranche macht kaum einer closed shop. Aber es gibt immer ein paar mehr Hinweise im Bild, die sich nur denjenigen erschließen, die Jack kennen.« Daniel zeigte auf eine Palme, die voller Datteln hing: »Die vielen Früchte sind ein gutes Zeichen, das heißt, er hat gerade viele Aufträge. Und wenn, wie auf diesem einen Haus, Wäsche auf den Dächern im Dorf gespannt ist, kündigt sich Besuch oder Nachwuchs in der Familie an.«

Romina sah, wie weiter hinten im Bild eine Karawane vorbeizog. »Und was bedeutet die?«

»Dass er in so vielen Tagen, wie die Karawane Kamele hat, weiterzieht.«

Sieben Kamele, sieben Tage, zählte sie.

»Mal sehen, ob die Freunde, die jetzt scheinbar mit ihm campieren, dann auch noch am Wasserloch hängen«, meinte Daniel und deutete auf die Oase, in der eine Frau die Zeltwand zur Seite geschlagen hatte.

»Ist dein Profil auch so gespickt mit Hints?«

Daniel grinste: »Meine offizielle Version kennst du doch sicher schon?«

Romina fühlte Wärme in sich aufsteigen, die sofort von den Unterkleidern abgekühlt wurde. »Sonst hätte ich dich in deinem Verschlag ja kaum gefunden.«

Daniel wischte Jacks Page von der Bildfläche, und es wurde kurz dunkel im Raum. Romina blickte sich um. Die vernagelten Fenster waren innen zusätzlich mit Goldfolie verklebt. Da, wo sie gerissen war, konnte Tageslicht in schmalen Streifen eindringen. Die überall auf dem Boden verstreuten Klamotten, Taschen, leeren Pizzaschachteln und Gerätebauteile erhielten je nach Sonnenschein im Zufallsmodus ihre Scheinwerfer-spots. Romina erblickte einen leeren Teller mit verklebten Nu-delresten und zusammengeknüllte Taschentücher auf einem Stapel Bücher. Schnodder oder Sperma?, schoss es ihr durch den Kopf.

Daniel schien Rominas Blick bemerkt zu haben: »Sorry, ich bin echt ein Chaot. Einmal im Jahr muss ich aus der Bude raus. Dann geh ich nach Hannover ins Camp.«

»Was denn für ein Camp?«

Daniel öffnete seine Seite. Der Garten mit blühenden Mal-venstauden und üppigen Kräuter- und Gemüsebeeten, den Ro-mina schon einmal betrachtet hatte, entsprach, das wurde ihr jetzt klar, in Größe und Lage genau seinem Häuschen. Nur sah hier alles gesund und kräftig aus, während die Hütte und die Fläche drum herum runtergekommen und verwildert waren.

»Um den hier muss ich mich mal kümmern«, meinte Daniel zu einer welken Zucchinistaude auf dem Riesenscreen. »On-kel Ben« stand auf einem der blassgrünen Blätter. Er animierte in seinem Gartenprofil die Vogelscheuche, die augenblicklich eine mittelalterliche Szenerie darstellte. Romina schaute auf Kinder und Erwachsene, die in Leder- oder Leinenklüften Hel-den und Bösewichte darstellten.

»Das ist das Camp, das größte Live Action Role Play Camp in Europa. Wir spielen dort Szenen aus dem Mittelalter nach gemeinsamen Drehbüchern. Manchmal kommen auch ernst-hafte Reenactors dazu, die meisten sind aber temporäre LARP-Spieler wie ich.«

»Und wie kann man gemeinsam ein Drehbuch schreiben?«

»Wir orientieren uns an historischen Vorlagen, verteilen die Hauptrollen, und dann arbeiten wir online zusammen an einem Dokument.« Er öffnete unter einem Menüpunkt die aktuelle Version. »Dieses Mal wird es gigantisch, denn wir wollen von der Zitadelle in Spandau bis an den Rhein zur Burg Kaub ziehen. Mit Sack und Pack wie im Mittelalter. Das ist die Route.« Er öffnete ein Satellitenbild, auf dem der Weg von Spandau nach Kaub über Feldwege, Neben- und Wasserstraßen eingezeichnet war. Rastpunkte und Streckennetz waren mit Wetter- und Wegdaten bestückt, sodass die geplante Reisezeit sich immer wieder neu berechnen ließ. Er ließ das Camp wieder verschwinden, und der üppige Garten erschien wieder auf der Bildfläche. »Mensch, ich bin ein unmöglicher Gastgeber: Willst du was trinken? Ich hab lactosefreien Lassi oder Coke.«

»Gern Coke, wenn sie kalt ist«, antwortete Romina. Sie blickte durch einen kleinen Schlitz in der Goldfolie auf seinen vertrockneten Garten hinter dem Schuppen. »Wie lange wohnst du denn schon hier?«

»So knapp drei Jahre werden es jetzt sein.«

»Und wie viele Kamele hat deine Karawane?«

Daniel, der gerade einschenkte, stutzte, dann lachte er: »Ich hab keine Kamele, aber dafür mehrere Oasen.«

»Verstehe, Oase.« Und mit Blick auf den verdorrten Garten: »Wie man's nimmt.«

»Jedenfalls habe ich eine in der Wachau, eine am Müritzsee und eine in Osttirol.«

»Alles Hütten?«

»Klar, alles Hütten, Schuppen oder Gartenhäuschen.«

War das nur romantisch oder eher entbehrungsreich? Romina war sich nicht sicher. »Und was machst du im Winter?«

»Da wohn ich bei Freunden und überarbeite als Gegenleistung ihre Profile, durchforste ihre Clouds, mache Sicherheitsupdates und suche nach versteckten Viren.«

»Also als persönlicher Datenmanager.«

»Genau!«

»Und warum der Hüttentick?«

»Ich mag die Einsiedleridee und die Vorstellung, sich mit wenig Überflüssigem zu umgeben. Man bleibt länger rege und agil, glaube ich.« Romina stutzte, schätzte sie Daniel doch rund fünf Jahre jünger als sich selbst ein.

»Wie alt bist du eigentlich? Also, ich meine, weil du dir solche Gedanken machst?«

»Ich bin erst einunddreißig. Aber es geht nicht nur ums Altern, es geht darum, der Bequemlichkeit, der velvet trap, zu entkommen.«

»Ich muss dir ehrlich sagen, ich fühle mich bei mir zu Hause wohler als hier. Ab und zu mal aufräumen und sauber machen schadet ja nicht.«

»Du redest schon wie meine Mutter!«

So wollte sie sich nun nicht gerade präsentieren. Denn wenn sie ehrlich war: Sie fand Daniel ziemlich attraktiv, nicht nur für einen Geek. Er war ihr im Chat ja schon nicht nur aufgefallen, weil er sich im Thema gut auskannte. Also beschloss sie, ihn etwas zu kitzeln: »Gartenarbeit wäre auch gut gegen Bequemlichkeit. Du könntest dich damit selbst versorgen – das fehlt eigentlich noch in deinem Lebenskonzept. In drei Jahren hätte dein Garten hier leicht Früchte tragen können. Da ist doch sogar noch so ein altes automatisches Bewässerungssystem, die kenn ich noch aus der Ukraine.«

»Korrekt, aber ich müsste verrückt sein. Dann klauen die Assis erst alles in meinem Garten, und als Nächstes räubern sie hier drin und finden das ganze Equipment? Nee, nee, ich bleibe hier ganz unscheinbar verkrochen und passe mich meiner Umgebung an.«

»Was hast du denn zu verstecken?«, spottete sie und trat zu ihm an den Tisch.

»Illegale Labortierchen, nirgendwo gemeldete Freunde und diesen misshandelten Teddy hier.« Daniel zeigte Romina ihren Teddy, dessen Rücken er in der Nackenfalte bereits mit einem kleinen Schlitz geöffnet hatte, um den Chip und den Lautsprecher einzubauen.

Romina sah ihn prüfend an. Ja, sie sollten sich nun mal lieber an die Arbeit machen.

Fakten zu Städtebau und Mobilität

Die deutsche Bevölkerung schrumpft, wird gleichzeitig immer älter und folgt dem internationalen Trend zur Urbanisierung. Deutschland verliert kontinuierlich Einwohner. Wirtschaftliches Ungleichgewicht verstärkt die Wanderbewegung vom Land in die Stadt. Junge Menschen ziehen in Regionen, in denen es Arbeit gibt. Zurück bleiben die weniger Beweglichen und die geringer Qualifizierten. Die Schere zwischen Arm und Reich öffnet sich weiter, und die Digitalisierung schreitet in allen Lebensbereichen voran. Das sind gesellschaftliche Trends, die die Beziehungen der Menschen zu ihrer Stadt prägen werden und somit auch das Stadtbild verändern.

Überalterung der Gesellschaft

In Deutschland werden Prognosen zufolge im Jahr 2037 doppelt so viele über 65-Jährige wie unter 20-Jährige leben; der Anteil der über 80-Jährigen ist dann genauso hoch wie der der unter 20-Jährigen. Bis 2050 sind die Hochbetagten die einzige Altersgruppe, die noch nennenswert anwachsen wird.[1] Entwickelt sich die Bevölkerung weiter wie bisher, wird es bis 2050 in Deutschland etwa 12 Millionen Einwohner weniger geben, und Deutschland wird ein Drittel seiner

Erwerbstätigen verlieren. Das alles wird weitreichende Folgen auf unser Lebensumfeld haben.

Da Ballungsräume in der Regel mehr Arbeitsplätze und einen höheren Lebensstandard bieten, wandern viele, vor allem junge Menschen, in die Metropolen ab. Von der Abwanderung sind schon bisher besonders ostdeutsche Städte und Gemeinden betroffen. Laut des »Deutschland-Reports« der Prognos AG werden diese Bundesländer bis zum Jahr 2020 voraussichtlich 9 Prozent oder – in Zahlen gesprochen – 1,2 Millionen ihrer Einwohner verlieren.[2] 2020 werden in manchen ländlichen Regionen der ehemaligen DDR fast die Hälfte aller Eigenheime leer stehen. Doch auch die ländlichen Regionen Südniedersachsens und Nordhessens leiden bereits 2010 unter Abwanderung und Überalterung der Bevölkerung.[3] In der Folge nehmen auch dort die infrastrukturellen Probleme zu: Buslinien werden eingestellt, Fahrpläne gekürzt, Läden und Kneipen schließen, Ärzte finden keine Nachfolger – darunter leidet die Lebensqualität, sodass sich die Landflucht wiederum beschleunigt.

Reaktionen auf diese Entwicklung gibt es bereits: Bielefeld hat seit 2008 ein Demografiekonzept. Es beinhaltet zum Beispiel Auflagen für barrierefreie Wohnungen und Sprachförderung für Migrantenkinder. Das Konzept scheint zu funktionieren: Ältere Menschen bleiben in der Innenstadt wohnen und treffen sich z. B. beim türkischen Lebensmittelladen in der Nachbarschaft. So haben auch die Ladenbesitzer ihr Auskommen, zumal sie das Sortiment längst auf die Bedürfnisse ihrer Kunden umgestellt haben: Kleine Verpackungseinheiten für Ein- bis Zweipersonenhaushalte machen einen Großteil des Angebotes aus. Weniger, bunter, älter: Bielefeld steht stellvertretend für zukünftige Städte, die ein Leben ohne Wachstum organisieren müssen.[4]

Anderenorts reichen die finanziellen Mittel nicht für Umstrukturierungen. Es wird bereits von »perforierten Stadtteilen« (z. B. in Leipzig) und »perforierten Städten« (z. B. Halberstadt) gesprochen.

Doch nicht nur die Plattenbauten in den Städten des Ostens und ländliche Wohnhäuser in den Dörfern des Westens leiden unter dem demografischen Wandel und der Verminderung der Einwohnerzahl, sondern zunehmend auch wertvolle historische Bauwerke: barocke Stadtpaläste in Sachsen-Anhalt oder historische Arbeitersiedlungen im Ruhrgebiet. In Chemnitz werden gut erhaltene Gründerzeit-Straßenzüge abgerissen, weil ihr Unterhalt zu teuer ist.[5]

Neue Wege einer touristischen Nutzung – und damit in gewisser Weise auch des Erhalts – von Bau- und Kulturdenkmälern stellte der freie Journalist Dr. Jürgen Tietz in einem Vortrag auf dem 18. Kongress Städtebaulicher Denkmalschutz im Februar 2011 vor. Mit einem von Siemens entwickelten sogenannten City-Scan-System wird Touristen ein durchorganisierter Besuch historischer Altstädte ermöglicht. Das Stadtmanagementsystem erteilt Scan-Card-Besitzern via Smartphone Informationen über Sehenswürdigkeiten, Museumseintritte werden digital abgebucht und online weitergeleitet. Da der innerstädtische Einzelhandel mit dem City-Scan-System vernetzt ist und die Bezahlung über City-Scan läuft, »halten die Geschäfte ein auf den jeweiligen Touristen und sein spezifisches Nutzerprofil ausgerichtetes Angebot bereit«. Auch die innerstädtische Gastronomie ist angeschlossen. Für sie bedeutet das System optimale Auslastungsquoten.[6]

Diethart Kerbs, Kultur- und Fotohistoriker, sieht weniger optimistisch in die Zukunft. Aus seiner Sicht werden ganze Ortschaften verfallen, wenn nichts unternommen wird. »In vielen Städten der östlichen Bundesländer werden zunehmend ganze Gründerzeit-Wohnquartiere ›vom Markt genommen‹, das heißt ausradiert. Im Lande Brandenburg wird bereits über einen ›geordneten Rückzug‹ aus den dünn besiedelten, entlegenen Regionen diskutiert. Wenn man sich auf diese Perspektive für 2021 einlässt, werden wir schon sehr bald damit beginnen müssen, nicht bloß betriebswirtschaftliche, sondern vor allem kulturelle Regeln für den Umgang mit Leerstand und Verfall zu entwickeln«, schreibt er in einem Artikel in *Die Gazette* und fordert die Politik zum Umdenken im Steuer- und Energieeffizienz-Recht für denkmalgeschützte Gebäude auf.[7]

Junge Menschen strömen in die Metropolen

Im Zuge der Landflucht gewinnen Großräume wie etwa München, Hamburg oder Berlin ständig Einwohner hinzu. Massive Wanderungsbewegungen öffnen die wachsende Schere zwischen Verlierer- und Gewinnerregionen.

Es sind heute vor allem die 18- bis 25-Jährigen, die für Zuwachs in den Städten sorgen. Junge Menschen kommen nach wie vor zum Studium und zur Ausbildung in die Stadt. Im Gegensatz zu früher bleiben sie jedoch – auf Dauer oder zumindest länger. Ihr biografisches Muster hat sich geändert. Früher sind sie nach der Ausbildung in den Beruf gegangen, haben Geld verdient, geheiratet, eine Familie gegründet und sich im Umland angesiedelt. Heute wollen und können das viele nicht mehr. Das hat zum einen ökonomische Gründe – mehr als die Hälfte der unter 35-Jährigen in Deutschland hatten 2010 befristete Arbeitsverträge[8]. Diese Menschen wissen nicht, was in zwei oder drei Jahren ist, und können sich deshalb nicht über 20 Jahre für einen Hausbau verschulden. Zum anderen sind Frauen heute viel höher qualifiziert. Die ehemals klassische Rolle der Hausfrau kommt für sie nicht mehr infrage. Das Modell »Eigenheim im Grünen« ist für diese Frauen und ihre Familien unattraktiv geworden. Sie bleiben lieber in der Stadt, wo sie Arbeit und Familie besser miteinander vereinbaren können. Aus dieser Entwicklung sind neue Wohnformen entstanden: Sogenannte Townhouses und Urban Villages richten sich an Leute, deren Lebensstil auf die Infrastruktur der Stadt ausgerichtet ist, die aber trotzdem ihr eigenes »Haus« haben wollen. Neben der urbanen Umgebung ist den dort lebenden, meist gut gebildeten Doppelverdienern wichtig, dass in den Häusern nebenan Menschen mit ähnlichem Einkommen und ähnlichem Bildungsniveau wohnen. In einer überschaubaren Nachbarschaft muss man nicht darauf achten, mit wem die Kinder spielen. Soziale Homogenität auf kleinem Raum kennzeichnet diese urbane Wohnform. Die Entwicklung hin zu Separation und dem Wunsch nach Sicherheit gipfelt in sogenannten Gated Communities.

Baulich manifestierte Ausgrenzung

Hohe Mauern und patrouillierende Sicherheitsdienste machen die bewachten Wohnanlagen bereits von Weitem sichtbar. Was lange Zeit nur aus den Megastädten der sogenannten Dritte-Welt-Länder bekannt war, gehört heute bereits zum Stadtbild vieler US-amerikanischer Großstädte und hat auch in deutsche Metropolen bereits Einzug gehalten. Auffälligste Gemeinsamkeit dieser Wohnanlagen ist das Tor, durch das man entweder in die sichere Welt der Ober- und Mittelschicht gelassen wird oder eben als Mitglied der Unterschicht draußen bleiben muss. Vor dem Hintergrund einer sich weiter öffnenden Schere zwischen Arm und Reich wird die städtebauliche Polarisierung auch in Deutschland weiter voranschreiten. Öffentliche Parks, Verkehrsmittel und Armengettos werden zu vermeintlichen »Angst-Räumen«.

Eine fortschreitende Verbreitung von abgeriegelten Quartieren bringt weitreichende Änderungen für die Stadt und deren Bewohner mit sich. Als erste Auffälligkeit ändert sich das Gesicht der Städte bzw. der entsprechenden Viertel. Während die neu entstehenden Prestige und Lifestyle Communities vollständig ummauert sind, findet bei den bestehenden Vierteln eine Reduzierung der Zugangsmöglichkeiten statt. Im schlimmsten Fall schließen die privaten Communities Durchgangsstraßen, verkleinern die Viertel und bilden Sackgassen oder Kreisstraßen. Das bedeutet nicht nur eine Reduzierung des Durchgangsverkehrs, sondern behindert auch Zulieferer für ansässige Geschäfte. Wegstrecken verlängern sich, und Funktionen der Viertel als Treffpunkt oder als Einkaufsmöglichkeit verändern sich durch Mauern und Barrieren. Ganz nebenbei beschränken Gated Communities die Bewegungsfreiheit der Stadtbevölkerung. Und das kann der moderne, auf Mobilität schwörende Mensch eigentlich nicht wollen.

Versorgung der Stadtbevölkerung

Da die Metropolen in Zukunft stark anwachsen und die Ressourcen knapp werden, haben Experten Konzepte entworfen, wie die Bewohner von Großstädten mit frischem Obst, Fleisch und Gemüse versorgt werden können, ohne dass die Lebensmittel über weite Strecken transportiert werden müssen.

Vertikale Landwirtschaft heißt eine Idee, die bereits 1999 vom Chicagoer Mikrobiologen Dickson Despommier angeregt wurde. Zwischen Wohntürmen und Bürogebäuden sollen demnach bis zu 30 Stockwerke hohe Treibhäuser stehen. Obst und Gemüse würden in lichtdurchfluteten Etagen wachsen. Die Pflanzen in solchen Hochtechnologie-Farmen könnten unter streng kontrollierten Bedingungen gedeihen, ohne äußere Einflüsse. Schädlinge und Krankheiten, Unwetter und Trockenheit können ihnen deshalb nichts anhaben. 50 000 Menschen soll so eine Agrarfabrik das ganze Jahr über mit frischem Obst und Gemüse versorgen. Bisher fehlt es jedoch an der gesellschaftlichen Akzeptanz und ökonomischen Notwendigkeit für Wolkenkratzerfarmen. Im Hafen von Rotterdam wäre der erste vertikale Bauernhof der Welt 2001 beinahe schon gebaut worden. Das fünfgeschossige Gebäude gab es bereits. In den oberen Stockwerken sollten Obst und Gemüse gezüchtet werden, weiter unten war Platz für Hühner und Schweine vorgesehen. Das Haus sollte mit einem geschlossenen Kreislauf ausgestattet werden, sodass man Tierdung, Abfälle und Wasser hätte recyceln können. Wärme sollte von den umgebenden Gebäuden des Industrieviertels kommen. Doch die Zeit scheint noch nicht reif für dieses Projekt gewesen zu sein: Nach heftiger Kritik in den Medien wurden die Pläne verworfen.[9]

Ein anderes Konzept könnte sich schneller verwirklichen lassen: Treibhäuser auf den Dächern von Mietshäusern, Schulen, Krankenhäusern und Supermärkten. Erste Versuche dazu liefen 2010 in New York, wo auf einem ehemaligen Lagerhaus ein großflächiges Gewächshaus entstand.

Ein drittes, weniger futuristisches Modell wird ebenfalls in Holland entwickelt. An der Universität im niederländischen Wageningen konstruieren Experten sogenannte Agroparks.[10] Ähnlich den Vertikalen Farmen integrieren sie Treibhäuser, Vieh- und Milchwirtschaft an einem einzigen Ort. Fabriken in direkter Nachbarschaft sollen die Erzeugnisse verarbeiten und die Reststoffe recyceln. Vorteil dieses Konzeptes ist die gemeinsame Nutzung der Infrastruktur. Der Nachteil: Es braucht viel Fläche. Und diese Fläche wird in Zukunft knapp. Um ihre Bewohner zu ernähren, braucht eine durchschnittliche Stadt heute eine Ackerlandfläche vom Zehnfachen ihrer eigenen Größe. Unter Berücksichtigung einer wachsenden Weltbevölkerung und einer weiter fortschreitenden Urbanisierung werden Berechnungen zufolge bis zum Jahr 2050 mehr als eine Milliarde Hektar zusätzliches Ackerland benötigt.[11] Das entspräche etwa der Größe Brasiliens: eine Landwirtschaftsfläche, die auf der Erde nicht verfügbar ist.

Augmented Reality verändert das Stadtbild

Ich sehe was, was du nicht siehst: Augmented Reality (AR) erweitert das, was wir sehen, um eine zusätzliche Ebene. 2009 zeigte das niederländische Entwicklerteam Layar als einer der Ersten, wie ein Ort über den integrierten Kompass im iPhone erkannt und per »radar map« angereichert werden kann.[12] Wikipedia-Details, Flickr-Fotos, Google-Einträge und YouTube-Videos fügen sich im jeweiligen Bild auf dem Handy-Display ein. Beim Spaziergang durch eine fremde Stadt genügt ein kurzer Blick durch die Handykamera, und man weiß mithilfe von AR, wie zum Beispiel das Empfehlungsnetzwerk Qype das Restaurant an der Ecke bewertet oder wie es in Berlin-Mitte aussah, als die Mauer noch stand. Als multimedialen Walkman beschreibt der Künstler Jan Torpus die neue Technologie: »Im Unterschied zur virtuellen Realität wird durch Augmented Reality die Wirklichkeit nicht durch eine fiktive Welt ersetzt, ihr wird stattdessen etwas hinzugefügt.«[13]

Damit man in Zukunft ohne Brille durch die erweiterte Realität wandern kann, hat ein Forschungsprojekt in Seattle Kontaktlinsen entwickelt, die das Handybild direkt auf dem Auge abbilden können. Navigationspfeile, Beschreibungen von Gebäuden, Bedienungsanleitungen oder auch Sprachübersetzungen könnten via Kontaktlinsen-Display sehr viel plastischer in ein digitales Abbild des Umfeldes eingeblendet werden.[14] Auch wenn diese neue Technologie vor allem die Wahrnehmung des Einzelnen verändert, hat sie doch Auswirkungen auf das gesamte Stadtbild. Trotz vieler Menschen könnten Straßen und Plätze ihre lebendige Atmosphäre einbüßen, denn jeder nimmt eine andere Wirklichkeit wahr und könnte so die Lust auf Kommunikation verlieren. Ein Schutzschild aus Bildern schirmt den Einzelnen vor seinen Mitmenschen ab. Ein Phänomen, das wir heute bereits in vollen S-Bahn-Waggons feststellen können: Fahrgäste mit Stöpseln in den Ohren signalisieren, nicht angesprochen werden zu wollen, und verbreiten als Masse eine merkwürdige Stille.

Die Vereinsamung von Stadtbewohnern muss aber nicht zwangsläufig kommen. Es gibt bereits heute Initiativen, die dieser Entwicklung entgegenwirken.

Neue Nachbarschaftsformen

Anhänger der Idee der »Transition Town« (Stadt im Übergang) gehen neben anderem davon aus, dass regionale Wirtschaftskreisläufe schon bald eine entscheidende Rolle im Alltag spielen werden. In Berlin und Bielefeld gibt es bereits seit 2008 bzw. 2010 Menschen, die sich in ihren Bezirken für eine nachhaltige Lebensweise und Kiezkultur starkmachen. Man trifft sich wöchentlich, lernt die Leute aus der Nachbarschaft kennen, entwickelt gemeinsame Ideen, vernetzt sich mit bereits vorhandenen Initiativen und startet kleine und große Projekte miteinander. Damit ein Stadtentwicklungsplan »von unten« entsteht, werden lokale Unternehmer und die Lokalpolitik mit einbezogen. Gerd Wessling, Initiator in Bielefeld, versteht das »Transition Town«-Konzept »als Chance, seine Kommune zusammen mit anderen neu zu gestalten«.[15] Weltweit gab es 2010 etwa 670 »offizielle« Transition Towns, darunter Initiativen in anderen Großstädten wie in Bristol oder Los Angeles.[16]

Ageing in place – Lebensqualität im Alter

2009 veröffentlichte das Deutsche Zentrum für Altersfragen ein Papier mit dem Titel *Wohnstandortbedürfnisse älterer Menschen*. Wichtigstes Ergebnis war: »Eine explizit seniorengerechte Stadt gibt es nicht, sondern nur eine menschengerechte Stadt.«[17] Vor dem Hintergrund des demografischen Wandels wird die Stadt in Zukunft auf die Bedürfnisse der älteren Menschen eingehen müssen und damit zwangsläufig ihr Gesicht verändern. Das Forschungsinstitut Empirica ermittelte 2010 im Auftrag von LBS Research, dass sich 27 Prozent der deutschen Dorfbewohner über 50 Jahre für die Zukunft einen Umzug in eine Stadt vorstellen können, genauso wie 38 Prozent der gleichaltrigen Vorortbewohner. Es ist weniger Abenteuerlust als vielmehr der Erhalt von Lebensqualität im Alter, der die älteren Menschen in die Städte zieht. Hier finden sie Einkaufsmöglichkeiten, ein gutes Nahverkehrsnetz, ausreichend ärztliche Betreuung und kulturelle Veranstaltungen vor Ort. Genau jene Punkte, die Peter Wippermann und Corinna Langwieser in ihrer Studie *Ageing in Place* mit »Selbstständigkeit, Individualität und Lebensfreude« beschreiben. Stadtplaner werden sich auf die Silver Ager einstellen müssen, damit ihre Stadt künftig für Jung und Alt attraktiv bleibt.[18]

Hausgemeinschaften und Wohngenossenschaften

»Hausgemeinschaften werden zunehmen, wenn die Nachkriegsgenerationen in den Ruhestand gehen«, weil es mehr alleinstehende Rentner geben wird und kommende Rentnergenerationen finanziell auf die Zusammenarbeit mit anderen angewiesen sein werden, prognostiziert Klaus Ingo Gierke, Sekretär der deutschen Gesellschaft für Geriatrie und Gerontologie.[19] Für diejenigen, die keine Angehörigen haben oder diese nicht belasten wollen, kann das Motto auch Hilfe zur Selbsthilfe heißen. Bundesweit existieren mittlerweile über 50 Seniorengenossenschaften und etliche weitere ähnliche Initiativen.[20] Hier setzt man neben finanziellen Anreizen und der Bereitschaft, auf freiwilliger Basis bei der Pflege von Hochalten und Kranken einzuspringen, auf ein System der Gegenleistung. Dass damit allen geholfen ist, zeigt sich bereits in Vorzeigeprojekten wie dem im schwäbischen Riedlingen: Die Bewohner erarbeiten sich in einem Punktesystem Gutschriften. Fitte Rentner kümmern sich zum Beispiel um weniger fitte und erhalten für jede geleistete Arbeitsstunde Anspruch auf die eigene Pflegeleistung. Wenn Senioren mit ihrer Pflege die Angehörigen nicht belasten wollen, können sie auf diese Weise vorsorgen.[21]

Es ist also viel Kreativität gefordert, wenn es um Lebensqualität im Alter geht. In der Stadt mit ihren kurzen Wegen lässt sie sich einfacher umsetzen als auf dem Land. Ganz klar, dass auch die jungen Alten landflüchtig werden. »Mit den nun in die Jahre kommenden ersten Babyboomern im Rentenalter wird sich diese Tendenz noch weiter verstärken. Wer sein ganzes Leben unter die Prämisse permanenter Eigenoptimierung und Selbstverwirklichung stellte, wird damit auch im Alter nicht aufhören«, sind sich Peter Wippermann und Corinna Langwieser sicher.[22] Und so setzt sich der Urbanisierungsprozess weiter fort, und in den Städten wird es enger. Wie werden wir uns dann fortbewegen?

Mobil in den Mega-Citys

In den Großstädten herrscht Platzmangel, Autos verstopfen enge Straßen, Abgase und Motorenlärm schränken die Lebensqualität ein. Nicht nur fahrend stören Autos – Parkplätze fehlen immer, und wenn der Wagen dann mal steht, vergeudet das tote Blech wertvollen innerstädtischen Raum. Stadtplanerische Ansätze fruchten hier wenig, ein Lösungsansatz ist dagegen das Konzept des stapelbaren CityCar vom Massachusetts Institute of Technology.[23] Elektrisch betrieben durch Lithium-Ionen-Batterien im Bodenbereich des Fahrzeugs, lässt sich das golfcartähnliche Vehikel platzsparend zusammenklappen.

Wenn der Fahrspaß durch Staus, mangelnde Parkplätze und steigende Unterhaltskosten leidet, verliert das Auto, einst Symbol von Freiheit und Unabhängigkeit, an Strahlkraft. 41 Prozent der Deutschen sehen im Auto aktuell einen funktionellen Nutzen, nur 17 Prozent ein Statussymbol. Damit hat das iPhone mehr Statuskraft als ein Mittelklassewagen.[24] Das schlägt sich auf die Verkaufszahlen nieder, besonders bei den Jüngeren sinkt die Bereitschaft zum Autokauf: Der Anteil der unter 30-Jährigen, die sich einen Neuwagen kaufen, hat sich mit 7 Prozent mehr als halbiert. Der durchschnittliche deutsche Neuwagenkäufer ist 51 Jahre alt.[25] 80 Prozent der 20- bis 29-Jährigen sind mittlerweile der Meinung, dass man in der Stadt kein Auto braucht.[26] Hier zeigt sich deutlich: Mobilität ist nicht länger an den Besitz eines Autos gekoppelt. Im Zuge des wachsenden Umweltbewusstseins wird in manchen Kreisen sogar der Verzicht auf ein eigenes Auto zum Statement

Eine Vision, an deren Umsetzung schon seit mehreren Jahrzehnten geforscht wird, ist die des »fliegenden Autos«. Wie die Amphibienautos können auch diese Gefährte das Element wechseln und, so zumindest die Theorie, bei Bedarf von der Straße auf den Luftweg wechseln. Zu den Pionieren in diesem Bereich gehört Paul Moller. Seit Beginn der 1960er Jahre verfolgt er die Idee von fliegenden Fahrzeugen, den SkyCars, die sich den Grenzen der bisherigen Infrastruktur entziehen.[27] Die Idee, das Verkehrssystem in die Vertikale auszuweiten, besticht besonders durch ihr enormes Potenzial zur Entlastung der Verkehrswege und zur Loslösung von infrastrukturellen Elementen. Der »Highway in the Sky« der NASA stellt einen großen Schritt hin zur Möglichkeit einer flächendeckenden Implementierung dar. Dieses Computersystem organisiert und regelt den persönlichen Luftfahrtverkehr und macht es möglich, dass SkyCars intuitiv und ohne spezielle Pilotenausbildung geflogen werden können, ohne miteinander zu kollidieren. Somit wäre die Navigation nicht komplizierter als die eines traditionellen Autos.[28] Bisher aber ist dies wahrhaftig noch eine Vision, sodass andere Wege zur Eindämmung des Verkehrschaos und zur Begrenzung der schädlichen Folgen für die Umwelt gefunden werden müssen.

Alternative Mobilitätslösungen

Der Deutsche legt pro Tag durchschnittlich 3,4 Wege und eine Gesamtstrecke von 39 Kilometern zurück – dafür braucht er Hilfsmittel.[29] Mit dem freiwilligen oder erzwungenen Verzicht auf einen eigenen Pkw, denn neben den ökonomischen und sozialen spielen auch finanzielle Gründe eine Rolle, steigt die Notwendigkeit, alternative Mobilitätslösungen zu finden. Das Grundbedürfnis nach Mobilität befriedigt, dank steigender Verfügbarkeit und neuen Services, zunehmend das Carsharing. Prognosen gehen davon aus, dass die Zahl der Carsharing-Nutzer in der EU von rund einer halben Million in 2009 auf 5 Millionen bis 2016 steigen wird.[30] Auch der deutsche Carsharing-Markt wächst. Der Kundenanteil der etwa 110 Anbieter stieg von 2009 bis 2010 um 15,5 Prozent, und die Zahl der Stationen nahm um 18,9 Prozent zu.[31] Projekte wie car2go von Daimler und Europcar begeistern in den Testgebieten. Beispielsweise haben sich rund 20 000 Ulmer, das sind fast 20 Prozent der Führerscheinbesitzer, seit März 2009 als Kunden bei car2go registriert. 39 Prozent aller Ulmer können sich seitdem vorstellen, zukünftig auf den Kauf eines eigenen Wagens zu verzichten.[32]

Internetplattformen ermöglichen zudem mit wachsendem Erfolg die Organisation privater, kostengünstiger Mitfahroptionen. Bei mitfahrgelegenheit.de beispielsweise wurden allein in 2009 3,6 Millionen Fahrgemeinschaften[33] und beim Mitfahrclub des ADAC rund 100 000 Fahrten pro Monat vermittelt.[34]

Im Zuge des Verzichts auf ein eigenes Auto kommt dem öffentlichen Personennahverkehr und dem Fahrrad eine immer größere Bedeutung zu. In 80 Prozent der deutschen Privathaushalte ist mindestens ein Fahrrad vorhanden. In Paarhaushalten mit Kindern erreicht die Ausstattung sogar 94 Prozent.[35] Und die vielfältig einsetzbaren Cargobikes machen vor, wie man auch unhandliche Dinge mit Eigenantrieb transportieren kann.

Für längere Strecken sieht Masdar City, das Öko-Stadtbauprojekt in den Vereinigten Arabischen Emiraten, eine elektrische Kabinenbahn vor. Die kleinen Vehikel sollen Platz für sechs Personen bieten und verschiedene programmierte Ziele automatisch ansteuern.[36] Beim Personal Rapid Transit (PRT), einem neuartigen Verkehrssystem des britischen Start-ups Ultra PRT, sollen Kabinen bis zu fünf Passagiere fahrerlos und elektrisch über Hochbrücken schnell und sicher ans Ziel bringen. Sie fahren und halten nur auf Abruf und sollen so 70 Prozent weniger Energie pro Person und Kilometer verbrauchen als ein Auto.[37]

Menschen wollen mobil sein, ohne sich an ein Fahrzeug zu binden. Die Bahn macht es vor. An rund 800 Auto- und Fahrrad-Leihstationen kann der Kunde problemlos von der Schiene auf die Straße wechseln. Diese Vernetzung beschäftigt derzeit auch die Automobilhersteller, indem sie den Pkw als Teil eines Systems zu begreifen beginnen. Mu by Peugeot bietet beispielsweise nicht nur Zugriff auf Autos, auch Fahrräder, Scooter und Vans sind in der Flotte zu haben.[38] Dem Gedanken der Vernetzung gerecht wird auch, dass die Kunden in Berlin zum Beispiel bereits die gesamte Fahrzeugpalette über ihre Bankkarte nutzen können.

Diese Ansätze zeigen, dass die Mobilität der Zukunft in der intelligenten und mühelosen Verknüpfung von kollektiven Verkehrsträgern und Individualfahrzeugen liegt. Die Dienstleistung wird nicht nur darin bestehen, Fahrzeuge zur Verfügung zu stellen: Mittels mobilem Internet kann Reisenden zudem komfortabel und in Echtzeit mitgeteilt werden, wie sie am schnellsten, günstigsten und bequemsten zu ihrem Ziel kommen.

Alternative Antriebstechnologien, Automatisierung und Vernetzung

Automobilexperten gehen davon aus, dass der Absatz von Fahrzeugen mit Hybrid- und Elektroantrieb in den kommenden fünf Jahren am stärksten steigen wird. Die Zukunft fährt elektrisch, denn die Verknappung der fossilen Ressourcen macht den Umstieg irgendwann zum ökonomischen Zwang. Auch wenn Experten darüber streiten, wie lange Erdöl- und Erdgasvorkommen noch ausreichen werden, das Ende des Ölzeitalters ist nah. Und damit steht der Industrie ein gravierender Einschnitt bevor, der die gesamte Automobilbranche ins Wanken bringt. Denn dann konkurrieren nicht mehr nur traditionelle Autofirmen untereinander. Gleichzeitig müssen sie sich gegenüber alternativen Systemen, neuen Technologien und innovativen Start-ups behaupten. Die deutsche Automobilbranche muss jetzt mit der Umstellung beginnen, denn sie wird mit den BRIC-Staaten, allen voran Indien und China, konkurrieren müssen.

Problematisch bei Elektroautos ist nach wie vor der Ladevorgang. Anthony Tomson von UniServices sieht die Lösung in der Stromladung per Induktion über die Straßen. In Italien sind Ladestationen für batteriebetriebene Touristenbusse schon im Einsatz. Ähnlich unsichtbar könnten auch Auto-Ladestationen unterhalb des Parkplatzasphalts eingelassen werden und in Aktion treten, wenn ein Auto mit Empfangspad darauf parkt. Mitarbeiter im Google Headquarter können in einem Versuch der Firma Evatran™ bereits ihre Elektroautos an einer Docking-Station, so ähnlich wie man sie von elektronischen Zahnbürsten kennt, kabellos laden.[39] Die Ingenieure denken bereits weiter. Ihre Vision ist die Ladung von Elektroautos während der Fahrt über elektrifizierte Autobahnen.[40] Und in Japan plant man, die elektrischen Ladestationen an die beliebten und weitverbreiteten Snackautomaten zu koppeln.[41]

Die Vernetzung von Daten wird auch die Art und Weise der Mobilität, zum Beispiel die Rolle des Fahrers, beeinflussen. Fahrzeuge werden selbstständig online sein, untereinander Daten austauschen und Informationen abrufen. Die Anzahl an Innovationen in den Bereichen Telematik, Unterhaltung sowie Fahrerassistenzsysteme hat sich zwischen 2005 und 2009 bereits um 56 Prozent erhöht.[42] Schätzungen zufolge werden 2016 mindestens 62 Millionen der etwa 900 Millionen Autos weltweit vernetzt sein.[43] Bei der Car-to-X-Communication sind nicht nur die Autos untereinander vernetzt, sondern quasi mit jedem beliebigen Punkt am Straßenrand. Durch das Zusammenspiel aus Fahrzeugkommunikation, GPS-Navigation und digitalen Straßenkarten in Fahrerassistenzsystemen könnten bis zu 88 Prozent der Auffahrunfälle vermieden werden.[44] Neben der Sicherheit gibt diese Vernetzung aber auch Hinweise zu Umleitungen, Staus, freien Parkplätzen, der nächsten Tankstelle oder Sehenswürdigkeiten am Streckenrand. Bei BMW heißt die automobile Zukunft Connected-Drive, bei Volkswagen Connected World – man kann davon ausgehen, dass bei vielen Herstellern ähnliche Projekte laufen. Daneben drängen branchenfremde Spieler auf den Markt, die mit neuen Technologien die Hoheit der konventionellen Automobilhersteller hinterfragen.

Google beispielsweise arbeitet derzeit an computergesteuerten Autos. Eine Testflotte fährt bereits durch Kalifornien. Die Entwickler gehen davon aus, dass sich damit eine umweltfreundlichere Fahrweise durchsetzen lassen wird und dass die Straßen doppelt so viel Verkehr fassen könnten. Die Roboter-Autos sollen den Verkehr also effizienter, umweltfreundlicher und sicherer machen. Darum arbeiten auch in Deutschland Forscher an diesem Thema. Die TU Braunschweig testet das Forschungsauto »Leonie«, das als erstes automatisches Auto auf deutschen Straßen zugelassen wurde.[45] Die Freude am Fahren bleibt erhalten; wenn es aber keinen Spaß macht, der Fahrer müde ist oder Besseres zu tun hat, kann der Autopilot eingeschaltet werden. Egal ob mit Hybridantrieb, vertikal oder horizontal ausgerichtet, durch Elektronik gesteuert oder mit Muskelkraft betrieben: Das Bedürfnis nach Mobilität bleibt. Fortbewegungsmittel, gleich welcher Art, werden auch in Zukunft das System Stadt beeinflussen und verändern.

Anmerkungen

1 vgl. Statistisches Bundesamt, 12. koordinierte Bevölkerungsvorausberechnung (2009).
http://www.destatis.de/bevoelkerungspyramide/ (Stand: 05.05.2011)

2 vgl. Handelsblatt (2009), Abwanderung aus dem Osten hält bis 2020 an, 19.06.2002.
http://www.handelsblatt.com/abwanderung-aus-dem-osten-haelt-bis-2020-an/2176186.html (Stand: 05.05.2011)

3 vgl. http://www.focus.de/finanzen/altersvorsorge/tid-20293/demografie-deutschland-wird-kleiner-aermer-und-aelter_aid_567720.html (Stand: 04.05.2011)

4 vgl. Deutsche Welle (2008), Demografischer Wandel: Unterwegs mit einer Zukunftsplanerin, 18.09.2008.
http://www.dw-world.de/dw/article/0,,3636331,00.html (Stand: 04.05.2011)

5 vgl. http://ralfschwartz.typepad.com/mc/2010/10/die-gazette-diethart-kerbs-demografie-und-denkmalschutz-hinfaellige-baukoerper.html (Stand: 05.05.2011)

6 http://www.staedtebaulicher-denkmalschutz.de/kongress/2010/vortrag-tietz.php (Stand: 05.05.2011)

7 http://ralfschwartz.typepad.com/mc/2010/10/die-gazette-diethart-kerbs-demografie-und-denkmalschutz-hinfaellige-baukoerper.html (Stand: 05.05.2011)

8 vgl. suedeutsche.de (2010): »Eine Generation auf Abruf«.
http://www.sueddeutsche.de/karriere/befristete-arbeitsvertraege-eine-generation-auf-abruf-1.954926 (Stand: 05.05.2011)

9 vgl. spiegel.de (2008): »Wenn Wolkenkratzer Bauernhöfe werden«.
   http://www.spiegel.de/wissenschaft/mensch/0,1518,550832,00.html
   (Stand: 05.05.2011)

10 vgl. Deutschlandfunk (2009): »Agroparks wollen Versorgung sichern«.
   http://www.dradio.de/dlf/sendungen/forschak/979396/
   (Stand: 05.05.2011)

11 vgl. spiegel.de (2008): »Wenn Wolkenkratzer Bauernhöfe werden«.
   http://www.spiegel.de/wissenschaft/mensch/0,1518,550832,00.html
   (Stand: 05.05.2011)

12 vgl. Markenführung Online (2010): »Augmented Reality – Luftschloss
   oder Kreativ-Upgrade?«, 15.04.2010.
   http://www.markenfuehrung-online.de/2010/04/augmented-reality-
   luftschloss-oder.html

13 zit. n. http://www.spiegel.de/netzwelt/tech/0,1518,605917,00.html
   (Stand: 22.07.2011)

14 vgl. http://dvice.com/archives/2011/01/contact-lenses.php
   (Stand: 22.07.2011)

15 vgl. Deutschlandradio Kultur (2010): »Eine Stadt auf Entzug – Wie
   Bielefeld sich vom Erdöl lösen will«.
   http://www.dradio.de/dkultur/sendungen/laenderreport/1184443/
   (Stand: 05.05.2011)

16 ebd.

17 vgl. www.dza.de/fileadmin/dza/.../Heft_04_2009_Juli_August_2009_
   gesamt.pdf (Stand:05.05.2011)

18 vgl. Langwieser, Corinna / Wippermann, Peter (2011): »Ageing in Place.
   Lebensqualität im Alter«. Hamburg: New Business Verlag.

19 zit. n. http://www.fr-online.de/panorama/das-dorf-der-rentner/-/
   1472782/4712786/-/index.html (Stand: 19.08.2011)

20 vgl. brand eins (04 / 2010): Geben und Nehmen.
   http://www.brandeins.de/archiv/magazin/lebensplanung/artikel/
   geben-und-nehmen.html (Stand: 30.03.2011)

21 ebd.

22 vgl. Langwieser, Corinna / Wippermann, Peter (2011): »Ageing in Place.
   Lebensqualität im Alter«. Hamburg: New Business Verlag.

23 vgl. http://cities.media.mit.edu/projects/citycar.html
   (Stand: 14.03.2010)

24 vgl. Progenium Studie (2010): »Autos ohne Stau«.
   http://www.progenium.com/index.php?id=27 (Stand: 10.03.2011) und
   »Jugend und Automobil 2010«, hrsg. v. Centre of Automotive (2010).
25 vgl. CAR-Center Automotive Research der Universität Duisburg-Essen.
   http://www.uni-due.de/car/ (Stand: 19.08.2011)
26 vgl. Jugendstudie Timescout (2010).
   http://www.auto.de/magazin/showArticle/article/36709/Das-Auto-
   verliert-bei-jungen-Autofahrern-an-Bedeutung (Stand 17.03.2011)
27 vgl. http://www.moller.com/index.php?option=com_content&view=
   article&id=49&Itemid=57 (Stand: 08.03.2011).
28 vgl. http://www.nasa.gov/centers/langley/news/releases/1996/
   Jul96/96_71.html (Stand: 08.03.2011)
29 vgl. Mobilität in Deutschland (2008). Ergebnisbericht Struktur –
   Aufkommen – Emissionen – Trends. Hrsg. v. Bundesministerium für
   Verkehr, Bau- und Stadtentwicklung.
   www.mobilitaet-in-deutschland.de (Stand: 02.03.2011)
30 vgl. Frost & Sullivan (2010): Car-Sharing – der Weg in eine grünere
   Zukunft. http://www.frost.com/prod/servlet/press-release.
   pag?docid=193332392 (Stand: 12.03.2011)
31 vgl. Bundesverband CarSharing (2009). http://www.carsharing.de/
   index.php?option=com_content&task=view&id=275&Itemid=137 und
   www.ccunirent.com (Stand: 15.03.2011)
32 vgl. Handelsblatt (2010). http://www.handelsblatt.com/
   auto/nachrichten/die-kiste-muss-verfuegbar-sein/3644736.
   html?p3644736=all (Stand: 15.10.2010)
33 vgl. Mikini Media (2010): Pendler 2.0 – Die Öko-Lösung für den
   Berufsverkehr. www.mitfahrgelegenheit.at/files/mitfahrzentrale_
   unternehmen_at.pdf (Stand: 16.03.2010)
34 vgl. Schnega, Katrin (2010): Der Mitnahme-Effekt. In: Frankfurter
   Rundschau, 16. August 2010.
   http://www.fr-online.de/rhein-main/der-mitnahme-effekt/-/
   1472796/4562032/-/index.html (Stand: 17.01.2011)
35 vgl. http://www.adfc.de/presse/Pressemitteilungen/Einfach-ausleihen-
   und-losfahren (Stand: 19.08.2011)
36 vgl. http://www.geo.de/GEO/technik/58619.html (Stand: 16.03.2011)
37 vgl. http://www.ultraprt.com/prt/ (Stand: 22.03.2011)

38 vgl. http://www.mu.peugeot.de/ (Stand: 12.03.2011)

39 Evatran (2011): Plugless Power. http://www.pluglesspower.com/ WhatisPluglessPower/tabid/57/Default.aspx (Stand: 22.04.2011)

40 vgl. Deutschlandfunk (2009): Straßen unter Strom. http://www.dradio. de/dlf/sendungen/forschak/1033790/ (Stand: 19.10.2010)

41 http://inhabitat.com/japan-charges-electric-cars-with-soft-drink-vending-machines/ (Stand: 09.03.2011)

42 vgl. Center of Automotive (2010): iCar – Die junge Generation und das vernetzte Auto. http://www.innovations-report.de/html/berichte/ studien/icar_junge_generation_vernetzte_auto_167196.html (Stand 17.03.2010)

43 vgl. iSuppli (2010). http://www.spiegel.de/auto/fahrkultur/0, 1518,682659,00.html (Stand: 05.10.2010)

44 vgl. http://de.autoblog.com/2010/06/03/audi-wenn-das-auto-mit-der-ampel-redet/ (Stand: 17.03.2011)

45 vgl. http://www.tu-braunschweig.de/presse/medien/ presseinformationen?year=2010&pinr=133 (Stand: 17.03.2011)

INTEGRATION
Neue Horizonte

Geoffrey

Der Pilger schaute sich müde, aber zufrieden um. Die grüne Landschaft im gelbsatten Sonnenlicht besänftigte auch die untrainiertesten Wanderer, und das in sanfte Hügel eingebettete Dorf versprach ein rustikales Zuhause.

»Das muss jetzt aber Pommritz sein! Gott, diese Blasen bringen mich um!« Finn humpelte den Feldweg hinauf.

Geoffrey, der schon nach dem Frühstück seine scheuernden Schuhe ausgezogen hatte, war froh über die Schicht Hornhaut, die ihm vor der Gruppe anfangs peinlich war. Anton ließ sich stöhnend ins Gras fallen. Shan trank den letzten Schluck aus ihrer Feldflasche. »Das ist das Dorf! Mein Wasser ist alle.«

»Ihr Frauen habt wirklich einen verrückten Wasserkonsum«, schüttelte Geoffrey den Kopf.

Shan zog ihre Jacke aus und stopfte sie in den Rucksack. »Warum auch nicht? Wasser gibt's normalerweise in jeder Handtasche! Weiß noch nicht, wie ich meiner Haut erklären soll, dass die hormonell angereicherte Hydrozufuhr die nächsten drei Wochen ausfallen wird. Dass ich hier keine Informationen über Ozonwerte und die UV-Intensität abrufen kann, finde ich schon fast fahrlässig«, maulte sie und stapfte an Finn vorbei, der eine Hand schützend über die Augen hielt: »Schaut mal, da drüben! Das müssen die Autarken sein!«

Hinter einer kleineren Kuppe erkannten sie in einer Gruppe Landarbeiter einen Pferdekarren, der auf ihren Feldweg zusteuerte. Auf dem langsam trottenden Apfelschimmel saß ein Junge, unverständliche Kommandos rufend. Der Wagen hatte einen riesigen Berg Raps geladen und wurde von einem Alten gelenkt, der den Jungen und das Pferd nervös im Blick behielt. Dahinter liefen drei Frauen und drei Männer sichtlich erschöpft, aber angeregt schwatzend durch die Nachmittagssonne. Die Neuankömmlinge passten den Wagen an einer alten Linde kurz vor dem Dorf ab und wurden von den Landarbeitern herzlich begrüßt.

»Hallo, willkommen! Ich bin Felicitas, ich lebe hier im Dorf«, stellte sich eine grauhaarige Frau mit Zopfknoten vor. »Die anderen machen hier auch ein Sabbatical. Ich lass das mal mit den ganzen Namen, ihr lernt euch in den nächsten Tagen bestimmt noch gut kennen.«

Geoffrey ließ sich ein wenig zurückfallen, als die fünf Erntegäste den Neuankömmlingen lautstark von ihrer ersten autarken Woche berichteten. Als sie die Blumen- und Sträuchergärten erreichten, schlossen sich zwei junge Frauen mit einer Gruppe fettleibiger vergnügter Kinder an, die in Weidenkörben aus Stroh ihre Ausbeute von den Johannisbeersträuchern und Erdbeerfeldern heimtrugen. Einige unter den älteren, hellhäutigen Kindern hatten sich einen Sonnenbrand zugezogen, und Felicitas, die das sofort bemerkte, nahm die junge Frau beiseite und zischte, dass es nur Geoffrey hören konnte: »Dass du das sofort verarztest, wenn ihr angekommen seid. Sonst gibt's wieder Ärger mit den Lehrern.«

»Ja, ich hab's schon gesehen, Feli. Die Kleinen hab ich alle selbst eingeschmiert, aber bei den Großen hab ich erwartet, dass sie wenigstens das allein hinbekommen«, verteidigte sich die dunkelhaarige Betreuerin. Sie schien selbst erst um die sechzehn zu sein.

Die Neuankömmlinge hatten sich schwatzend unter die Kinder und Erntegäste verteilt, und da Felicitas gerade von Finn mit der Frage nach der Uhrzeit abgelenkt wurde, ging Geoffrey allein neben der jungen Betreuerin her.

»Ich bin Celine«, stellte sie sich vor. »Du bist einer von den Kurzzeitaussteigern, nicht?«

»Ja, ich heiße Geoffrey. Wie lange bist du denn schon hier?«

»Ich bin mit sieben hierhergekommen, also vor gut sieben Jahren.«

»Ach so, dann leben deine Eltern auch hier? – Entschuldige, ich will nicht aufdringlich sein. Aber normalerweise sagt einem so was ja der Personal Assistant«, unterbrach sich Geoffrey.

»Ja, davon hab ich gehört«, lachte Celine. »Frag ruhig, mir macht das nichts.«

Geoffrey sah das Mädchen erstaunt an: Wenn er an Carina in dem Alter dachte, da hätte seine Tochter es unter ihrer Würde gefunden, mit so einem alten Sack wie ihm zu reden. »Also, lebst du mit deinen Eltern hier im Dorf?«

»Nein, die leben und arbeiten in einem großen organischen Agrarbetrieb, auch im Osten. Sie sind 2012 aus Tunesien nach Deutschland geflohen, haben sich dann eine Zeit lang illegal durchgeschlagen und dann schließlich in dem Agrarbetrieb angefangen. Dadurch, dass viele Felder inzwischen beheizt sind, hat sich allerdings die Besuchssaison stark verkürzt. Sie haben jetzt auch im Winter Arbeit und wohnen daher nicht mehr hier. Aber ich bin geblieben, weil ich hier aufgewachsen bin und in der Gemeinschaft eine Ersatzfamilie gefunden habe«, stellte sie mit einem sehr erwachsenen Schulterzucken fest.

»In dieser Region hättest du sonst auch erst in Bautzen einen Kindergarten oder eine Ganztagsschule gefunden«, wusste Geoffrey aus seiner Beratertätigkeit.

»Ja, aber glücklicherweise bietet das autarke Dorf seit mehreren Jahren Kinderbetreuung an. Hier leben viele Kinder, deren Eltern keine Zeit haben. Sie finden hier Pflegeeltern, die meistens noch drei oder vier weitere Kinder selbst haben oder für andere Eltern betreuen. Meine Eltern konnten mit entscheiden, bei wem ich lebe. Am Anfang hab ich wohl viel Theater gemacht, aber jetzt habe ich Johannes und Aruna total gern.«

Geoffrey lächelte über diesen kleinen Anfall von Treuherzigkeit. »Und du gehst hier auch zur Schule?«, fragte er weiter.

»Ja, das Gebäude dort hinten ist die Schule.« Celine wies auf einen zweigeschossigen Holzbau, der vor einem kleinen Waldstück am Ortsrand stand.

Das Dorf erschien beim Näherkommen immer weitläufiger und keineswegs so planlos zusammengeschustert, wie Geoffrey es sich vorgestellt hatte. »Vormittags lernen wir das reguläre schulische Basisprogramm, und nachmittags lernen wir auf den Feldern, in den Gärten, im Backhaus, an den Seen, in der Mühle, der Spinnerei oder bei der Tierzucht, wie das richtige Leben funktioniert.«

»Und wie lange bleibst du hier und bei deinen Zieheltern?«

»Bis zum sechzehnten Lebensjahr. Dann kann ich hingehen, wohin ich will. Aber ich könnte jederzeit in die Gemeinschaft zurückkehren.«

»Und deine Eltern, siehst du die nie?«

»Doch, klar. Meine Eltern besuchen mich gelegentlich, wenn es die Saison zulässt. Mein Papa hat mal gesagt, sie haben mit meinen Pflegeeltern und den Autarken hier im Grunde die Großfamilie gefunden, die sie in Tunesien verlassen haben.«

Geoffrey sah das junge Mädchen voll spontaner Zuneigung an. So eine Einstellung hätte er sich für Carina mit ihren ewigen Vorwürfen gewünscht. Ein paar dicke Kinder umringten jetzt die beiden und hinderten sie am Weitergehen. »Die Kiddies hier kommen aus ganz Deutschland. Die wechseln semesterweise, und von Ostern bis zum Herbstanfang sollen sie hier lernen, wie das Landleben funktioniert«, zwinkerte Celine dem etwa Achtjährigen vor ihr zu.

»Isch komm aus Kölle und find's rischtisch super hier!«, posaunte der sommersprossige Kleine zu Geoffrey hinauf.

»Karl hat gestern seine erste Forelle gefangen«, erklärte Celine stolz.

»Ja, und der alte Paul hat sie tot gemacht! Patsch, bumm! Den Kopf voll auf die Kante geknallt«, ruft der blonde Bursche neben ihm aufgeregt hoppelnd dazwischen. Karl versuchte ihn zu erwischen und rief: »Das merkt die gar nicht. Die ist kalt im Blut!«

Arno, der lange Zeit als Mönch in einem indischen Ashram gelebt hatte, hatte die Neuankömmlinge nach dem Abendbrot zur Meditation eingeladen. »Ich dachte immer, Meditation wäre das, was ich mache, wenn ich auf einen Anschlussflug warte«, raunte Geoffrey Finn zu.

»Wieso, was machst du dann?«

»Während alle anderen in Warteposition sofort beginnen zu kommunizieren, konsumieren oder sich auf irgendwas zu konzentrieren, hab ich mich immer komplett entstöpselt. Keine Musik, kein GPS-Tracking, kein unterschwelliger Newsfeed, keine gut gemeinte Markenüberraschung, kein Gaming, keine Augmented Reality – nicht mal reduzierte Realität. Nichts. Einfach nur dasitzen und vor sich ins Leere starren. Unglaublich, wie das beruhigt. Ist fast wie Tiefschlaf.« Beide lachten, während sie über die hohen Stufen in das auf Stelzen gebaute Langhaus stiegen.

Sie erreichten einen dunklen, holzvertäfelten Saal, dessen geöffnete Holzläden den Blick in den rosa-orangen Abendhimmel freigaben. Geoffrey wollte sich zu den anderen auf den Boden setzen, spürte aber bei jeder Bewegung zerrende Stiche. »Ich bekomme Muskelkater an Stellen, wo meiner Meinung nach gar keine Muskeln sein können«, raunte er Celine zu, die sich in einer geschmeidigen Bewegung neben ihm niedergelassen hatte.

Arno durchschritt das Oval bis zum Ende des Saales. Dort zog er zwei bestickte Tücher wie einen Theatervorhang zurück und schlug den riesigen Gong, der sich dahinter verbarg. Mit den Klangwellen, die der Gruppe durch Mark und Bein flossen, kam augenblicklich Konzentration in die Runde. Ein rhythmisches Gemurmel setzte ein und breitete sich in immer weiter werdenden Kreisen aus. Die Neuankömmlinge versanken mit den Dorfbewohnern und übrigen Pilgern in einer Klangmasse. Monoton, zyklisch, ohne Anfang und Ende. Auch Geoffrey wusste nicht mehr, wie lange er schon so dasaß. Der Muskelkater schien musikalisch betäubt, und es gab nur noch eine große Leere, die ihn erfüllte.

Er war angekommen.

Nana

Sie musste eine Weile weggedöst sein, denn als sie erwachte, fuhr der Zug durch endlos wirkende Raps- und Getreidefelder. Wo zum Teufel war sie? Sie schaltete ihr GPS zu. Keine Anzeige. Sie schaltete auf andere Anbieter um. Nur ein Einziger machte sich überhaupt die Mühe, diese Region zu lokalisieren.

»Liebe Nana, den folgenden Service bietet dir Sanofar«, las sie. Auch recht, danke schön. Als sie am nächsten Ort vorbeikam, wurde ihr auf die Kontaktlinse gespielt, wie die Getreidesorten hießen, die sie gesehen hatte, welchen Börsenwert sie derzeit hatten und an wen das Agrarunternehmen Sanofar sie zu verkaufen plante. Wenn nicht einer mehr bot. Den Zuschlag für den Winterweizen vor ihren Augen hatte momentan ein Nahrungsmittelkonzern aus Italien, der mit dem Ertrag dieses Feldes bei durchschnittlicher Wetterlage voraussichtlich auf zwölf Tonnen pro Hektar kam. Das Höchstgebot für das Haferfeld daneben hatte ein argentinischer Futtermittelkonzern eingereicht, der das Kraftfutter für Hochleistungs-Dressurpferde in England vertreiben wollte. Die angebotenen Nährwerttabellen interessierten Nana nicht. Obwohl so ein bisschen Hafer-Kraftfutter für sie momentan nicht gerade schlecht wäre, schmunzelte sie. Vielleicht sollte sie für ein paar Hektar mitbieten, das würde dann sicher für die nächsten neun Monate reichen.

»Nächster Halt: Oßling«, zeigte die Kontaktlinse. Baracken, verwilderte Höfe und heruntergekommene Gewerbebetriebe reihten sich die Bahngleise entlang. Das Rattern wurde leiser. Aus dem Nebenabteil hörte sie das Mädchen irgendetwas erzählen und die junge Mutter ab und an antworten. Der Zug kam an einem trostlosen Bahnhof mit quietschenden Rädern zum Stehen. Ein Mann stieß mit einem Ächzen die Tür nach draußen auf und zündete sich eine Zigarette an. Nana sah, dass der Asphalt der Bahnsteige vom Wurzelwerk aufgeplatzt war, ganze Büsche wuchsen an den Rändern. Das Bahnhofsgebäude war mit Holz und rostigen Wellblechplatten verrammelt, an denen ein paar Jugendliche in der Sonne lehnten und Schnaps tranken. Das Gesetz gegen den Konsum von Alkohol in der Öffentlichkeit kontrollierte hier wahrscheinlich niemand. Überwachungskameras waren hier nicht zu erwarten. Der

Plastikmüll, die Dosen und die Flaschen, die das Gelände in bunten Sprenkeln überzogen, wurden von der Natur überwuchert. Drüben knackte eine weitere Flasche beim Aufprall auf die Gleise. Nana wünschte, der Zug würde weiterfahren. Im Großraumwaggon um sie herum war vereinzelt gedämpftes Gemurmel und Foliengeraschel zu hören. In die gemütliche Geräuschkulisse drang von draußen plötzlich entferntes Gegröle. Es musste aus einem der Unterführungstunnel kommen und kam eindeutig näher.

Als vier betrunkene Jugendliche auf den Bahnsteig traten, schlug die gedämpfte Stimmung im Waggon augenblicklich in stille Nervosität um. »Mach die Tür zu!«, hörte Nana das panische Kommando der Frau, deren Mann in Trainingshosen gerade von der Zigarettenpause wieder hereinkam.

»Warum?«

»Die kommen sonst hier rein, das ist der einzige Wagen mit geöffneter Tür!«

»Die sind doch kräftig genug, um sich selbst eine Tür aufzumachen«, witzelte ein anderer. Im selben Moment knallte eine Bierdose an die Scheibe und verspritzte schäumend einen Teil ihres Inhalts. Der ganze Waggon zuckte erschrocken zusammen.

»Fuck! Mein Bier!«, brüllt einer draußen, während drei der verwahrlosten Jugendlichen bereits in den Zug stürmten.

»Wer von euch Flachwichsern hat hier die Scheibe hochgemacht?«, herrschte eine etwa Sechzehnjährige mit dicker Narbe auf der Stirn die Passagiere an. »Sein Bier is weg, und ich will wissen, wer das war!«

Die Gruppe, die hinter ihr hereinkam, lachte. Die Zugtür knallte automatisch zu, und der Zug setzte sich mit einem Ruck wieder in Bewegung.

»Der braucht kein Bier mehr!«, rief ein dicker, höchstens

Vierzehnjähriger mit Stiernacken, der von einem dünnen Glatzkopf beträchtlich überragt wurde. Die beiden trugen offen ihre Kornflaschen, und der Letzte, Typ unscheinbarer Mitläufer, drückte im Vorbeigehen seine Zigarette auf dem Butterbrotpapier einer verängstigten Seniorin aus. »Lass es dir schmecken, Omi!«

Der dünne Glatzköpfige griff eine der senkrechten Messingstangen, winkelte das Knie an und ließ sich im Halbkreis an ihr zu Boden sinken: »Und jetzt du, Schätzchen!«, grinste er zu Nana, die schnell versuchte, so zu tun, als schaute sie aus dem Fenster. »Eh, Schlampe, ich red mit dir!«

»Lass die. Los, geh weiter!«, schubste die Sechzehnjährige ihn an Nana vorbei.

Passagierblicke kreuzten sich verlegen. Ein immer noch angespanntes Aufatmen ging durch den Waggon. Nana konnte trotz Zugrattern hören, wie hinter ihr eine Abteiltür aufgerissen wurde: »Ich glaub's nicht, Jungs! Hatten wir nicht reserviert? Hatten wir nicht dieses Abteil reserviert?« Der Ton des Mädchens mit der Narbe wurde immer schärfer.

»Hassu Mutter-Kind-Abteil reserfiert?« Auf die Deppenfrage des Mitläufers folgte das Lachen der anderen. Dann ein derbes Klatschen. Eine Ohrfeige?

»Du bist doch dumm wie 'n Stück Feldweg! Nehmt mir den Schwachkopf aus den Augen, und die beiden hier ... – Ey, du Sau, was soll das?«, unterbrach sich die Anführerin.

»Mir is schlecht«, war zwischen Würgen und Platschen zu hören.

»Iiiii, der kotzt hier alles voll!«, rief ein anderer.

Zwischen Würgen und Brechen und Rufen des Ekels hörte Nana die Stimme der Mutter: »Lassen Sie mich bitte mit meinem Kind vorbei!«

»Ach nee, jetzt, wo hier alles vollgekotzt ist, willst du abhauen? Nee, nee, schön hier geblieben.« Der Dicke kicherte: »Das macht die Mutti alles wieder sauber!«

Johlender Beifall. »Da müssen wir wohl mal zusammenrücken, was?«, sagte das Narbenmädchen, und Nana konnte hören, wie sich die vier mit Schwung in die quietschenden Polster fallen ließen.

»Lassen Sie uns gehen, dann haben Sie doch viel mehr Platz«, flehte die Latina. Das kleine Mädchen begann stoßweise zu schluchzen.

»Ooooch, jetzt weint die Kleine! Komm her zum Onkel!«, höhnte einer.

»Lassen Sie mein Kind in Ruhe!« Die Stimme der Mutter war voller Panik.

Dem Poltern nach stellte sich die Gruppe drüben neu auf. Nana stand auf, um zu sehen, ob ihre Vorstellungskraft oder die Realität schlimmer war.

»Bleiben Sie sitzen, mein Mann funkt SOS!«, raunte ihr eine Dame zu, deren Sitznachbar fluchend auf seinen Assistenten tippte.

»Es funktioniert nicht! Ist hier kein Netz?«

»Aber hier müssen doch Kameras sein!«

»Nicht in den alten Zügen.« Nana hörte die anderen aufgeregt tuscheln, während sie um die Ecke schaute. Die Randalierer standen innen vor der Abteiltür und hinderten die Mutter am Verlassen des Abteils. Das Mädchen auf ihrem Arm wurde gerade von dem Glatzköpfigen mit der Zunge im Ohr penetriert und schrie. Die Mutter versuchte, das Kind von ihm abzuwenden, und wurde immer panischer, weil auch die anderen drei das Mädchen inzwischen belästigten.

»Das reicht jetzt!« Nana riss die Tür auf. Der Griff der Abteiltür rammte dem Stiernackigen in den Rücken.

Er drehte sich hasserfüllt um: »Was will denn die Fotze

hier?« Der muskulöse Fettwanst stieß mit dem linken Zeige-
und Mittelfinger gegen Nanas Brustbein und hielt sie mit seinem durchtrainierten Arm auf Distanz. Sie schlug mit ihrem
Unterarm seine Hand beiseite, um zu der Mutter mit dem Kind
vorzudringen.

»Du weißt doch noch gar nicht, wovon du da redest, Bürschchen!«

Dass er hier schon reflexartig mit seiner Rechten ausholen
würde, hätte sie nie für möglich gehalten. Seine Faust knallte
direkt unter ihren Backenknochen. In ihrem Kopf krachte es,
und ihr Körper gab der Druckwelle unkontrolliert nach: Ihr
Kopf flog zurück, prallte dumpf gegen den Türpfosten, prellte
wieder nach vorn, der Körper kippte mit, Blut schoss heiß aus
der Nase. Eisengeschmack. Zähne? Was war mit den Zähnen?
Bloß alles geschlossen halten! Die Mutter schrie irgendwas und
konnte sich mit ihrem Kind endlich aus dem Abteil schieben.
Nana taumelte, sah den verschmiert-verdreckten Waggonbo-
den auf sich zurasen, warf die Arme nach vorn, um sich an
der Fensterkante noch abzufangen – aber da war keine Kante
mehr. Stattdessen packte der ausgemergelte Glatzkopf ihren
Arm, drehte ihn so brutal um, dass die Haut zu reißen schien,
ihr Körper drehte sich mit, zu langsam, das Schultergelenk
knackte. War das ihr Schrei?

Die beiden Saufkumpane lehnten in der Abteiltür und feu-
erten den Dicken und den Glatzkopf an. Die mit der Narbe
sah von drinnen aus amüsiert zu. Nana sackte zusammen, die
Beine gaben nach, sie strauchelte beim Versuch, Halt zu finden, und rutschte im Erbrochenen aus. Glatze ließ los, und sie
knallte vor der Bagage auf den verschmierten Boden. Gelächter, fett und höhnisch.

Zwischen den Haarsträhnen konnte sie erkennen, wie zwei
Jugendliche die Szene filmten und die älteren Passagiere fas-

sungslos zuschauten. Einige versuchten, über SOS Hilfe zu bekommen. »Ja, eine Frau … zusammengeschlagen in der Regionalbahn …«

Das Narbenmädchen stürzte sich auf den alten Herrn, dem ein Kontakt geglückt war: »Du alter Sack, du sagst gleich gar nichts mehr! Ich mach dich tot!«

Sie stürmte auf den Mann zu, die ältere Dame daneben versuchte, sie zu beschwichtigen: »Mein Mann wollte doch nur … Wie können Sie, als junge Frau …«

»Nerv hier nicht dazwischen, Oma!« Die Narbige riss sie vom Sitz und schleuderte sie zur Seite, wo sie von anderen Mitreisenden schreiend aufgefangen wurde. Der Alte stand auf, setzte zur Empörung an, doch das Mädchen zerrte ihn am Revers zu sich, schnappte sich seinen Assistenten und ließ das Männlein zurück in seinen Sitz fallen. »Und jetzt Schnauze, ihr Motherfucker. Sonst war das eure letzte Butterfahrt!«

Hinten aus dem Abteil krakeelte es: »Schaut euch lieber die schöne Landschaft an, ihr Flachwichser!« Grölender Beifall der Schlägertypen.

»Genau. Mehr gibt's hier ja eh nicht zu sehen.« Das Narbengesicht machte kehrt und näherte sich Nana, die regungslos am Boden lag und die Szene durch eine Wolke von Schmerz beobachtet hatte. »Was ist mit der los?« Sie holte Schwung und trat ihr mit dem spitzen Cowboystiefel in die Seite. »Test. Test. Test.«

Nana krümmte sich unter Stöhnen.

»Na bitte, alles bestens!«, wandte sie sich den Passagieren zu. »Was wollt ihr, der Schlampe geht's doch gut!« Und dann gespielt traurig zu ihrer Gang: »Das reicht wieder nicht für 'ne Festnahme. Ihr kleinen Scheißer, so wird das nie was mit euch!«

Romina

Sie schaute auf den Schlitz in ihrem Teddy und stutzte: »Hey, du hast ja schon angefangen. Wann hast du das denn gemacht?«

»Eben, als du so fasziniert von Jacks Profil warst. Da dacht ich, schneid ich doch mal die Gurgel deines Plüschteddys durch.«

Sie lachten beide. »Ich glaub, es ist gar nicht so viel zu tun. Wenn wir ein bisschen Gas geben, könnten wir nachher noch eine kleine Tour zum Stadtpark machen. Das Wetter ist so schön.«

»Gern, gute Idee, ich bin mit dem Rennrad da«, versuchte Romina ihn zu beeindrucken.

»Hab ich gesehen …« Daniel suchte im Chaos auf seinem riesigen Tisch. »Und diese kleinen Teilchen … müssen wir jetzt noch programmieren.« Er hielt mit dem Umschichten inne. »Egal, die Speichermedien, Lautsprecher und Sensorbedienfelder sind da irgendwo, lass uns erst mal die Software zusammenbasteln. – Du wolltest, dass die Alten mittels Spracherkennung mit dem Teddy kommunizieren können?«

»Ja, zuerst mal nur auf Deutsch, mit erhöhter Sensibilisierung für Hörgeräte. Da gibt es glaub ich was Neues.«

»Sind die Hörgeräte eigentlich zwangsimplantiert?«

»Ich glaube, bei allein lebenden Senioren ist das Teil des Deals, damit Nanas Leute in der Versorgungszentrale bei Stürzen oder großen Gleichgewichtsschwankungen eine Alarmmeldung bekommen und sich zuschalten können. Sonst würde man vielleicht gar nicht mitbekommen, wenn einer allein in seiner Wohnung liegt.«

»Verschärft. Na ja, würde man bei mir vielleicht auch nicht«, brummte Daniel.

»Sie sind außerdem implantiert, damit beim Waschen oder Wasserkontakt kein Kurzschluss ausgelöst wird.«

»Mmh …« Daniel surfte bereits über diverse Plattformen und suchte nach verschiedenen Open-Source-Spracherkennungen. »Du kannst Hessisch für Senioren haben oder Kommandos für alte Seebären in Plattdütsch.« Er suchte weiter.

»Wir brauchen auf jeden Fall eine Stimme, die ihnen von früher als sympathisch in Erinnerung ist.« Romina überlegte. »Also auf keinen Fall die Navistimme oder die vier Dauerbrennertypen aus der Werbung.«

»Hier wäre was: Hochdeutsch für Senioren mit implantiertem Hörgerät, leihen Sie sich die Stimme von Ben Becker.«

»Kenn ich nicht.« Romina machte einen kleinen Hüpfer: »Warte, gibt es auch George Clooney? Der hat doch die Frauen bis nach Transsibirien zum Schmelzen gebracht. Und sogar meine alte, zickige Nachbarin wird ganz sanft, wenn man den erwähnt.«

Daniel schaute nach: »George Clooneys gibt es en masse. Schau dir das an: haufenweise Material – hier wirbt sogar ein kanadisches Labor mit Stammzellen von ihm. Klonen wir George Clooney!«

»Quatsch. Ich will nur seine Stimme zum Einschlafen hören. Was haben die da? Original Amerikanisch oder die stimmgetreue deutsche Übersetzung vom Assistenten?«

»Geht beides nicht. Damals wurden die Stars noch von deutschen Synchronstimmen vertont, da bräuchten wir schon die. Man könnte die Tonspur der Stimme auch aus einem Film ziehen und dem Assistenten als Frequenzvorlage einspielen.«

»Nee, das ist zu aufwendig, und überhaupt: Das ist doch rechtlich gar nicht erlaubt, wenn wir die Stimme kommerzialisieren wollen.«

»Nee, logo, erlaubt ist das kein Stück.«

»Ja, Mann, Daniel, ich kann hier doch keine illegalen Programme benutzen. Ich will das Ding offiziell vermarkten!«

»Du machst es wieder langweilig. Ah, warte mal, da gibt es auch eine frei verfügbare Spracherkennungssoftware vom Hörgerätehersteller Blind, da spricht Gundula Gause. Die hat doch mal so Nachrichtensendungen im Öffentlich-Rechtlichen gemacht – der vertrauen die alten Leute.«

»Vielleicht, aber hat ein Teddy eine Frauenstimme?«

Sie hörten sich noch zahlreiche Demo-Versionen an, die Augen auf den Teddy geheftet. »Tut mir ja leid für George und die Nachbarin, aber Ben klingt am besten«, meinte Daniel schließlich. »Lass uns eine Anfrage starten, ob wir sie verwenden dürfen, und solange ein bisschen raus! Ich lade dir die dann noch vor dem Wochenende in den Teddy. Am besten, du lässt ihn hier.«

Romina war zufrieden damit. An Inhalten hatte sie schon einiges an Games, Quizfragen und Unterhaltungsliteratur zusammengesucht, das sie dann mit der Ben-Becker-Tonspur überlagern würden. Zum Wochenende hätte Daniel alles beisammen, und sie könnten den Teddy fertigstellen.

Daniel holte sein Rennrad vom Wandbügel, und Romina löste das Schloss von ihrem Leihrennrad im Hof. Während sie den Stadtpark-Fahrweg entlangradelten, unterhielten sie sich über Familie und Freunde. Es war spannend, mit jemandem zu reden, der einen so anderen Alltag und eine andere Einstellung zum Leben hatte als sie, dachte Romina und hoffte insgeheim, dass er sie nicht zu langweilig fand. Sie näherten sich jetzt Maghreb Nord, dem Stadtteil, in dem Romina einst mit Franziska in einer wild durchmischten Studenten-WG gehaust hatte. Inzwischen hatte sich nicht nur Romina, sondern auch das Quartier deutlich verbessert. Die Eigendynamik, die die ehemalige City Nord nach dem Bau einer Moschee 2020 entwickelt hatte, war ein Vorbild für die Weiterentwicklung vieler verloren geglaubter Stadtquartiere geworden. Anstatt die Gebäude ethnischen Flüchtlingsgruppen einfach nur zur Verfügung zu stellen, hatten internationale Architekturstudenten von der HafenCity Universität gemeinsam mit den Bewohnern Um- oder Neubauten geplant. Private Investoren hatten sie dabei unterstützt – ob aus persönlicher Überzeugung oder Corporate-Social-Responsibility-Druck, war schwer zu sagen. Am Gelingen des Projektes hing jedenfalls auch fünfzehn Jahre nach Beginn der eigene Ruf aller Beteiligten, und insofern war das Engagement dauerhaft hoch. Der Hamam oder die Moschee waren Beispiele für Bauten, die ihrer eigenen kulturellen Identität folgten, die aber auch als Begegnungsstätten fungierten oder mit Besuchszonen versehen waren, um die Ausgrenzung von Deutschen oder anderen Nationalitäten zu verhindern.

Der vierspurige Überseering bildete an diesem sonnigen Nachmittag stadteinwärts bis zum mittleren Grünstreifen ein Spalier aus Buden und Ständen, die mit riesigen bunten Tüchern überspannt waren. Der Verkehr war auf die verbleibenden beiden Spuren umgelenkt. Romina hatte zwar vergessen, welche ethnische Gruppe heute feierte, aber sie hatte sich erinnert, von einem großen Straßenfest mit Bazar gelesen zu haben.

Sie stellten gerade die Räder ab, als Franziska bei Romina anklingelte. Sie hatte im Freundeskreisradar gesehen, dass Romina in ihrer Nähe war.

Romina signalisierte Daniel, dass sie gerade einen Anruf erhalten hatte: »Ja, gerne. – Ich bin mit einem Freund hier. – Denke schon, ich frag ihn. – Dann kommen wir dazu. Okay! Bis dann!« Und zu Daniel gewandt: »Franziska hat uns für nachher zu sich und Muhammad auf ein paar Kleinigkeiten zum Essen eingeladen. Ihre Familie kommt auch. Hast du Lust?«

»Ja, obergut! Dann lern ich deine ehemalige Mitbewohnerin gleich kennen. Und außerdem macht mir der Geruch hier schon wieder Appetit.«

Mit der Einladung zu Franziska und Muhammad fühlte sich Daniel auf dem Bazar gleich etwas weniger als Tourist. Hinter großen Tüchern, die die Stände abtrennten und vor der Sonne schützten, war die Stadtkulisse nicht mehr zu sehen. Bunte Farbreflexe huschten über die Exponate. Die verschleierten Frauen, feilschenden Tunesier, Ägypter oder Algerier vermittelten das Gefühl, direkt auf einem Markt im Orient zu sein. Ein etwas zurückgeblieben wirkender ägyptischer Jugendlicher von vielleicht sechzehn Jahren bot ihnen Augmented-Reality-Brillen an – nur mit denen könnte man angeblich die ›original cultural treasures‹ seiner Landsleute hier auf dem Markt finden. Daniel lehnte lachend ab. »Only the treasures of your family, I guess!« Der Sechzehnjährige mit den Plastikbrillen fiel im Gedränge zurück, unsicher, ob er von Daniel veräppelt oder entlarvt worden war.

Romina war im Gang zwischen hängenden Djellabas verschwunden, und Daniel hatte Mühe, ihr durch die erdfarbenen Überhänge und Beinkleider zu folgen. Er fand sie vor einem Stand mit Silberschmuck, an dem alte Ketten, Anstecknadeln, Schulterklammern und Gürtel mit Türkisen und rot marmorierten Steinen verkauft wurden.

»Können wir uns für die nächsten vier Stunden connecten, damit wir uns hier im Treiben nicht verlieren?«, fragte er, als er neben Romina stand, und bemerkte erst dann, dass er sie bereits wieder aus einem Gespräch riss.

»Nein, es läuft ganz gut. Ich hab einen projektbefristeten

Vertrag bei diesem eher anonymen Laden bis Ende des nächsten Monats und bastle solange an dem Teddy. – Nein, momentan bringt das noch kein Geld. – Ich hab noch was vom letzten Projekt gespart, und wahrscheinlich kann ich auch noch mal bei der Handelskammer auf einem Osteuropa-Projekt mitarbeiten, das wäre aber eher ein kleinerer Job. – Nein, nichts Konkretes. Ich will nur direkt an der Quelle sein. – Nein, Eduard, ich kann in den nächsten Wochen nicht kommen, weil ich doch den Teddy entwickeln muss. – Ja. Du fehlst mir auch. Gib den Kindern einen Kuss von mir.«

Daniel blickte über den alten Silberschmuck. »Schön sind die. Sicher ägyptische Family Treasures.«

Romina war dankbar, dass er sie nicht nach dem Gespräch fragte. »Diese Art kommt eher aus Pakistan, vielleicht auch Kasachstan, Kirgisistan oder der Mongolei. Richtig schön wirkt der Schmuck aber erst an den Gewändern und Kappen. Es ist schade, dass sie immer noch das Silber abrupfen und gegen banale westliche Kleidung eintauschen.«

Sie kaufte an einem kleinen Gebäckstand bei einer aufgedonnerten Marokkanerin sieben Gazellenhörnchen und ein paar andere süße Gebäcksorten, die sie Muhammad und seiner Familie mitbringen wollte. Die Verkäuferin mit extrem schwarz getuschten langen Wimpern beugte ihren prallen Vorbau in Daniels Richtung, der direkt vor den Gazellenhörnchen stand und gar nicht mehr wusste, wo er hingucken sollte.

»Hast du die gesehen?« Daniel war noch ganz benommen.

»Meinst du die Frau als Ganzes oder ihre Attribute im Speziellen?«, stichelte Romina.

Er hörte sie gar nicht. »Typ Killerorientalin. Vor so viel geballter Weiblichkeit kriegen Männer es mit der Angst. Echt der Hammer.«

Daniel schien auf dem Markt einem kleinen Realitätsflash zu erliegen, also steuerte Romina zügig das Appartement von Franziska und Muhammad an. Dass ihn das beeindruckte, konnte sie gut verstehen. In einem der ehemaligen Bürohäuser hatten sie die obersten beiden Stockwerke als Maisonette ausgebaut, mit Wintergarten und Dachterrasse. Man kam durch das obere Geschoss herein, gelangte zuerst in eine Art Flur und von dort in die große Küche, die sich durch die gesamte Etage erstreckte. Im Grunde war alles in einer lockeren Reihe aus weißen Blöcken untergebracht. Selbst unterschiedliche Kochstellen und Wasserzapfeinheiten waren diskret in den Blöcken integriert, die heute zu einem langen Tisch miteinander verbunden waren. Somit gruppierten sich die Familienmitglieder und Gäste um eine mehrfach unterteilte Tafel, die von der Küche durch den Wintergarten bis auf die Dachterrasse reichte. Die Glastrennwände des Wintergartens waren zur Seite geklappt, und draußen auf der Dachterrasse stand Großvater Ali am offenen Grill, während sich neben ihm auf dem Tisch schon die Schüsseln mit Salaten und Gebackenem reihten.

Muhammad kam herbei, begrüßte Romina mit einer kräftigen Umarmung, schüttelte Daniel die Hand und erklärte: »Willkommen! Romina hat uns noch nicht viele ihrer Verehrer vorgestellt. Darauf kannst du dir was einbilden!«

»Muhammad! Von Verehrer hab ich gar nichts gesagt!«, rief Franziska und drehte sich zu Romina und Daniel um.

»Nein, hast du nicht, aber das sieht man doch!«

Daniel wurde auch wie auf Kommando rot. Romina war jetzt eher amüsiert: »Genau, Muhammad, so wie bei euch alle zur Familie gehören, sind es bei mir eben alles Verehrer!«

»Na, da bin ich ja froh, Schneewittchen! Ich hab mir schon Sorgen gemacht, ob du dich nicht langweilst, seit meine Frau dir keine wilden Partygäste mehr in die WG schleppt!

Kommt raus und trinkt etwas!« Beim Rausgehen flüsterte Daniel Romina von hinten durch die schwarzen Haare zu: »Na, Schneewittchen, mit wie viel Zwergen pflegst du denn so zu feiern?«

Bevor Romina antworten konnte, stürmte Franziskas kleine Tochter auf sie zu und hängte sich an ihre Hüften. »Romina, Romina! Du musst dir unbedingt die neuen Pferde in meinem Zimmer ansehen!« »Das sind hoffentlich auch alles Araber?«, fragte Romina neckend in Muhammads Richtung.

Als die Kleine ernsthaft nickte, folgte sie ihr mit Daniel zur Treppe. Im unteren Geschoss lagen die privaten Schlafzimmer, Bäder und Medienräume für die Familie. Romina staunte jedes Mal über die Großzügigkeit und den geschmackvollen, klaren Ausbau. Daniel, der die kleine Nilufar mit einer Pferdeanekdote aus seiner virtuellen Kenntnis der Tuareg-Geschichten gleich für sich gewonnen hatte, wirkte nun etwas verloren. »Das ist heute wirklich ein Clash of Civilizations, wenn ich da an meine Bude denke«, murmelte er Romina zu.

»Weißt du, als ich Franziska kennengelernt habe, war sie zwar nicht arm, aber sie hat zusammen mit Muhammad in den letzten paar Jahren echt eine Menge geschafft. Und bei ihr kommt mir das nicht wie eine Velvet Trap vor. Die ist immer noch voller Energie und ständig unterwegs. Warte mal ab, wenn der Care-o-Teddy läuft, kannst du dir ja überlegen, ob die Zeit für deine Velvet Trap nicht doch langsam gekommen ist.« Sie grinste ihm verschwörerisch zu.

Als sie wieder nach oben kamen, schien Franziska gerade wieder bei ihrer Lieblingsdiskussion zu sein. Romina hörte zumindest irgendwas von Emanzipation. Nilufar zog Daniel am Ärmel in eine Ecke der Dachterrasse: »Erzähl mir jetzt noch was von den Karawanen. Und von den Kamelen!«

»Also, du musst dir vorstellen, früher …«, hörte ihn Romina

gutmütig antworten, bevor die Stimmen hinter einem Olean-derbusch verschwanden.

Muhammad lachte zwischen einer Gruppe aus Brüdern, Cousins und Schwagern auf:»Wenn du das als Mann gesagt hättest, Franziska, hätten wir das noch verstehen können!«, und die übrigen Männer fielen mit ein.

»Diese Einstellung scheint leider auch in der westlichen Kultur tief verankert zu sein«, erwiderte Franziska, die gerade eine große Schale Babyleaf-Salat mit Erdbeeren und Schafskäse auf den Tisch gestellt hatte.»Sogar in den kalifornischen Kommunen der 1960er Jahre, als angeblich die Frauenbewegung entstand, interessierten sich die Männer mehr für die sexuelle Befreiung als für Ackerbau, Vieh- und Kinderaufzucht.«

»Oh, Franziska, wieder die alte Leier! Sei froh, dass wir uns überhaupt noch für Frauen interessieren, das ist heute keineswegs mehr gesellschaftlich verpflichtend«, lachte Großvater Ali und klatschte seiner Frau Nursaba auf den ausladenden Hintern. Und mit erhobener Grillzange zu den an der Brüstung lehnenden Männern:»Es hat schon türkische Fußballspieler gegeben, die lieber ihren Job verloren haben, als mit einer Frau zu schlafen.«

Gelächter.

»Das war ein Schiedsrichter«, korrigierte Muhammad.»Übrigens einer, den ich sehr bewundere.«

»Spinnst du?« Karim schwang sich vom Geländer.»Der hat die ganze Schwulenbewegung in der Türkei gesellschaftsfähig gemacht.«

»Ja und? Ist hier auch gesellschaftsfähig.«

»Okay, dann ist gesellschaftsfähig das falsche Wort. Ich finde, dass da die Medien so viel Wind um eine Randgruppe machen, dass viele, die sonst gar nicht auf die Idee gekommen wären, meinen, sie müssten es mal ausprobieren.«

»Das, was du meinst, findest du unter www.Analsex-mit-zehn. Daran hat das Internet als Aufklärungs- und Anleitungsmaschine Schuld«, schockiert Franziska in ihrer unverbesserlichen Art die Männergruppe.

»Franziska!« Nursaba war halb belustigt, halb empört.

»Na, jetzt tut mal bloß nicht so, als ob diese Praktiken nicht jedem muslimischen Pärchen das Warten auf die Hochzeit versüßen!«

»Den Amerikanern inzwischen auch«, winkte Muhammad ab.

»Karim«, sagte der alte Ali, während er ihm die Hand auf die Schulter legte, »wenn ich hier einen Spruch schätzen gelernt hab, dann ist das: Leben und leben lassen.«

»Aber dann gibst du alle unsere Werte auf!«, empörte sich Karim.

»So manche deiner Werte haben hier auch nichts zu suchen«, grollte Franziska vom Tisch her.

»Ich finde, viele unserer traditionellen Werte werden zu konservativ für den Alltag in einer modernen Gesellschaft ausgelegt«, pflichtete Muhammad seiner Frau bei. »Daher finde ich den Ansatz der Muslimischen Geistlichen Vereinigung gut, den Koran neu zu deuten. Sie haben einen ersten Rohentwurf mit markierten Interpretationspassagen ins Netz gestellt, und jeder kann das verfolgen und kommentieren. Das ist wie eine Operation am geöffneten Koran.« Er suchte die Webseite im eTablet und reichte es Karim.

»Das ist Luther heute«, kommentierte Franziska. »Eigentlich sogar mehr als das. Luther half die Erfindung des Buchdrucks bei der Verbreitung seiner Übersetzung der Bibel in die Sprache des Volkes. Den Imamen hilft das Internet als globale Infrastruktur. Und sie nutzen es moderner als die christlichen Kirchen. Sie lassen die Gläubigen mitsprechen. Sie bieten den

Dialog an, sie machen die Auseinandersetzung transparent.«
Franziska erwärmte sich für ihre Idee.

»Die Kirche hat sich in der Ökumene und ihren zeitweisen Schulterschlüssen mit den anderen Weltreligionen ja auch etwas bewegt«, warf Romina als getaufte, aber nicht gläubige Katholikin ein. »Und es hat ja auch Diskussionen um die Bibel in gerechter Sprache gegeben, in der eine nicht rassistische und frauenfeindliche Übersetzung versucht wurde.«

»Ja, aber eine solche Freiheit, an der Schriftdeutung mitzuarbeiten, würde sie ihren Lämmern niemals gewähren«, entgegnete Franziska.

»Kann man's wissen? Das hätte ich mir bis heute nicht von den muslimischen Imamen vorstellen können!« Karim schaute kurz von Muhammads Tablet-Computer auf.

»Aber da gab es immerhin ein paar Bausteine, die Yasmin Revolution 2011 zum Beispiel. Und die Bestrebungen der jungen Muslime, ihre Identität und Religion zu wahren, aber dennoch moderner damit zu leben«, erinnerte Muhammad. »Und es gab, anders als bei den Christen, einfach unglaublich viele junge Gläubige. Stolze und gebildete, arme und abgeschlagene, die über den ganzen Globus verteilt auf ein besseres Leben hofften. Die wollten ihr Leben nicht einfach dem Schicksal unterordnen, das der Imam ihnen verkündete. Und denkt nur an die ganzen gebildeten jungen Frauen, die inzwischen längst ein aufgeklärtes Leben führten. Die ließen sich einfach nicht mehr unterjochen und wollten am öffentlichen Leben gleichberechtigt teilnehmen. Es war endlich die Zeit, religiöse Vorstellungen und Gedanken zu teilen und zu diskutieren, anstatt Ideologien autoritär zu verkünden.«

Enthusiastisch sah Muhammad sich um, stellte aber fest, dass außer Franziska, bei der er mit solchen Sätzen immer punkten konnte, seine Zuhörer abgelenkt waren. Gerade hob

Ali die Grillzange: »Es gibt Fleisch! – Aber nur für echte Männer. Ansonsten hätte ich noch ein paar Auberginen …«

Muhammad stürmte als Erster an den Grill, wo Ali bereits mit einer tropfenden Merguez in der Zange auf ihn wartete: »Ich möchte bitte eine Aubergine!«

Ali legte Muhammad unbeirrt drei der Merguez auf den Teller und sagte mit besorgter Stimme zu Franziska, während er immerhin noch eine Aubergine suchte, die nicht zu schwarz war: »Franzi, du musst dich mal wieder ein bisschen um Muhammad kümmern. Das ist nicht gut, wenn du so lange geschäftlich unterwegs bist.«

Marinade tropfte in die Glut, und der Grill qualmte. Romina sah den Rußwolken nach und bemerkte, dass auch im Hochhaus gegenüber von zahlreichen Balkonen grauer Rauch aufstieg.

»Das gibt Krebs, wenn das Öl da reintropft«, quäkte die kleine Luna, die barfuß neben ihrem Papa Muhammad vor dem Rost stand. »In der Schule haben sie gesagt, mit Holzkohle grillen ist nicht gut und wird bald verboten.«

»Da, bitte«, Ali drehte sich höhnisch um: »Sie infiltrieren uns mit ihrer Kultur und wollen, dass wir uns nur noch von abgepacktem, gezüchtetem Grünzeug ernähren!«

Die Familie lachte, nur Karim reagierte nicht. Er war immer noch komplett versunken in den Text.

»Vegan, Ali, vegan sollst du leben!«, witzelte Nuri, seine Frau, und reichte ihm die Grillzange.

»Grandpa, was ist vegan?«

»Das ist das Obst und Gemüse, für das du im Restaurant ganz viel Geld bezahlen musst, mein Schatz. Im Grunde ist es das, was Nursaba oft in ihre Tajines gibt. Den Trend haben wir denen längst voraus. Warte nur ab, mein Schatz, heute Abend auf dem Fest der Tausend Tajines im Stadtpark hat sie bestimmt auch wieder nur Gemüse dabei.«

»Ja, was auch sonst, wenn du das ganze Fleisch schon jetzt grillst?« Franziska und Romina freuten sich schon mit Mohammads Familie auf das Fest der Tausend Tajines, das einmal im Jahr auf der Stadtparkwiese stattfand. Die Familien hockten auf Isomatten und -kissen um den kleinen kegelförmigen Tontopf herum. Es gab Geschichtenerzähler, Bauchtänzer, Schlangenbeschwörer und Feuerschlucker, und der Park verwandelte sich für wenige Stunden in den berühmten Platz Djemaa el Fna, den Platz der Gaukler in Marrakesch. Von weit außerhalb Hamburgs reisten Leute zum Fest der Tausend Tajines, und so hatte es sich mit den duftenden Tonkegeln im Fackellicht zu einer Speisung der Zehntausenden entwickelt.

Daniel kam mit seiner neuen kleinen Freundin zum Grill, um sich nach den Wüstenabenteuern zu stärken, und wurde noch einmal herzlich begrüßt. Bis zum Einbruch der Dämmerung saßen sie auf der Dachterrasse, dann zog die ganze Familie in den Stadtpark weiter.

Auf Decken lagerten sie rund um den beleuchteten Pott, als Ali sich erhob, um nach alter Geschichtenerzählertradition eine Fabel vorzutragen. Er erreichte mit seiner Stimme etwa fünf angrenzende Familien. Alle brachten sich um ihn herum in Zuhörerposition. Romina wusste nicht, wie sie das auf Knien oder mit angewinkelten Beinen mehrere Stunden aushalten sollte, bis sie sich mit Daniel Rücken an Rücken setzte und beide seitlich Ali ansahen. Die schwache Beleuchtung von unten gab ihm etwas Geheimnisvolles.

In einer benachbarten Gruppe entdeckte Daniel den Brillenverkäufer wieder, der erfolglos versucht hatte, ihm auf dem Bazar den Blick für die Familienschätze zu öffnen. Er saß etwa zehn Meter entfernt inmitten seiner Familie, schaute sich gelangweilt mit geöffnetem Mund um. Dann bemerkte auch er

Daniel, fixierte ihn und brabbelte irgendwas, während er mit der rechten Hand am Ärmel des Kolosses zupfte, der neben ihm auf einer umgedrehten Wasserkiste hockte. Ohne den Blick von Daniel abzuwenden, rief er ihm schließlich laut etwas zu. Nun sah auch der zu Daniel hinüber. Er erhob sich und starrte Daniel an. Seine Körperfülle ließ ihn noch imposanter wirken. Hinter ihm murrten die Männer, und zwei verschleierte Frauen neben ihm zogen an seinem Arm, weil er sich wieder hinsetzen sollte. Mit einer ruckartigen Bewegung riss er sich los, schnaubte den beiden Sitzenden etwas zu und zeigte auf Daniel, woraufhin auch die anderen Familienmitglieder nun tendenziell unfreundlich in Daniels Richtung blickten.

Daniel wurde mulmig. Romina merkte, wie sein Rücken sich anspannte. »Muhammad, was will der denn?«

Muhammad, dessen Augen die ganze Zeit an Ali und seinen beiden faszinierten Kindern gehangen hatten, sah herüber. »Was ist los? Wer will was?« Er erkannte den in seiner Sippe stehenden Dicken und die sich gestört fühlende Entourage. Beschwichtigend rief er ihm zu: »Abdul, mein Freund! Was guckst du?«

Einige um Abdul kicherten wegen des alten Migrantenkalauers.

»He, Mann, dein Freund hat was über meine Familie gesagt. Bajak meint, er hat sie beleidigt.«

»Oh, nicht schon wieder!«

»Seid still, wir wollen Ali hören! – Geht in den Wald und klärt das da!«, riefen die Frauen beider Familien. Abdul winkte Muhammad und bewegte sich mit seinem Bruder vorsichtig durch die lagernden Familien in Richtung Waldrand.

»Was ist denn los?« Franziska wandte erst jetzt ihre Aufmerksamkeit von Ali ab, der unverdrossen weiter seine Geschichte vortrug.

»Kleines Missverständnis mit Abdul. Bajak hat wieder Blödsinn gequatscht, wir kommen gleich wieder.« Muhammad und Daniel schlichen sich weg. Nach kurzem Zögern ging Romina hinterher. Das mochte eine Sache unter Männern sein, aber es schien ihr nicht richtig, Daniel allein zu lassen, schließlich hatte sie ihn hierhergeschleppt. Und wenn sie sich prügelten? Daniel sah nicht gerade aus wie einer, der was von einer Schlägerei verstand.

Die Männer blieben an der Straße stehen, die auf der gegenüberliegenden Seite in den Wald führte. Die Musik und das Gelächter vom Fest der Tausend Tajines war noch zu hören. Daniel drehte sich zu ihr um:

»Was geht hier ab? Stehe ich hier zwischen zwei Familienfehden? Ich hätte nichts dagegen, jetzt im Wald zu verschwinden«, flüsterte er sichtlich beunruhigt Romina zu.

»Du kannst froh sein, dass außer Bajak niemand von meiner Familie hier ist, sonst könntest du was erleben!« Abdul baute sich vor Daniel auf, während Romina ein paar Schritte zurück machte. In der Schusslinie wollte sie nun auch nicht unbedingt stehen. »Aber Bajak hat verstanden, dass du keine Ahnung hast von unserer Kultur, und dir deshalb keine Brille verkauft, nicht wahr, Bajak?« Er kraulte den kleineren Bruder, der schmollend schwieg.

»Kauf ihm 'ne Brille ab!«, raunte Mohammad Daniel zu.

Doch der verstand nicht. »Wieso denn jetzt, wenn ich doch keine Ahnung davon hab und unwürdig bin? Lassen wir's gut sein, sonst gibt's nur noch mehr Ärger.«

Muhammad schüttelte leicht den Kopf. »Du bist echt schwer von Begriff, was?«, flüsterte er ärgerlich. Und fuhr laut fort: »Abdul, mein Freund, Daniel achtet und verehrt eure Kultur, sonst wäre er doch gar nicht auf den Bazar gekommen.«

Abdul unterbrach ihn: »Du weißt, Muhammad, dass das hier

keine ägyptische Kultur mehr ist. Das ist der übrig gebliebene Mist aus deiner, aus marokkanischer, senegalesischer, mongolischer, deutscher und vielen anderen Kulturen. Wo bitte siehst du hier ägyptische Kultur?«, wandte er sich an Daniel. »Wo siehst du die, ohne diese Brille, he?« Er hatte dem stummen Verkäufer von irgendwo her eine rote Plastikbrille entrissen und fuchtelte Daniel damit unter der Nase herum.

Der versuchte, sich zu verteidigen: »Na, also, vorhin auf dem Bazar hab ich einiges davon gesehen.«

Abdul, der direkt vor Daniel stand und ihn um zwei Köpfe überragte, legte den Kopf schief, um mehr zu hören. Und Daniel meinte bekräftigen zu müssen: »Ägyptische Kulturgüter sind ja immer noch leichter zu erkennen als die algerischen oder die tunesischen.«

Romina stöhnte leise auf: Der redete sich noch um Kopf und Kragen.

Abdul grinste Muhammad an: »Da, siehst du? Jetzt fängt er mit deiner Kultur auch an!«

Bei Muhammad schien sich ein Hebel umzulegen, und plötzlich schubste er Daniel von Abdul weg zur Seite: »Sag mal, hast du Wüste im Hirn?« Daniel stolperte zurück, und Muhammad polterte weiter: »Über wie viele arabische Kulturschätze willst du dich noch lustig machen, he?«

Daniel stolperte wieder ein Stück weiter weg von Abdul. Romina grinste: So ging's auch.

»Ich kümmer mich drum, Abdul. Behalt die Brille lieber. Wenn wir solche Typen glauben machen, sie könnten unsere Kultur verstehen, tun wir uns allen keinen Gefallen.«

»Recht hast du! Komm, Kleiner, dem verkaufen wir unsere Brille nicht. Das hast du schon ganz richtig gemacht.« Er tätschelte den Sechzehnjährigen, der zufrieden gluckste, und ging versöhnlich auf Muhammad zu. Die beiden umarmten sich und klopften sich auf den Rücken. Dann führten sie mit einem gewissen Sicherheitsabstand ihre Kontrahenten vor sich her zurück zur Festwiese mit den tausend kleinen Lichtpunkten. Daniel stieg ein verlockender Duft von Lammfleisch, Koriander und Datteln in die Nase. Und auch Romina kriegte wieder Appetit, obwohl sie eigentlich schon den ganzen Nachmittag gegessen hatte.

»Bajak macht Abdul dauernd Ärger«, erklärte Muhammad Daniel, als sie sich durch die Reihen zu ihrem Platz schlängelten. »Er wird von allen gehänselt, weil er nicht besonders helle ist, und versucht dann immer, sich durch solche Aktionen die Anerkennung der Erwachsenen zu holen. Abdul und alle wissen das, aber wir spielen das Spiel halt mit.«

»Warum? Ich mein, das bringt doch offenbar nichts, oder? Kann man ihm denn nicht einfach sagen, dass er das falsch verstanden hat?«

»Danke jedenfalls, dass du Daniel da rausgehauen hast«, unterbrach ihn Romina.

Muhammad blieb stehen: »Schon gut. – Dann hätte man mehr oder weniger klar sagen müssen, dass Bajak nicht so schlau ist. Wenn wir ihn so bloßstellen, fällt das auf die Familie zurück. Und Bajak selbst wäre mit einer neuen Story um die Ecke gekommen. Wenn man ihm wirklich helfen und das alles jedes Mal erklären will, muss man sich intensiv um ihn kümmern, und dazu haben hier höchstens die Alten Zeit.«

Sie sahen ihre Gruppe, die gerade mit dem Essen beginnen wollte und sie zu sich winkte. »Und ihr findet jedes Mal einen Deppen, an dem ihr das Ganze eskalieren oder deeskalieren lassen könnt?«

Muhammads Augen richteten sich auf die kleine Luna, die ihm freudig entgegenlief. »Keine Sorge«, lachte er und hob die Kleine hoch, »den finden wir jedes Mal.«

Fakten zu Arbeitsmarkt und Migration

Die Schere zwischen Arm und Reich wächst in Deutschland. Ein großer Teil der Gesellschaft hat mit Armut, unattraktiven Wohnsiedlungen, mangelnder Bildung und hoher Jugendkriminalität zu kämpfen. Und das, obwohl besonders in Deutschland die Nachfrage nach qualifizierten Arbeitern in den nächsten Jahren steigen wird. Verbesserte Zuwanderungspolitik könnte dieses Problem eindämmen. Allerdings sind dazu bürokratische und kulturelle Hürden zu überwinden.

Armes Deutschland

Die Zahl der Menschen mit niedrigem Einkommen ist in Deutschland stark gestiegen. Das ist das Ergebnis einer Studie des Deutschen Instituts für Wirtschaftsforschung (DIW). Im Jahr 2000 betrug deren Anteil an der Bevölkerung 18 Prozent, im Jahr 2009 waren es fast 22 Prozent. Auch in absoluten Zahlen verdiente diese Gruppe immer weniger: Erhielt ein Singlehaushalt der unteren Einkommensgruppe im Jahr 2000 im Schnitt noch 680 Euro netto im Monat, waren es 2008 nur noch 645 Euro. Gleichzeitig ist der mittlere Verdienst höherer Einkommensgruppen gestiegen, von 2400 auf 2700 Euro im Monatsnetto.[1] Der Abstand zwischen Arm und Reich wird in Deutschland also immer größer, und so warnen die Autoren der Studie, dass die Polarisierung der Einkommen in vielen Städten zu erheblichen Problemen führen könnte. Die wachsende Zahl ärmerer Menschen ist auf billigen Wohnraum angewiesen, den es vor allem in unsanierten Altbaugebieten und unattraktiven Hochhaussiedlungen gibt. Dort können sich »Quartiere herausbilden, denen das Stigma der Armenviertel anhängt«, so der Stadtsoziologe Häußermann. Solche Armenviertel seien »von Resignation und Zukunftspessimismus geprägt«, was vor allem für die dort aufwachsenden Kinder und Jugendlichen fatal sei.[2]

Mangelnde Bildung, Perspektivlosigkeit und Jugendkriminalität

Da eine gute Bildung in Deutschland eng mit den finanziellen Mitteln der Eltern verknüpft ist – wie schon in den ersten Kapiteln gezeigt –, ist es nicht verwunderlich, dass die Jugendlichen, die in benachteiligten Stadtvierteln aufwachsen, dort kaum optimistische Aussichten für die Zukunft kennenlernen – von Schulbildung, die Perspektiven eröffnet, ganz zu schweigen. So driften sie häufiger in die Kriminalität ab. Zu diesem Ergebnis kommt zumindest die Bertelsmann Stiftung. In einer aktuellen Untersuchung konnte ein direkter Zusammenhang zwischen unzureichender Bildung und Kriminalität nachgewiesen werden. »Bildungspolitische Maßnahmen könnten ganz erheblich dazu beitragen, Fälle von Mord, Totschlag und anderer Gewalt- und Eigentumsdelikte zu reduzieren und damit verbundene Kosten für Opfer und Gesellschaft einzusparen«, schlussfolgern die Autoren der Studie und benennen so einen wesentlichen Punkt der Verbrechensvorbeugung.[3]

Mehr Konkurrenzdruck, weniger Chancen, vor allem bei jungen Menschen, das gehört inzwischen auch zur Gefühlslage in unserer Gesellschaft. »Es spricht vieles dafür, dass das Klima in unserer Gesellschaft insgesamt rauer geworden ist und mehr Gewalt eingesetzt wird – allerdings nicht nur bei Jugendlichen, sondern vor allem bei Erwachsenen. Die ›Ellbogenmentalität‹ wird in allen gesellschaftlichen Schichten nicht mehr geächtet, sondern ist zur Grundlage fast jeglichen Handelns geworden – und wer sich anders verhält, wird belächelt oder als ›Gutmensch‹ verhöhnt«, so Thomas Feltes, Kriminologe an der Ruhr Universität Bochum.[4]

Auch andere Institutionen, wie zum Beispiel die Innenministerkonferenz, gehen davon aus, dass Jugendgewalt vor allem soziale und schulische Ursachen hat, sie betonen jedoch, dass die tatsächliche Gewaltkriminalität im Jugendbereich weder quantitativ noch qualitativ angestiegen sei. Das beweisen die Zahlen von tatsächlichen Delikten, die seit Jahren relativ konstant sind. Eine Veränderung in der Polizeistatistik kann sich auch dadurch ergeben haben, dass mehr Delikte zur Anzeige gebracht werden. Zum gleichen Ergebnis kommt Gerhard Spiess von der Universität Konstanz. »Die Entwicklung der registrierten Vergehen in Deutschland gibt keinen Anlass zur Beschwörung von Horrorszenarien, wie dies mancherorts ein lang geübter Brauch anlässlich der Vorstellung der jährlichen Polizeilichen Kriminalstatistik war«, heißt es in seiner Studie.[5] Die registrierten Fälle haben sich im Vergleich zu früher weder deutlich erhöht, noch gibt es Anzeichen für eine Zunahme von Kapitaldelikten. Die Zahlen für Mord, Raubmord und Sexualmord sind in den letzten 10 bis 15 Jahren sogar rückläufig. Ein überproportional großer Anteil an Delikten wird von einer kleinen Gruppe junger Intensivtäter begangen. Sobald diese jugendlichen Täter jedoch die Möglichkeit haben, sich beruflich und sozial zu integrieren, klingen die Auffälligkeiten deutlich ab. Eine verlässliche Prognose für eine kriminelle Karriere im Erwachsenenalter lässt sich, so die Studie, daraus nicht ableiten.[6]

Die Nachfrage nach Qualifizierten wird steigen

Wenn wir davon ausgehen, dass die deutsche Bevölkerung schrumpft und wir schon heute in manchen Branchen einen Fachkräftemangel haben, dürfte es für Jugendliche doch eigentlich nicht schwer sein, in Zukunft einen Arbeitsplatz zu finden. Wird es vielleicht sogar so sein, dass nicht die Arbeitslosenquote, sondern die Entwicklung des Erwerbspersonenpotenzials in Zukunft Besorgnis erregen wird?

Wahrscheinlich nicht, denn auch in Zukunft werden viele Menschen zu wenig qualifiziert sein, um als gut vermittelbar gelten zu können. Gleichzeitig wird die Nachfrage nach qualifizierten Arbeitern weiter steigen, denn das Fehlen potenzieller Arbeitskräfte kann durch Produktivitätssteigerung und den Einsatz von Hochtechnologie nur teilweise kompensiert werden.[7] Dieser Mangel an qualifizierten Arbeitskräften zeigt sich besonders bei den technischen Berufen. Selbst im Krisenjahr 2009, gibt der Verein Deutscher Ingenieure an, konnten 34000 Ingenieurstellen nicht besetzt werden. In Mathematik, Informatik, Naturwissenschaften und Technik fehlten nach Angaben des Instituts der deutschen Wirtschaft im Juni 2010 bereits 65000 Fachkräfte. Nicht nur die Industrie klagt, fehlende Arbeitskräfte gibt es nach Angaben der Bundesagentur für Arbeit auch bei Ärzten und Altenpflegern, bei Lehrern, Elektrikern und in den Metallberufen. Nach einer Umfrage des Deutschen Industrie- und Handelskammertags beklagen 70 Prozent der Unternehmen Probleme bei der Besetzung von Stellen. Die Schwierigkeiten dürften sich noch verschärfen. Wegen des Geburtenrückgangs geht das Arbeitskräftepotenzial bis zum Jahr 2030 voraussichtlich um sechs Millionen Menschen zurück.[8]

Für den Arbeitsmarkt der Zukunft wird es daher unumgänglich, bisher ungenutzte Potenziale zu aktivieren und weniger qualifizierte Junge sowie ältere Arbeitnehmer zu integrieren, die bislang wenige Chancen auf dem Arbeitsmarkt haben. Ein weiterer großer Punkt ist die Verbesserung von Zuwanderungsbedingungen für Facharbeiter. Um den unvermeidlichen Umbau unserer Arbeitswelt bewerkstelligen zu können, werden wir ausländische Arbeitskräfte brauchen.

Migranten, politische und Klimaflüchtlinge

Mit weltweit rund 192 Millionen ist jeder 35. Mensch ein Migrant.[9] Diese Flüchtlinge sind nur ein Teil des multiethnischen Lebens, auf das sich Europa, Deutschland und die Welt einstellen muss.

Die Globalisierung bringt mehr und mehr Wanderarbeiter hervor, die aufgrund der verbesserten Transport- und Kommunikationstechnologien weitere Entfernungen überbrücken können, als es früher der Fall war. Statt der Südeuropäer, die in den 60er und 70er Jahren des letzten Jahrhunderts nach Deutschland kamen, werden in Zukunft vermehrt Afrikaner und Südostasiaten nach Europa zuwandern, auch aufgrund eines erhöhten Flüchtlingsstroms.

So sind beispielsweise seit dem Sturz des tunesischen Präsidenten Zine El Abidine Ben Ali Mitte Januar 2011 auf der italienischen Insel Lampedusa schätzungsweise 20 000 bis 25 000 Flüchtlinge angekommen, die meisten aus Tunesien.[10] Seit die Kämpfe in ihren Heimatländern zunehmen, machen sich zunehmend auch Menschen aus Libyen und aus den Staaten des subsaharischen Afrika, die vor Gewalt und existenzieller Not fliehen, auf den Weg Richtung Europa.

Eine weitere Untergruppe, deren Zahl sicher wachsen wird, sind die Klimamigranten. Bereits 2008 warnte die Weltgesundheitsorganisation vor den hohen Gesundheitsrisiken des Klimawandels. Vermehrt auftretende Extremwetterverhältnisse wie Stürme, Hitzewellen und Überschwemmungen bedrohen Menschenleben, vernichten Lebensgrundlagen und begünstigen die Ausbreitung von Krankheitserregern. Besonders hart trifft es die Entwicklungsländer, denn durch Überschwemmungen und verunreinigtes Trinkwasser können sich Infektionskrankheiten in einer Bevölkerung schnell ausbreiten, deren allgemeiner Gesundheitszustand oft schlecht und deren medizinische Versorgung nicht sichergestellt ist. Und die Situation wird nicht besser. Schon heute gehen laut WHO weltweit jährlich bis zu 150 000 Todesfälle auf die Folgen der Erderwärmung zurück.[11] Ihrer Lebensgrundlage durch Naturkatastrophen beraubt, machen sich zudem viele Menschen auf die Suche nach besseren Lebensbedingungen. Da es keine international anerkannte Definition für Klimamigration gibt, liegen bislang nur Schätzungen zur Zahl der Betroffenen vor. Der Wissenschaftliche Beirat für Globale Umweltfragen (WBGU), ein Beratungsgremium der Bundesregierung für Klima- und Umweltfragen, ging 2009 von bis zu 60 Millionen Klimaflüchtlingen aus. Nach den Prognosen des Weltklimarats könnte diese Zahl bis 2050 auf 200 Millionen Menschen, die die Risikogebiete in Afrika und Asien verlassen, steigen.[12]

Migrationsland Deutschland?!

2010 hatte fast jeder fünfte Einwohner in Deutschland (über 16 Millionen) einen Migrationshintergrund. Damit meint die Statistik Menschen, die als Ausländer und Spätaussiedler seit 1950 nach Deutschland gekommen sind, sowie ihre Nachkommen.[13] Migrationsforscher gehen davon aus, dass sich der Anteil dieser Menschen in den nächsten Jahren weiter erhöhen wird, denn »die Zuwandererbevölkerung ist jünger und hat eine höhere Geburtenrate als die deutsche Bevölkerung«, wie der Vorsitzende des Sachverständigenrates deutscher Stiftungen für Integration und Migration, Klaus Bade, erklärt.[14]

Diese Entwicklung wird nicht nur positiv bewertet. Vielleicht aufgrund kultureller Unterschiede, der Angst vor Überfremdung oder dem Arbeitsplatzverlust – rassistische Tendenzen sind in Deutschland in weiten Teilen der Gesellschaft und in unterschiedlicher Ausprägung zu verzeichnen. Zu diesem Ergebnis kommt eine Langzeitstudie der Friedrich-Ebert-Stiftung. Hier stimmte ein bedenkliches Drittel der Befragten der Aussage »Die Ausländer kommen nur hierher, um unseren Sozialstaat auszunutzen« zu. Weitere 31,4 Prozent stimmten teilweise zu, und nur etwas mehr als 34 Prozent lehnten die Parole ab. Als Grund für die rassistischen Einstellungen machen die Autoren auch die Nachwirkungen der Wirtschaftskrise verantwortlich.[15]

Dabei sind Wirtschaft und Wissenschaft sich einig: Ohne eine offensive Einwanderungspolitik gerät der Industriestandort Deutschland im weltweiten Kampf um die besten Köpfe ins Hintertreffen. »Wir sind dringend auf qualifizierte Einwanderer angewiesen, denn ohne Zuwanderung könnte der Wirtschaftsaufschwung schon bald wieder vorbei sein«, stellt Klaus Zimmermann, Präsident des Deutschen Instituts für Wirtschaftsforschung (DIW), fest.[16] Der globalisierte Arbeitsmarkt der Zukunft wird Internationalität fordern. Deutschland muss sich für Reformen im Bildungssystem, die Anerkennung ausländischer Abschlüsse und einen Zuzug von Arbeitskräften entscheiden. Investoren und Direktoren müssen erkennen, dass multiethnische Unternehmenskultur den betrieblichen Alltag durch Erfahrungen ergänzen und im internationalen Wettbewerb überzeugen kann.

Doch noch sieht die Realität anders aus, bisher hat man es nicht geschafft, sich als Einwanderungsland für Hochqualifizierte zu etablieren.

Auswanderungsland Deutschland

Die Angst vieler Deutscher vor Überfremdung ist unbegründet. Deutschland hat kein Zuwanderungs-, sondern ein Auswanderungs- problem. 2009 zogen nach Angaben des Statistischen Bundesam- tes 734 000 Menschen aus Deutschland fort, während im gleichen Zeitraum 721 000 Menschen nach Deutschland einwanderten.[17] Er- schwerend kommt die Tatsache hinzu, dass diejenigen, die gehen, oftmals besonders gut ausgebildet sind. Offenbar sehen sie für sich trotz teilweise hoher Qualifikationen nicht genügend Chancen in Deutschland.

Aus Furcht vor Altersarmut denken immer mehr Deutsche ans Auswandern. Klar ist schon heute, dass die gesetzliche Rentenversi- cherung aufgrund der demografischen Entwicklung für kommende Generationen nicht reichen wird. Der Paritätische Wohlfahrtsver- band geht davon aus, dass im Jahr 2030 rund 10 Prozent der Rentner von Altersarmut betroffen sein werden.[18] 13 Prozent, also jeder ach- te berufstätige Deutsche über 50 Jahre, wollten daher im Jahre 2009 in ein Land mit niedrigeren Lebenshaltungskosten auswandern. Im Jahr davor waren es 9 Prozent. Nach Angaben einer Postbank-Studie stieg die Zahl der deutschen Auswanderer seit Anfang der 1990er Jahre von 110 000 Personen sukzessive an, auf bereits 175 000 im ersten Halbjahr 2009.[19]

Es bleibt zu hoffen, dass sich die Ein- und Auswanderungsströme durch Reformen der Renten-, Arbeitsmarkt- und Zuwanderungs- politik zum Positiven für die Wirtschaft entwickeln werden. Aber nicht nur die Politik, auch die Gesellschaft muss hierzu ihren Teil beitragen. Integration zu stärken, Ausländerfeindlichkeit entge- genzuwirken und die Teilhabe ausländischer Mitbürger am institu- tionellen wie gesellschaftlichen Leben zu stärken, wird zur essen- ziellen Aufgabe. Denn klar ist, dass Einwanderer, besonders aus religiös unterschiedlich geprägten Ländern, nicht nur unsere Arbeitswelt, sondern durch ihre Mentalität und Kultur auch unseren Alltag verändern werden. Im Idealfall spielt die Herkunft im Jahr 2037 vielleicht aber gar keine bedeutende Rolle mehr.

Anmerkungen

1 vgl. Süddeutsche Zeitung (2010): »Große Panik in der Mittelschicht«. http://www.sueddeutsche.de/geld/einkommensverteilung-grosse-panik-in-der-mittelschicht-1.959333 (Stand: 25.07.2010)

2 Häußermann, Hartmut, zit. n. Süddeutsche Zeitung: »Große Panik in der Mittelschicht«, 15.06.2010. http://www.sueddeutsche.de/geld/einkommensverteilung-grosse-panik-in-der-mittelschicht-1.959333 (Stand: 25.07.2010)

3 vgl. Studie Bertelsmann Stiftung (2010): »Unzureichende Bildung: Folgekosten durch Kriminalität«. http://www.bertelsmann-stiftung.de/cps/rde/xchg/bst/hs.xsl/prj_93522.htm (Stand: 05.05.2011)

4 zit. n. http://www.stern.de/panorama/jugendkriminalitaet-das-problem-mit-der-statistik-606785.html (Stand: 05.05.2011)

5 vgl. Spiess, Gerhard (2010): »Jugendkriminalität in Deutschland – zwischen Fakten und Dramatisierung«. Universität Konstanz. http://www.uni-konstanz.de/rtf/gs/G.Spiess-Jugendkriminalitaet.htm (Stand: 25.07.2011)

6 ebd.

7 vgl. Vereinigung der Bayerischen Wirtschaft (2009): »Arbeitslandschaft 2030: Die Auswirkungen der Wirtschaftskrise auf Deutschland«. http://www.bayme.de/agv/bayme-Themen-Brennpunkt-Arbeitslandschaft_2030-Arbeitslandschaft_2030_Die_Auswirkungen_der_Wirtschaftskrise_auf_Deutschland--29736,ArticleID__8609.htm (Stand: 25.07.2011)

8 Zimmermann, Klaus (Präsident des Deutschen Instituts für Wirtschaftsforschung), zit. n. Hamburger Abendblatt vom 07.09.2010. http://www.abendblatt.de/wirtschaft/article1624122/DIW-Praesident-Deutschland-braucht-mehr-Einwanderer.html (Stand: 25.07.2011)

9 vgl. http://www.iom.int/jahia/Jahia/about-migration/lang/en
(Stand: 25.07.2011)

10 vgl. http://www.migration-info.de/mub_artikel.php?Id=110401
(Stand: 05.05.2011)

11 vgl. http://www.stern.de/wissen/natur/weltgesundheitstag-
krankheitsrisiko-klimawandel-616531.html (Stand: 25.07.2011)

12 vgl. http://www.bpb.de/themen/P12WMX (Stand: 25.07.2011)

13 vgl. http://www.tagesspiegel.de/politik/hoechstmarke-jeder-
fuenfte-einwohner-hat-migrationshintergrund/1883370.html
(Stand: 05.05.2011)

14 zit. n. http://www.stern.de/panorama/bevoelkerungsentwicklung-
jeder-fuenfte-besitzt-auslaendische-wurzeln-1538655.html
(Stand: 25.07.2011)

15 vgl. Friedrich-Ebert-Stiftung (2010): »Die Mitte in der Krise.
Rechtsextreme Einstellungen in Deutschland 2010«.
www.library.fes.de/pdf-files/do/07504.pdf (Stand: 05.05.2011)

16 zit. n. http://www.welt.de/print/welt_kompakt/print_politik/
article10232720/Fachkraefte-fehlen-Zuwanderer-auch.html
(Stand: 05.05.2011)

17 vgl. http://www.zeit.de/politik/2010-10/seehofer-zuwanderung-
migranten-faq (Stand: 05.05.2011)

18 vgl. Verbraucherportal für Finanzen und Versicherungen: Altersarmut
in Deutschland.
http://www.cecu.de/altersarmut.html (Stand: 05.05.2011)

19 vgl. Postbank-Studie, Presseinformation vom 22.02.2010: Zahl der
deutschen Auswanderer bleibt auf Rekordniveau. Furcht vor Altersarmut bei Berufstätigen über 50 Jahren.
http://www.postbank.de/-snm-0184330278-1266921109-012fe00013-
0000000131-1266921726-enm-postbank/pr_presseinformation.
html;jsessionid=483474B4806C9DC9341940F9B216F4AA6F9C.
f091?newsid=1265829670165 (Stand: 05.05.2011)

ENGAGEMENT
Was noch zu retten ist

Geoffrey

Geoffreys erster Arbeitstag begann erbarmungslos: vor Sonnenaufgang, mit kärglichem Frühstück und derbem Muskelkater. Die Arnikasalbe, die Celine ihm noch nach der Meditation gegeben hatte, hatte nichts genützt. Geoffrey hoffte, dass die Muskeln bei der Feldarbeit, die heute auf dem Plan stand, besser durchblutet und der Schmerz dadurch nachlassen würde. Schon am frühen Morgen stand er im Bodennebel mit Felicitas auf dem Feld und holte mit der Grabegabel die neuen Kartoffeln aus der Erde. Zur Mittagszeit, als die Sonne auf sie herabbrannte, hatten sie erst das halbe Feld abgeerntet. Geoffreys Rücken schmerzte, die Handflächen waren voller Blasen, der Leinenturban kratzte, der Schweiß rann in regelmäßigen Strömen über sein Gesicht und die bloßen Unterarme, bevor er in die aufgebrochene Erde tropfte. Der erste von vier Tagen Feldarbeit, an die sich laut Plan noch ein Tag in der Ölmühle und einer in der Käserei anschließen sollten. Er fing an zu verstehen, was körperliche Arbeit bedeutete.

Weiter unten im Feld, in der Nähe der Blumengärten am Wegrand, arbeitete Shan mit dem Halbinder Amid. Beim gestrigen Abendbrot hatte sie nach ein paar Gläsern Wein die

Geschichte ihrer Familie während der Mao-Zeit dermaßen romantisch verklärt zum Besten gegeben, dass Geoffrey kaum glauben konnte, dass sie beim Energiekonzern Autargy auf einem hoch dotierten Posten saß. Jetzt streute sie zu Amids monotonem Gesumme Fenchelsamen aus ihrer Schürze in die Furchen, über die er mit der Hacke kleine Erdhäufchen schob. Sie richtete sich auf und atmete »das Mystische des Ortes«, wie sie es gestern genannt hatte, in vollen Zügen ein: »Diese Arbeit mit den Händen an diesem Ort ist so fantastisch! Ich merke doch, dass mir das im Blut liegt. Weißt du, Amid, wir leben zwar seit zwei Generationen in Düsseldorf, aber meine Urgroßeltern waren chinesische Intellektuelle, die unter Mao in der Bäuerlichkeit zu ihrem Glück zurückgefunden haben«, schwärmte sie jetzt dem Halbinder so laut vor, dass Geoffrey sie in seiner Kartoffelfurche noch verstehen konnte. Amid trat, ohne ein Zeichen, dass er ihr zugehört hatte, die Erde wieder zu und summte – wahrscheinlich als Zeichen dafür, dass er sich seine Musikbeschallung herbeisehnte – stumpf weiter vor sich hin.

»Wie kann man bei einem Energiekonzern wie Autargy eine leitende Position haben und so viel psychedelischen Scheiß von sich geben?«, raunte Geoffrey vor sich in den Boden.

Felicitas buddelte unbeeindruckt weiter Erdäpfel aus den Furchen. »Na ja, schließlich fußen die Geschäftsmodelle von Autargy auf Hilfestellung zur energetischen Selbstversorgung. Wir betreiben hinter den Ställen eine Biogasanlage von Autargy.«

»Hab ich noch gar nicht gesehen«, wunderte sich Geoffrey.

»Die Gasbehälter und Pipelines sind zum Großteil eingegraben. Einen nicht unbeträchtlichen Anteil des dort produzierten Biotreibstoffs führen wir gegen geringes Entgelt an Autargy zurück.« Felicitas hatte sich aufgerichtet und schaute nach dem Sonnenstand. »Aber dafür haben sie die Anlage dem Traditionsschutz entsprechend umgebungskonform eingebaut.«

Ihr Schweiß durchdrang das mit Indigo gefärbte Haartuch und färbte ihre Stirn blau. Geoffrey war angesichts der unterirdischen Methangasanlage leicht irritiert. Er öffnete sein Baumwolltuch, um es wieder fester über die Blasen am Handballen zu wickeln. Zwei Blasen hatten sich bereits geöffnet und leuchteten ihm rosarot entgegen. Es scheuerte und brannte, als er das Tuch mit den Zähnen festknotete.

Die selbst auferlegte Rückständigkeit schien also in erster Linie das adäquate Angebot an die Sabbatical-Touristen zu sein. Ihm war plötzlich unklar, wie konsequent sich die Dorfgemeinde selbst dieser Lebensphilosophie unterwarf. Wieso musste man wie im Mittelalter ohne Elektrizität und Motorkraft leben, wenn hinterm Stall die Methangasanlage Biokraftstoff erzeugte? Pragmatismus entsprechend der jeweiligen Nachfrage? Oder wäre das alles hier doch nicht allein mit Menschenhand und Bauernverstand möglich?

Felicitas hielt immer noch inne, und Geoffrey grub nur langsam weiter. »Shan, du musst zwischen den Samen etwa fünfundzwanzig Zentimeter Abstand lassen«, rief sie der bäuerlichen Nachfahrin zu, »das werden dicke Knollen! In der oberen Hälfte streut ihr dann Rauke ein, die kannst du dichter setzen.«

Shan streute die Samen etwas weitläufiger und rief enthusiastisch: »Ach, Felicitas, der Ort hat etwas Magisches! Ihr müsstet hier unbedingt die Blume des Lebens anbauen!« Shan schäumte vor Glück, bis es hinter dem Kartoffelkarren, den Bruno vor ihr herzog, rief: »Die macht nicht satt.« Das war kurz, prägnant und typisch für Bruno, der schon seit über zehn Jahren dem Vorsitz der autarken Community angehörte.

»Aber ihr hättet einen mystischen Schmuck für die Rituale und die Gemeinschaft hier«, argumentierte Shan mit leuchtenden Augen.

»Unsere Charta sieht vor, dass wir das Land in der jeweils regionalen Tradition bewirtschaften, und in der Lausitz gab es noch nie eine Blume des Lebens«, erklärt Bruno auf seine unbeirrt sachliche Art.

»Aber durch die Völkerwanderungen sind doch auch Einflüsse und Pflanzen aus anderen Regionen hierher vorgedrungen«, mischte sich Annabelle ein. Sie war schon seit gut einer Woche hier, hatte sie Geoffrey gestern erzählt und stolz die Schwielen an ihren Händen gezeigt. »Da ist es doch nur die natürliche evolutionäre Fortführung, wenn wir jetzt eine Blume aus dem Himalaya einschleppen. Schließlich öffnet ihr euch ja den Fremden und lasst sie an eurem Leben teilhaben. Die tragen doch auch aus ihrem Leben etwas zu eurem bei«, formulierte Annabelle merklich vorsichtig.

»Falsch«, korrigierte Bruno. »Wir öffnen uns Fremden, um euch das ursprüngliche Leben zu zeigen, das wir als schützenswert und lernenswert erachten. Aber nicht, um unser Kulturgut durch Einflüsse von romantisch verblendeten Touristen oder geldgierigen Saatgutkonzernen überschreiben zu lassen.«

»Aha«, nahm Annabelle den Faden nicht ohne Gereiztheit auf. »Ist das dann also eine Art ethnischer Säuberung auf Agrarniveau?«

»Du als Genlabor-Expertin verstehst doch wohl am besten, dass es wichtig ist, Kulturgut in Reinform zu schützen. Dein Konzern Harvest macht das für mehr Optionen bei der Kreuzungsvielfalt. Und wir, um traditionelle Agrarerzeugnisse an die nächsten Generationen weitergeben zu können«, versuchte Bruno die Standpunkte zu sortieren. »Hat denn Harvest nicht längst das Erbgut der Blume des Lebens analysiert? Dann machen wir daraus die Kartoffel des Lebens und werden davon nicht nur im Winter satt, sondern auch noch im Sommer unsterblich.«

Annabelle schwieg auf Brunos Bemerkung.

»Du arbeitest bei Harvest im Genlabor?« Der Chinesin schienen sich gerade ein paar Puzzleteilchen zusammenzufügen. »Hast du deswegen gestern gefragt, ob du ein paar Samen mitnehmen kannst?«

»Die genetischen Datensätze dieser Samen hier haben wir längst. Selbst wenn diese Kartoffelsorte derzeit nicht mehr eingesetzt wird, weil sie zu wenig Ertrag bringt, ist das längst alles gespeichert und könnte jederzeit irgendwo auf der Welt zum Einsatz kommen«, antwortete Annabelle betont abgeklärt. »Das Problem bei euch ist, dass ihr einfach zu limitiert auf eure Region schaut. Wenn es ums Sattmachen geht, dann schafft das diese Kartoffelsorte nur noch in Gebieten mit deutlicher Bevölkerungsschrumpfung. Hier in der Gegend geht das also, theoretisch. Aber schon den aktuellen Generationen ist im globalen Kontext der Nahrungsknappheit damit null geholfen.«

»Deswegen sind wir ja auch hier, in Sachsen«, warf Felicitas ein. »Hier waren einst riesige Produktionsgenossenschaften. Und nach der Landflucht kam der grüne Teppich der Verwahrlosung, wie in vielen Landstrichen.«

»Na ja. So natürlich kam das alles nicht. Sanofar und Harvest wollten die riesigen Felder übernehmen und für Anbau- und Forschungszwecke nutzen. Das Land ist grün und fruchtbar, und es ist volkswirtschaftlicher Unsinn, es nicht effizient als Agrarland zu bewirtschaften«, sagte Annabelle.

»Moment mal, das sollte damals ein riesiges Gentestgebiet werden!«, fuhr Bruno auf.

»Genau. Und als das von den Medien wie ein Skandal aufgebauscht wurde, gelang es durch Bürgerbegehren am Ende sogar zu verhindern, dass die Agrarkonzerne normale Zuchtpflanzen anbauen dürfen«, insistierte Annabelle.

»Wohl nicht grundlos, denn die United Nations of Agropolicy hat unsere Flächen als Agrar-Kulturerbe klassifiziert«, hielt Bruno dagegen.

»Ja, das war ein riesiger Erfolg für euch. Aber die verdienen an jeder Klassifizierung nicht zu knapp mit. Du weißt besser, was ihr jährlich an die Stiftung zahlen müsst. Da habt ihr mit eurem Bürgerbegehren dann auch gleich die alten Lehnsabhängigkeiten wieder eingeführt. Aber United Nations of Agropolicy oder Regionale Kulturstiftung hört sich natürlich besser an als der kapitalistische Agrarriese Sanofar.«

»Jetzt komm mal wieder runter, Annabelle! Die Kosten für die Zertifizierungen sind nicht der Rede wert, und der Titel wird weltweit vergeben. Wenn man die alte Agrarkultur nicht schützen würde, wäre das das Ende der Artenvielfalt.« Bruno war genervt.

»Könnt ihr bitte mal mit dieser Scheißdiskussion aufhören?«, schallte es aus Richtung der Löwenzahnfelder herüber. Zoë Mae stand mit hochrotem Kopf im Feld und hielt drohend ein Büschel Löwenzahn in Annabelles Richtung. »Wenn dir das hier global-volkswirtschaftlich und agrar-gentechnisch nicht schmeckt, dann verpiss dich doch in dein Harvest-Genlabor!«

»Sorry, Zoë Mae, hab ganz vergessen, dass sich die geschützte Zone hier auch auf die Kritikfähigkeit der Anwesenden bezieht«, erwiderte Annabelle nur so laut, dass alle bis auf Zoë Mae es deutlich hören konnten. »Trotzdem, Bruno, weil du das gerade mit den weltweiten geschützten Natur- und Agrarwirtschaft-Reservaten erwähnt hast: Ich bezweifle, dass das die Kultur fördert.«

»Wieso nicht?«, horchte Felicitas auf. »Viele ärmliche Dörfer können überleben, weil sie eingebunden sind in ein geschütztes Ressort. Sie bewahren ihre Kultur und können ihre Brauchtümer und gesundes Land an ihre Kinder weitergeben.«

»Und was haben die davon? Sie stellen ihre Rückständigkeit den Touristen zur Schau. Ich finde, das ist eine sehr romantische, wenn nicht gar überhebliche Vorstellung von Kultur. Wenn alles nur noch konserviert wird und sich nicht mehr verändern darf. Kultur ist doch etwas sehr Lebendiges, das mal blüht und mal an schweren Zeiten reift. Wenn man es nur konserviert, verliert es den natürlichen Antrieb und für die Menschen seine Bedeutung. Wir selbst haben uns in unserer Kultur enorm entwickelt und verändert. Das müssen wir weniger entwickelten Kulturen auch zubilligen, sonst messen wir mit zweierlei Maß.«

»Sagen wir mal, wir haben auf dem Weg von der Agrarwirtschaft in die Industrialisierung Erfahrungen gemacht, aus denen wir gelernt haben«, versuchte Geoffrey zu schlichten, obwohl er Annabelles Einwände im Grunde teilte. »Aber diese Erkenntnisse können wir nicht mehr bei uns anwenden: Deshalb empfehlen wir sie den Ländern, die sich jetzt auf den Weg in die Industrialisierung machen.«

»Interessant ist doch, dass die neue Industrialisierung in den Entwicklungsländern im Grunde die Agrarwirtschaft wieder auf den Plan gerufen hat«, sagte Bruno, und Annabelle nahm den Faden auf: »Genau, weil die Agrarwirtschaft aufgrund von Nahrungsmittelknappheit und Klimaveränderungen heute eben hocheffizient und quasi industriell erfolgen muss. Und das geht nun mal zu Lasten der alten Kultur von Ackerbau und Viehzucht.«

Jetzt klinkte sich auch Amid ein: »Ich habe oft den Eindruck, der Landbevölkerung in den Entwicklungsländern wird das empfohlen, was für die westliche Welt das angenehmste ist: Bitte alles so schön ärmlich und pittoresk lassen, wie es ist. Dann kriegen die Touristen, was sie wollen und erwarten, die lokalen Grundbedürfnisse sind gedeckt, und die Bodenschätze, der Handel und die Industrie bleiben denen überlassen, die immer schon den Daumen drauf hatten: die alten korrupten Drahtzieher vor Ort. Mit besten finanziellen Verbindungen zu den großen internationalen Playern.«

Geoffrey horchte auf. So viel offene Kritik an der autarken Lebensweise im Camp überraschte ihn: Schließlich lebten die einen hier, weil sie sich frei für diese Lebensweise entschieden hatten. Und die Gäste, so wie er, bezahlten ja noch gutes Geld dafür, sich abrackern zu dürfen. Er richtete sich auf, streckte den Rücken durch und sah sich um. Es bot sich genau das romantische Bild, wegen dem sie sich hier alle zusammengefunden hatten. Wäre da nicht sein grenzenloser Durst, der schmerzende Rücken, die geschundenen Hände und diese kritischen Weltchef-Diskussionen – es hätte wirklich schön sein können.

Amid war noch nicht fertig: »In Indien gibt es schon mehrere solcher Resorts. Die Bauern ackern dort für ein sich selbst tragendes Museum. Aber die agrarwirtschaftliche Entwicklung des Landes haben längst die Giganten an sich gerissen. Sie haben den armen Bauern und dem korrupten Staat von vornherein die ertragreichen Böden abgekauft. Wenn die großes Glück hatten, konnten sie noch einen eigenen Wasserzugang behalten, sonst sind sie auch damit vollkommen abhängig.«

»Wisst ihr, dass die Resorts, in denen am rückständigsten gelebt und gewirtschaftet wird, inzwischen die touristisch erfolgreichsten sind?« Das hatte Geoffrey mal ein Beraterkollege erzählt.

Und Amid ergänzte mit Blick auf Felicitas: »Dann wisst ihr auch, was die westlichen Touristen an unseren bäuerlichen

Landsleuten schätzen: deren Zurückgebliebenheit, die ihnen ihre eigene Überlegenheit vor Augen führt.«

»Das stimmt nicht!«, widersprach Shan. »Du hast sicher vollkommen recht, wenn du die rural-musealen Inszenierungen kritisierst. Und große Entwicklungen im westlichen Sinne gibt es da auch nicht. Aber wir ergötzen uns definitiv nicht an unserer fortschrittlichen Überlegenheit. – Ich hab selbst schon mehrere Resorts in Mittelamerika, Nordvietnam, am Amazonas und in der Mongolei besucht. Und überall habe ich gesehen, wie harmonisch und vollkommen ein Leben ohne Industrie, Konsum, Convenience und Hightech funktionieren kann. Dadurch stelle ich eher unsere sogenannten Errungenschaften infrage.«

»Shan, hör auf, du hast da Urlaub gemacht! Das kannst du nicht einfach übertragen. Du hast aber wirklich eine romantisch verklärte Vorstellung vom Landleben!« Amid schüttelte den Kopf, während Shan erneut ansetzte: »Finde ich gar nicht, denn mal ehrlich: Wir haben hier das gemäßigte Klima, um das uns alle beneiden, genügend Wasser, ertragreiche Böden, beste natürliche Voraussetzungen. Aber als Gesellschaft haben wir jeden Bezug zur Natur verloren. Wir leben doch total degeneriert. Ich wäre ohne diesen ganzen Konsumplunder nicht mehr überlebensfähig. Ich könnte nicht jagen, nicht töten, wüsste nicht, welche Pflanzen und Pilze ich essen könnte. Keine Ahnung, wie ich meine Verletzungen behandeln sollte, geschweige denn, dass ich in der Lage wäre, ein Kind großzuziehen. Unsere kulturelle Entwicklung hat mich zur Konsummaschine werden lassen. Ich muss mir nicht mal mehr eigenständig Gedanken darüber machen, was ich als Nächstes konsumieren könnte. Die Angebote kommen doch von selbst. Ob und was ich einkaufen muss, wann ich mit wem verabredet sein könnte und wie ich dahinkomme – die ganze

Alltagsorganisation nehmen mir kleine digitale Helfer komplett ab. Sie decken meine Grundbedürfnisse, bevor sie mir als Bedürfnis überhaupt bewusst werden. Mein Kühlschrank ist mit Sicherheit voll. Ich könnte hier nachsehen, was drin ist, und würde, abgestimmt auf mein Wunsch-Körpergewicht, Vorschläge finden, was ich als Nächstes essen soll. Alles ist ständig verfügbar, in Echtzeit. Das ist doch krank!« Shan atmete schwer.

Felicitas sagte beruhigend: »Du könntest das alles auch ohne digitale Helfer – in einer Gemeinschaft.«

»Tja, aber würde man das wollen?« Geoffrey murmelte in Richtung der ausgemachten Kartoffeln in den großen Drahtkörben. Mal ehrlich, wenn man sich schon am zweiten Tag so in der Wolle hatte?

Vom Dorf her kam winkend Celine und rief die Gruppe zum Essen. Ihre verfilzten dunklen Locken hatte sie mit einem Kopftuch gebändigt, und sie trug die Kittelschürze der Küchenhelfer. »Kommt und stärkt euch!«

Die Sabbaticals ließen ihre Werkzeuge an Ort und Stelle fallen. »Hey, Moment mal, bitte alles einsammeln und auf den Karren laden«, rief Felicitas, während Bruno den alten Gaul aus dem Geschirr nahm und ihm ein Halfter verpasste, mit dem er ihn auf die angrenzende Weide führte.

Erschöpft kamen sie schließlich alle auf der vorgelagerten Terrasse des Haupthauses an, wo auf einem großen Tisch schon die Schüsseln mit Pellkartoffeln dampften. »Wir haben heute drei neue Pflegekinder aufgenommen«, freute sich Celine, und Geoffrey sah am Tisch auch schon die drei neuen Teenagergesichter, die sich teils gelangweilt, teils bockig auf ihre Ellenbogen stützten.

»Sind die zwangsrekrutiert worden?«, fragte Geoffrey leise.

»Die beiden Mädchen leben schon lange auf der Straße und haben so einiges hinter sich, und der kleine Junge war in ein paar Heimen und gilt als schwer erziehbar.«

»Und ihr meint, ihr kriegt die wieder hin?«

»Sicher! Da haben wir schon ganz andere geschafft!«, lachte Celine. »Wenn dich das interessiert, unterhalte dich mal mit Bruno, der kann dir dazu am meisten sagen. Der stellt auch die individuellen Pläne für die Zöglinge auf.«

Alle hatten an dem großen Tisch, der mit lauter bunten Kacheln überzogen war, Platz gefunden. Die sechs Feldarbeiter stießen auf die übrigen Sabbaticals aus der Obstplantage und dem Kräutergarten. Es gab noch mehr, aber die aßen in der Käserei oder im Gasthaus an den Forellenteichen. Bruno, der zuletzt zum Tisch kam, sprach stehend ein kurzes Dankgebet, was nicht nur für die neuen Pflegekinder ungewöhnlich war, und dann langten alle kräftig zu.

»Kannst du mir erklären, wie ihr es anstellt, die drei neuen Teenager einzugliedern?«, wurde Geoffrey endlich seine Frage los.

Celine hatte sich zu den zwei Mädchen am anderen Tischende gesetzt und der einen schon eine Antwort entlocken können.

»Die werden erst mal wie selbstverständlich als neue Helfer integriert. Nach ein paar Tagen körperlicher Arbeit sieht das Leben schon wieder ganz anders aus«, brummte Bruno. »Und wenn sie das gut machen«, hob er ein wenig die Stimme, »dann bekommt jeder ein kleines Stück Land, auf dem er anbauen darf, was er will.«

Das zuvor bockige Mädchen hob den Kopf und knuffte ihre Kumpanin in die Seite: »Haste gehört? Ich nehm Hanf und Mohn!«

Bruno grinste versteckt unter seinem Bart, und Geoffrey war

sich plötzlich genauso sicher wie Celine, dass es der Gemeinschaft gelingen würde, die drei einzugewöhnen. Wahrscheinlich schon bis zum Ende dieses Sommers. Er war fasziniert von dieser simplen Verwandlungsstrategie. Ohne Psycho-, Physio- und all den ganzen therapeutischen Kram, der aus dem Stadtleben schon nicht mehr wegzudenken war. Wo jemand ohne Psychologe nicht normal war. Und wie viel überflüssige Wohlstandsprobleme waren darunter? Er betrachtete die drei verkorksten Leben am Tischende. Die waren in ihrem Erfahrungsschatz wahrscheinlich jedem Psychologen über. Denen half kein Bohren und Ausbuddeln, die brauchten erst mal ein Programm, um wieder kleine Erfolge zu erleben. Bruno hatte recht. Und die Idee mit dem Stück Land war grandios. Sehen, wie die eigenen Hände Land urbar machen und Früchte zum Wachsen bringen. Endlich erkennen, dass die eigene Anstrengung doch zu etwas Positivem führen kann. Geoffrey freute sich. Die bäuerliche Gemeinschaft hatte doch etwas Kräftigendes. Die Gelangweilte antwortete immerhin schon auf die Fragen von Celine, und der Junge grinste, weil Felicitas seine Pellkartoffeln gerade unter einem sagenhaften Berg Kräuterquark verschwinden ließ.

»Hau rein, du musst dich stärken! Wenn mich nicht alles täuscht, musst du gleich mit der Heutruppe los.« Der Junge schaute sie fragend an.

»Na, Heuernte! Gemäht ist schon, jetzt geht es ans Aufladen, bevor der Regen kommt.«

»Yippieh!«, freuten sich drei autarke Pflegekinder, die das anscheinend schon kannten. Geoffrey meinte, so etwas wie Vorfreude im Gesicht des Jungen gesehen zu haben, der jetzt mit großem Appetit seine Quarkkartoffeln in sich reinschaufelte. Celine kam mit einer frisch gefüllten Salatschüssel um den Tisch zu Geoffrey und Bruno. Sie träufelte Öl darüber und reichte Geoffrey eine aufgeschnittene Zitrone, die er über dem Salat ausquetschte: »Au, Hölle! Brennt das an den Blasen!«

»Ah, du Armer! Ich wollte dir die Zitrone nur zeigen, weil die hier gewachsen ist!«, erklärte sie.

»Na, das lass mal lieber nicht Bruno wissen. Ist bestimmt kein typisches Lausitz-Freilandgewächs.«

Nana

Sie wusste nicht, wie sie aus dem Zug gekommen war, und auch nicht, auf welchem Bahnhof sie sich befand, als sie wieder zu sich kam. Bevor sie überhaupt etwas denken oder erkennen konnte, spürte sie einen dröhnenden Kopf, der sich vor Schmerzen nicht bewegen ließ, und von Blut und Schleim verstopfte Atemwege. Ihr panisch einsetzendes Schnaufen verursachte höllisches Stechen im Schulter-, Brust- und Bauchbereich. Sie versuchte es mit möglichst langsamer und flacher Atmung. Das ging wenigstens.

»Gott sei Dank, meine Liebe. Da sind Sie ja wieder!«, begrüßte sie eine verschwommene Dame. Nana sah pink. Sie konnte nur mit Mühe das eine blutunterlaufene Auge leicht öffnen und daher nicht sagen, ob der Farbklecks ihr eigenes Blut war oder zur Kleidung der Person gehörte, die sich über sie beugte. Sie stöhnte leise als Antwort.

»Machen Sie sich keine Sorgen, Schätzchen, Sie sehen schlimm aus, aber das kriegen die wieder hin. Die haben bei Elschen plastische Wunderwerke vollbracht! Sie kriegen Ihr Traumgesicht auf Kassenkosten, warten Sie ab!«

Okay, es war die pinke Bluse. Der andere Transvestit würde nicht weit sein, immerhin – sie war nicht allein.

»Wo sind wir?«, wollte Nana fragen, doch sie brachte nur »wwww« heraus. Der Kiefer musste irgendwie schief gelagert sein. Sie bekam die Zähne nicht auseinander. Wieder schmeckte sie den zähflüssigen Blutschleim, der ihr den Rachen hinunterfloss. Sie musste husten, und die Schmerzen in der Schulter steigerten sich zu unerträglichen Wallungen.

»Hermine, das können wir vergessen, das ist aussichtslos!«, rief von fern eine sonore Stimme durch die Bahnhofshalle. »In diesem verlassenen Kaff gibt es niemanden. Nichts! Ich hab auch keinen Empfang. Was für eine Schwachsinnsidee, hier mit ihr auszusteigen!«

»Schschsch, Elschen!«, wurde sie von der pinken Bluse ärgerlich unterbrochen: »Unser Schätzchen ist gerade zu sich gekommen. Das ist doch schon mal ein gutes Zeichen.«

»Kann sie laufen? Das sind mindestens zehn Kilometer bis zur nächsten Ortschaft, wo wahrscheinlich auch nichts los ist.«

Nana versuchte, sich die Situation vorzustellen. Sie lag wahrscheinlich auf irgendeiner Bank in einem Bahnhof eines gottverlassenen Kaffs, in dem Elschen gerade vergeblich nach Hilfe gesucht hatte. Und würde hier vermutlich für immer liegen bleiben, sofern es den beiden Tanten nicht gelang, rechtzeitig vor dem Verdursten oder Verbluten Hilfe zu holen.

»Nein, natürlich kann sie nicht laufen, gar nichts kann sie! Sieh sie dir doch an!«

»Ich dreh durch! Was tun wir uns da an?«

»Ja, aber Elschen, wir können sie hier unmöglich allein zurücklassen!« Das Blut in Nanas Adern rauschte. Alles rauschte.

»Sowieso egal. Ich kann in dem Aufzug auch unmöglich zehn Kilometer zu Fuß gehen!«, erwiderte Elschen mit Blick auf ihre Pumps. »Na, und außerdem lass ich dich natürlich hier nicht zurück. Wo es vielleicht noch mehr von diesen komplett Gestörten gibt, das kann ich nicht verantworten!«

Nana hörte wie eine Unbeteiligte zu. Die Schmerzen waren so stark, dass sie ihr sämtliche Energie raubten. Sie gab auf und ließ sich in den Dämmerzustand zurückfallen.

Sie erwachte von einem stechenden Schmerz, als jemand versuchte, sie anzuheben. Sie war immer noch in dem Bahnhofsgebäude, das inzwischen von Fackelschein erhellt war. Wegen ihrer verschwollenen Augen konnte sie nur mit Mühe erkennen, dass die Halle die Zuflucht von Landstreichern, Zurückgebliebenen und Heimatlosen zu sein schien. Vor dem Haupttor war eine Feuerstelle zusammengetragen. Grillten die da ein Karnickel? Es sah aus wie in einem dieser Endzeit-Spielfilme.

Die Lady in Pink saß bei Nana auf der Bank und bemerkte, dass sie wieder zu sich kam. »Hallo, Schätzchen, da bist du ja wieder. Übrigens, ich bin Hermine, und zu so fortgeschrittener Stunde können wir gerne Du sagen.«

»Ana«, brachte Nana mühsam heraus.

»Nein, wo die Mama ist, weiß ich nicht, Liebes.« Hermine sah sie besorgt an. »Jedenfalls, schau mal, sie sind aus ihren Löchern gekrochen und haben sich hier zusammengerottet. Brauchst keine Angst haben, sie sind harmlos. Einige wollen dir sogar helfen! Eine zugedröhnte Landstreicherin hat Elschen irgendwas von einem Typ mit einem alten Unimog erzählt.«

»Immerhin kein Robur mehr!«, rief einer heiser von links.

Nana fühlte sich steif und kalt, ihre Zähne klapperten, und der Kiefer schmerzte bei jedem Schlag.

»Der fährt noch mit Diesel«, kicherte Hermine, »und sie wollen jetzt schauen, ob genug drin ist, um dich nach Bautzen zu bringen, da ist das nächste Krankenhaus. Wenn nicht, haben sie irgendwas von ihrem Medizinmann gefaselt, aber das wollen wir mal lieber nicht in Erwägung ziehen.«

Was stattdessen erwogen und mangels Alternativen auch praktiziert wurde, war Nanas Abtransport auf der offenen Ladefläche des Unimogs, mit fünfunddreißig Stundenkilometern über Feldwege und aufgeplatzte Asphaltstraßen ins vierzig Kilometer entfernte Krankenhaus nach Bautzen.

Eine plötzliche Vollbremsung schleuderte die Passagiere in der Unimog-Fahrerkabine unsanft gegen das Armaturenbrett. Nana rutschte auf der Ladefläche, eingewickelt in ihre Plane, gegen das Fahrerhäuschen. Mitten auf der Fahrbahn stand ein riesiger Hirsch, der mit reflektierenden Augen stolz sein Geweih präsentierte. Eine Hirschkuh folgte zögernd, und beide verschwanden elegant stelzend im Unterholz.

»Autsch! Mist, wo ist jetzt das Ding hin?« Else fingerte im dunklen Fußraum nach ihrem Assistenten.

»Arme Nana!« Hermine blickte durch das Rückfenster auf die Ladefläche, auf der Nana, immer noch in dreckige Decken und Plastikfolie gegen die Kälte gehüllt, jetzt direkt an ihrer Fahrerkabine klebte. Sie konnte nur ein weißes Bündel erkennen, für alles Weitere war es zu dunkel. Zwanzig Kilometer vor der nächsten Stadt hatte Elschen endlich ein Netz und konnte die nächste Ambulanz ausfindig machen. Doch die Ambulanz lehnte die Notaufnahme ab, weil angeblich keine ausreichenden Vorauszahlungen getätigt worden waren und die angeforderte Leistung nicht im Versicherungsschutz enthalten sei. »Aber es geht ja nicht um mich, sondern um eine Patientin!«, empörte sich Elschen, die mit der Aufnahme sprach. »Es liegen möglicherweise ganz andere Versicherungsleistungen zugrunde, als sie jetzt in meiner Cloud einsehen!«

»Wer übernimmt dann die Einweisung?«, fragte der Diensthabende im Callcenter. Hermine kramte bereits Nanas Handtasche durch und fand endlich deren Assistenten.

»Moment!«, rief Else Richtung Callcenter und: »Los, Hermine, mach endlich das verdammte Ding an!«

»Wie denn, ich kenne doch ihr Passwort nicht!«

»Weiß ich auch nicht! Wir haben zwar den Assistenten, aber wir kommen an die Informationen nicht ran, und die Verletzte ist nicht ansprechbar.« Else verschwieg, dass es außerdem bedeutet hätte, zu Nana hinten auf die offene Ladefläche zu klettern.

»Ich sage Ihnen eine Tastenkombination, mit der Sie mir die Notfallinformationen übermitteln können«, antwortete der Agent, nun immerhin milde interessiert.

Wenig später meldete er: »Ihre Patientin hat ein VIP-Kontingent beim Klinikverbund Nord. Ich würde Ihnen daher raten, die Ambulanz in Berlin aufzusuchen. Weiter südöstlich gibt es leider nichts im versicherten Verbund Ihrer Patientin.«

Jetzt flippte Elschen aus: »Sind Sie total gestört? Wir fahren hier in einem Landfahrzeug durch die Pampa! Wir nehmen jetzt sofort das nächste Krankenhaus, und Sie weisen uns da ein!«

»Okay, wie Sie wünschen, aber für die Lausitz-Ambulanz, die laut Peilsender in zwanzig Kilometern die nächste ist, müssten Sie für Ihre Freundin ein nicht unbeträchtliches Entgelt vorstrecken. Ihr Versicherungsschutz gilt nur in den Kliniken, die zum Verbund gehören, Sie verstehen? Und falls die Klinik zu mehr als sechzig Prozent belegt ist, ist man dort nicht verpflichtet, die Patientin aufzunehmen, das müssen Sie wissen.«

»Das ist der entfesselte Markt!«, meldete sich zum ersten Mal der Fahrer zu Wort, von dem Hermine aufgrund des Fahrstils angenommen hatte, er sei zeitweise eingeschlafen.

»Eine Unverschämtheit!«, ereiferte sich Hermine. »Sollen wir das jetzt vorschießen, oder wie stellt der sich das vor?«

»So hat er's gesagt, aber ich weiß ja nicht mal, ob ich das

kann«, murmelte Elschen, der es zu peinlich war, die Summe zu erfragen. »Können Sie denn feststellen, ob die schon ausgelastet sind oder nicht?«, wollte sie jetzt erst mal wissen.

»Moment, ich guck.«

»Hermine, wir wissen nicht mal, ob dein Schätzchen überhaupt noch lebt. Was ist, wenn wir nicht mehr rechtzeitig kommen?«

Der Kontakter meldete sich erneut: »Also, in der Lausitz-Ambulanz ist noch was frei. Und das Entgelt wird pro Aufnahme fällig, egal, ob der Patient zum Zeitpunkt der Übergabe noch lebendig ist oder bereits tot. Es fallen für die Ambulanz so oder so Kosten an.«

Das Fahrerhäuschen schwieg ob so vieler klarer Worte.

Dann sagte Else: »Also gut, dann melden Sie uns da bitte vor. Danke und aus.« Sie schloss den Assistenten und meinte zu Hermine gewandt: »Ich sage dir hiermit klipp und klar zum Abspeichern: Das war das letzte Mal, dass ich einer Verletzten geholfen habe!«

»Verstehe deinen Punkt«, antwortete Hermine ruhig, »aber damit lässt du dich vom System verrohen und bist keinen Deut besser.«

»Bingo«, murmelte die fahrende Urgestalt, schaltete mit krächzenden Geräuschen in den vierten Gang und blendete das Fernlicht auf.

Romina

Als Romina diesmal an Daniels Hütte klopfte, trat sie gleich einen Schritt zurück, um nicht wieder von der Tür gerammt zu werden. Dabei fiel ihr Blick auf eine Rose, die aufrecht zwischen den verdorrten und am Boden platt getretenen Stauden stand. Sie war rot, neu eingepflanzt und sogar gegossen worden. Wow, der Junge mauserte sich! Sie wartete in der Sonne zwischen den Schwalben und dem Telenovela-Sound, der auf den Hof schallte. Warum machte er nicht auf? War er nicht da?

Schon wollte sie ihn anmorsen, aber dann ließ sie es bleiben. Kein Grund, wegen ein paar Minuten gleich hektisch zu werden. Sie ließ die Asphalt-Gleitflächen unter ihren Schuhen herausschnappen, rutschte ein wenig hin und her und freute sich erneut an der Rose. Die Musik oben steigerte sich in kitschige Wallungen. Warum hatte er plötzlich diese Rose gesetzt? War sie am Ende damit gemeint? Sollte sie ein neues Symbol in Daniels Gartenprofil geworden sein? Eins, das zur Abwechslung auch mal real existierte? Falls ja, war es schon mal schön, nicht die Vogelscheuche zu sein.

Sie hörte ein Blinkerpiepen im Durchgang und sah Daniel auf seinem eRoller auf sie zubrausen. Er löste den Helm und die Body-Protektoren und strahlte sie an: »Hey, sorry, wartest du schon lange?«

Romina schüttelte den Kopf und deutete auf die Rose: »Hast du eine neue Mitbewohnerin?«

»Na, was denkst du? Zu Schneewittchen wäre mir sonst nur noch ein giftiger Apfelbaum eingefallen«, grinste Daniel.

Romina nahm ihm die Plastiktüten ab, die er unter dem Sitz hervorkramte. »Ich fühle mich geschmeichelt, wirklich.« Sie standen sich jetzt dicht gegenüber, und Romina machte ihn mit ihrer offenen Rührung verlegen.

»Lass uns reingehen, ich hab ein bisschen Proviant eingekauft, damit du bei mir nicht wieder darben musst wie letztes Mal«, durchbrach Daniel mit rauer Stimme die knisternde Spannung.

»Stimmt, da hab ich ein Dutzend Merguez und tausend Tajines gebraucht, um wieder zu Kräften zu kommen.«

Als sie alles verstaut hatten und wieder im Halbdunkel am Tisch vor dem Riesenbildschirm saßen, fragte Romina: »Was würdest du mir raten, wie ich den Care-o-bot vermarkten soll?«

»Hast du denn die Rechte daran?«

Romina überlegte, wie er das meinte. »Also, ich verhandele das gerade noch mit der Auftraggeberin, aber wenn du meinst, dass wir uns auch darüber …«

»Quatsch, das, was ich hier bis jetzt gemacht hab, hättest du auch gekonnt, außerdem waren bis jetzt alle Ideen von dir. Ich bin hier nur der Puzzler oder Bastler. Ich mach das gern für dich.«

»Meinst du, die Idee könnte sich auszahlen?«

»Wenn wir das alles so kombiniert kriegen, wie du dir das vorstellst, denke ich schon, dass dein Teddy Potenzial hat. Was meint denn deine Auftraggeberin?«

»Genau steige ich da noch nicht durch. Ich glaube, sie sieht schon auch das Potenzial, denn sie will fünfzig Prozent an den Rechten.«

»Aha. Und was bekommst du dafür?«

»Wahrscheinlich nur fünfzig Prozent meines Aufwands entschädigt«, antwortete Romina trocken.

»Schneewittchen! Das machst du ja wohl nicht!«

»Ich hab überlegt, ob ich für die erste Generation zustimmen soll, also für die ersten drei Teddys. Sie meint, sonst wäre das Investitionsrisiko ungerecht verteilt.«

»Pah!«

»Na ja, und es hätte den Vorteil, dass ich die Vermarktung nicht ganz allein starten muss. Sie will natürlich auch dran verdienen und wird hoffentlich einiges an Vertriebsmaßnahmen starten. Ich kenn mich da halt überhaupt nicht aus.«

»Lass dich mal nicht gleich einschüchtern, Schneewittchen. Das, was das Kerlchen hier kostet, können wir locker zu zweit stemmen. Ich schieß dir da auch gern was vor, und du zahlst es später, wenn es deine Job- oder Familiensituation wieder zulässt, zurück. Und was die Vermarktung angeht: Jeder Depp kann heute was verkaufen, das Netz ist ein einziger großer Marktplatz. Man muss nur die richtigen Kanäle und Kontakte kennen. Und die kenn ich bestimmt besser als deine unverschämte Concierge-Tussi!«

Daniel hatte Feuer gefangen, Romina sah es an seinen leuchtenden Augen. Was für ein Glück, dass er sich so gut auskannte und sie beraten konnte. Es tat so gut, dass endlich mal jemand sie unterstützte. Eduard hatte sie erst gestern Nacht im Chat wieder komplett verrückt gemacht: Seinen Ansprüchen konnte sie trotz Doppeljob wieder nicht genügen, und wenn sie dann endlich mit dem Care-o-bot neue Energie entwickelte und nach vorn marschierte, lud er seine ganzen Bedenken auf ihr ab. Kein Wunder, dass sie sich da fast von Nana hätte über den Tisch ziehen lassen.

Daniel hatte voller Elan das Display und die Elektronik für den Teddy ausgepackt und suchte jetzt die angefragte Ben-Becker-Stimme und die Spracherkennungssoftware. »Mit der hier lernt dein Teddy sogar dazu. Hier, schau: das Zeichen für automatisch erfolgende Updates und eigenständiges Lernverhalten.« Er zeigte auf ein Symbol, das wie ein Gehirn aussah. Damit war das sprachliche Schicksal des Teddys besiegelt.

Romina fuchste es, dass das ganze Manöver so simpel gewesen war. Das hätte sie auch allein hinbekommen. Und sie hatte ja schon nach Spracherkennungstools gesucht, aber längst nicht so viele gute Angebote erhalten. »Wieso erscheinen bei dir unter den gleichen Suchbegriffen ganz andere Links, als wenn ich suche?«

»Na, weil dein persönliches Profil dir automatisch andere Resultate zuweist oder die gleichen anders priorisiert.«

Für so beschränkt musste er sie nun wirklich auch nicht halten: »Ah, danke für den Tipp«, spottete sie. »Ich hab natürlich innerhalb und außerhalb meines Interessenprofils gesucht. Ich hab sogar die IP-Erkennung in andere Staaten gelegt.«

»Okay, sorry, ich vergaß. Also, pass auf, hier kommt der Tipp für die Fachfrau: Es gibt eine Suchmaschine, die geht zwischen alle gängigen internationalen Suchmaschinen und sucht den Begriff entweder nach deinem persönlichen Profil oder entsprechend aller umgebender Inhalte rund um den Suchbegriff – inklusive Volltextsuche deiner zuletzt verwendeten Dokumente, wenn du das erlaubst.«

Romina wurde hellhörig. »Wie viele meiner Dokumente werden da gescannt?«

»Kannst du selbst entscheiden. Ist wie überall mit deinen Daten: Je mehr du reingibst, desto besser werden deine Ergebnisse.«

»Und wo landen die Daten dann? Das ist doch vermutlich ein Geschäft auf Gegenseitigkeit – wenn ich in die Dateien der anderen gucke, dann jene auch in meine, oder?«

»In einer Hacker-Community. Die operieren nach dem alten Prinzip, dass jeder jeden über sechs Ecken kennt. Das heißt, im Glücksfall finden sie über die Dokumente Hinweise zu ihren Suchfeldern.«

»Zum Beispiel Zugang zu den Sicherheitsabteilungen in den Laboren der Food- und Pharmaindustrie.«

Daniel schmunzelte. »Nein, das ist schon noch komplizierter.«

»Und du gehörst auch zu denen?«

Daniel schwieg, wissend lächelnd.

»Verfolgt diese Hacker-Community irgendwelche ethischen Bestrebungen? So wie die Independants, die haben doch gezielte Virusaktionen gegen Datenmissbrauch gestartet, wenn ich mich richtig erinnere. Oder wie die Nuclear Power Rangers. Das fand ich schon gut, denn es kann ja echt nicht sein, dass es keine Transparenz bei den Sicherheitsstands der globalen Atomindustrie gibt.«

»Die Nuclear Power Rangers tönen mehr, als dass sie tun. Die Vereitelung der Urananreicherung zur Atomwaffenproduktion neulich, die sie sich auf die Fahnen geschrieben haben – das können keine Hacker wie die Nuclear Power Rangers hinkriegen. Dazu braucht es so brutal viel Geld und 'ne Menge lokales Know-how. Da stecken auch heute noch die staatlichen Sicherheitsdienste dahinter«, wehrte Daniel ab.

»Aber die Abbildung der radioaktiven Strahlung rund um Fukushima war eine superbeeindruckende Aktion. All die leuchtenden Stelen, die über die Höhe des Lichtausschlags die Radioaktivität anzeigten.«

»Ja, das war gespenstisch. Und zugleich faszinierend«, erinnerte sich Daniel.

»Und die weltweite Aufmerksamkeit hat was gebracht. Fukushima war doch schon total verdrängt, und jetzt sind die Regierungen immerhin noch mal aufgewacht.«

»Vor allem hat es die Power Rangers bekannt gemacht. Den Künstler dahinter hat man aber kaum wahrgenommen. Dabei passt so eine clevere Informationsvisualisierung perfekt in die aktuelle politisch engagierte Kunstszene.«

»Wer war denn der Künstler?«

»Ein Japaner, der als Sechzehnjähriger im Unglück von Fukushima seine gesamte Familie verloren hat. Ich hab seinen Namen aber auch vergessen«, gab Daniel zu.

»Das ist aber merkwürdig. Da hätten die Medien doch ihre perfekte Betroffenheitsgeschichte gehabt.«

Daniel hatte die Fukushima-Installation bereits gefunden. Die blauen Stelen mit unterschiedlich hohen Lichtschnüren blinkten ihnen auf der Wand vor einer gespenstischen leeren Landschaft entgegen. »Hier schau mal, haufenweise Zeug zu den Nuclear Power Rangers, aber wo ...? Ah, da! Eine Informationsvisualisierung von Arata Watano im Auftrag von Nuclear Power Rangers, supported by the community of regenerative energy suppliers as well as the following private contributors«, las Daniel vor. Es folgte der übliche Link mit den Namen derer, die für diesen Zweck gespendet hatten.

»Stimmt!«, rief Romina. »Daran erinnere ich mich noch, dass es da Proteste gab, weil unter den ausgewiesenen renewable energy suppliers auch welche waren, die eine Atomstromsparte betreiben.« Romina lachte. »Dabei finde ich deren Beitrag doch bei solchen Projekten am allerwichtigsten!«

»Hier ist ein Video zum Künstler.« Daniel aktivierte den Übersetzungsmodus: »Verehrter Betrachter, ich danke Ihnen für Ihr Interesse an dieser Arbeit. Alle Informationen darüber finden Sie in der Dokumentation, deren Verbreitung in Ton und Bild von mir autorisiert wurde. Alle Inhalte zu meinen Arbeiten sind öffentlich zugänglich. Bitte haben Sie Verständnis, dass ich als Privatperson jedoch im Hintergrund bleiben will. Vielen Dank. Arata.«

Das klang geheimnisvoll. Daniel wählte einen neuen Loop in der Suche und ließ weitere Infos vortragen. »Arata Watano hat als Sechzehnjähriger im japanischen Tsunami im März 2011 seine Eltern und Geschwister verloren und musste wenig später sein Heimatgebiet um Fukushima aufgrund der Kernschmelze verlassen. Die Überpräsenz der internationalen Journalisten einerseits und die Unterpräsenz an Informationen und Versorgungsleistungen für die Bevölkerung andererseits hinterließen bei ihm ein tiefes Misstrauen gegenüber der Rolle der Medien. Er jobbte in Tokio und stieß dort in die Hacker- und Kunstszene. Seine Motivation, Informationen zu visualisieren, rührt ebenso aus seinem erfahrenen Manko wie seine Ablehnung, mit den öffentlichen Medien zu kooperieren.«

»Interessanter Typ!« Romina war fasziniert. »Was sind seine aktuellen Arbeiten?«, fragte sie mit Blick auf die Wand.

»Warte, ich muss mal gucken. Da. Seine aktuelle Arbeit heißt *Danke, aber wir haben unsere Story schon.* Darin sucht er Zeugen für die vorsätzlich fehlerhafte Verbreitung diverser Inhalte durch Journalisten und Medienhäuser aufgrund politischer, ökonomischer, eigener oder fremder Interessen«, las er vor. »Diese Liste ist ja schon endlos!«

»Lass dir mal zwei, drei zuspielen!« Romina fand die Idee längst überfällig. Drei beispielhafte Dokumente öffneten sich: Da gab es die Geschichte von dem hoch dotierten Bankmanager, der direkt nach der zweiten Finanzkrise eingesetzt wurde und die von seinem Vorgänger und dem Land ruinierte Bank nachweislich wieder erfolgreich aufstellte. Doch er galt gegenüber der Landesregierung als unbequem und sah sich in den Medien mit immer mehr Vorwürfen konfrontiert. Als er die Journalisten zum Gespräch einlud und alle Dokumente offenlegte, zeigten die Journalisten überhaupt kein Interesse. Hier fiel der Satz »Danke, aber wir haben unsere Story schon«, der für das neue Kunstprojekt zum Programm wurde. Der Banker musste gehen. Ebenso der Bauherrenvertreter, der in einer stadteigenen, privatwirtschaftlich geführten Projektrealisierungsgesellschaft die Kosten eines Prestigebauprojektes im Auge behalten sollte und in der Auseinandersetzung mit dem Generalunternehmer die geschäftsüblich harten Bandagen anlegte. Er wurde in den Medien als verhandlungsunfähig präsentiert und wenig später geschasst. Dass damit die Stadt einen der wenigen Fachleute mit ökonomischer Kompetenz und der dazu gehörenden Überzeugung verlor, war keine News mehr wert. Auch in der Liste: Ein General, der aufgrund einer angeblich in einem Interview gemachten Aussage vom Verteidigungsminister gefeuert wurde. Erst im Nachhinein musste die Redaktion auf vielfachen Druck einräumen, dass die dargestellte Aussage so gar nicht getroffen wurde – ohne dass der Ruf des Generals von dem Medienhaus in erkennbarem Maße wiederhergestellt wurde.

Romina und Daniel hatten genug gelesen, die Beispieldokumente verschwanden.

»Spannendes Projekt jedenfalls. Ich bin jetzt mal auf die Visualisierung gespannt. Wahrscheinlich kann er nur bestimmte Inhalte verwenden und braucht deshalb so viele unterschiedliche Fälle«, vermutet Romina.

Daniel war sich da nicht so sicher: »Ich vermute fast, er ist aufgrund der hohen Resonanz selbst überrascht worden. Vielleicht war ihm auch nicht klar, wie viel an Information von den Medien manipuliert wird.«

»Investigativer Journalismus bei professionellen Berichterstattern – na, damit wird er sein Medienecho endlich erhalten!«

»Aber ob's darüber hinaus was nützt? Geduld ist die Tugend des Revolutionärs, wie mein Opa immer gern gesagt hat. – Wir können ja nachher auch noch was die Welt retten, aber sollen wir nicht erst mal den Teddy fertig machen?«

»Rosa Luxemburg«, ergänzte Romina.

»Echt? Das ist ja 'n komischer Name für 'n Teddy, der von Ben Becker gesprochen wird«, grinste Daniel und knuffte sie in die Seite.

Fakten zu Bürgerengagement und Netz-Demokratie

Die wachsende Unterfinanzierung des Bundeshaushalts sowie die steigende Anzahl quasi zahlungsunfähiger Städte und Gemeinden führen zunehmend zur Handlungsunfähigkeit der staatspolitischen Organe und zu schwindendem Vertrauen der Bürger in die Regierung. Unter diesen Prämissen und mit Hilfe des Social Web werden Protestbewegungen, Bürgerinitiativen und Ehrenamt zu tragenden Säulen des Gemeinwesens.

Nachhaltigkeit als Antriebsfeder

Die Beherrschbarkeit technologischer Entwicklungen, Klima- und Naturschutz gehören zu den großen Fragen, mit denen sich die Deutschen derzeit beschäftigen. So halten 90 Prozent der Bundesbürger Klimaschutz für wichtig, und 61 Prozent finden, dass Deutschland in diesem Bereich anderen Ländern mit gutem Beispiel vorangehen sollte.[1] Ein Grund für das gestiegene Bewusstsein ist die zunehmende Häufigkeit schwerer Naturkatastrophen, die zu 90 Prozent wetterbedingt sind. Und der heiße Sommer 2010 ließ ICE-Passagiere spüren, was es bedeutet, wenn Klimaanlagen nicht für heftige Hitzeperioden ausgelegt sind. Eine große Mehrheit sieht nicht nur die Politik, sondern auch die Wirtschaft und – was auffällig ist – sich selbst und die Mitmenschen in der Pflicht, sich stärker für den Naturschutz zu engagieren. Während 59 Prozent der Bevölkerung vor allem auf die Verantwortung des Staates verweisen, fühlen sich 68 Prozent auch persönlich verantwortlich, die Natur zu erhalten.[2] So wächst die Bereitschaft der Bevölkerung zu nachhaltigem Konsum als Beitrag zum Schutz der biologischen Vielfalt. Bei relativ leicht umzusetzenden Handlungsweisen wie dem Kauf von regionalem Obst und Gemüse und Naturkosmetika ist sie mit 80 bis 90 Prozent am höchsten.[3]

Das hochsensible Thema »Klimawandel« bewirkt in Deutschland, verknüpft mit den Neuen Medien, einen Auftrieb der Bürgergesellschaft. Schwarmintelligenz, Crowdsourcing und Co. wandeln die politische Atmosphäre: Die Deutschen beginnen ihre Rolle als Staatsbürger neu zu definieren.

Bürgerschaftliches Engagement

Augenscheinliche Anzeichen einer mehr oder weniger latenten Krise im Verhältnis von Staat und Bürgern sind die seit vielen Jahren sinkende Wahlbeteiligung und der damit zum Ausdruck gebrachte Vertrauensverlust der Wahlberechtigten in das Handeln der Volksvertreter. In einer 2010 durchgeführten Befragung von Infratest Dimap gaben 75 Prozent der Befragten an, dass sie wenig oder gar kein Vertrauen in die Arbeit der schwarz-gelben Koalition unter Angela Merkel und Guido Westerwelle haben.[4] Der Glaube in die Problemlösungskraft staatlicher Politik erodiert angesichts der unbefriedigenden Ergebnisse immer neuer »Patentrezepte« zur Behebung demokratiegefährdender Missstände. Auch das Verharren in eingeübten Mustern und mangelnder Wille zur Beschreitung neuer Wege der Problemlösung animiert eine immer selbstbewusster auftretende Bürgergesellschaft zur Formierung einer ernst zu nehmenden Gegenbewegung zum staatlichen Politikbetrieb. Es scheint, dass die zunehmende Distanz zu diesem Betrieb und seinen Akteuren das Bedürfnis nach Übernahme bürgerschaftlicher Mitverantwortung geradezu beflügelt.

Im Zeichen von Bürgergesellschaft, Zivilgesellschaft und bürgerschaftlichem Engagement sammelt sich eine wachsende Zahl derer, die in vielfältiger Weise ihrem Wunsch nach Teilnahme an Gestaltungsprozessen Ausdruck verleihen wollen. Heute engagieren sich bereits 36 Prozent der deutschen Bevölkerung über 14 Jahre, das sind etwa 23 Millionen Menschen, freiwillig. Davon setzen sich 10 Prozent im Bereich »Sport und Bewegung« ein, vor allem also in Sportvereinen, gefolgt von »Kindergarten und Schule« (6,9 Prozent) sowie »Kirche und Religion« (6,9 Prozent).[5]

Einen weiteren wichtigen Kanal zur Aufnahme des innovativen Potenzials engagierter Bürger stellt die Arbeit der zahlreichen Stiftungen dar. Sie sind als unabhängige zivilgesellschaftliche Akteure in der Lage, Aufgaben zu bearbeiten, die weder Staat noch Wirtschaft sinnvoll übernehmen können. Als ein organisches und integrales Element der Bürgergesellschaft ist es ihnen möglich, sich authentischer und freier zu bewegen als staatliche Akteure, die immer einer besonderen administrativen Logik folgen müssen. Das Nichteingebundensein ins politische Tagesgeschäft lässt sie frei von Zwängen agieren. Ihr Wirken ist in einem Maß solidaritätsfördernd, wie es der Staat nie bewerkstelligen könnte.

Das Verhältnis von Staat und Zivilgesellschaft bleibt auf dem Gebiet des bürgerschaftlichen Engagements jedoch bis heute ungeklärt. Von echten Governance-Strukturen, in denen sich Vertreter beider Seiten tatsächlich auf Augenhöhe begegnen, kann man heute noch nicht sprechen. Stattdessen wird der freiwillige Einsatz vieler Bürger als »nice to have« verortet oder – ganz im Gegenteil – für staatliche Aufgaben in Dienst genommen. Es mangelt bisher an klaren rechtlichen Rahmenbedingungen (Gemeinnützig- keits- und Spendenrecht, Zuwendungsrecht usw.) und an guter Infrastruktur für das Engagement (Freiwilligenagenturen, lokale Anlauf- und Beratungsstellen, öffentliche Räume, professionelle Kerne usw.).

Vielleicht sind diese noch existenten Unzulänglichkeiten, die bürgerschaftliches Engagement behindern bzw. intransparent er- scheinen lassen, ein Grund dafür, dass sich im Rahmen der Neu- strukturierung der Bürgergesellschaft – abseits von etablierten Organisationen – immer mehr Menschen anderer Mittel und Wege bedienen, ihrer Kreativität bei der Gestaltung des Gemeinwesens Ausdruck zu verleihen.

Speak-up Society – engagierte Bürger vernetzen sich

Tradierte Mechanismen der politischen Meinungsbildung sind im- mer weniger in der Lage, die Interessen der Bürger darzustellen. Das daraus entstehende Misstrauen gegenüber den politischen Ent- scheidungsträgern zieht sich von der Bundes- bis hin zur kommuna- len Ebene. So verliehen die Stuttgarter »Wutbürger« ihrem Unmut Ausdruck und rüttelten an der Autorität der repräsentativen De- mokratie: Ihre beispiellose Protestserie führte zu einer öffentlichen Neubewertung des Projekts. Sich selbst in der Verantwortung zu sehen und sich für etwas einzusetzen funktioniert plötzlich – dank Medienvernetzung und toleranter Gesellschaft. Dass die Menschen in den letzten Jahren verstärkt neue Wege politischer und gesell- schaftlicher Partizipation beschreiten, ist mittlerweile so sehr Kon- sens und viel diskutiertes Medienthema, dass es schon keines Nach- weises mehr bedarf. Aus einer latenten Unzufriedenheit entstehen gesellschaftliche Strömungen wie etwa die unter dem Schlagwort

»Volksbewegung Energie« zusammengefassten Aktionen vieler Bürger, die ihre Versorgung mit umweltfreundlicher Energie selbst in die Hand nehmen.[6] Ob sich die direkte Demokratiebewegung letzten Endes wirklich als kompetenter als die repräsentative Demokratie erweist, hängt von Sachverstand und Interessenhintergrund ab.

Darüber hinaus ermöglicht das Social Web mit seinem Wikipedia-Prinzip kollaborative Zusammenarbeit über kleinere Nachbarschaftsprojekte hinaus. Es zeigt, wie vernetzte Bürger mit einfacher Software ehrenamtlich nicht nur ideelle Ziele erreichen, sondern auch enorme Werte schaffen können. Der amerikanische Verfassungsrechtler und Netzaktivist Lawrence Lessig behauptet sogar, dass Wikipedia als Ausdruck einer Amateurethik eine andere Art der Ökonomie und der Gemeinschaft definiert habe, da hier Menschen aus Freude am Projekt arbeiten und nicht für Geld.[7] Das gute Gefühl, sich für etwas Sinnvolles einzusetzen, ist das Ziel.

Crowdfunding als neue Form der Projektfinanzierung?

Auf Partizipation und den Anreiz, Teil eines großen Ganzen zu sein, setzt auch das Crowdfunding-Prinzip. Mit dieser Methode werden Projekte, Produkte oder auch Firmen durch eine große Menge an Geldgebern, meist mit minimalen Beträgen, finanziert. Viele der so realisierten Projekte haben künstlerischen oder kreativen Charakter, wie zum Beispiel die Vorfinanzierung eines Musikalbums durch überzeugte Anhänger eines Interpreten.[8] Was das Crowdfunding vom Fundraising unterscheidet, ist die höhere emotionale Beteiligung am Projekt. Über sogenannte Makler-Plattformen und die Bewerbung der Aktion in eigenen Netzwerken wie myspace, Facebook, Twitter, Blogs oder auf der Webseite werden Projekte und Sponsoren zusammengeführt. Als Dank erhalten die Geldgeber zum Beispiel bei visionbakery[9] das fertige Produkt, eine Gewinnbeteiligung oder individuelle Geschenke. Plattformen wie startnext. de, seedmatch.de, inkubato.com oder auch SellaBand.de arbeiten ebenfalls nach ähnlichen Prinzipien und stellen so eine gewisse Identifikation mit dem finanzierten Produkt her.

Ein Projekt, das im Jahr 2010 für Aufsehen sorgte, ist »Diaspora«.[10] Die Idee von vier Studenten, eine Art datensicheres Facebook zu entwickeln, fand so großen Zuspruch, dass das Projekt sogar überfinanziert wurde.[11] Einmal mehr zeigt sich hier, dass Kontakte durchaus Gold wert sind. Wer viele YouTube-Abrufe hat, kann damit durchaus an die Tür von Geldgebern klopfen, denn immerhin scheint er etwas zu haben, was »die Leute« wollen.

Nicht immer sind Dritte nötig: So wenden sich Bands wie Nine Inch Nails oder Radiohead auch direkt an ihre Fans und bitten sie um Hilfe bei der Finanzierung des nächstens Albums. Die Community wird hier im wahrsten Sinne des Wortes zur Währung – und hat so teil an einer Form der Demokratisierung von Kunst, auch wenn das von den Organisatoren und Künstlern eine ganz neue Art der eigenverantwortlichen Selbstvermarktung und des Kontakts mit den Rezipienten oder Kunden verlangt.[12]

Mitbestimmung per Mausklick

Online-Aktionen werden vielfach als wirkungsloser »Click- oder Slacktivism« (Zusammengesetzt aus engl. slack = lustlos, schlapp und activism = Aktivismus) abgetan, denn es ist einfacher, mit einem Klick auf den »Gefällt mir«-Button für oder gegen etwas zu sein, als Aufwand in die Planung einer Protestaktion zu stecken. Dennoch, auch Internetaktionen können, besonders durch ihre Niedrigschwelligkeit und die große Reichweite, viel bewirken.

Als »Netzbürger« organisieren Aktivisten ihre Interessen im Web 2.0 einfach, kostengünstig und in Echtzeit. Die Verzahnung von on- und offline zeigt das spielerische Beispiel Carrotmob. Lokal agierende Gruppen rufen medienwirksam statt zum Boykott zum Einkauf in einem ausgewählten Geschäft auf. Ob in New York oder Berlin, der Dönerbude um die Ecke oder der großen Supermarktkette – ein Teil des am vereinbarten Datum generierten Umsatzes fließt zurück in die Klimaoptimierung eben dieses Ladens. Sozialer Konsum zu ethischen Zwecken wird zum Event, das erfolgreich über Internetkanäle promotet wird.[13]

Ob Umweltschutz, die Achtung der Menschenrechte oder der Kampf gegen Armut, Korruption und Krieg – über Plattformen wie betterplace.org oder avaaz.org kann man sich informieren und verschiedene Aktionen online unterstützen. Das global agierende Kampagnen-Netzwerk Avaaz beispielsweise beeinflusst mit seinen über 8,2 Millionen Mitgliedern aus allen Gesellschaftsschichten recht erfolgreich politische Entscheidungen.[14] Social Media bietet Möglichkeiten zum Dialog und zur Artikulation der eigenen Interessen und zur effektiven Selbstorganisation. So spielten Facebook, Twitter und Co. zum Beispiel vor ihrer Sperrung durch die Regierung auch für die Proteste in Ägypten eine große Rolle bei der Verbreitung von Informationen, der Organisation von Kundgebungen und der Herstellung einer breiten Öffentlichkeit.[15] Gleichzeitig lieferten sie der Regierung aber auch Beweise für die Beteiligung an den Unruhen.

Wie Social Media zur Waffe werden kann, musste beispielsweise Nestlé erleben. Weil der Konzern, der laut Greenpeace mit der Produktion von palmölhaltigen Schokoriegeln wie KitKat zur Zerstörung des indonesischen Urwalds und damit zur Vernichtung des Lebensraums der Orang-Utans beiträgt, nicht einlenken wollte, ging ein schockierendes YouTube-Video online. Die Bilder eines Angestellten, der genussvoll in einen KitKat-Affenfinger beißt, verbreiteten sich nach versuchter Zensur von Konzernseite nur noch schneller. Die Viralität und Netzpopularität des Videos, die sich auch durch Restriktionen nicht eindämmen ließen, zwangen Nestlé schließlich, sich einem transparenten und öffentlichen Dialog zu stellen. Was gutes Zureden nicht zu bewirken vermochte, schaffte der Druck der Öffentlichkeit: Nestlé will künftig sein Palmöl nur noch aus ökologisch einwandfreien Quellen beziehen.[16]

Daneben entwickeln sich jedoch auch extreme Formen des Onlineprotests. Als Finanzdienstleister wie PayPal und die Kreditkartenunternehmen VISA und MasterCard der Enthüllungsplattform Wikileaks nach der Verhaftung des Gründers Julian Assange den Geldhahn zudrehen wollte, wurde »Anonymous« aktiv. Der weltweite Zusammenschluss aus »Hacktivisten«, die auch untereinander Anonymität bewahren, attackierte die Server so lange, bis diese zusammenbrachen.[17] In einer Welt, in der wir von Technik abhängig sind, können Computerspezialisten viel erreichen, aber auch, mehr oder weniger unbedacht, großen Schaden anrichten.

Es zeigt sich, dass neue Medienformen gewinnbringend in den demokratischen Gestaltungsprozess einbezogen werden können. Doch wirken sie sich auch auf die Meinungsmacht aus?

Return on Influence – Verschiebung der Meinungsmacht

»Aufmerksamkeit auf ein Thema zu lenken war bisher das Privileg der klassischen Massenmedien. Sie hatten zwar keinen großen Einfluss auf das, was das Publikum zu einem Thema denkt, aber erheblichen Einfluss darauf, worüber es sich Gedanken macht«, erklärt der Trendforscher Professor Peter Wippermann.[18] Jetzt verlieren Medien mit beschränktem Rückkopplungskanal diese Meinungsmacht gegenüber interaktiven Medien, die eine neue Öffentlichkeit, einen digitalen Meinungsmarktplatz konstituieren. »Über das Web 2.0 ist es auch für Einzelne möglich geworden, Themen vorzuschlagen und die Diskussion über sie hochzuschaukeln«, so

Wippermann weiter. »Die authentische Stimme eines Mitglieds der eigenen Community genießt bei Internetnutzern mehr Vertrauen als die veröffentlichte Meinung der Massenmedien. [...] Man muss heute nicht mehr Mitglied in einer Organisation sein, um kollektive Interessen wirkungsvoll umzusetzen. Bisher waren disziplinierte und koordinierte Gruppen, wie Parteien, Verbände oder NGOs, effektiver darin, ihre Anliegen in der Gesellschaft zu vertreten, als lose agierende Gruppen.«[19]

So verschafft man bei Global Voices – einer Gemeinschaft bestehend aus mehr als 300 Bloggern und freiwilligen Übersetzern aus der ganzen Welt – medial und zensurbedingt vernachlässigten Stimmen Gehör, indem Online-Konversationen gesammelt, geordnet und erweitert werden. Gobal Voices tritt für freie Meinungsäußerung und die Rechte der Bürgerjournalisten ein.[20] Das zeigt einmal mehr, wie informiert Bürger im digitalen Zeitalter sind. Sie können auch im Kleinen aktiv partizipieren und sich jederzeit zu mächtigen virtuellen Schwärmen verbinden. Soziale Netzwerke machen gemeinsame Aktionen mit wenig zeitlichem und finanziellem Aufwand realistisch. Durch gebündelte Kräfte ist politische und gesellschaftliche Teilhabe heute demokratischer, hierarchieloser und einfacher als je zuvor. Der US-amerikanische Autor und Internet-Experte Clay Shirky geht davon aus, dass wir durch das Netz Schritt für Schritt zu medialen und gesellschaftlichen Akteuren werden und durch unser Handeln die Gesellschaft verbessern.[21]

Filterfunktionen und gefühltes Expertentum

Andere Fachleute sehen die Entwicklung des Netzes dagegen deutlich kritischer. Hatte das Internet zu Anfang demokratisierende Züge, indem es mediale Gatekeeper umschiffte, hat sich der Informationsfluss mittlerweile durch Filterfunktionen stark gewandelt.

Mundpropaganda gewinnt immer mehr messbare Bedeutung. Problematisch ist daran das gefühlte Expertentum: Wer am lautesten kräht, der wird gehört, so lautet die Faustregel im Medium Internet ebenso oft wie auch in den Offline-Medien. Statt Quellen zu prüfen, wird gefährliches Halbwissen kopiert, remixed und viral verbreitet. Das Ergebnis ist Schwarmdummheit statt Schwarmintelligenz.

Das weit größere Problem sind die sich verbreitenden Filterfunktionen. Software und Algorithmen bestimmen zunehmend unser Bild von der (Internet-)Wirklichkeit. Welche Nachrichten mich erreichen, hängt vom sogenannten Edge-Rank ab, einem Relevanzfilter, den der Facebook-Algorithmus für alle Status-Updates meiner Freunde und Likes berechnet. Je häufiger man mit bestimmten Menschen agiert, umso wahrscheinlicher zeigt Facebook Meldungen dieser Personen an – und eben nicht die der anders denkenden Kontakte. Das suggeriert dem Nutzer, die ganze Community teile seine Einstellungen.[22]

Auch die Google-Ergebnisse werden nach Relevanz gefiltert. Je nach genutztem Browser, häufig besuchten Webseiten oder Inhalten kann dieselbe Suchanfrage bei unterschiedlichen Nutzern völlig verschiedene Treffer produzieren. Der persönliche Relevanzfilter bewirkt, dass man nicht automatisch das exakteste Suchergebnis bekommt, sondern das, was am ehesten meinen Interessen und Vorlieben entspricht.[23] Ganz zu schweigen von den durch Suchmaschinenoptimierer hochgerankten Treffern und Werbeanzeigen.

Die Suchanfrage prägt somit unsere Wahrnehmung der Realität. Dieses Web-Editing relativiert den Gedanken vom demokratisierenden Netz. Wo das Internet zunächst mediale Gatekeeper überwand, greifen jetzt digitale Filter. Ein algorithmisch personalisiertes Internet verstärkt die eigene Meinung – unangenehmere und kontroverse Themen werden den Nutzern nicht zugänglich gemacht und finden kein Gehör. Dieser »Schweigespiralen-Effekt« könnte dazu führen, dass bestimmte Meinungen unter-, andere überrepräsentiert sind. »Wenn das geschieht, fehlen abweichende Blickwinkel – und die Welt scheint digital viel einhelliger, als sie in Wahrheit ist«, stellt der politische Aktivist Eli Pariser fest.[24] Er fordert daher, nicht nur nach Relevanz zu filtern, sondern auch nach Nonkonformität und kontroversen Ansichten, die zum Nachdenken anregen und die soziale Realität widerspiegeln.[25] Das Internet ist mit Sicherheit die größte und die sich am raschesten entwickelnde Errungenschaft der letzten Jahrzehnte. Dass es letztendlich den Forderungen nach Transparenz, Öffentlichkeit, Demokratie und Partizipation dienen kann, bleibt zu hoffen.

Anmerkungen

1 vgl. Bundesministerium für Umwelt, Naturschutz und Reaktorsicherheit (2010): Umweltbewusstsein in Deutschland 2010. http://www.umweltdaten.de/publikationen/fpdf-l/4045.pdf (Stand: 20.06.2011)

2 vgl. Bundesamt für Naturschutz (2010). Naturbewusstsein 2009. http://www.lanisbund.de/fileadmin/MDB/documents/themen/ gesellschaft/Naturbewusstsein%202009.pdf (Stand: 12.07.2011)

3 ebd.

4 vgl. Infratest dimap (2010). http://www.infratest-dimap.de/umfragen-analysen/bundesweit/umfragen/aktuell/bundesregierung-weckt-bei-buergern-wenig-vertrauen/ (Stand: 12.07.2011)

5 vgl. Bundesministerium für Familie, Senioren, Frauen und Jugend (2010): Kabinett beschließt Nationale Engagementstrategie und »Aktionsplan CSR«. http://www.bmfsfj.de/BMFSFJ/freiwilliges-engagement,did=161502.html (Stand: 12.07.2011)

6 vgl. http://laenderspiegel.zdf.de/ZDFde/inhalt/31/0,1872,8090463,00. html (Stand: 12.01.2011)

7 vgl. http://www.zeit.de/2011/03/Wikipedia-Weltlexikon (Stand: 04.05.2011)

8 vgl. Hartmann, Bernd (2011): »Was ist Crowdfunding?«.

http://www.kultur-kreativ-wirtschaft.de/KuK/Navigation/
aktuelles,did=378290.html (Stand: 12.07.2011)

9 vgl. http://www.visionbakery.de/ (Stand: 04.05.2011)

10 vgl. http://blog.joindiaspora.com/ (Stand: 04.05.2011)

11 vgl. Crowfunding International: http://crowdfunding.startnext.de/
(Stand: 12.01.2011)

12 vgl. Lindner, Hagen (2011): Crowdfunding – Ein Hype oder die Zukunft
der Projektfinanzierung? http://www.startnext.de/Blog/Blog-
Detailseite/b/Crowdfunding-ein-Hype-oder-die-Zukunft-der-Proje-241
(Stand: 12.07.2011)

13 vgl. http://berlin.carrotmob.de/derzweite/das-prinzip
(Stand: 12.07.2011)

14 http://www.avaaz.org/de/about.php (Stand: 12.01.2011)

15 vgl. Boyd, E. B. (2011): How Social Media Accelerated the Uprising
in Egypt.
http://www.fastcompany.com/1722492/how-social-media-
accelerated-the-uprising-in-egypt (Stand: 12.07.2011)

16 vgl. http://www.zeit.de/gesellschaft/zeitgeschehen/2010-03/
nestle-regenwald (Stand: 12.07.2011)

17 vgl. http://www.heise.de/newsticker/meldung/Wikileaks-Gruender-
Assange-Wir-sind-die-Underdogs-1149582.html (Stand: 12.07.2011)

18 Wippermann, Peter (2011): Return on Influence.
http://peterwippermann.posterous.com/return-on-influence
(Stand: 03.05.2011)

19 ebd.

20 vgl. http://de.globalvoicesonline.org/ (Stand: 12.07.2011)

21 vgl. Shirky, Clay (2010): Cognitive Surplus: Creativity and Generosity in
a Connected Age. London: Penguin Books

22 vgl. Lischka, Konrad (2011): Die ganze Welt ist meiner Meinung.
http://www.spiegel.de/netzwelt/web/0,1518,750111,00.html
(Stand: 04.05.2011)

23 ebd.

24 ebd.

25 vgl. Pariser, Eli (2011): »Beware online filter bubbles«.
http://www.betterplace.org/de/. Vortrag auf der TED2011.
http://www.ted.com/talks/eli_pariser_beware_online_filter_bubbles.
html (Stand: 05.05.2011)

GESUNDHEIT
Willkommen im Systemzeitalter

Geoffrey

Gegen vier Uhr morgens erwachte er auf der Pritsche in seiner von der Nacht feuchtkalten Zelle. Als er sich umdrehte,
fuhr ihm ein stechender Schmerz in den Nacken. Er musste
sich unter dem fensterlosen Loch einen kräftigen Zug geholt
haben. Wie bescheuert war er auch, die Pritsche direkt unter
dem Fenster zu lassen? Er fingerte nach seinem Beutel, sein
ganzes Hab und Gut während der letzten elf Tage, und wühlte
in der ersten Dämmerung nach etwas Warmem, das er sich um
den Hals wickeln konnte, um noch ein wenig weiterzudösen.
Da hörte er ein Wimmern und in Abständen ein schreiendes
Weinen. Rollige Katzen! Das Gejaule hatte ihm zum Wiedereinschlafen gerade noch gefehlt. Aber kurz darauf verstand er
in dem amorphen Wehklagen deutlich das Wort »Mama«. Waren hier Kinder? Geoffrey richtete sich auf und fuhr im selben
Moment zusammen. Der Muskelkater rief ihm die tagelange
Feldarbeit und den anstrengenden Rückweg in Erinnerung.
Immerhin wusste er nun, dass er nicht träumte. Fröstelnd und
barfuß ging er zur Zellentür.
Er hatte bisher im Kloster keine Kinder bemerkt, und nun
Kinderweinen zu hören schien ihm merkwürdig. Im Kreuz-

gang war es ruhig. Es dämmerte bereits, und der Klostergarten hinter den schattenschwarzen Steinsäulen, die den Kreuzgang umsäumten, nahm in sanften Grauabstufungen Formen an.

Das Weinen durchbrach erneut die friedliche Stille. Es schien von oben zu kommen. Geoffrey fand in einer Nische einen Treppenabsatz und folgte dem Wimmern die ausgetretenen Steinstufen empor. Er gelangte in einen niedrigen, aber breiten Vorraum, von dem zwei Flügeltüren abgingen, die von Petroleumlampen flankiert waren. Während er sich der Doppelholztür näherte, hörte er außer dem kindlichen Weinen jetzt auch rasselndes Husten und gelegentliches Stöhnen. Noch bevor er zur Klinke greifen konnte, wurde sie aufgestoßen, und eine Nonne in weißer Schwesterntracht und mit Mundschutz sah den Eindringling erschrocken und verärgert an.

»Was tun Sie hier? Der Gästetrakt ist unten!«, tönte es dumpf hinter ihrem Mundschutz.

»Ja, daher komme ich, aber ich hab Kinderweinen gehört«, erklärte Geoffrey entschuldigend und blickte in den schwach erleuchteten Raum. Es schien ein Krankensaal zu sein: Er sah im vorderen Bereich etwa fünf rot-fiebrige Kinder, einige übersät mit Pusteln. Jeweils daneben kauerten auf Pritschen Frauen oder Männer in antibakterieller Schutzkleidung, mit Handschuhen und Mundschutzschleiern, die wohl ihre Mütter oder Väter waren und sich um sie kümmerten oder gerade schliefen. Weiter hinten lagen etwa zwölf Alte. Wahrscheinlich hatten sie Infekte, jedenfalls verabreichte eine Schwester irgendeinen Trunk.

»Was haben die Kinder und Alten denn?«

»Sie haben Grippe oder schwerwiegende Infekte und liegen hier im Hospital in Quarantäne. Wenn Sie nicht sofort in Ihre Zelle zurückkehren, muss ich Sie aufgrund der akuten Ansteckungsgefahr auch hierbehalten.«

Die Nonne hinten im Saal deckte ein weißes Tuch über eine alte Frau und machte der Schwester an der Tür ein Zeichen. »Gehen Sie jetzt, bitte!« Sie schob den irritierten Eindringling energisch zurück Richtung Treppe.

Wie automatisch tapste Geoffrey nach unten und blieb vor seiner Zellentür stehen. An Einschlafen war jetzt nicht mehr zu denken. Er machte kehrt und schlich erneut die Treppe zum Hospital hinauf.

Die Tür öffnete sich gerade wieder, und eine verschleierte Frau trat in den Flur. Geoffrey wich einen Treppenbogen tiefer aus und beobachtete sie von unten. Die Frau legte den Schleier zurück, unter dem kurze, glatte rote Haare zum Vorschein kamen, und ließ sich auf der obersten Treppenstufe nieder.

»Entschuldigung«, begann Geoffrey leise und zeigte sich hinter dem Vorsprung, »ich bin neu hier und kenne mich noch nicht so aus. Dürfte ich Ihnen einen Moment Gesellschaft leisten?«

»Sie sind ein unbeteiligter Pilger«, stellte die Rothaarige emotionslos fest. »Bleiben Sie da unten stehen, sonst können Sie Ihren Selbstfindungstrip vergessen.« Sarkasmus schwang in ihrer Stimme mit, neben einer großen Müdigkeit.

»Liegt Ihr Kind da drin? Was hat es?«

»Diesen eingeschleppten Grippevirus«, antwortete die Frau und stützte ihre Ellenbogen auf die Knie. »Vor zwei Jahren war es schon mal ein ähnlicher. Aber diesmal ist es viel schlimmer.« Der Nachsatz kam fast tonlos, und sie ließ den Kopf mit rundem Rücken nach vorn fallen.

»Wieso wurde Ihr Kind nicht dagegen geimpft?«, wunderte sich Geoffrey. Impfungen waren nicht nur gängige Praxis, sondern sogar gesetzlich vorgeschrieben, seitdem Seuchen und Krankheiten wie Tuberkulose wieder ausgebrochen waren.

»Weil mein Mann und ich das nicht wollten«, sprach sie

leicht bockig zwischen ihre Knie und hob dann den Kopf, um es Geoffrey zu erklären: »Es geht darum, wieder die Kräfte in uns selbst zu wecken, anstatt sich von der Zivilisation und Industrie komplett verweichlichen zu lassen.«

»Und wenn Ihr Kind stirbt? Ich könnte verstehen, wenn Sie die genetische Prävention abgelehnt hätten, aber die Impfungen funktionieren doch über Aktiv-Erreger. Und sie sind alle kostenlos ...« Geoffrey dachte mehr laut, als dass er sich überlegte, wie seine Worte auf die Mutter wirken mochten.

»Genetische Eingriffe kommen für uns überhaupt nicht in Frage, und jetzt, nach Ausbruch der Krankheit, sind die Behandlungen so teuer, dass wir sie uns nicht leisten können«, seufzte sie. »Wir vertrauen daher den Nonnen. Sie haben hier im Kloster ein gewisses Kontingent an Antikörpern, das sie an Bedürftige verteilen, und den Rest schaffen wir hoffentlich mit alternativen Heilmethoden.«

Oben klappte die Tür. Die Frau verstummte, rappelte sich wieder auf und hob schwach die Hand als Verabschiedung, bevor sie ihren Schleier wieder anlegte, über Mund und Nase fixierte und zurück in den Saal ging.

»Ich hoffe mit Ihnen«, raunte Geoffrey ihr nach, während ihm die Kälte stechend die Beine hinaufkroch. Es war für ihn unbegreiflich, wie man sich wissentlich solchen Risiken aussetzen konnte. War es der Glaube, der alle Bedenken und Selbstvorwürfe abfing? Sie hatte ja gesagt, sie wollten keine Impfungen, um den kleinen Körper nicht allen möglichen Pharmaprodukten auszusetzen, sondern um ihn von selbst stark werden zu lassen. Unter darwinistischen Evolutionsgedanken mochte das die Menschheit nach vorne bringen, aber im 21. Jahrhundert, in dem jeder für seine Zukunft selbst verantwortlich war und alle ihm verfügbaren Mittel zur Selbstoptimierung auszuschöpfen suchte, war es hoffnungslos anachronistisch. Es war sogar unverantwortlich, denn diese Eltern trafen ihre rückständige Entscheidung nicht für ihr eigenes Leben, sondern für ein junges Leben, das ein Recht hatte, von der Gesellschaft in seiner Entwicklung unterstützt zu werden.

Zum ersten Mal erschien es ihm doch richtig, die Menschen stärker zu erziehen, ihre Einflussnahme auf andere direkter zu steuern. Zumindest wenn individuelle Überzeugungen solchen Schaden anrichten konnten. Die ständige Erfassung im System und die inhaltliche Vernetzung zwischen freien Anbietern, Versorgungs- und Kontrollinstanzen bildete eigentlich den Datensog, dem er sich sonst gern zu entziehen versuchte. Doch vielleicht lag in der systemischen Abhängigkeit der letzte einheitliche Bezugspunkt, um die versprengten Individualisten aus ihren Parallelwelten wieder in einer Gesellschaftsrealität zusammenzuführen.

Darin musste der tiefere Grund liegen, warum es einem so schwer gemacht wurde, seine ganz individuellen Neigungen auszuleben. Individualität konnte zwar technisch leicht bedient werden, es war aber ökonomisch und sozial zu aufwendig, um jedem Einzelnen konsequent zu entsprechen. Darum bedeutete im Systemzeitalter jeder Sonderwunsch, jedes Ausbrechen aus dem Raster für den Einzelnen einen erheblichen Mehraufwand.

Geoffrey erinnerte sich daran, wie er Orte und Angebote für seinen Trip gesucht hatte. Die sogenannte »Individualität« bei der Individualreise bezog sich nur noch auf die Kombinationsmöglichkeiten der aktuell am häufigsten gefragten Standardmodule. Wollte man Pakete buchen, die gerade nicht en vogue waren, musste man entweder warten, bis sich mehr Interessenten meldeten, oder die Kunden gleich selbst auftreiben. Die teurere Alternative war, dass man seine individuellen Pakete über Reiseagenten aus weltweit übrig gebliebenen Restpos-

ten, die sonst abgeschrieben würden, zusammensuchen lassen konnte. Wollte man auf eigene Faust in unbeaufsichtigte
Gebiete, ging das nur noch gegen saftigen Aufpreis und mit
lästiger bürokratischer Sondererlaubnis, deren Beschaffung allein einem schon die Lust verdarb und mit der man bei jedem
Sicherheitscheck auf der Reise von vornherein wie ein Schwer-
verbrecher eingestuft wurde.

Mit dem Gesundheitssystem war es nicht anders. Das einst
vorbildliche Solidaritätsprinzip hatten zahlreiche Reformen
je nach Nutzerverhalten in ein flexibles Bonitäts- oder Be-
strafungsmodell verwandelt. Der günstigste Krankenversiche-
rungstarif bedeutete die komplette Transparenz, nach der jede
kleine Sünde sofort mit neuen Forderungen oder erhöhten
Tarifstufen bestraft wurde. »Du kannst nirgendwo schneller
aufsteigen« als in deinen Versicherungstarifen«, hatte sein
Freund und Psychologe Vincent mal gewitzelt, als Geoffrey
sich über die Höhe seiner letzten Rechnung gewundert hatte.
Umgekehrt erzog das System seine Nutzer zu einer gesünde-
ren Ernährung, weniger Stress, mehr Wegstrecken an der frischen Luft und sportlicher Betätigung, indem es Bonuspunkte
für das eigene Performance-Curriculum und kleine Upgrades
zuwies oder mit Energie-Vouchers die Höhe der geleisteten
sportlichen Energie verdoppelte. Angesichts der Fettleibigkeit
und der Zunahme der Diabeteserkrankungen machte das Sinn.
Dadurch, dass man im Alltag immer mehr extrem fettleibige
Menschen sah, war Dicksein plötzlich normal geworden. Damit das System nicht kollabierte, mussten die Menschen um-
erzogen werden. Es erstaunte ihn jedoch, dass auch unter denen, die eigentlich einen sehr reflektierten Eindruck machten,
noch solche schlimmen Fehler wie bei dieser Mutter mit ihrer
schief gelagerten Pharmaphobie passieren konnten. Irgendwie
kam ihm das alles irrsinnig vor: die unglaubliche Menge an

Optionen und Angeboten und dagegen diese bewusste Verweigerung.

Er sehnte sich plötzlich nach Nana, die das mit ihrem Pragmatismus und Machbarkeitsglauben sicher genauso sehen würde. Ihr gemeinsames Kind sollte alle Für- und Vorsorge bekommen, die man mit Geld kaufen konnte, so viel stand fest. Für Geoffrey wurde es Zeit, wieder in die reale Gegenwart zurückzukehren.

Er betrat seine karge Zelle, in der die Pritsche mit dem zurückgeschlagenen Laken und die weiß getünchten Wände vom ersten Licht diffus durch den Morgennebel beschienen wurden. Es erinnerte ihn an uralte Bilder aus den Niederlanden. Freilich ohne die Üppigkeit der Fruchtschalen und Weinkelche. Aber es genügte so. Es war schön. Er fühlte seinen Blick geschärft. Ein kleines Ränzlein an Erkenntnis würde er mit hinübernehmen und den Aufenthalt auch Carina als Bereicherung empfehlen.

Es gab einige bewegende Momente, die er noch mal in Ruhe durchdenken und mit Nana besprechen wollte: zum Beispiel die Worte von Bruder Simon über den Wunsch, seinem Leben eine neue Dimension zu verleihen. Oder die Begegnung mit Celine und Bruno, die ihm die Kraft der Gemeinschaft hatte spüren lassen, die er als Einzelgänger bisher nie richtig wahrgenommen hatte. Und am Ende noch das Glück, das er empfunden hatte, als er Anton das Fischen in den Forellenteichen zeigen konnte, und wie der Junge dann endlich mal ohne Gezappel mit der Angel neben ihm saß und Geoffreys Geschichtengemurmel in sich aufsog. Das hatte beide gleichermaßen bewegt.

Als Vater wollte er diesmal mehr am Leben seines Kindes teilhaben. Nana würde das sicher freuen. Er sehnte sich nach ihr. Wie es ihr wohl ergangen war? Die Arme hatte sich so gequält mit den Hormonbehandlungen, und er war ihr wirklich keine große Hilfe gewesen. Wie hat sie diese Tage ohne Verbindung bloß ausgehalten? Er musste sie unbedingt sprechen!

Es war Zeit, sich umzukleiden. Um sechs würde ihm Simon im unteren Kreuzgang seine digitalen Helfer wieder aushändigen. Dann, wenn sie sich verabschieden würden. Er machte kehrt und ging zu seinem Schließfach, öffnete es per Fingerscan und nahm seine persönlichen Dinge heraus. Dann kehrte er in die Zelle zurück und kleidete sich wieder wie ein Mensch des Jahres 2037. Nur die digitalen Helfer wie seinen Personal Assistant, die Augmented-Funktion für die Brille und die Sensibilisierungssensoren zur gesteigerten Wahrnehmung und gesundheitlichen Kontrolle fehlten noch, um sich wieder komplett zu fühlen. Geoffrey packte seinen Rucksack und zog die Decken über der Pritsche glatt. Das fensterlose, vergitterte Loch zeigte einen Ausschnitt der graugrünen Hügellandschaft, durch die sich dichte Schleier von Bodennebel zogen. Er verweilte einen kurzen Moment. Vielleicht war er sich auch ohne die kleinen digitalen Helfer genug.

Er verließ die Zelle und trank im noch kaum besuchten Refektorium einen Kräutertee, bevor er sich mit Simon in der Halle traf. Der Mönch begrüßte ihn auf seine distanziert herzliche Art und erkundigte sich nach Geoffreys Seelenheil. »Noch nicht erleuchtet, aber aufgeräumt«, kommentierte dieser seine Befindlichkeit.

Bruder Simon schmunzelte: »Wenn der Herr nicht gerade ein Wunder tun will, kann man in zehn Tagen auch nicht mehr erwarten, nicht wahr?«

Dann kamen ein paar Bekannte in die Halle: Finn und Shan. Ausgerechnet die, schoss es ihm durch den Kopf. Aber sie schienen sich beide zu freuen, ihn zu sehen, und so schüttelte er seinen Groll ab. Gelassener und, ja, wirklich irgendwie aufgeräumter war er zumindest. Wie sich herausstellte, würden sie nur bis nach Kamenz zusammen laufen, dann hatte jeder bereits eine eigene Shuttlemöglichkeit organisiert.

Sie verabschiedeten sich von Simon, nahmen ihr Gepäck auf und machten sich auf den Weg, an den Weihern vorbei, wie Simon es ihnen beschrieben hatte. Der Morgennebel hing über den Fischteichen, und eine Weile schwiegen alle drei. Na also, das zumindest hatten sie gelernt. Geoffrey freute sich, dass jeder von ihnen eine kleine Verwandlung durchlebt hatte.

»Ich hab noch gar keine richtige Lust auf Stadt«, begann Shan dann doch.

»Stadt ist das auch nicht, wo wir jetzt hingehen«, frotzelte Geoffrey friedlich und bereitwillig. »Stadt wäre Richtung Dresden, südwärts.«

»Da war ich schon mal. Dresden ist wunderschön, aber halt auch so eine Museumsstadt«, erinnerte sich Shan.

»Meine Mutter lebt seit über zehn Jahren da in der Nähe in einem Demenzdorf«, knüpfte Finn an.

»Warst du noch nie da?«, wunderte sich Shan.

»Doch. Einmal zum Hinbringen und dann zu ihrem neunzigsten Geburtstag. Aber sie schaltet sich oft bei mir zu. Ich weiß dann zwar nicht, was sie denkt, weil sie die Emoticons nicht bedienen kann, aber sie brabbelt irgendwelche wirren Erinnerungen zu dem, was sie bei mir gerade sieht. Ich schalt meistens den Ton ab und blende ihr dafür ein paar schöne Bilder in ihr Sichtfenster ein.« Finn kickte einen Stein zur Seite.

»Mein Vater hat in seinem Testament vermerkt, dass ich enterbt werde, wenn er in einem Demenzdorf stirbt«, raunte Shan vor sich hin.

Geoffrey wollte das nicht so stehen lassen: »Wer sich einen Lebensabend in einem Demenzdorf leisten kann, darf sich glücklich schätzen. Ich habe lange als Projektentwickler in dem Bereich gearbeitet. Die Kranken führen dort ein annähernd selbstständiges Leben in der Kulisse eines natürlichen Stadtquartiers. Das ist, je nachdem, wie weit die Krankheit fortgeschritten ist, schon sehr viel.«

»Es ist auch gar nicht so teuer. Zumindest nicht in den wissenschaftlichen Demenzdörfern. Die Anlage, in der meine Mutter lebt, ist Teil des neurowissenschaftlichen Projektes von Demed«, erklärte Finn.

»Du lieferst sie der Pharmaindustrie als Versuchskaninchen aus? Na, da wäre ich nicht nur sofort enterbt, sondern gleich tot!«

»Das ist nicht nur die Pharmaindustrie. Seit man bei Alzheimer-Patienten signifikant häufig Aluminiumablagerungen im Gehirn gefunden hat und annimmt, dass Partikel dieses körperfremden Materials Demenzerkrankungen begünstigen, hat sich auch die Konsumgüterindustrie hier stark engagiert. Aluminium konnte früher mit jedem Deoroller in den Körper eindringen, es war um jedes Butterbrot und um jede Schokolade gewickelt, und die Espressomaschinen pressten ihren Druck durch lauter bunte Aluminiumkapseln. Und jetzt ist die Beteiligung der Firmen an den Demenzdörfern quasi ein Zwitter aus dem Gang nach Canossa und überprüfender Forschung.«

»Interessant«, staunte Shan, »aber die dortigen Patienten werden sich wahrscheinlich nicht mehr erinnern, oder?« Die Gruppe musste lachen.

»Na, jedenfalls will ich nur sagen, dass die Industrie auch dazugelernt hat. Die Feriencamps für Diabeteskranke und Fettleibige sind auch von der Lebensmittelindustrie gesponsert. Und da setzt man auf Erinnerung, weil man hofft, dass die Kurgäste ihre Ernährungsgewohnheiten von dort beibehalten und man über die erfolgreiche Diät beweisen will, dass Übergewicht nicht an den Zusatzstoffen liegt. Übrigens: Egal, was sie an den Patienten da oder dort erforschen wollen, bevor Finns Mutter irgendwelche neuen Medikamente bekommt oder Messungen an ihr durchgeführt werden, muss Finn das freigeben«, verteidigte Geoffrey ihn vor Shan.

»Ach, echt?« Finn schien völlig überfragt, wann er mal was freigegeben hätte. »Kann sein, dass das meine Schwester macht«, schloss er den unliebsamen Gedanken ab.

»Und was testen sie gerade?« Shan bohrte weiter, und Geoffrey übernahm: »Im Dresdner Demenzdorf erforschen die Neurowissenschaftler, inwieweit sensorische Stimulationen den Krankheitsverlauf verzögern oder die medikamentöse Behandlung entlasten können. Sie wissen zum Beispiel seit einigen Jahren, dass die Musik auf Neurotransmitter innerhalb der verschiedenen Bewusstseinsstufen einwirkt. Musik kann wie ein Botenstoff zu tieferen Empfindungen durchdringen. Jetzt testen sie, wie die Rezeptoren durch die Musik angeregt werden und in der Folge Gehirnteile wieder stärker durchbluten und mit Sauerstoff versorgen. Sie schleusen Nano-Sonden durch die Blut-Hirn-Schranke, um vor Ort festzustellen, was die Musik im Inneren auslöst, um diese Reaktion dann künstlich zu stimulieren.«

Seine Begleiter schienen nicht sehr intensiv zugehört zu haben, denn Finn erkundigte sich nun bei Shan: »Hat dein Vater denn schon ein ordentliches Sümmchen zusammengespart, wenn er dir vorschreiben will, wie du ihn alt werden lassen sollst?«

»Er weiß bis jetzt nur, was er alles nicht will. Aber das weiß er sehr genau«, meinte die Chinesin achselzuckend.

Den Rest des Weges hing jeder seinen Gedanken nach, bis sie den Stadtrand von Bautzen erreichten. Erst als die anderen beiden schon in ihre Shuttles gestiegen waren, fiel Geoffrey auf, dass sie keine Kontaktdaten in ihren Assistenten hinterlegt hatten. Leid tat es ihm nicht. Es amüsierte ihn eher, zu realisieren, wie sehr er sich seiner digitalen Helfer entwöhnt hatte. Aber jetzt: Jetzt würde er endlich Nana anrufen.

Nana

Im Halbdunkel erwachte sie zu Vogelgezwitscher inmitten einer Blumenwiese aus ihrem komatösen Tiefschlaf. Mit anschwellender Helligkeit öffneten sich die Blütenkelche um sie herum und wandten sich den Sonnenstrahlen zu. Ein braun getupfter und ein leuchtend pinkfarbener Schmetterling verkündeten Grüße und Besserungswünsche von Hermine und Elschen. Eine Hummel namens Hugo schloss sich an. Nana grübelte noch, wer Hugo die Hummel sein mochte, als das Blinken der rechten Wand realen Besuch in der Aufwachstation ankündigte. Der blinkende Teil der medial bespielten Wandfläche glitt lautlos zur Seite, und ein junger, attraktiver Mann im antibakteriellen Umhang stellte sich vor: »Guten Morgen, Nana! Ich bin Karol und hier der Patientenkontakter. Ich informiere Sie zu all Ihren Fragen«, eröffnete er mit schwach polnisch klingendem Akzent. »Wie geht es Ihnen?«

»Einigermaßen. Mein Kopf tut weh, mein Bauch auch, und mir ist schwindelig. Und ich habe Durst.« Langsam begann Nana, ihre Empfindungen zu sortieren.

»Das ist alles ganz normal. Wir haben Sie für zehn Tage in ein künstliches Koma versetzen müssen, aus dem wir Sie langsam zurückgeholt haben. Aber ein paar Nebenwirkungen gibt es leider schon noch. Wir können die Schmerzmitteldosis erhöhen, wenn Sie das wünschen?«

»Meine Güte! Ich war zehn Tage weg? Ich muss sofort in meiner Agentur anrufen!«

Er winkte besänftigend ab: »Die sind bereits informiert. Eine gewisse Elisa hat sich zurückgemeldet und lässt Ihnen herzliche Besserungswünsche bestellen. Sie sollen sich keine Sorgen machen, sie würden gerade eine neue Karotte testen, und die würde Ihnen sehr viel Arbeit abnehmen. Alles liefe bestens«, versuchte er zu beschwichtigen, während Nana fieberhaft überlegte, was er mit der »Karotte« meinen könnte. Das war wieder typisch: Der attraktive Kontakter, dessen einziger Job die Vermittlung zwischen Patient und Arzt war, um die Kommunikation zu verbessern, konnte selbst nicht kommunizieren.

»Also sorry, aber eine Karotte nimmt mir gewiss nicht die Arbeit ab, sind Sie sicher, dass Sie das richtig verstanden haben, Karol?«

»Ja, ich denke schon«, er schaute etwas verstört und erinnerte sich plötzlich an ein Detail: »Na, sie hat es auf Englisch gesagt: carrott! Hab mich schon gewundert, weil sie den Rest auf Deutsch gesprochen hat.«

Jetzt machte es Klick bei Nana: »Care-o-bot! Elisa meinte unseren kleinen Pflege-Edutainment-Roboter! Ja perfekt!« Nana musste kurz lachen, ließ es aber gleich, weil es zu wehtat. Und während Karol noch versuchte, sich einen Reim auf die Roboterkarotte zu machen, grübelte Nana schon weiter: Also hatte Romina die drei Prototypen der Care-o-Teddys schon im Einsatz. Aber eigentlich hätte sie das Modell mit absegnen müssen, und sie hätte dem Einsatz zustimmen müssen, zumal sie sich ja die Rechte teilen wollten … Das erste To-do fürs Heimkommen war hiermit gesetzt.

Plötzlich schob sich ein viel dringenderer Gedanke vor: »Oje, mein Baby! Geht es ihm gut?« Sie erinnerte sich an einen Fuß, der nach ihrem Bauch trat. »Ich bin ja schwanger!«

»Alles in Ordnung! Als wir Zugang zu Ihrem Assistenten hatten, haben wir alle Angaben gefunden.«

»Schön!« Nana atmete erleichtert aus und lächelte den gut aussehenden Polen an. Jetzt wollte sie die Details: »Können Sie mir sagen, was passiert ist? Und was ich habe? Ich habe nur lückenhafte Erinnerungen an gestern.«

»Ihr ›gestern‹ ist eigentlich schon zehn Tage her, wie gesagt. Was genau passiert ist, wissen wir auch nicht. Nur dass Sie in einem Zug zusammengeschlagen und dann von zwei Damen hierhergebracht wurden. Wir haben Sie per Computertomografie untersucht und den Embryo in seinen Funktionen als gesund und überlebensfähig eingestuft. Es wurde lediglich eine Gewebesicherung vorgenommen. Es geht ihm den Umständen zum Trotz gut.«

Er wischte mit einer Bewegung die Blumenwiese von der Wand, auf die Nana blickte, und legte einen Folienscanner über ihren Bauch. Gestochen scharf und auf Raumhöhe vergrößert erschien ihr Gebärmuttergewebe mit dem Embryo. Über der Innenfläche der Gebärmutter war eine gitterförmige Struktur gespannt.

»Was ist das? Haben Sie ihn in einen Käfig gesteckt?« Nana war entsetzt. Das spontane Aufrichten war allerdings keine gute Idee. Stöhnend ließ sie sich auf das beheizte, antiseptische Schaumkissen zurückfallen.

»So ähnlich«, schmunzelte Karol. »Es ist weniger ein Käfig, sondern mehr eine Verankerung, die dafür sorgt, dass Ihr Baby an Ort und Stelle bleibt. Bei dem endoskopischen Eingriff konnten wir uns auch überzeugen, dass der Embryo noch intakt ist«, versicherte er tröstend.

»Was heißt: noch intakt?«, fragte Nana misstrauisch.

»Aufgrund der Stresseinwirkung und der Umfeldblessuren

ist eine posttraumatische Abstoßung eine häufige Reaktion des Körpers. Und um genau dem vorzubeugen, haben wir diese Fixierungen vorgenommen und Sie sofort in ein Erholungskoma versetzt.«

Nana sah auf ihren Bauch und die Scannerfolie. Der Aufwand erschien ihr unverhältnismäßig. Bei ihr hätte man sich da keine Sorgen zu machen brauchen, sie war zäh und das Lütte auch. Selbstsicher sagte sie: »Ich habe seit dem Aufwachen nicht eine Sekunde an der Unversehrtheit meines Babys gezweifelt.«

»Dafür haben wir gesorgt«, bemerkte der schlanke Pole überlegen. »Man hat Ihnen leichte psychische Aufheller verabreicht und positive Stimuli ins Unterbewusstsein gespielt, um den Heilungsprozess zu beschleunigen.« Den Triumph über ihr Erstaunen sah man ihm an. »Sie haben sich also nicht mal im Schlaf Sorgen gemacht.«

»Hmm, konnte ich ja wohl auch gar nicht. Sie ziehen hier wohl alle Register, was?« Nana war überrascht und amüsiert über die Manipulationsmöglichkeiten. »Aber glücklich machen lass ich mich gerne!« Der sah wirklich gut aus, dieser Kontakter. Ob sie dafür extra attraktive Mitarbeiter einstellten? Jedenfalls fantastisch, dieser VIP-Status.

»Wächst der Käfig mit?«

»Nein, er löst sich in den nächsten sieben Tagen auf. Er ist weich und unschädlich und wird von der Umgebung absorbiert.« Der Patientenkontakter zog ein biegsames Netz aus der Tasche und reichte es Nana: »Sehen Sie hier, es ist elastisch und fest zugleich. Die ausfransenden Fäden an den Enden werden mit dem umliegenden Gewebe verschweißt; daher mussten wir auch die kleine OP durchführen.«

»Na, vielen Dank, da kann ich mir meinen neuen Versicherungstarif schon vorstellen. Die Einstufung zur Risikoschwangerschaft habe ich bereits. Jetzt haben Sie mich noch in den superteuren VIP-Status meiner Versicherung gehoben. Kostspielige Sache, so ein Kind. Finden Sie diesen Eingriff nicht doch ein bisschen überzogen?«

»Keineswegs.« Er wischte das Embryobild von der Wand und rief einige Ausschnitte aus dem Dokumentationsmaterial auf, das während Nanas Einlieferung und Operation aufgezeichnet worden war.

»Bin ich das in dem Müllbeutel? Das sieht ja schlimm aus! – Ach, Hermine und Elschen, die treuen Seelen!« Sie erkannte ihre beiden erschöpften Retter im schonungslosen Energiesparlicht der Notaufnahme. »Oh, wissen Sie, was die beiden eventuell für mich ausgelegt haben? Ich schulde denen wahrscheinlich noch Geld. Können Sie mir einen Zugang zu deren Profil gewähren, damit ich mich erkenntlich zeigen kann?«

»Ja, wir haben bereits eine Rückerstattungsforderung erhalten. Wenn Sie möchten, setze ich das mit auf Ihre Rechnung, und die Kasse überweist den vorgestreckten Betrag zurück.«

»Ja bitte! – Und wer ist der fertige Typ da?«

»Jemand, der sie vierzig Kilometer auf der Ladefläche seines Unimogs durch die Pampa gefahren hat.«

Aha, Hugo, die Hummel.

Der Patientenkontakter fuhr unbeirrt fort: »Von dem strapaziösen Transfer rührt auch ein Teil der Hämatome.«

»Huuuh. Wie sieht mein Hinterkopf denn jetzt wohl aus?« Sie betastete ihre Heilfunktionskapuze, während sie mit den Augen weiter ihren Blessuren auf der Wand folgte. Aaaah, da am Bauch hatte diese Brutalo-Schlampe sie mit ihren spitzen Stiefeln getreten. Laut sagte sie: »Haben Sie meine Kontaktlinse schon auswerten können?«

»Nein, denn wir haben den Speicher nicht gefunden. Wir

vermuten, dass er Ihnen beim Aufprall mit dem Hinterkopf aus der Ohrmuschel gefallen ist. – Wir haben natürlich auch die Polizei verständigt. Und jetzt, wo Sie wieder wach sind, können wir Bescheid geben, dass ein Beamter kommt, der Sie vernimmt, oder?«

Nana seufzte.

»Machen Sie sich keine Gedanken, das dauert ein bisschen, bis die da sind.«

»Und wann kann ich nach Hause?«

»Wir empfehlen, dass Sie noch mindestens zwei Tage zur Beobachtung hierbleiben. Dann können Sie zurück nach Hamburg.« Und weil er sah, dass Nana bereits wieder rechnete, was das an Mehrkosten bedeuten würde, setzte er hinzu: »Sie können sich den Aufenthalt etwas günstiger und angenehmer gestalten, wenn Sie statt der persönlich favorisierten Motive hier auf Markeninspirationen umschalten.« Er deutete auf einen kleinen Monitor, der zwei Wahlmenüs mit Unterpunkten zeigte: Einmal die Personal Reality, die sie mit ihrem Profil und Personal Assistant verbinden konnte und in der sie auch auf ihre Cloud, in der alle Inhalte und Dokumente, alle Kontakte und Schnittstellen, die sie benötigte, zugreifen konnte. Die andere Rubrik hieß Brand Reality und warb damit, dass die Markenwelt sie in neue Realitäten jenseits der ihr bekannten Pfade führen würde. »Ich weiß nicht, ob ich noch mehr Realitäten in diesem Zimmer haben will. Ich hab ja meine noch nicht mal verarbeitet«, maulte sie.

»Es ist nur ein Angebot«, beschwichtigte der Kontakter, »probieren Sie es einfach aus, Nana. Sie können sich den regulären Gesamttarif einblenden lassen und direkt zusehen, was Sie sparen.« Dieser Satz verfehlte seine Wirkung auf die Geschäftsfrau nicht.

»Ich verschwinde jetzt, Sie können mich aber über die Kontakt-Taste jederzeit anrufen.« Er ließ mit einer sanften Bewegung die Tür zur Seite gleiten und winkte kurz zum Abschied.

Müdigkeit überkam sie und der Gedanke, dass es schön wäre, wenn jemand sich um sie kümmern würde. Geoffrey! Sie würde sich bei Geoffrey melden. Warum hatte sie daran nicht schon längst gedacht? Es wäre ein Leichtes, ihn hier auf die Wand zu beamen, und ein paar tröstende Worte täten ihr gut. Als sie sein virtuelles Konterfei berührte, stellte sie fest, dass er noch nicht mal ihre letzte Nachricht entgegengenommen hatte. Nana wunderte sich. Laut Emoticon ging es ihm gut, auch transportierten ein paar ausgesprochene Gedankenblitze ihr seine Gefühle für sie. Aber bei näherer Betrachtung stellte sie fest, dass diese Emotionen seit zwölf Tagen nicht mehr aufgefrischt worden waren. Auch automatisch weitergeleitete Sprachübermittlungen oder Textmessages waren in keinem Kanal zu entdecken. War er denn immer noch nicht wieder erreichbar? Der Trip musste doch eigentlich vorbei sein! Wo steckte er, wenn sie ihn brauchte? Nana wurde immer jämmerlicher zumute, und ihre Augen wanderten zum Menüpunkt Brand Reality, der mit karibischem Türkisblau unterlegt war. Nana kannte diese Versuchungen. Wenn das erst mal losging, würde sie sich den ganzen Tag durch die Welt zappen. Das Gewissen ließ sie einen Moment zögern: Eigentlich musste sie sich längst bei Hermine, Elschen und Hugo bedanken. Gestresst von der Sozialkompetenz, die nötig war, um diese Anforderung zu erfüllen, wählte ihr Finger Brand Reality. Sie hatte den Zeitschlucker eingeschaltet.

Die Surround-Wandbespielung wechselte in verführerische Reisemotive. Schon schwamm sie auf ihrem Gel-Daybed wie auf einem Floß zwischen Palmen bestandenen Atollen umher. Unterhalb der Floßkante, die ihre Liegehöhe auf die Wand übertrug, kreuzten im hellen Türkis sonnengelbe Fischschwärme und gelegentlich auch Barrakudas. Leichte Handbewegungen genügten, um ihr Floß auf eine Insel zuzusteuern. Eine Riesenschildkröte paddelte rechts an ihr vorbei.

Sie näherte sich den Palmen, die schief im blau leuchtenden Wasser standen, und versuchte, an ihnen vorbei, jenseits der Hotelstege, das Land zu erreichen. Die breiten Gürtel weißer Sandstrände, die einst die Inseln umschlossen und zu traumhaften Ferienzielen machten, lagen mehrere Zentimeter unter ihr. Sie konnte sie durch das klare Wasser gut erkennen. Ausladende Stege, teilweise mit Sand bestreut, hatten in der Nähe der landeinwärts errichteten Hotelanlagen die ursprünglichen Strände durch Beachclubs ersetzt. Auf weißen, mit Palmblättern überspannten Himmelbetten fläzten sich überwiegend ältere, meist fettleibige Touristen hinter luftigen Schamvorhängen.

Ein Foto poppte in der rechten Ecke auf. Angeblich jemand, der Nana kannte, so sagte es zumindest sein gerade geöffnetes Profil. Sie schaute genauer hin, deutete darauf und erkannte anhand der eingeblendeten Informationen, dass der Sohn von Frau Sauerbier gerade in dieser schicken Hotelanlage war. Er signalisierte Kontaktmöglichkeit. Wie fies! Der Kerl hatte sich so selbstherrlich produziert, als er ihr den Auftrag erteilte, für seine Mutter zu sorgen, dass sie fast abgelehnt hätte. Hier war's einfacher: »Auf keinen Fall sende ich dem blasierten Angeber einen Gruß!«, herrschte sie die aufgeklappte Option an, die sich wie eine Muschel beleidigt schloss. Sah ihm ähnlich, dass er sich in diesem teuren Resort gleich als Markenbotschafter produzieren musste! Damit wollte er sich doch nur die Abschlepp-Cocktails für den Abend verdienen. Mittlerweile hatte sich ihr Floß im Palmenwildwuchs hoffnungslos verheddert. Ein Gaming Icon kündigte an, dass sie sich von einem anderen Spieler namens Freitag helfen lassen könne, aber sie hatte keine Lust, mit Freitag irgendwelche Abenteuer zu bestehen. Hatte man denn nicht mal in einem virtuellen Paradies seine Ruhe? Nichts wie weg hier. Die Marken von zwei Reiseportalen und einem Raumbedufter bedankten sich für ihren Besuch und blendeten ihr den durch ihre Besuchszeit vergünstigten Krankenhaustarif ein.

Nana ließ sich zur nächsten Reisedestination treiben. Sie konnte aus dem Angebot verschiedener Luxusmarken auswählen, die die Reisebranche neu aufgemischt hatten. Es gab alles: von See- und Städtereisen über Helikopterflüge in Naturreservate bis hin zu einem Mondflug. Verschiedene Medien hatten die veralteten technischen Standards in Russland, aber auch bei der NASA bemängelt. Und Gerüchte, wonach der touristische Weltraumflug in Russland aufgrund technischer Risiken gar nicht wirklich stattfand, sondern nur simuliert wurde, hatten zu diversen Klagen und Prozessen geführt. Der Weltraumtourismus konzentrierte sich momentan auf das chinesische Raumfahrtzentrum Jiuquan und den Weltraumjet von EADS – für die malade Nana derzeit unerreichbar. Sie scrollte und verschob Erlebniswelten, bis sie schließlich den esoterischen Trailer des Klosters aufrief, in dem sie Geoffrey vermutete. Ihre Abrechnungsuhr für den zehntägigen Krankenhausaufenthalt, die die ganze Zeit rückwärts gelaufen war, weil ihr Besuchspunkte gutgeschrieben wurden, blieb plötzlich stehen. Schade, das Kloster schien diese Vermarktungsoption noch nicht für sich entdeckt zu haben. Somit gab es wohl auch keine Chance, jetzt zufällig Geoffrey in den Mauern zu entdecken. Passte irgendwie, schmunzelte Nana. Für solche Spielchen war er eh nicht zu haben.

Romina

Sie räkelte sich auf der Holzbank in der Sonne: Daniel hatte tatsächlich eine Hütte am Großglockner! »So geheim ist dein Versteck ja nicht, wenn du erst mal deinen Ausweis zeigen musst, um reinzukommen«, hatte sie ihn an der Einlasskontrolle zum Osttiroler Naturschutzpark gefoppt. »Du weißt doch: Die bewachten Plätze sind die sichersten Verstecke«, hatte der geantwortet.

Sie hatten sich ein Wochenende gegönnt, weil die Arbeit an der Serienreife der Care-o-Teddys viel Kraft gekostet hatte: Nachdem sie in den drei Prototypen etliche Features verbessert und neue Funktionen untergebracht hatten, verhandelten sie nun mit Herstellern in Korea und Malaysia über die Serienproduktion der ersten Generation. Der koreanische Hersteller, auf den Romina über Nana und den Spielzeugeinkäufer des ChildHood gekommen war, hatte schon die Bauteile der Prototypen geliefert. Den in Malaysia hatte Daniel erst kürzlich entdeckt, und Franziska, die lange dort gearbeitet hatte, war ihnen bei der Suche behilflich gewesen. Sie hatte den Kontakt vor Ort überprüfen lassen und die Verhandlungen eingeleitet, die Daniel mit erstaunlichem Geschick geführt hatte. Jetzt, da alles eingetütet war, wollten sie mal drei Tage verschnaufen. Sie hatten gerade gefrühstückt und saßen auf der Holzbank am Haus, genossen die Aussicht und hörten den Folkloremix von Jack. Daniel schubste sie leicht an: »Krass fand ich, wie der Malaie uns fast einen Grizzly als Care-o-bot bauen wollte.« Sie erinnerten sich und lachten beide. »Wie verrückt. Da hat man alle erdenklichen fancy Hightech-Kommunikationsmittel, um die Welt ins Global Village zu verwandeln, und am Ende scheitert man am Übersetzungssystem, das Kuscheltiere nicht führt!«

»Und anstatt das zuzugeben, täuscht es uns einfach mit der zweitbesten Lösung – wie im richtigen Leben.«

»Ich bin wirklich total gespannt auf die Lieferung! Wir müssten fast wetten, welches Modell der Bestseller wird. Meinst du, die Hündchen kommen an?«, fragte Romina ganz aufgeregt.

»Gestern hab ich schon fünf Anfragen allein auf meiner Vertriebsplattform gesehen. Aber die abstrakten Mob-Viecher sind eher mein Fall, die Mimik hat Afina wirklich super gezeichnet!«, lobte Daniel Rominas Tochter, die bei der Version einer abstrakteren Gestalt mit Hand anlegen durfte.

»Ja, die sind auch eher mein Favorit. Die Hündchen wollte Nana, weil sie meinte, die entsprächen ihrer Klientel besser.«

»Ich weiß, war taktisch auch ganz gut, Nana eine eigene Version abzutreten, damit sie endlich Ruhe gibt mit ihrer absurden Forderung an den Rechten.«

»Da kennst du sie schlecht. Die gibt deswegen nicht Ruhe!«

»Ja, wahrscheinlich hast du leider recht.«

»Weißt du was?«, Romina blickte Daniel mit ihrer wunderbaren Ernsthaftigkeit an: »Ich würde die Dinge zwischen uns gern mal sauber aufsetzen. Nicht Nana, sondern dir stünden eigentlich erst mal irgendwelche Anteile zu. So wie du das mit Afina und ihren Rechten am Design der Care-o-mobs geregelt hast.«

»Das können wir gerne machen, aber ich hab um mich dabei weniger Sorge als um dich. Du hast mich immer fair behandelt. Solange dir niemand die Rechte abspricht, bräuchte ich keinen Vertrag. Aber wir sollten erst mal eine Erklärung und Beweisführung aufsetzen, dass alle Rechte eindeutig bei dir und nicht bei Nana liegen. Hat sie dir denn inzwischen alle Materialkosten überwiesen?«

»Nein, nur die Hälfte. Sie meint ja, sie hätte mich auf die Idee gebracht.«

»Ja, aber das Konzept ist doch deins gewesen, und so ist doch der Deal bei der Projektzusammenarbeit: ihr Briefing, dein Entwurf, deine geistige Entwicklungsarbeit und ihre Materialkosten. Dafür gehen die drei Prototypen in ihren Besitz über, die Rechte daran behältst aber du. Solange ihr nicht vereinbart habt, dass sie dir auch deine geistige Entwicklungsarbeit entlohnt.«

»Nein, hatten wir nicht, und selbst bei den Materialkosten stellt sie sich an. Ehrlich gesagt hab ich die abgeschrieben.«

»Das ist wahrscheinlich auch vernünftiger. Aber wenn sie jetzt mit Anwalt droht und dir bis heute noch nicht mal deine Materialkosten für die Prototypen voll erstattet hat, dann hat sie ihr Projekt-Soll noch nicht mal erfüllt und einen schlechten Stand. Dann hat sie auch an der ganzen Serienreife keine Rechte. Die Weiterentwicklung hat sie weder beauftragt, noch hat sie einen Cent dazugegeben. Im Grunde hat sie nur ein Hündchen bestellt. Du solltest das alles mal dokumentieren! Wirklich, Romina. Da hat Eduard ausnahmsweise mal recht: Du bist zu gutmütig. Nana ist clever, die macht jetzt einfach weiter, und solange du da nicht selbst in Forderung gehst, versteht die es am Ende noch, aus einer ungünstigen eine Pole-Position zu machen.«

»Soll ich ihr die Hündchen jetzt etwa verkaufen, anstatt ihr die Rechte daran zu übertragen? Das war eigentlich mein Kompromiss, damit der Streit nicht noch weiter eskaliert.«

»Ich weiß, du machst das aus deiner typischen Harmoniesucht, aber im Streitfall wirkt es wie ein Zugeständnis. Ich würde das nicht tun.«

»Aber ich hab's ihr schon vorgeschlagen.« Romina kaute auf ihrer Unterlippe.

»Oh, Mann, du bist echt zu gut für diese Welt!« Daniel umarmte Nana, die ihren Kopf in seinen Armen vergrub und sich wie ein dummes Schaf vorkam. »Pass auf, ich geh kurz rein und setz dir jetzt mal einen Entwurf auf, den wir dann auf unserer kleinen Wanderung gleich in Ruhe durchsprechen können, okay?«

»Du bist ein Schatz!« Romina fiel ein riesiger Stein vom Herzen. »Ich weiß wirklich nicht, was ich ohne dich täte!«, rief sie ihm nach, während Daniel in der Hütte verschwand.

Sie ließ sich mit geschlossenen Augen an die warme Holzwand zurückfallen. Was für ein unglaubliches Glück sie mit Daniel hatte! Anfangs hatte sie noch ein schlechtes Gewissen gegenüber Eduard gehabt, weil aus der Geschäftsbeziehung weit mehr geworden war, aber das wurde immer kleiner. Mit jeder weiteren Erfolgsaussicht der Care-o-bots war Eduard immer missbilligender und grantiger zu ihr geworden. Er war von Anfang an dagegen gewesen, und er konnte es nicht vertragen, wenn sich Dinge anders entwickelten, als es seine Vorstellung zuließ. Sein Einfluss auf sie war entsprechend geschwunden, und ihr eigentlicher Partner, der ihr zur Seite stand, war Daniel. Das war Romina noch vor ihrer Liebesbeziehung klar geworden. Obgleich sie anfangs seine schlampige Bude und seine Teenager-Allüren ziemlich abgeturnt hatten, konnte er sie im Verlauf der Zusammenarbeit mit seinen reiferen Seiten überzeugen. Die Vertrautheit durch das gemeinsame Projekt und das nächtelange Beisammenhocken hatte sie irgendwann ganz selbstverständlich zusammengeführt. Und was Romina betraf, war es sicher nicht nur die Einsamkeit gewesen, sondern auch die Freude darüber, als Frau begehrt und nicht nur als Mutter und Familienversorgerin angefragt zu werden. Wie es nun weitergehen sollte, war Romina allerdings noch nicht richtig klar, und sie war froh, dass Daniel sie nicht drängte. Wenn es weitergehen würde, dann musste sie mit ihrer Familie reden, bald schon. Und da waren auch noch ihre eigenen

Zweifel: Ob sie mit ihrer manchmal mütterlichen, manchmal überkorrekten Art wirklich sein Typ war? Während des Tüftelns am Teddy hatten sie zum Beispiel endlos über die Hacker-Ethik diskutiert. Romina haderte mit seinem hingebogenen Gerechtigkeitsempfinden. Als Migrantin und IT-lerin war sie darauf gepolt, Systeme zu durchblicken und zu optimieren, ohne die Grenzen dabei zu überschreiten. Jetzt traf sie auf Daniel, der, getrieben von seiner eigenen Weltanschauung, die Lücken im System suchte wie ein Fisch das Loch im Netz. Ein kleiner Fisch, der aber gut vernetzt einiges auszulösen vermochte. So viel traute Romina ihm mittlerweile zu. Er wusste, dass ihr das Angst machte, und war erst kürzlich so darüber in Rage geraten, dass er ihr vorgeworfen hatte: »So wie du urteilst und dich verhältst, ist das zwar ehrenhaft, aber nicht mehr zeitgemäß«, worauf sie geantwortet hatte: »Es geht mir nicht darum, modern zu sein. Ich will mir selbst noch ins Gesicht schauen können.«

»Das will ich doch auch! Ich kämpfe doch wie du für das Gute!«

»Nicht wie ich. Ich kämpfe nicht.«

»Das ist naiv, Schneewittchen, das ist süß, aber so erreichst du gar nichts.«

Sie wurden sich da nicht einig, das war ihre große Befürchtung. Sie würde es nie schaffen, so weit über ihren Schatten zu springen. Romina erinnerte sich an die Korruptionsfälle, von denen Eduard ihr ab und an berichtet hatte. Für die man in Deutschland öffentlich gebrandmarkt würde und die ost- und südwärts keinen Hahn krähen ließen. »Hier ist auch nicht alles toll, aber immerhin gelten in Deutschland noch Gesetze, und es gibt auch so was wie eine öffentliche Kontrolle der Mächtigen«, hatte sie in einer der Diskussionen argumentiert. Und sie erinnerte sich an Daniels bittere Entgegnung: »Ja, das haben wir den Anstandsbürgern und den Medien zu verdanken«, hatte er gespottet. »Die lassen das Ganze als dreckige Suppe in wechselseitiger Empörung hochkochen, um sich in ihrer selbstgerechten Funktion als Moralapostel zu produzieren. Und hier glaubt dann jeder, die Welt sei noch in Ordnung. Aber die wirklichen Geschäfte passieren doch längst außerhalb der Grenzen.«

Romina dachte an Franziska und ihre Hilfe, eine Produktionsfirma und einen Vertragspartner für Afinas Care-o-mob-Version zu finden. Das lief erst richtig an, nachdem Franziska eine nicht unbedeutende Summe, die sie als »market entry for foreigners« umschrieben hatte, erhalten hatte. Romina hatte sich dafür sogar Geld von Daniel leihen müssen. Jedenfalls war irgendein Rechtsanwalt für internationale Handelsgeschäfte in den Vertragsabschluss involviert, sodass Romina an die Rechtmäßigkeit glaubte. Oder glauben wollte, wie sie sich jetzt eingestand.

Sie blickte auf den Großglockner: Die Gesteinsmasse bildete das ideale Gegengewicht zu ihren Zweifeln. Vielleicht würden sie übermorgen gemeinsam mit einer Gruppe den Gipfel erklimmen. Sie wollten noch die Wetterentwicklung abwarten und sich am Abend beim Ranger melden. Romina war sich nicht sicher, ob ihre Kondition ausreichen würde für das Schneefeld und ob sie den Mut hätte, oben über den schmalen Grat zu gehen. Daniel hatte berichtet, dass sich bei seinem letzten Aufstieg ein paar übermüdetete Tschechen einfach in sein Seil geklinkt hätten, als er schon auf dem Grat stand, von dem es zu beiden Seiten mehrere Hundert Meter tief hinabging. Romina blinzelte zum schneebedeckten Gipfel. Von hier unten wirkte alles so unerschütterlich und friedlich. Eigentlich hatte sie gerade keine Lust auf Abenteuer.

Daniel kam mit einem alten Jagdfernglas aus der Hütte: »Damit halten wir gleich Ausschau nach Geiern, Adlern, Steinböcken und Murmeltieren«, freute er sich auf die bevorstehende Wanderung. »Ich hab dir den Entwurf auf deinen Assistenten geschickt«, sagte er, während er prüfend durch das Glas blickte. »Wollen wir los? Nimm nur deine Thermojacke und den Hüftgurt mit den Wasserpatronen mit, wir fangen langsam an. Ich dachte, wir gehen über einen kleinen Umweg am Bergbach rauf bis zur nächsten Hütte und auf direktem Wege wieder zurück.«

Romina schnappte sich Jacke und Hüftgurt, und sie zogen los. Sie ließen sich Daniels Entwurf gemeinsam vom Assistenten vorlesen und in ihre Sonnenbrillen einblenden. Immer, wenn Romina etwas fragte oder Daniel kommentierte, pausierte der Vortrag, und ihre Einwände wurden in Textform an den entsprechenden Stellen eingeblendet. Die Spracherkennung unterschied Rominas von Daniels Stimmlage, und die beiden konnten über verfolgte Handbewegungen die Textbausteine verschieben oder neu zuordnen. Es dauerte keine halbe Stunde, da hatte Romina eine persönliche Erklärung zur Verteilung der Rechte. Als Nachweis waren mehrere Dokumente, Kontoauszüge und mündliche Vereinbarungen angehängt, die belegten, dass die Rechte der Care-o-bots seit den drei Prototypen bei ihr lagen. Die drei Teddys würden in Nanas Besitz übergehen, sobald diese mindestens die Hälfte der Investitionskosten gedeckt hätte. So weit kam sie Nana noch entgegen, zog aber damit auch die Grenze der Projektkooperation. An der serienreifen Hündchenversion begrenzte Romina Nanas Anteile rein auf das von jener eingebrachte Erscheinungsbild. So, wie sie auch Afina an den von ihr skizzierten Mob-Versionen beteiligte.

Daniel stieg vor Romina einen unsicheren Geröllpfad hinauf und gönnte ihnen eine kurze Verschnaufpause. Edelweiß und Alpenmargeriten blühten auf kargem Geflecht zwischen den Steinen. Sie leerten zwei Wasserpatronen und stapften weiter. Die von Daniel vorformulierte Erklärung war fast zu Ende. Romina hakte nach:»Ich finde wirklich, dass deine Mithilfe hierin auch abgebildet werden sollte.« Doch als sie ihm die Hälfte zubilligen wollte, lehnte er entschieden ab.

»Die Hälfte ist viel zu viel und taktisch auch ungeschickt, weil das Entscheidungen lähmt. Du musst den Hut aufbehalten! Den Vorschuss, den ich dir gegeben hab, vermerke lieber als einmalige Zahlung aus den Gewinnen. Wenn du mir zusätzlich zehn Prozent überträgst, hab ich mehr als Glück gehabt mit dir«, meinte er bescheiden.

Romina erwiderte, dass sie das gern erst mal so festhalten könnten, dachte aber im Stillen, dass sie Daniels Anteil in einem ruhigen Moment auf mindestens fünfundzwanzig Prozent aufstocken wollte.

»Bevor wir übermorgen da hochkraxeln«, er zeigte auf den Gipfel,»und du vielleicht im ewigen Schnee verloren gehst, solltest du auch gleich eine Verfügung treffen, auf wen die Rechte im Todesfall übergehen sollen.«

»Du machst mir ja Mut. – Wer wäre das normalerweise?«, fragte sie.

»Ich kenne deinen Ehevertrag nicht, aber wahrscheinlich Eduard«, antwortete Daniel knapp, blieb stehen und sah sich um. »So, und jetzt lass uns mal nach den Geiern gucken!« Er hob seinen Feldstecher. Ein paar Steine, die seine Schritte gelöst hatten, kullerten den Pfad hinunter.

Romina grübelte. Zwar mochte sie Eduard gegenüber wegen ihrer Liebesbeziehung mit Daniel ein schlechtes Gewissen haben – aber ausgerechnet ihm die Care-o-bot-Anteile zu überschreiben, ging ihr absolut gegen den Strich. Von Anfang an war er dagegen gewesen, hielt ihre Idee für ein Hirngespinst, verunsicherte sie mit zynischen Bemerkungen über ihre fehlende Geschäftstüchtigkeit und warf ihr Verantwortungslosigkeit vor, weil sie sich mit solchen Kindereien vor »richtiger Arbeit« nur drücken wolle. Dass ihr Ehemann sie nicht unterstützte, war schon traurig. Aber dass er sie sogar entmutigte und kleinredete, hatte sie doch sehr getroffen. Afina war da ganz anders. Sie hatte die Idee sofort genial gefunden und mit Ideen losgesprudelt. Daniel fand Afinas Skizzen großartig, weil ihre Mob-Viecher eigenständiger als der Teddy waren, und die beiden hatten auch beim Aufnehmen der Schnauf-, Kicher- und Grunzgeräusche, die die Viecher zwischendurch absondern sollten, so viel Spaß gehabt, dass sie bestimmt ein gutes Team ergaben! Sie ließ sich etwas zurückfallen und setzte Daniel und Afina zu gleichen Teilen als Erben ein – egal, was er gerade versucht hatte, ihr zu erklären.

»Da vorn ist die Hütte! Wir sind gleich da. Hab ich einen Hunger!«, rief er von vorn, und sie erklommen mit neuem Ansporn die letzten Steigungen.

Nach dem Tiroler Gröschtl genossen sie die Sonne auf der Terrasse. »Ich werde Afina als Erbin mit aufnehmen«, sagte Romina zu Daniel, während sie ihn und sich mit UV-Schutz besprühte, und war sich sicher, dass Afina auch den kleinen Bruder bedenken würde, wenn es was zu verteilen gab.

»Das ist gut«, antwortete er mit zusammengekniffenen Augen, »mit Afina sollten wir sowieso enger zusammenarbeiten. Deine Tochter hat dafür echt ein gutes Händchen! Für die Mobs gibt es bisher die meisten Vorbestellungen«, sagte er und verteilte den Nanoschutz. »Und warte erst mal ab, wie die noch steigen, wenn die in den Medien und im Stadtbild auftauchen.«

Einträchtig schweigend saßen sie beieinander. Das Holz der Hüttenwand wärmte, und sie blickten über sanfte Wiesen und hoch zu imposanten Felswänden. Romina stellte die Innenohr-Kopfhörer etwas lauter ein. Eine krude Mischung aus gesungenem Folk mit unterlegter Begleitung, die sich wellenartig in den Vordergrund spielte, drängte das Gespräch über die Rechte endlich in den Hintergrund. Anfangs waren es nur ein Piano und ein Akkordeon, doch jetzt kamen auch Hörner und sogar eine Tuba hinzu. Es war schön und schräg zugleich. Romina mochte die Mischung dieser Instrumente, die zunächst gar nicht zueinander zu passen schienen. Als sie letzten Sommer für einen Auftraggeber kurz in Basel zu tun hatte, hatte sie aus dem Fenster vom Hotel Krafft eine Blasmusikkapelle vorbeimarschieren hören, die das alte Lied von Pippi Langstrumpf so pfeffrig schräg durch die Gassen geschmettert hatte, dass es eine wahre Freude gewesen war. Der Spielmannszug, der forschen Schrittes aus der Gasse durch die Hausbögen zum Rheinufer marschiert war, hatte Mitspieler aus allen Altersklassen, und man hatte ihnen den Spaß beim Schlagen des Glockenspiels und der Pauken wirklich angesehen. Das Schmettern der Trompeten, der Trommelwirbel und Paukenschlag waren ihr durch alle Glieder gefahren. Die Passanten waren stehen geblieben, und viele Bewohner hatten ihre Köpfe aus den Fenstern gestreckt. Die Rheinschwimmer, die sich mit ihren bunten Kleidersäcken von der Strömung hatten ziehen lassen, hatten versucht, sich aus dem grünen Sog zu befreien und an die Ufersteine zu schwimmen, um länger zuhören zu können. Es war wunderbar gewesen, alle Menschen im akustischen Umkreis plötzlich aus ihren Gesprächen, Verbindungen und Augmented-Realitäten gerissen und sich rhythmisch zur Musik bewegen zu sehen.

Gerührt von dieser Erinnerung, kuschelte sie sich an Daniel. Romina schloss die Augen. Wenn die Blechbläser gerade nicht erklangen, konnte sie den Gebirgsbach rauschen hören.

Irgendwo in der Musik meinte sie Eduards Klingelton zu hören. Nein, das war nicht in der Musik. Daniel hatte sich aufgerichtet und deutete auf ihren Assistenten: Eduard rief an. Ausgerechnet. Sie überlegte kurz, ob sie die Kamerafunktion unterdrücken sollte, aber das wäre auffällig. Also los.

»Hallo, Romina.«

»Hallo, Eduard.«

»Ich hoffe, ich … Wo bist du?« Seine Stimme klang scharf.

»In Osttirol, am Großglockner. Ein bisschen Arbeit und Erholung verbinden.«

»Und wer sitzt da neben dir?«

»Das ist Daniel. Wir bauen zusammen am Care-o-Teddy. Ich hab dir von ihm erzählt.« Klang sie so verlegen, wie sie sich fühlte?

»Ja, nach Arbeit sieht's auch gerade aus. Afina hat mir auch schon von deinem neuen Freund berichtet. Schade, dass ich von dir so wenig dazu höre.«

»Was hat Afina berichtet?«

»Hör zu, Romina, ich hab gerade für solche Spielchen nicht auch noch die Nerven. Meine Mutter hatte einen Schlaganfall und liegt im Koma, ich brauch dich jetzt hier. Und weil die Kulisse bei euch da gar zu romantisch ist: Komm nicht aus Mitleid oder Pflichtgefühl. Komm nur, wenn wir dir wirklich noch was bedeuten. Viel scheint dir ja an uns nicht mehr zu liegen!«

Romina war aufgestanden und suchte eine Stelle in der Nähe des Baches außerhalb der Hörweite Daniels. »Eduard, sprich einfach nur für dich, und lass die Kinder da bitte raus. Von deiner Zuneigung habe ich in letzter Zeit auch nicht viel bemerkt!«

»Ah, danke schön, ich hab hier gerade auch einiges am Hals, wobei ich deine Anteilnahme gebrauchen könnte! Mutter mit Schlaganfall, die Kinder, die sich keinen Deut um das kümmern, was ich sage, und seit Wochen Entlassungswellen im Konzern.«

Romina stutzte. »Warum hast du mir das nicht erzählt?«

»Ich ruf dich ja gerade an.«

»Nein, das mit den Entlassungen!«

»Sobald ich mit dir rede, höre ich nur noch von dieser wahnwitzigen Care-o-bot-Geschichte!«

»Aber das läuft super, Eduard!«

»Ja, und du fängst schon wieder damit an! Vergiss einfach mal deinen Kram und kümmer dich zur Abwechslung mal um uns! Komm wenigstens eine Woche! Ich kann meine Mutter hier nicht allein lassen, und ich will jetzt nicht im Betrieb ausfallen. Sonst setzen die mich gleich noch mit auf die Liste – wenn ich da nicht schon eh draufstehe«, murmelte er und klang plötzlich ganz verzagt.

Romina zupfte ziellos ein paar Blätter aus den Böschungsbüschen vor sich. Ihr Kopf ratterte, aber ohne eine klare Strategie auszuspucken. Es war zeitlich total ungünstig, jetzt heimfahren zu müssen. Die erste Generation musste abgesegnet und die zweite und bisher umfangreichste vorbereitet werden. Ihr Flug nach Korea war in drei Tagen geplant, Malaysia käme direkt im Anschluss. Könnte sie Daniel bitten, das abzuwickeln?

»Was ist, Romina? Können dich nicht mal mehr eine drohende Entlassungswelle und ein Schlaganfall in deiner Familie nach Hause bringen? Es ist nicht zu fassen! Hör zu: Entweder du bist spätestens übermorgen hier, oder du bleibst, wo du bist!« Er legte auf.

»Лайно! Scheiße!« Romina schlug mit der flachen Hand in die dünnen Zweige, die auseinanderfederten. Daniel näherte sich, die Hände in den Taschen: »Warum hast du nicht einfach gesagt, ich wäre dein Bergführer?«

Romina drehte sich zu ihm um. »Bergführer? Blass, wie du bist? Dazu bräunt dich deine Medienwand zu wenig.«

Daniel schaute zerknirscht, und Romina tat ihre Bemerkung augenblicklich leid. »Sorry!«

»Schon okay. Was ist denn los?«

»Ich muss zurück nach Odessa. Da läuft gerade alles schief. Ausgerechnet jetzt! Aber es lässt sich unmöglich verschieben.«

»Und wer macht die Endabnahme in Korea und Malaysia?«

Aber er konnte schon an ihrem Blick ablesen, wer die machen würde. »Ach so, die mach ja ich!«, schlug er sich grinsend vor die Stirn. Es gab derzeit wenig, was er nicht für Romina tun würde.

Fakten zu Gesundheit und Vorsorge

Gesundheitsvorsorge und Konservierung der Jugendlichkeit wird zunehmend zur eigenen Mission erklärt und in alle Lebensbereiche integriert. Digitale Lösungen für Prävention und Selbstkontrolle gehören zum Alltag. Durch die demografische Entwicklung wird es immer mehr alte Menschen geben und immer weniger junge, die diese Alten pflegen. Technische Lösungen für den großen Pflege- und Betreuungsbedarf sind gefragt.

Das Geschäft mit der Jugend

Im Jahr 2035 wird die deutsche Bevölkerung die älteste der Welt sein.[1] In einer alternden Gesellschaft wird Jugendlichkeit Sehnsuchtsfaktor und Statussymbol zugleich, denn alles, was verschwindet, steigt an Wert. Die Werbung zelebriert diese Sehnsucht, alle Zielgruppen werden um mindestens zehn Jahre verjüngt. »Wir werden länger alt als jung sein«, so Peter Wippermann. Aber das gefühlte entspricht nicht dem physischen Alter. Und dank Mode, Medizin und Technik kann man »30 Jahre lang wie 40 aussehen«.[2] Hilfreich ist dabei die Schönheitschirurgie, die laut Vereinigung der Deutschen Ästhetisch-Plastischen Chirurgen in den letzten Jahren deutlichen Zulauf erfährt.[3] Die Konservierung der Jugend und die

Bewahrung – oder Schaffung – eines möglichst guten Aussehens ist aufwendig: Es werden Zähne gebleacht, Haare von falschen Stellen weggelasert und an richtige Stellen transplantiert, es wird trainiert, operiert und optimiert. Diese Investition scheint sich zu lohnen, impliziert Jugendlichkeit doch Gesundheit, Vitalität und Leistungs- fähigkeit. »Healthstyle wird zum Lifestyle.«[4]

Functional-, Medical- und Wellfood

Gesundheit fängt mit der richtigen Ernährung an, das ist eine Bin- senweisheit. Obwohl das Thema gesamtgesellschaftlich von gro- ßem Interesse und in den Medien nahezu omnipräsent ist, ernährt sich doch kaum jemand wirklich gesund. Sei es aus Unwissenheit, Zeit- oder Bewegungsmangel: Wir werden immer dicker. Im Jahr 2011 litten 67 Prozent der Deutschen an Übergewicht, hatten also einen Body-Mass-Index von über 25. Männer waren mit 75 Prozent stärker betroffen als Frauen mit 59 Prozent.[5]

Sich einfach gesund und schön zu essen ist der Traum von vie- len. Daher setzen Ernährungstrends mittlerweile zwischen Ge- sundheitsoptimierung und Selbstinszenierung an. Technologische Innovationen aus Bio- und Nanotechnologie erreichen den Food- und Beverages-Sektor. Functional und Medical Food sollen Ernäh- rungssünden ausgleichen. Nuriocosmetics versprechen Kosmetik von innen und Phood, die Verknüpfung von Pharma und Food, Hei- lung durch den Konsum bestimmter Nahrungsmittel. Fortschritte aus der biomedizinischen Forschung ermöglichen neue Angebote, sogenannte Nutraceuticals, Nahrungsmittel also, die durch natürli- che Zusätze eine gesundheits- oder schönheitsfördernde Wirkung haben. Stollwerk hat mit der Schokolade »Antioxidant« ein Produkt gelauncht, das, reich an Antioxidantien, den Zellschutz der Haut vor Umwelteinflüssen und Stress aktiviert und so der Hautalterung vorbeugen soll.[6] Das Beauty Candy von Beauty'in aus Brasilien ist ein Bonbon, dessen Hauptbestandteil Collagen eine hautstraffende Wirkung beim Naschen erzielen soll.[7] Und Stonyfield aus den USA hat mit Lickety Sip[8] ein Eis mit Rosenblätter-Extrakt, Antioxidantien, Vitamin C und Selen auf den Markt gebracht, das angeblich den Regenerationsprozess der Haut unterstützt.

Doch nicht nur für die Schönheit wird gegessen und getrunken, auch für Fitness und Belastbarkeit: Ob Kaugummis oder Energy-Drinks – die es mittlerweile übrigens auch ohne künstliche Inhaltsstoffe und Zusätze gibt[9] –, kleine leistungssteigernde Energie-Kicks sind mit wachsendem Arbeitsdruck gefragt. Mental Energizer sind auf dem Vormarsch, um die Konzentration zu verbessern und die physische wie die mentale Leistungsfähigkeit sicherzustellen. Der US-Hersteller Jones Soda Company hat mit Jones Gaba ein Teegetränk gelauncht, das mit Gaba angereichert ist,[10] einem hemmenden Neurotransmitter, der beruhigt und Ängste abbaut. Laut Hersteller soll das Gehirn durch den Drink mit mehr Alphawellen und Energie versorgt und so konzentriertes, ruhiges Arbeiten unterstützt werden. Kein Wunder also, dass die Health-Claim-Verordnungen immer strikter werden. Und dass sich Gegenentwicklungen, wie beispielsweise die Slow-Food-Bewegung, formieren, die nicht nur Wert auf naturbelassene, regionale Nahrungsmittel sowie artgerechte Tierhaltung und verantwortungsvolle Landwirtschaft legen, sondern vor allem den Genuss und die Kultur des Essens und Trinkens wieder stärker in den Vordergrund rücken. Die Anhänger der Bewegung verstehen ihre Gemeinschaft als eine »internationale Bewegung zur Wahrung des Rechts auf Genuss«.[11]

Die Medizinisierung des Reisens

Gesundheitsurlaube boomen. Um in der Performance- und Leistungsgesellschaft mitzuhalten, wird der Urlaub immer häufiger zur Prävention, Regeneration und Selbstoptimierung genutzt. So nennen deutsche Urlauber, gefragt nach ihren Motiven für eine Reise, zu 57 Prozent Entspannung, 37 Prozent möchten etwas für den eigenen Körper und die Gesundheit tun.[12] Kooperationen zwischen Kliniken, Krankenkassen und Tourismusbranche professionalisieren diesen Sektor. So bietet die gesetzliche Krankenkasse KKH-Allianz Reisen in Zusammenarbeit mit dem Wellness-Reiseveranstalter TUI Vital an.[13] Neben Detoxing, Thermalbädern, Yoga und Sauna wird Medical Wellness zum Trend – die moderne Form des alten »Kurlaubs«. Ärztliche Versorgung kombiniert mit einem Verwöhnprogramm soll eine effiziente und nachhaltige Regeneration garantieren. Eine kleine Nasenkorrektur, minimalinvasive Eingriffe oder eine Lidfaltenstraffung – und das alles, ohne dass man sich im Alltag wegen Narben und Verbänden rechtfertigen muss.

Nicht nur physisch, auch psychisch kann man sich im Urlaub regenerieren: In der Anonymität des Urlaubs begeben sich einige Feriengäste auch in psychologische Betreuung. Sei es, um dem Burnout vorzubeugen, wieder zu sich selbst zu finden oder sich mit dem Leiden anderer auseinanderzusetzen. Psychologische Medical Wellness findet meistens in ruhigen, abgeschiedenen Gegenden statt. Alltagsstress und eine Always-on-Mentalität führen verstärkt dazu, dass man sich Auszeiten vom technischen Wahn gönnt. Urlaube ohne Smartphone, Computer und Co. sollen helfen, sich auf Essenzielles zurückzubesinnen und Abstand vom hektischen Alltag zu gewinnen. So werben Hotels für Offline-Wochen ohne störende Handys[14] oder mit ihrer exponierten Lage in einem Funkloch.[15]

Wer soll das bezahlen?

Zur Bevölkerung im erwerbsfähigen Alter gehören heute etwa 50 Millionen Menschen. Im Jahr 2060 werden es, je nach Ausmaß des Geburtenrückgangs und der Zuwanderung, bis zu 34 Prozent weniger sein.[16] Statt auf den Generationenvertrag heißt es auf private Vorsorge zu setzen. Rund die Hälfte der Deutschen hält die staatliche Rente für weniger bis nicht geeignet, ihnen im Alter einen Lebensstandard zu sichern, wie sie ihn gewohnt sind.[17] Laut Forsa-Umfrage denken 68 Prozent der Befragten, es sei notwendig, sich mit den Möglichkeiten privater Altersvorsorge zu beschäftigen.[18] Auch die Zahl der Leistungsbezieher aus der gesetzlichen Pflegeversicherung steigt, da es nicht nur durch den demografischen Wandel anteilig mehr alte Menschen gibt als früher, sondern diese dank des medizinischen Fortschritts auch älter werden als ihre Vorgängergenerationen. Die Pflegeversicherung fährt seit 1999 Verluste ein, ihr Geld reicht schätzungsweise noch für die nächsten drei Jahre, dann sind auch diese Rücklagen verbraucht.[19] Immer weniger Beitragszahler und immer mehr versorgungsintensive Alte – das Gesundheitssystem, wie wir es jetzt kennen, ist überholt. Die Krankenkassen machen Verluste in Milliardenhöhe und rechnen für 2011 trotz Sparmaßnahmen mit einem Defizit von 11 Milliarden Euro.[20] Laut Dr. Thomas Drabinski, Leiter des Kieler Instituts für Mikrodaten-Analyse, ist die gesetzliche Krankenversicherung nicht zukunftsfähig.[21] Schon jetzt sichern sich Deutsche mit Zahnzusatzversicherungen ab und zahlen Vorsorgeuntersuchungen selbst, doch künftig werden wir vermehrt Zuzahlungen leisten müssen. Der Preis des Alters wird mit dem demografischen Wandel neu verhandelt: »Mehr Eigenverantwortung, weniger Staat und mehr Markt«, prophezeit Peter Wippermann, Gründer des Trendbüros.[22]

Gesundheitssponsoring

Die Einsparungen im Gesundheitswesen machen sich bereits bemerkbar, auch wenn die Grundversorgung noch sichergestellt ist. Doch ob Bücher und Zeitschriften, Zimmereinrichtung oder teure Geräte, immer mehr Teile der Klinikausstattung werden über Spendengelder oder Sponsoren finanziert.[23] So bieten viele Krankenhäuser, unter anderem die Klinik Essen-Mitte, ab einer bestimmten Spendenhöhe die Anbringung einer Namensplakette an. Öffentliche Krankenhäuser werden über Private-Public-Partnerships (PPP) privat finanziert. Hierbei werden z. B. der Bau, der Betrieb, die Finanzierung und die Planung des Gebäudes an private Partner übergeben. Auf diese Weise plant die Hochtaunus-Kliniken GmbH den Bau und den Betrieb neuer Klinikgebäude an zwei Standorten.[24] Solch eine Kooperationsform wurde 2008 vom Land Hessen durch die Änderung des Krankenhausgesetzes ermöglicht. In Zukunft wird sich auch die Politik, also die Gesetzgebung, vermehrt dafür einsetzen müssen, die rechtlichen Rahmenbedingungen für diese Art von Kooperationen zu schaffen.

Solche Projekte können in vieler Hinsicht beispielgebend sein, aber es wird auch darum gehen, konsequent den Einzelnen zu aktivieren, sich gesund zu halten – und so dem Gesundheitssystem Kosten zu sparen. Verschiedene Krankenkassen bieten bei regelmäßiger Teilnahme an Vorsorgeuntersuchungen und gesundheitsfördernden Aktivitäten bereits Sach- und Geldprämien. Diese Bonusprogramme könnten im Zuge der Freigabe persönlicher Daten ausgebaut werden. Wer beispielsweise regelmäßig online seine Blutwerte übermittelt, bekommt eine Gutschrift – umgekehrt würden im Krankheitsfall die Bonuspunkte gegengerechnet. Gefahren birgt ein solch offenes System allerdings für diejenigen, die unter chronischen oder temporären Vorerkrankungen leiden, Übergewicht haben oder Raucher sind. Diese Personen müssen mit höheren Beitragszahlungen rechnen oder könnten eventuell ganz abgelehnt werden.

In Sachen Gesundheitsprävention ist uns Japan bereits einen Schritt voraus. Dort wird den Kindern bereits in der Schule nahegebracht, wie man sich gesund ernährt und wie wichtig ausreichende Bewegung ist. Und nirgendwo sonst auf der Welt gibt es mehr Sportkurse für Alte.[25] Die Japaner scheinen alles richtig zu machen, immerhin leben dort die aktivsten und gesündesten Senioren der Welt – allerdings auch die meisten.[26]

Ageing in Place – selbstbestimmt altern

Das Altern als neuen Lebensabschnitt anzunehmen, der aktiv gestaltet und gelebt werden kann, ist hierzulande noch nicht üblich geworden.

Mehr als drei Viertel der Deutschen fürchten an einer Krankheit am meisten den Verlust der Selbstständigkeit, noch vor Schmerz oder Tod.[27] Besonders vor dem Hintergrund eines individualistisch geprägten Lebensstils wollen die Babyboomer und Alt-68er nicht in Seniorenheimen ihre Tage beschließen, sondern dafür sorgen, dass sie selbstbestimmt und in Würde altern können. Neben der privaten Vorsorge geht es daher immer mehr um frühzeitige Selbstorganisation.

Der Traum vom Altern im Eigenheim hat ganze Seniorenwohnanlagen entstehen lassen, die barrierefrei und sicher gebaut sind. Ob in einer solchen Anlage oder in der gewohnten Umgebung: Alt zu werden ist vielen Menschen nach wie vor sehr wichtig. Ermöglichen soll das in Zukunft Ambient Assisted Living. Diese intelligenten Assistenzsysteme sollen intuitiv bedienbar sein und unaufdringlich den Alltag erleichtern. Zu den ersten Systemen gehören Spiegel, die automatisch die Haut nach Melanomen absuchen oder den Terminkalender einblenden; Teppiche, die beim Sturz des Besitzers automatisch den Notruf betätigen; Toiletten, die den Urinzuckerspiegel messen, und Überwachungssysteme, die anhand der Kontrolle des Wasserverbrauchs erkennen, ob der Bewohner lebt und aktiv ist.[28] An solchen computergestützten Services, die Alltagstätigkeiten erleichtern oder übernehmen, arbeitet unter anderem die Fraunhofer Gesellschaft mit 82 Industriepartnern im »InHaus2«-Projekt.[29]

Telemonitoring spielt besonders bei zunehmender Immobilität in wenig besiedelten Flächen mit Ärztemangel eine wichtige Rolle. Die Fernüberwachung des Gesundheitszustandes und die virtuellen Hausarztbesuche bieten Sicherheit und gewährleisten eine Grundversorgung. Auch Alltagsgegenstände wie das Smartphone werden mit medizintechnischen Funktionen ausgerüstet. So kann man mit einer iPhone-App den eigenen Herzschlag messen und visualisieren[30] oder mit dem Chronic Pain Tracker[31] seine chronischen Schmerzen lokalisieren, dokumentieren, in Tabellen und Diagrammen darstellen und als Kommunikationsgrundlage zum nächsten Arztbesuch mitnehmen. Die smarte Pillenschachtel GlowCaps Connectivist von Vitality Inc. signalisiert den Zeitpunkt der Medikamenteneinnahme mittels Licht- und Tonsignal. Wenn die Signale nicht beachtet werden, wird das Mobil- und Festnetztelefon angerufen. Zudem besteht Verbindung zu einer Apotheke, sodass Medikamente nachbestellt werden können. Patient und behandelnder Arzt bekommen die Statistiken über die Medikamenteneinnahme übersichtlich aufbereitet zugeschickt.[32] Andere Helfer wie die handlichen webbasierten GPS-Empfänger kontrollieren, dass demente Senioren sich nicht allzu weit aus ihrer vordefinierten Sicherheitszone bewegen. Bei Übertritt des Radius werden Angehörige und die Mitarbeiter im Monitoring-Center per E-Mail oder SMS alarmiert.[33]

Auch zur Sturzprävention wird massiv geforscht und an technischen Lösungen gefeilt. Denn etwa ein Drittel der über 65-Jährigen stürzt aufgrund von Koordinationsstörungen mindestens einmal im Jahr.[34] Entwickelt wurden z. B. Sensoren, die bei einem Sturz automatisch Angehörige alarmieren und die Koordinaten des Gestürzten melden. Und das Fraunhofer-Institut arbeitet mit Diatrace an einem Sensorhandschuh, der über die Messung von Puls, Hautwiderstand und Körpertemperatur den Gefühls- und Aktivitätszustand an das Netzwerk oder den Arzt übermittelt und den Träger erinnert, wenn es mal wieder Zeit für Bewegung ist.[35]

Kinder haften für ihre Eltern?

Ziel der Forschung ist damit nicht zuletzt, die Eigenständigkeit alter Menschen so lange wie möglich zu erhalten – und damit die betreuenden Angehörigen zu entlasten.

Denn die Zahl der Pflegebedürftigen wird sich bis 2050 verdoppeln. Von heute 2,4 Millionen wird sie bereits bis 2030 auf voraussichtlich 3,4 Millionen steigen.[36] In Deutschland wurden 2008 1,5 Millionen Kranke in ihren eigenen vier Wänden betreut, davon zwei Drittel allein durch Angehörige und ein Drittel mit Hilfe ambulanter Pflegedienste. Damit pflegte jeder zehnte deutsche Erwerbstätige einen Angehörigen.[37] Aber die Bereitschaft und Möglichkeit, hilfsbedürftige Personen zu pflegen, sinkt. 1997 waren knapp 59 Prozent der Angehörigen und Bekannten dazu bereit, 2009 nur noch rund 45 Prozent, ermittelten Wissenschaftler der Universität Hamburg.[38] Schon heute fehlt qualifiziertes Pflegepersonal – allein bis 2030 braucht man 370 000 zusätzliche Mitarbeiter, um die größere Zahl pflegebedürftiger Personen versorgen zu können.[39] Da der Staat auch künftig nicht für alle Pflegebedürftigen wird aufkommen können, reagierte die Bundesregierung auf die alarmierenden Zahlen mit einem neuen Gesetz zur Pflege Familienangehöriger. Demnach soll es Arbeitnehmern, ähnlich wie bei der Elternzeit, ermöglicht werden, bis zu sechs Monate lang eine Auszeit zur Pflege von Angehörigen zu nehmen oder in Teilzeit zu arbeiten.[40] Doch auch wenn Angehörige helfen, mangelt es zunehmend an Pflegekräften. Private Fachkräfte für zu Hause kann sich kaum jemand leisten. So steigt die Dunkelziffer an osteuropäischem Personal mit begrenztem Bleiberecht von derzeit mindestens 100 000 Menschen wohl weiter an.[41]

Dass Alten- und Pflegeheime durchaus nicht Abschiebung und Entmündigung bedeuten müssen, demonstriert das Demenzdorf Hogewey in der Nähe von Amsterdam. Hier ermöglicht man den Bewohnern trotz Krankheit ein relativ normales Leben. Relativ normal, weil sie sich eben nicht in der Außenwelt, sondern in einem abgeschlossenen Komplex befinden. So sieht der Supermarkt zwar aus wie ein Supermarkt, die Kassiererin verlangt aber kein Geld und unterstützt bei Bedarf die Kunden beim Einkaufen. Und natürlich legt eine alte Dame ihre Wäsche noch selbst zusammen, auch wenn eigentlich die Pflegerin die saubere Kleidung in den Schrank geräumt hat. Was für die Bewohner ihren alten Alltag simuliert, ist hinter den Kulissen eben doch ein Heim.[42]

Pflegeroboter: Künstliche Intelligenz

Anstatt eines derart künstlich erhaltenen Alltags in der Menschenwelt könnte der Pflegealltag zunehmend von künstlichen Nicht-Menschen übernommen werden.

Effizienzstreben und Kostendruck könnten dazu führen, dass die Alternative zu einem solcherart künstlich erhaltenen Alltag in der Pflege durch Roboter besteht. In den Testlabors steht eine neue Riege von »intelligenten« und teils sogar »emotionalen« Robotern in den Startlöchern. Affective Computing wird in alle Lebensbereiche eindringen, besonders aber den Pflegebereich revolutionieren.

Avancierte und engagierte Haushaltstechnik gibt es schon – vom automatischen Staubsauger bis hin zum selbst befüllenden Kühlschrank. Es geht nicht primär darum, was technisch machbar, sondern was gesellschaftlich akzeptiert – und nachgefragt – ist. Was für junge Menschen eine Befreiung von lästigen Haushaltstätigkeiten bedeutet, mag für ältere ein Eingeständnis der eigenen Schwäche sein. Denn jede Arbeit, die der Roboter abnimmt, bedeutet gleichzeitig einen Verlust von Selbstbestimmtheit.

Andererseits ermöglicht ein digitaler Haushalt, länger in der vertrauten Umgebung zu leben. Es wird an Pflegerobotern wie dem Nursebot gearbeitet, der körperliche Tätigkeiten wie die Umlagerung ausführen soll. Daneben sollen Humanoide aber auch emotionale Aufgaben übernehmen. In Japan setzt man gegen das Gefühl der Vereinsamung von Altenheimbewohnern die therapeutische Robbe Paro ein. Das weiße Plüschtier reagiert auf Berührungen und löst so ein Gefühl von Nähe aus.[43] Diese Wirkung bestätigt auch eine Studie aus den USA, nach der Demenzkranke auf die Beschäftigung mit dem Roboterhund Aibo genauso positiv reagierten, als wenn sie mit echten Vierbeinern spielten.[44] Der virtuelle zehnjährige Milo kann schon mehr: Über die Spielkonsole Xbox reagiert er auf Gesichtsausdruck, Körperhaltung und Stimmlage und interagiert mit dem Spieler.[45] Es ist wohl nur noch eine Frage der Zeit, bis persönliche Krankenpflegeroboter mit menschlichen Eigenschaften uns rund um die Uhr zur Verfügung stehen.

Spielen für die Gesundheit

Von spielerisch lernen über spielerisch bewegen zu spielerisch leben: Games sind schon lange nicht mehr monothematisch nur zum Zeitvertreib da, sondern warten mit zahlreichen Zusatznutzen zum bestehenden Spaßfaktor auf. Egal ob zur vorbeugenden Verbesserung der geistigen Fitness, zur Überwachung des Gesundheitszustandes oder um lästige Medikamenteneinnahme in Entertainment zu verwandeln – Computerspiele sollen die Gesundheit und Fitness der Spieler fördern und sind sogar für den therapeutischen Einsatz geeignet. Der Didget von Bayer für Nintendo DS verknüpft die Blutzuckermessung mit Spielspaß und belohnt gute Werte mit hohen Punktzahlen. Auf der geschützten Online-Plattform können zuckerkranke Kinder auch gegeneinander spielen.[46] Kawashimas Gehirn-Jogging für Nintendo DS machte Gedächtnistraining für Zwischendurch zum Trend.

Neue Techniken begünstigen neben der psychischen mittlerweile auch die physische Fitness: Mit der Spielkonsole Wii agiert man real vor dem Bildschirm. Eine kabellose via Bluetooth mit der Konsole verbundene Fernbedienung, die in der Hand gehalten wird, sendet Bewegungssignale an die Wii. Intuitives Controlling macht die Navigation für jedes Alter einfach und die Spieler selbst zum Teil des Spiels. Sport- und Fitnessspiele haben hier einen besonderen Reiz. Kinect für die Xbox macht durch die Übertragung der eigenen Bewegung auf den Avatar sogar den Kontroller überflüssig.

Neue Leiden ...

Zu den bekannten Zivilisationskrankheiten wie Adipositas, koronare Herzerkrankungen oder Rückenleiden kommen neue, durch Umweltbelastung und Urbanisierung ausgelöste Erkrankungen hinzu. So werden wir immer anfälliger für Allergien: In den Industrieländern leidet mittlerweile jeder Fünfte an Heuschnupfen, das sind doppelt so viele wie noch vor 30 Jahren.[47]

Als behandlungsbedürftig und behandelbar wird mittlerweile auch betrachtet, was früheren Generationen noch als unausweichliche Folge der vergehenden Lebenszeit erschien. In einer alternden

Gesellschaft, die sich nicht alt fühlt, boomt nicht nur, wie bereits angesprochen, die plastische Chirurgie, auch der Markt für Potenzmittel wächst. Die Möglichkeiten der Reproduktionsmedizin werden ebenfalls verstärkt nachgefragt. Nach den Zahlen der Bundeszentrale für gesundheitliche Aufklärung ist etwa jede siebte Partnerschaft von ungewollter Kinderlosigkeit betroffen.[48] Dank Hormonbehandlung und In-vitro-Befruchtung kamen bislang über 100 000 Kinder in Deutschland zur Welt. Seit 2004 übernehmen jedoch die gesetzlichen Krankenkassen die Kosten der Behandlung nur noch in Teilen, und so brach zwischen 2003 und 2008 die Zahl der mit Hilfe von Fortpflanzungsmedizin geborenen Kinder von 18 800 auf 7500 ein. Hier liegt Potenzial, dem Geburtenrückgang zu begegnen, denn nach Ansicht vieler Mediziner könnte sich die Anzahl der Geburten durch reproduktionsmedizinische Hilfe dauerhaft um mindestens 10 000 pro Jahr erhöhen.[49]

... neue Medikamente ...

Auch die Medizin geht neue Wege. Ob Stammzellentherapien in 20 Jahren Patienten mit Parkinson oder nach einem Schlaganfall heilen können, ist ungewiss. Auch die Wunderpille gegen Alzheimer und Krebs ist unwahrscheinlich, obwohl es für viele Krankheiten in den letzten Jahren bahnbrechende Innovationen gegeben hat. Doch medizinische Forschung und pharmazeutische Industrie beschäftigen sich nicht nur mit der Heilung von Krankheiten. Gerade im Bereich der leistungssteigernden, kostenpflichtigen Medikamente tut sich einiges. Die nächste Stufe der Leistungssteigerung, an der intensiv gearbeitet wird, ist das Gendoping. Der Wirkstoff Aicar zum Beispiel simuliert den Muskeln einen effektiven Trainingszustand durch die Aktivierung bestimmter Gene, die daraufhin vermehrt Enzyme zur Fettverbrennung produzieren. Zumindest theoretisch könnte Aicar in Zukunft für die Prävention und Therapie von Erkrankungen wie Übergewicht und Diabetes eine Rolle spielen.[50]

Verfahren, die genetische Manipulation voraussetzen, sind in Deutschland aus medizinethischen Gründen hoch umstritten, auch wenn sie – wie die Keimbahntherapie – zur Vermeidung von Erbkrankheiten beitragen können.

... und neue Techniken

Nicht nur die Medikamente, auch deren Verabreichung verändert sich. Die »Kameratablette« iPill von Philips wurde speziell für die Anwendung bei einschränkenden und zum Teil auch lebensbedrohlichen Erkrankungen des Verdauungsapparates entwickelt. Geschluckt gelangt sie zu ihrem Einsatzort und gibt, aufgrund von pH-Wert-Messungen, erst dort eine festgelegte Dosis an Medizin ab. Zusätzlich sendet die Pille die unterwegs ermittelten Daten drahtlos an einen externen Empfänger.[51]

Doch auch in diesem Bereich wird nicht nur für die Heilung geforscht. Das omnipräsente Ziel der Leistungssteigerung bestimmt ebenfalls die technische Forschung. Um die kognitive Leistungsfähigkeit oder die psychisch-mentale Befindlichkeit zu beeinflussen, ist neben pharmakologischen Mitteln auch der Einsatz von neurotechnischen Eingriffen (zum Beispiel Gedächtnis-Chips oder Muskelverstärkung durch Nanofasern) denkbar. Und die Bereitschaft dafür ist da. Jeder vierte Deutsche wäre angeblich einverstanden, einen Computerchip im Körper zu tragen, wenn es ihm bestimmte Vorteile verschafft.[52] So fern ist diese Zukunft also nicht. Der EyeWriter, der in Zusammenarbeit der Ebeling Group mit der Not Impossible Foundation und dem Graffiti Research Lab entsteht, hat sich zum Ziel gesetzt, bewegungsunfähigen Menschen das Schreiben mittels Aufzeichnung der Augenbewegung zu ermöglichen.[53] Und ein Projekt von Microsoft Research und der University of Washington möchte Biosensoren in Kontaktlinsen integrieren, um Gesundheitsmonitoring zu betreiben. So könnten beispielsweise Blutwerte ohne Blutabnahme analysiert werden.[54]

Körperteile oder gar ganze Menschen im Labor zu züchten, ist wohl eins der gebräuchlichsten Motive in der Science-Fiction-Literatur. Mit 3-D-Printern wird es möglich, Ersatzteile für alle möglichen Maschinen zu produzieren. Warum also diese Technik nicht auch auf menschliche Organe übertragen? Invetech und Organovo arbeiten zumindest daran. Zwei Druckköpfe sprühen ein Gel in Form des Organs auf und füllen es mit lebenden Stammzellen.[55] Damit hätte das lange Warten auf Spenderorgane ein Ende, und die Abstoßungsreaktionen könnten minimiert werden, da die Spenderzellen direkt vom Patienten selbst stammen. Mit einer Rattenlunge hat es immerhin schon funktioniert.

Die skizzierten Entwicklungen könnten sich als sehr machtvoll erweisen, denn wer keine psychoaktiven Substanzen nimmt oder sich Chips implantieren lässt, wird künftig einen Leistungsnachteil haben. Chancengleichheit ist bei Neuro-Enhancern und Healthstyle-Pharmazeutika, die privat gezahlt werden müssen, nicht gegeben.

Da Forschung frei sein sollte und das medizinisch Machbare erfahrungsgemäß auch probiert wird, muss die Gesellschaft aushandeln, welche Entwicklungen sie zulassen, welche sie ablehnen oder verbieten will. In dem Wunsch, Leben zu verlängern, Leiden zu vermindern und mehr Menschen ein gesundes Leben zu ermöglichen, müssen ethische Fragen immer wieder neu diskutiert werden. Hierin wird in Zukunft eine schwer fassbare, aber notwendige Aufgabe bestehen. Angesichts einer alternden Gesellschaft stellt sie sich mit Dringlichkeit.

Anmerkungen

1 vgl. http://www.focus.de/finanzen/boerse/demografie-zielgruppe-der-zukunft_aid_530176.html (Stand: 22.07.2011)

2 Langwieser, Corinna / Wippermann, Peter (2007): Länger Leben, länger Lieben. Das Lebensgefühl der Generation Silver Sex. München: Piper Verlag

3 vgl. Welt Online (2011): »Zahl der Schönheits-OPs nimmt enorm zu«. http://www.welt.de/gesundheit/article13042270/Zahl-der-Schoenheits-OPs-nimmt-enorm-zu.html (Stand: 12.04.2011)

4 Langwieser, Corinna / Wippermann, Peter (2007): Healthstyle ist der neue Lifestyle. Die Gesundheitswelt der Zukunft. Hamburg: Trendbüro und New Business Verlag

5 vgl. Nestlé, Boston Consulting Group (2009): So is(s)t Deutschland. http://de.statista.com/statistik/daten/studie/2970/umfrage/uebergewichtige-maenner-und-frauen-in-ausgewaehlten-eu-staaten/ (Stand: 05.05.2011)

6 vgl. http://www.stollwerck.de/markenwelt/index_markenwelt.php?kat=../markenwelt/antioxidant&navi=markenwelt (Stand: 05.05.2011)

7 http://www.beautyin.net.br/candies (Stand: 05.05.2011)

8 http://www.sipdrink.com/ (Stand: 05.05.2011)

9 http://www.angel-drink.com/de/; http://www.pure-bio.at/ (Stand: 05.05.2011)

10 http://www.jonessoda.com/files/products-gaba.php (Stand: 05.05.2011)

11 http://www.slowmedia.de/manifest.pdf (Stand: 07.07.2011)

12 vgl. dwif-Consulting (2010): Qualitätsmonitor Deutschland-Tourismus, Ergebnisse 2009–2010

13 http://www.kkh-allianz.de/index.cfm?pageid=657 (Stand: 07.04.2011)

14 http://www.edelweiss-gurgl.com/stressfreier-urlaub.de.htm (Stand: 07.04.2011)

15 http://www.focus.de/reisen/urlaubstipps/urlaub-im-funkloch-wenn-das-handy-keinmal-klingelt_aid_569139.html (Stand: 07.04.2011)

16 vgl. Statistisches Bundesamt (2009). http://www.destatis.de/jetspeed/portal/cms/Sites/destatis/Internet/DE/Content/Statistiken/

Bevoelkerung/AktuellGeburtenentwicklung,templateId=renderPrint.
psml (Stand: 25.07.2011)

17 vgl. Die Welt, 26. November 2010, S. 17

18 vgl. Forsa für Union-Investment, Pressemitteilung vom 16. November
2009

19 vgl. »Wohin mit Oma?!«. In: Stern, 43/2010

20 vgl. Kennzahlen der gesetzlichen Krankenversicherung. AOK Bundesverband (2010): http://www.krankenkasseninfo.de/news/55175
(Stand: 30.08.2011)

21 Drabinski, Thomas (2010): »Zukunft der Krankenversicherung: Wie
aus dem Zusatzbeitrag eine Pauschale mit Sozialausgleich wird«. In:
Deutsches Ärzteblatt. http://www.aerzteblatt.de/v4/archiv/artikel.
asp?id=6727723, Pressemitteilung Nr. 64 des Bundesministeriums für
Gesundheit. Berlin (Stand: 12.11.2010)

22 Wippermann, Peter (2008): Vortrag Bauer Best Age Symposium.
peterwippermann.com/system/assets/assets/19/original.
pdf?1276590690 (Stand: 12.07.2011)

23 vgl. http://www.kliniken-essen-mitte.de/index.
php?id=46&print=1&no_cache=1 (Stand: 21.04.2011)

24 vgl. Presseinformation Hochtaunus Kliniken GmbH vom
18.03.2011. http://www.hochtaunus-kliniken.de/cgi-bin/
kht/lib/all/lob/return_download.cgi/PM_PPP_HTK_11-03-17.
PDF?ticket=g_a_s_t&bid=1103&no_mime_type=0 (Stand: 21.04.2011)

25 Pistilli, Rudi (2009): Ein Blick in die Zukunft des Gesundheitssystems.
http://www.derwesten.de/wp/zeitgeschehen/Ein-Blick-in-die-Zukunft-
des-Gesundheitssystems-id368959.html (Stand: 07.07.2011)

26 22,5 Prozent der Bevölkerung sind älter als 65 Jahre, im Jahr 2030 werden bereits 30,6 Prozent im Rentenalter sein. Zeit Online (2009).
http://www.zeit.de/gesellschaft/generationen/2009-12/japan-
geburtenrate-vergreisung (Stand: 07.07.2011)

27 vgl. Trendbüro und Dialego (2009): »Net Jet« zum Thema Healthstyle.
http://www.slideshare.net/TrendBuero/trendbuero-dialego-
healthstyle-3 (Stand: 12.07.2010)

28 vgl. Langwieser, Corinna / Wippermann, Peter (2011): Ageing in Place.
Lebensqualität im Alter. Hamburg: New Business Verlag, S. 25

29 vgl. http://www.inhaus.fraunhofer.de/inHaus_entdecken/inHaus2/
(Stand: 12.07.2011)

30 vgl. http://itunes.apple.com/WebObjects/MZStore.woa/wa/
   viewSoftware?id=311875944&mt=8&epi=3gapps&epi2=heartbeat-
   monitor&affId=1245657&ign-mpt=uo%3D2 (Stand: 12.04.2011)

31 vgl. http://itunes.apple.com/de/app/chronic-pain-tracker/
   id330294020?mt=8 (Stand: 12.04.2011)

32 vgl. http://www.rxvitality.com/glowcaps.html (Stand: 12.04.2011)

33 z. B. http://www.alz.org/comfortzone/index.asp (Stand: 12.04.2011)

34 vgl. Seriousgames.de (2011): http://www.seriousgames.de/
   2011/01/06/serious-games-in-der-altenhilfe/#more-1593
   (Stand 07.07.2011)

35 vgl. http://www.wiwo.de/technik-wissen/computer-mit-
   gefuehlen-432751/ (Stand: 11.04.2011)

36 vgl. Deutsches Institut für Wirtschaftsforschung / Statistisches Bundesamt (2008): Demografischer Wandel in Deutschland – Auswirkungen
   auf Krankenhausbehandlungen und Pflegebedürftige, Heft 02/2008

37 vgl. Statistisches Bundesamt (2008): »Jahr 2030: Alterung führt zu
   mehr Pflegebedürftigen und Krankenhauspatienten«. Pressemitteilung
   Nr. 121 vom 19.03.2008

38 vgl. brand eins (04/2010): »Geben und Nehmen«.
   http://www.brandeins.de/archiv/magazin/lebensplanung/artikel/
   geben-und-nehmen.html (Stand: 30.03.2011)

39 vgl. Statistisches Bundesamt (2008): »Jahr 2030: Alterung führt zu
   mehr Pflegebedürftigen und Krankenhauspatienten«. Pressemitteilung
   Nr. 121 vom 19.03.2008

40 vgl. http://www.pflegezeitgesetz.de/ (Stand: 05.04.2011)

41 vgl. Langwieser, Corinna / Wippermann, Peter (2011): Ageing in Place.
   Lebensqualität im Alter. Hamburg: New Business Verlag, S. 32

42 vgl. http://www.berlinonline.de/berliner-zeitung/archiv/.bin/dump.
   fcgi/2010/1026/seite3/0008/index.html und http://auslandsjournal.
   zdf.de/ZDFde/inhalt/16/0,1872,8112368,00.html (Stand: 07.04.2011)

43 vgl. http://www.parorobots.com/ (Stand: 12.04.2011)

44 http://support.sony-europe.com/aibo/index.asp (Stand: 12.04.2011)

45 http://www.wiwo.de/technik-wissen/computer-mit-gefuehlen-
   432751/ (Stand: 11.04.2010)

46 http://www.bayerdidget.com/ (Stand: 07.07.2011)

47 http://www.kreapharma.de/N2752/krankheit/heuschnupfen/
   epidemiologie-heuschnupfen.html (Stand: 07.07.2011)

48 http://www.gesundheit-und-medizin-news.de/2010/12/spate-hoff-
nung-auf-familie-jedes-siebte-paar-ungewollt-kinderlos/
(Stand: 07.07.2011)
49 vgl. Welt Online (2009): Von der Leyen will künstliche Befruchtung
fördern.
http://www.welt.de/politik/article3209098/Von-der-Leyen-will-
kuenstliche-Befruchtung-foerdern.htm (Stand: 27.04.2011)
50 vgl. http://www.scienceblogs.de/neurons/2008/08/mucki-maus-
muskeln-dank-pillen.php (Stand: 26.04.2011)
51 vgl. http://presse.philips.de/apps/n_dir/e1231501.nsf/0/076D98EF3E58
4CA8C12574FE003A89CC?opendocument (Stand: 27.04.2011)
52 vgl. Bitkom-Studie (2010): »Connected Worlds. Wie Lebens- und
Technikwelten zusammenwachsen«
53 http://www.eyewriter.org/ (Stand: 13.03.2011)
54 http://research.microsoft.com/en-us/collaboration/focus/health/
contact-lens.aspx (Stand: 13.04.2011)
55 http://www.gizmag.com/3d-bio-printer/13609/ (Stand: 14.04.2011)

SINNSUCHE
Das ganze Leben ist ein Deal

Geoffrey

Sein Sohn Jasper kam zur Welt, und Geoffrey erlebte einen Wandel, wie ihn keine zehn autarken Dörfer hätten bewirken können. Zwar nervte ihn das Fremdbestimmtsein durch den Kleinen, aber wenn der seine kleine Patschhand hochstreckte und sie ganz selbstverständlich in seine große legte, kompensierte das alles. Er war erschrocken, dass er sich an solche Szenen mit Carina nicht erinnern konnte, und gestand sich ein, dass er und seine damalige Frau die Tochter wohl doch zu schnell wegorganisiert hatten. Einen kleinen emotionalen Knacks hatte sie sicher mitgenommen. Aber sie hatten damals keine andere Möglichkeit gesehen, Beruf und Familie miteinander zu vereinbaren, wie allseits gefordert und auch von ihnen gewünscht. Die Hilfsangebote des Staates waren damals kaum mehr als ein Witz gewesen. »Davon können sich nur die letzten Beamten angesprochen fühlen«, hatte seine Frau immer wütend geschnaubt. »Oder die, die sich eh genügend Personal leisten können.«

Damit gab's bei Nana ja keine Probleme. Es war durch ihren Concierge-Service ein Leichtes, spontan einen Babysitter zu finden, und Jasper kannte bereits die Wohnungen und Familien der meisten von Nanas Angestellten. Fast alle lebten in erschreckend ärmlichen Verhältnissen, zeigten aber Jasper gegenüber eine Herzlichkeit und Großzügigkeit, die seinesgleichen suchte. Am liebsten war er bei Yasemin, die mit ihrem türkischen Vater und ihren beiden Söhnen in Wandsbek in einer winzigen Wohnung lebte. Dort würde Jasper auch heute übernachten, weil Geoffrey und Nana Verabredungen hatten. Nana hatte zu einer kleinen Präsentation der zweiten Care-o-bot-Generation eingeladen und wollte den Abend, zu dem auch potenzielle Neukunden kommen sollten, gern offen ausklingen lassen. Und Geoffrey hatte sich mit Vincent, seinem Freund und Psychologen, zum lockeren Bierchen verabredet.

Vincent kam mit seinem französischen Freund Luc, und sie wollten dann sehen, was der Abend noch so bereithielt. Luc trank Cider, während sich Geoffrey ein helles Tegernseer und Vincent ein Räuberle aus dem Spessart bestellte. Sie fachsimpelten eine Weile über die Biersortenvielfalt und den kulinarischen Reiz der wiederentdeckten kleinen regionalen Brauereien und landeten schließlich beim Thema Beziehungen.

Vincent kannte Geoffrey seit der Familienaufstellung und dem Partnertraining mit seiner früheren Frau. Es hatte damals einige Dinge erklären, aber nicht wirklich beheben können. Für Geoffrey war seitdem klar gewesen, dass die Beziehung keine tragfähige Grundlage hatte, und er distanzierte sich innerlich und äußerlich immer mehr. Sich für eine neue Frau wie Nana zu öffnen, war nur ein letzter Schritt gewesen. Vincent hatte Nana inzwischen kennengelernt und sich ein fachmännisches Urteil gebildet: »Geoffrey, mein Alter, als Freund und Psychologe sag ich dir, Nana und Karen sind gar nicht so weit auseinander, wie du wahrscheinlich glaubst. Ich seh da eine ganze Menge Gemeinsamkeiten, vor allem, was den Wunsch betrifft, die Dinge – und dich – unter Kontrolle zu haben.«

»Ach ja? Kann ich so nicht sehen.« Geoffrey lachte. »Aber ich kann ja mal in 'ner ruhigen Stunde drüber nachdenken.« Ein bisschen mulmig wurde ihm, bei diesem eindeutigen Urteil. Und vielleicht war es nicht ganz so von der Hand zu weisen, wie er es gern wollte. Nichts überspielte eine peinliche Pause besser als eine peinliche Geschichte, fand er und begann, mit dem Daumen den Kondensatnebel vom Glas wischend: »Neulich ist mir jedenfalls was Abgefahrenes mit ihr passiert. Ich lieg gemütlich in der Badewanne, da kommt der kleine Jasper rein und guckt irritiert auf meinen Schwanz.« Luc grinste, und Geoffrey fuhr fort: »Ich kann nix dafür, der schwimmt halt oben.« Einvernehmliches Gelächter. »War aber alles im grünen Bereich. ›Papa Penis‹, ruft Jasper und deutet auf meinen Lörres. ›Ja‹, sag ich wie im Lehrbuch, ›das ist Papas Penis.‹ Du kommst dir schon irgendwie bescheuert dabei vor, aber was soll man sonst sagen, ist doch nichts dabei.«

»Das sehen 'ne Menge Leute heute anders«, warf Vincent ein.

»Ja, und das ist ja schon schlimm genug, aber warte, die Pointe kommt noch. Also, Jasper quietscht sein Kichern und ruft ›swimmt!‹.«

»Darauf du: Ja, Papas Penis swimmt!« Luc richtete sich auf, als ob er die Pointe vorwegnehmen wollte. Ein grauhaariger Nebenmann blickte kurz herüber.

Geoffrey rutschte näher zu Luc und Vincent und raunte: »Behalt meine Penisgeschichten bitte für dich, ja, Luc? Kein Grund, das ganze Lokal damit zu unterhalten.«

»Abwarten, wenn's amüsant wird … Erzähl weiter!«

»Also, Jasper schubst sein Plastikboot ins Wasser, umkreist den Schniedel, den die Wellen wieder aus dem Wasser gucken lassen, holt so ein kleines Plastikmännchen aus dem Boot und will damit den treibenden Walfisch retten.« Er nahm einen Schluck.

»Alle Achtung, Geoff. Kann mich an keinen Lover erinnern, der bei mir mit ähnlich gigantischen Vergleichen aufgewartet hat.«

Geoffrey stellte sein Bier ab. »Ich kann dich trösten«, feixte er, »das Boot und das Männchen waren winzig klein.«

»Okay, das tröstet. Und wo ist jetzt das Problem?«

Geoffrey richtete sich wie elektrisiert auf: »Es gab keins, bis Nana zur Tür reinkam, weil sie Jasper gesucht hat, und fast zur Salzsäule erstarrt ist. Was ich da für pädophile Spielchen treiben würde? Dass Jasper gefälligst die Hand da wegnehmen soll und das ganze Programm.«

»Oh, Mann, die ganze Palette der sexuellen Hysterie.« Vincent ist ganz bei Geoffrey.

»Sie meinte, ich hätte wenigstens Schaum reinmachen können! Aber was soll das dämliche Versteckspiel? Und dann hab ich geantwortet, dass so ein Ding im Schaum zu finden für den Kleinen noch viel unheimlicher wäre, als es direkt als das zu betrachten, was es ist. Ein Penis eben. – Na, und damit hatte sie ihre Steilvorlage: Ich würde also zugeben, dass ich das Kind damit schockieren könne? Und ob ich mir im Klaren wäre, was für einen Schaden so ein Fehlverhalten in seiner sexuellen Entwicklung anrichten könne?« Geoffrey nahm einen Schluck zur Abkühlung. »Ehrlich, da hatte ich genau die Hysterie, die ich bei der ganzen Aktion vermeiden wollte.« Geoffrey sackte auf seinem Hocker zusammen.

»Tja, mein Lieber, aufgrund der panischen Reaktion würde ich sagen, Nana hat vor deinem Schwanz mehr Angst als dein Sohn. – Noch jemand Bier?«

Als Vincent sich den Bieren widmete, ging Geoffrey kurz

austreten. Ihm war nach frischer Luft, und so suchte er sich hinter den Hecken am Parkplatz ein stilles Eckchen zum Pinkeln. Vincents letzter Satz begleitete ihn. Es stimmte so nicht, aber es war auch nicht ganz falsch. Irgendwas schwang mit, was Geoffrey in dieser Bemerkung als richtig auffiel, ohne dass er es benennen konnte. Vielleicht war es wirklich so, dass Nana absolut kopfgesteuert agierte. Während sich bei ihm Gefühle und Verstand manchmal auf unterschiedlichen Ebenen zu bewegen schienen, war bei Nana alles am Verstand aufgehängt. Er wollte zum Beispiel lieber nicht wissen, an was sie beim Sex dachte. Anfangs hatte er den Eindruck, sie überlegte, wie sie wohl am besten aussah. Das hatte ihn als Lover amüsiert und als älteren Herrn getröstet. Heute würde es ihn manchmal nicht wundern, wenn sie mit dem Orgasmus auch den Businessplan fertig hätte. Er zündete sich einen nikotinfreien Zigarillo mit Pfeifenduft an und verweilte noch einen Moment in der Dunkelheit. Der Bankberater war momentan wieder großes Thema. Hoffentlich verlief der heutige Abend gut, sodass die Care-o-Teddy-Maschinerie zu einem neuen Coup starten konnte. Romina, die den Teddy wohl hauptsächlich entwickelt hatte, arbeitete bereits an der zweiten Generation, die noch mehr Features hatte. Nana hatte dazu wohl einiges an Input gegeben, nachdem sie praktische Erfahrungen mit den drei Prototypen und der darauffolgenden ersten Serienproduktion gemacht hatten. Romina hatte er ein paarmal in Nanas Agentur getroffen. Sie machte auf ihn einen äußerst netten und engagierten Eindruck. Aber irgendwie waren Nana und Romina nie richtig warm miteinander geworden. Eigentlich merkwürdig, denn Romina hatte mit den fitten Kerlchen Nanas Kunden begeistert, während Nanas Kerngeschäft vor sich hin dümpelte. Na ja, vielleicht auch genau deswegen. Jedenfalls hatte der ganze Laden neuen Schwung erhalten, es gab bereits Nachfragen aus der Schweiz und zu den neuen Robotertierchen, die Nana gern in Hündchenoptik herausbringen wollte. Sie hatte vor, mit den Care-o-bots sogar einen eigenen Geschäftszweig auszubauen.

Die Care-o-bots der zweiten Generation hatten langsam Serienreife erreicht, und Romina hatte ihre Kontakte im Ausland bemüht, um Hersteller zu finden, die ihnen eine gute Marge übrig ließen. Nanas neue Einnahmequelle sollte eine sichere Entlastung für die junge Familie werden.

Sein Beratergeschäft stagnierte gerade, und er fühlte den Druck im Nacken, jetzt dranzubleiben, um nicht wertvolle Kontakte und Chancen zu verlieren. Aber der thematische Enthusiasmus fehlte. Da kamen die kleinen Tierchen gerade recht. Wenn Nanas Geschäfte liefen, konnte er endlich mal wieder seiner inneren Stimme folgen.

Damals, nach dem Klosteraufenthalt, hatte er eine ungefähre Ahnung dessen, was er machen wollte, doch dann kam Jasper, und er wollte seine neue Vorstellung von einer wirklichen Vaterschaft wahr machen. Jetzt war der Junge drei, sein Beraterjob freudlos, und er konnte endlich seinen Traum verwirklichen: Er wollte sich für Jugendliche engagieren, die auf die schiefe Bahn gekommen waren, frustriert oder auch aggressiv, weil sich ihnen das Leben ohne Chance darstellte. Auslöser waren das Gespräch mit Simon und die Erfahrungen aus der autarken Dorfgemeinschaft. Verstärkt wurde es durch Nanas schrecklichen Zwischenfall, und jetzt endlich schien die Zeit gekommen. Die Glut des Zigarillos erlosch die üblichen paar Zentimeter vor seinem Mund, und es war Zeit, wieder reinzugehen.

»Es liegt oberhalb der Côte d'Azur – und Landgut klingt vielleicht toller, als es ist. Da ist schon lange nichts mehr dran gemacht worden, aber die Substanz ist solide«, hörte er Vincent gerade zu Luc sagen.

»Wollt ihr euren Alterssitz an die Côte legen?«, klinkte Geoffrey sich wieder ein.

»Später vielleicht, wenn wir mit achtzig aufgehört haben zu arbeiten«, antwortete Luc.

»Ich hab das alte Landgut von meiner Mutter geerbt. Die Mieter, die sich zuletzt um sie gekümmert haben, sind da jetzt auch raus, und jetzt könnten wir uns das zunächst als Ferienhaus zurechtmachen«, erklärte Vincent.

»In der Zeit, wo ihr nicht da seid: Könntest du dir vorstellen, daraus ein Projekt für chancenlose Jugendliche zu machen?«, fragte Geoffrey. »Ich möchte denen gern verschiedene Aktivitäten anbieten. Etwas zu renovieren wäre da fantastisch.«

»Ja, warum nicht? Das Landhaus ist robust, und es wäre ein guter Start, um so eine Gruppe zusammenzuschweißen. Auf dem wilden Grundstück hätte jeder sofort eine Aufgabe, um Haus und Hof bewohnbar zu machen. Ihr könnt dort kostenlos bleiben – sofern keiner aus der Familie das Haus in dem Zeitraum haben will. Ihr müsstet aber selbst hinkommen und euch dort verpflegen. Und natürlich reparieren, was kaputtgegangen ist. Es gibt im Schuppen eine kleine Werkstatt. – Und ich könnte mir vorstellen, ein paar ehrenamtliche Therapiesitzungen mit den Jugendlichen zu machen. Das wäre auch immerhin ein Anfang«, fügte Vincent hinzu.

Das war genau die Lösung, nach der Geoffrey gesucht hatte, um eine gemeinschaftliche Initialzündung für die Gruppe hinzubekommen: sich eine Woche auf einem alten Gut nützlich machen. Sich in fremder Umgebung zurechtfinden lernen, in der Werkstatt was basteln können, kleine Erfolgserlebnisse sammeln. Und auf diesem Gruppengefühl aufbauend dann hier in Hamburg weiterarbeiten!

Sie hatten noch lange in der Kneipe zusammengesessen, und Geoffrey war am nächsten Mittag, als er Jasper bei Yasemin abholen sollte, trotz zwei doppelten Espressos und eines kompensatorischen Vitalgetränks noch nicht wieder richtig frisch. Laut der Health-Funktion an seinem Assistenten musste er schon fast Herzrasen haben, aber die Messwerte waren eben auch nicht allwissend. Was Deftiges wäre jetzt gut. Sein Vater hatte an solchen Morgen immer Rollmops gegessen, aber so was gab's wahrscheinlich gar nicht mehr. Er war sich auch nicht sicher, ob nicht gerade wieder ein Fangverbot verhängt worden war.

Das eMobil hatte Wandsbek erreicht und näherte sich den heruntergekommenen Mehrfamilienwohnblocks. Hier wohnte Yasemin, bei der sein kleiner Jasper übernachtet hatte. Eine Teenager-Gang hing auf der Mauerkante vor der Einfahrt ab. Genau solche suchte Geoffrey für sein Projekt. Über Nanas Personal konnte er sicher an zig Adressen junger Klienten kommen. Nur seiner Rente wäre damit nicht geholfen. »Du hast doch eine junge Frau, die arbeitet«, hatte Luc gestern noch gewitzelt, aber tatsächlich hatte Geoffrey in den letzten Monaten Nana häufig unterstützt und daher auch seine letzten Beraterhonorare schon fast wieder aufgebraucht. Er hoffte jetzt auf die Teddys – in Nanas und seinem eigenen Interesse. Er hatte zunächst nicht vorgehabt, die Jugendarbeit ehrenamtlich zu machen, und im Netz bei verschiedenen Vereinigungen nach ähnlichen Angeboten gesucht. Die meisten waren aber dermaßen panikpädagogisch durchregiert, dass sich Geoffrey keiner wirklich anschließen mochte. Er brauchte also doch dringend ein Honorarprojekt, um seinen Traum nicht langfristig pro bono anbieten zu müssen. Aber wenn erst mal ein Anfang gemacht war und er zeigen konnte, wie groß der Bedarf war, hätte er vielleicht später eine bessere Posi-

tion, um Drittmittel von Konzernen oder Stiftungen einzu-
werben.

Er suchte unter den uniformen Eingängen die richtige
Hausnummer und sah, dass alle Leuchten mit Steinen kaputt
geschossen waren. Nachts fand man hier den richtigen Eingang wahrscheinlich nur volltrunken. Über den Türen fielen
ihm die blau leuchtenden Kameras auf, die direkt an den
Wachdienst vom Jugendamt angeschlossen waren. Inzwischen
war dieser Service kostenpflichtig und wurde von den Hausver-
waltungen gezahlt, wenn sie nicht wollten, dass man erhöhte
Kriminalität und fehlende Fürsorge mit ihrem Haus in Verbindung brachte. Somit lebte Yasemin zwar in einer sehr beschei-
denen, aber noch halbwegs sicheren Umgebung.

Der Fahrstuhl war wieder kaputt, und Geoffrey musste fünf
Stockwerke zu Fuß hoch. Dumpfe Bässe tönten aus dem ersten Stock, ein Quizratespiel versetzt mit Babygeschrei aus dem
zweiten. In die Scheiben im Treppenhaus waren mit scharfen
Klingen Graffiti geritzt worden. Irgendwas Klebriges war beim
Transport auf den Stufen ausgelaufen und ließ ab dem dritten
Stockwerk seinen linken Schuh ein zerrendes Geräusch von
sich geben. Im vierten Stock lugte ein kleines Mädchen aus der
angelehnten Tür, hinter der sich ihre Eltern gerade heftig strit-
ten. Es war das lebendige Klischee. Nach dem vierten Stockwerk musste Geoffrey kurz verschnaufen. Er wollte ja nicht
keuchend bei Yasemin ankommen. Es roch nach Zwiebeln und
Paprika, und er bekam immer mehr Appetit. Der Küchenduft
verstärkte sich, als Yasemin oben die Tür öffnete und ihm der
kleine Jasper mit rot-klebrigem Mund entgegensprang. Er
klammerte sich zur Begrüßung an seinen Beinen fest, hinterließ Sirupspuren auf Geoffreys Hose und lief mit dem Hinweis
»Salih liest vor«, wieder in die Wohnung.

»Komm rein, ich muss zurück zum Herd!«

Geoffrey zog seine Schuhe aus und ging durch den dunklen, schmalen Flur in die Küche. Yasemins Vater kam aus dem Wohnzimmer und begrüßte ihn.

»Ihr verzieht den kleinen Jasper hier nach guter türkischer Tradition!«, foppte Geoffrey die beiden.

»Die Kinder sind das Wichtigste!«, antwortete der immer perfekt gekleidete Vater.

»Ja, Geoffrey, die Kinder sind wichtig, die Väter sind wichtig …«, tönte es aus der Küche. »Frag mich mal! Ich koch schon wieder für die nächste Woche vor. Willst du nicht was mitessen?«, lachte Yasemin und wischte sich die Hände an der Schürze ab. Die Küchenscheiben waren vom Dunst beschlagen, die Küche selbst war noch eine der schmalen, abgetrennten Funktionsküchen, wie sie früher für die Hausfrauen gebaut wurden.

»Du musst unbedingt probieren, Junge!«, rief der Vater.

Geoffrey war kurz hin und her gerissen. Die Gastfreundschaft zurückzuweisen, grenzte an Beleidigung – außerdem duftete es wirklich verlockend, und er kriegte langsam richtig Hunger. Andererseits waren die Portionen sicher abgezählt. Sich jetzt hier bedienen zu lassen und Yasemin ihre letzte freie Zeit zu stehlen, die sie neben der Arbeit für die Versorgung ihrer Familie aufbrachte, war unangemessen.

»Nein, Yasemin, ich muss zu Nana, die hat irgendwas mit uns vor und wartet schon. Aber wir machen mal ein Essen mit dem ganzen Büro, bei uns in der Wohnung obendrüber – mit den Familien! Was hältst du davon?«

»Toll!«, riefen die Kinder, die aus Salihs Zimmer gekommen waren, und Yasemin lächelte: »Ja, das ist eine schöne Idee. Aber das mit dem Familienanhang solltest du dir noch mal überlegen. Unsere Familien passen bei euch gar nicht in die Wohnung!«

Doch darüber machte Geoffrey sich gar keine Gedanken. Er mochte die Idee des Sommerfestes, er mochte die Herzlichkeit, die ihm von Familien entgegenschlug, die in einem Umfeld wohnten, in dem er sie nicht mehr vermutet hätte. Er freute sich auf seine neue Tätigkeit als Jugendbildungstrainer – auch wenn er sich dazu unbedingt noch eine coolere Bezeichnung einfallen lassen musste. Hier würde wieder etwas wachsen, er war sich sicher.

Nana

Sie warf den Schlüssel an das Magnetbord, überprüfte, ob Jasper, wie auf ihrem Assistenten angezeigt, weiterhin brav mit seinem Follower-Ball spielte, legte den Strauß auf den Tisch und riss das Blumenpapier auf. Beim klirrenden Suchen im Schrank war es wie immer: Die großen Vasen waren zu groß, die kleinen zu klein. Sie griff eine kleinere und beschloss, die Blumen mehr zu kürzen, als sie ursprünglich vorgehabt hatte. Das war am Ende egal. Hauptsache, er bemerkte die frischen Blumen. Es war ohnehin kaum noch Zeit. Ihr vorbestelltes eMobil musste jeden Augenblick kommen, und sie war noch nicht mal fertig geschminkt. Sie reichte das zerknitterte Blumenpapier dem Kleinen in sein Spielhäuschen. »Na, mein kleiner Schatz? Gleich kommt der Geoffrey! Das bleibt aber unter uns, dass ich dich die letzten Tage schon wieder dauernd bei Yasemin abgegeben hab? Wegorganisieren nennt er das und schimpft dann wieder mit mir.«

Jasper stand jetzt mitten im Raum und schien ihr aufmerksam zuzuhören. Als er sich vergnügt daranmachte, das knisternde Blumenpapier zu zerpflücken, kugelte der Follower-Ball aufgeregt hin und her. Er lachte, während sie an den

Tisch zurückging und sich den Blumen widmete. Na bitte, hatte doch bestens geklappt, die zehn Minuten alleine, beruhigte sie ihr Gewissen wegen der kurzen Abwesenheit. Jaspers Betreuung war neulich ein Streitthema gewesen, das Nana erst gar nicht als solches wahrgenommen hatte. Schließlich liebten alle in der Agentur den Kleinen, und wenn Yasemin ihn mit zu ihren Söhnen nahm, dann hatte sie zu Hause eigentlich weniger Trouble, weil die drei so friedlich miteinander spielten. Geoffrey nannte das Ausbeutung und meinte, Nana müsste für Jaspers Betreuung zahlen, wie ihre Kundinnen es auch taten, wenn sie das Babysitten organisierte. »Es gibt ja kaum noch Kundinnen fürs Babysitting. Für die Nacht gibt es diese lang anhaltenden Beruhigungssäfte, die du ja ablehnst, und tagsüber haben sich die berufstätigen Mütter inzwischen ganz gut selbst vernetzt. Die teilen sich außerdem auch ihr Personal, ohne dass die Leute bei drei Kindern statt einem dann auch das Dreifache bekommen. Schwarz, versteht sich«, hatte sie geantwortet. Das war ein wunder Punkt, denn die Einnahmequelle Kleinkinderbetreuung fehlte ihr schmerzhaft.

»Dann musst du halt was Interesanteres anbieten als nur ›Sitting‹, und dafür kannst du dann auch mehr verlangen!«, hatte er gesagt. Nana war die Idee von Romina wieder eingefallen, die im ChildHood Wochenend- und Nachmittagsprogramme für Kinder gesehen hatte, bei denen sie irgendwas erlernten, eine Sportart oder was mit Basteln oder so.

»Ja, das mach ich auch noch alles!«, hatte sie genervt zurückgeblafft. »Und dabei kann ich Jasper nicht brauchen!«

Dann war es losgegangen: Die letzten beiden Monate hätte er die Angestellten bezahlt, den kommenden wohl auch noch. Und selbstverständlich auch Yasemin für ihre Stunden mit Jasper. »Bist du verrückt?«, hatte sie geschrien. »Das musst du mit mir abstimmen! Du schaffst hier einfach neue Standards, die ich dann übernehmen muss!«

Das wäre angesichts des Hungerlohns für die Arbeit und die Zuwendung, die ihre Mitarbeiter leisten würden, nur fair, hatte er zurückgepampt, wobei er diese Misere aus betrieblichen Gründen sogar noch halbwegs nachvollziehen könnte. »Wenn du ihnen jetzt aber dein Kind noch on top mitgibst, dann benutzt du sie wirklich. Es könnte ja sein, dass Yasemin in der Zeit, in der du ihr Jasper gibst, gerne eine Fortbildung machen würde. Oder ihren kranken Vater zum Arzt bringen. Oder sonst was. Du mischst dich mit Jasper auch noch in ihre wenige Freizeit ein, das geht nicht!«

»Kann sie doch sagen, wenn sie Termine hat!«

»Nein, kann sie eben nicht so einfach. Du hast sie in einer Position, wo sie dir das nicht abschlagen können.«

»Ach, natürlich!«

»›Ach, natürlich‹ wäre einfach nur, wenn du dich um dein Kind kümmern würdest! Ich zumindest freue mich über jede Stunde, die ich mit Jasper verbringen kann. Aber mehr als momentan schaffe ich auch nicht, weil ich mich jetzt wirklich ernsthaft mit dem Jugendbildungsprojekt beschäftigen will«, hatte er geantwortet.

Nana war ganz und gar nicht davon begeistert, dass diese Zeit fressende Pro-bono-Arbeit eine Konkurrenz zu Geoffreys lukrativer Beratertätigkeit sein sollte. Entsprechend heftig hatte sie ihn angefahren: »Geoff, du musst unbedingt weiter als Berater am Ball bleiben, weil du sonst deine Altersansparungen nicht zusammenkriegst!«

»Ja, Schatz, dann bring du deinen Laden zum Laufen, und ich kann mir wieder was sparen. Mich machen die finanziellen Aussichten derzeit auch unruhig, aber ich trag doch nicht mein ganzes Geld in deine Agentur und meine ganze Zeit zu

Jasper. Da existiert auch noch eine Vorstellung von meinem eigenen Leben, weißt du?«

Nana starrte in den Spiegel. Immerhin hatte sie es schon mal von den Blumenvasen ins Bad geschafft. Aber es musste ihr nach dieser Eskalation unbedingt gelingen, das Geschäft wieder anzukurbeln. Das Personal war reduziert, aber auslastungsmäßig am Anschlag, die Kinderbildungsprogramme würde sie angehen, und vielleicht ließe sich ja auch Geoffreys Jugendbildung in ihre Angebote integrieren, das würde das soziale Spektrum abrunden. Er könnte Investitionen über sie abschreiben, und gemeinsam könnten sie sich noch mal für engagierte Corporate-Social-Responsibility-Projekte bei verschiedenen Unternehmen bewerben. Durch den grassierenden Fachkräftemangel sahen viele die Notwendigkeit, Jugendliche besser auszubilden und zu fördern. Aber am wichtigsten für die Konsolidierung ihrer Agentur waren diese unterhaltsamen Roboterviecher! Das sollte ihre neue Geldquelle werden, weil sie wenig personellen Aufwand und sichere Erlöse einbrachten.

So, die Haare waren immerhin schon mal gemacht. Verflixt, wo hatte sie noch das neue Parfum von Geoffrey hingetan?

Das eTablet auf dem Tisch hellte sich auf und zeigte an, dass Geoffreys Flug Verspätung hatte. Fünfzehn gewonnene Minuten! Also doch noch Zeit, sich in die richtige Willkommensverfassung zu bringen. Sie sah durch das Esszimmerfenster, dass der Wagen bereits vor die Eingangstür rollte. Seine Blinker leuchteten grün als Stand-by-Signal. Er blieb im Hof stehen, schaltete sich ab und wartete. Die geschenkten fünfzehn Minuten waren auch bei ihm angekommen. In zehn Minuten würden die Blinker sich langsam violett und dann rötlich verfärben. Darin ähnelte er ihrem Vater, der Verspätungen auch nie leiden konnte.

Sie hoffte, dass Geoffreys Gespräch erfolgreich verlaufen war. Er hatte nur von »stimmiger Übereinkunft« gesprochen, was, wie sie fand, vielversprechend klang. Beim letzten Beratungsjob war er übel über den Tisch gezogen worden. Der potenzielle Investor hatte ein Konzept zum Nulltarif gefordert, weil er sich damit selbst erst bewerben musste. Sie hatten sich dann auf eine minimale Aufwandsentschädigung geeinigt, und dann hatte Geoffrey nie wieder was von dem Projekt gehört, geschweige denn den Investor erreichen können. Am Ende hatte er über einen alten Kollegen erfahren, dass sein Konzept nur einen anderen Mitspieler hatte gefügig machen sollen. Für ihn hätte von Anfang an keine Chance bestanden, und das noch ausstehende Geld könne er getrost abschreiben. Aber diesmal klang er zuversichtlicher. Nana nippte an dem ionisierten Vitalkräuterwasser, das sie sich zwischendurch eingeschenkt hatte. »Jasper trinkt auch«, verkündete der Kleine stolz und hantierte mit einem Plastikbecher.

»Das machst du ganz toll, mein Schatz«, kommentierte Nana geistesabwesend. Es wäre so wichtig, dass Geoffrey wieder mehr in seinem alten Job akquirierte, der auch für den Concierge-Service immer noch einen sicheren Puffer dargestellt hatte. Zwar war sie mit der zweiten Generation der Care-o-bots auf einem guten Weg, doch war ihr Bankberater neulich völlig schockiert gewesen, als er erfahren hatte, dass die Rechte immer noch zu hundert Prozent bei Romina lagen. »Wir haben da doch ein paarmal drüber gesprochen, aber meine Finanzdecke war nie dick genug, um die Entwicklerin einzustellen«, verteidigte sich Nana. »Ich konnte – und kann – ihre Arbeit schlicht nicht bezahlen. Aber ich finde, dass wir für beide eine gute Lösung gefunden haben.«

Sie erklärte dem Bankberater noch mal ihre Absprache, aber der war auch nach der zweiten Bowle nicht überzeugt gewesen. »Ich hab's Ihnen schon ein paarmal gesagt: Für einen langfristigen und skalierbaren Erfolg brauchen Sie unbedingt mindestens die Hälfte der Rechte an den Robotertierchen, also Minimum einundfünfzig Prozent.«

»Das hab ich doch schon versucht, aber sie ist damit nicht einverstanden. Wie soll ich das also im Nachhinein bitte schön machen?«

»Verändern Sie optisch und funktional einige Punkte, und legen Sie das dann einfach als Ihre Version fest«, hatte er ihr geraten. Sie verstand sofort. Natürlich war es heikel in Bezug auf Romina, aber keine dumme Idee in Bezug auf ihre Geschäftsentwicklung.

»Haben Sie sich schon vertraglich für die nächste Generation geeinigt?«, hatte der Bankmensch sie weiter gelöchert.

»Ich hatte ja bereits für die zweite Generation diese Hundeversion angeregt. Daran habe ich aber nur die Rechte am optischen Erscheinungsbild.«

»Na, dann sehen Sie mal zu, dass Sie das diesmal richtig eintüten. Vielleicht sollten Sie auch mal mit dem Kollegen sprechen. Dreiecksverbindungen bewirken verhandlungstechnisch manchmal Wunder.« Nana musste immer noch grinsen, wenn sie an den oberschlauen Gesichtsausdruck dachte, mit dem er ihr den Tipp zugeraunt hatte.

Beim Auftragen der Mascara im Bad fiel ihr Blick auf den Newsscreen: mitten auf dem Spiegel ein Flugzeugabsturz. Doch nicht etwa Geoffreys Maschine? Sie zuckte erschrocken zusammen und schloss unwillkürlich die Augen. Die Schwärze druckte sich auf dem Unterlid ab. Verdammt. An den Bildern und Sublines erkannte sie, dass die Nachricht aus der Slowakei kam. Sie zog die Bilder auf dem Spiegel größer. Eine Passagiermaschine vom Typ A320 war auf ihrem Flug von Amsterdam nach Odessa inmitten des Hohen-Tatra-Gebirges abgestürzt.

Keiner schien bis dato etwas zu wissen, Bilder und Videos von Passanten und Involvierten mischten sich in die Berichterstattung der sexy Moderatorin, die mit der üblichen Sensationslust und Tränendrüsendramatik etwas kommentierte, von dem sie bislang nur Versatzstücke kannte. So, wie sie dauernd ihr tief ausgeschnittenes Dekolleté zum Einsatz brachte, war ihr mehr Verständnis für den Lagebericht ohnehin nicht zuzutrauen.

Nana schloss die Newsseite – der Spiegel zeigte nur noch Nanas Gesicht. In den Zusammenfassungen der dramatischsten Szenen des Tages, die meist ein Anchorman mit unübertroffenem Bernhardinerblick auflistete, würde sie später mehr erfahren. Sie rieb die Schwärze vom rechten Unterlid und sah jetzt teilübermüdet aus. Ihr eMobil draußen blinkte bereits rot-violett. Es wurde höchste Zeit, zum Flughafen zu fahren. Sie knipste eine Blüte vom Strauß, steckte sie hinter ihre Haarklemme, schnappte sich den perplexen Jasper und ihre Handtasche und war draußen. Mist, jetzt hatte sie die Jacken vergessen, aber noch mal zurück? Das wurde zu knapp. Die Thermofunktion in ihrem und Jaspers Shirt musste für den kurzen Weg durch die Kälte ausreichen.

Sie ließ das eMobil in der Selbstfahrautomatik und setzte sich mit Jasper auf die ausladende Rückbank. Bis zum Flughafen reichte der Radius der Assistenzsysteme, die in der Innenstadt die Verkehrsgeschwindigkeit regelten und auf Wunsch auch die gesamte Autofahrt allein bewerkstelligten. Diese Möglichkeit nutzten nicht nur Menschen ohne Führerschein oder solche, die sich unsicher am Steuer fühlten, sondern auch Berufspendler, die lieber schon die News lasen oder ihre Mails durchsehen wollten. Oder eben Mütter und Väter, die die wenige Zeit mit ihren Kindern nicht hinterm Steuer, sondern direkt mit ihnen verbringen wollten.

In der Wartehalle am Flughafen zeigten die Newsscreens weitere Bilder vom Flugzeugabsturz in Slowenien. Cool, dachte Nana. War ja nicht gerade Werbung fürs Fliegen. War das live? Irgendwas schien da nicht zu funktionieren, normalerweise konnte man Inhalte, die einen nicht interessierten oder die Anwesende nicht interessieren sollten, herausfiltern lassen. Die Maschine war schwer beschädigt. Ob es Überlebende gab, wusste man noch nicht. Nanas Assistent blendete ein, an welchem Gate Geoffreys Maschine gelandet war, und sie zog den quengeligen Jasper hinter sich her, der viel mehr Lust hatte, die transparenten Müllsäcke zu inspizieren, als durch eine große Halle zu laufen.

»Da, schrecklich!«, eine ältere Frau zeigte ihrem Mann in einem selbst fahrenden Rollstuhl die Leinwand. »Da sind bestimmt viele junge Altenpflegerinnen drunter, die eine Menge Geld gespart hatten, um ihre Familie mal wieder zu sehen. Das ist wirklich traurig.«

»Simona?«, fragte der Alte heiser zu ihr rauf.

»Nein, Simona ist zu Hause und macht gerade sauber«, erklärte sie und tätschelte seine Schulter. Jasper an Nanas Hand starrte erschrocken, aber fasziniert auf einen Screen. Das Wrack rauchte aus rissigen Stellen. »Da, kaputt«, sagte er, ohne die Dramatik zu begreifen. Nana überflog gerade den Kommentartext, laut dem der Flug von Amsterdam kommend in Hamburg zwischengelandet war und es eine Hotline für Familienmitglieder und Angehörige gab, als Jasper an ihrer Hand auf und ab hopste. Er hatte ein bekanntes Gesicht entdeckt und rief begeistert: »Goffei! Goffei!«

Romina

Sie wurde dem mittleren Scannerband zugewiesen, das die Passagiere durchleuchtete, während es sie in die Shopping Mall an der Luftseite brachte. Rechts durch die schnellste Schleuse durften nur die, die sämtliche Daten samt Irischeck oder Fingerprint von sich preisgegeben hatten. Sie fuhren nur dreißig Sekunden lang auf dem Band und landeten dann direkt im Duty Free. In der Mitte wurden die als weitgehend unbedenklich eingestuften Passagiere an den Detektoren vorbeigeschleust. Und in die linke Röhre mussten all diejenigen, von denen statistisch ein höheres Gefährdungspotenzial ausging. Hier wurde man bereits eingereiht, wenn nicht genügend Daten vorlagen, wenn die Tickets noch bar bezahlt wurden oder wenn man durch nonkonformes Verhalten auffiel, was bereits passieren konnte, wenn man zu viele Sonderwünsche gebucht hatte. In den ersten Jahren war Romina als ›Migrantin auf Probe‹ auch meist der linken Röhre zugewiesen worden. Während sie auf dem Laufband dahingeglitten war und Durchleuchtungsgeräte sie auf Metall- und Sprengstoffteile untersucht hatten, waren persönliche Informationen zu Reisegrund und Aufenthalt abgefragt worden, und am Ende hatten psychologisch geschulte Sicherheitsbeamte diejenigen zu Einzelgesprächen herausgefischt, die auf sie einen unsicheren oder unnatürlichen Eindruck gemacht hatten. Mittlerweile durfte sie sich in der Mitte einordnen.

Da stand sie jetzt entspannt hinter einem Geschäftsmann, der sich eben noch über ein älteres Pärchen aufgeregt hatte, das sich fürchtete, mit seinen Rollatoren auf das Band zu kommen. Sie wollten sich gegenseitig helfen, was aber wegen der Vereinzelungsschleusen nicht möglich war. Jeder musste nacheinander das Band betreten und einen gewissen Abstand halten. Überholen durfte man auch nicht. Romina stand auf ihrer Spur, die von einer Röhrenwand umhüllt war, auf der News zu Reisezielen eingeblendet wurden. Schön, wenn man auf dem Weg nach Odessa auch erfuhr, was die Oper in Warschau morgen spielte. Oder was in Korea gerade die neuesten Spielzeuge waren. Hoppla, da musste ja schon was anhand ihrer Care-o-bot-Recherchen durchgesickert sein. Ihr Personal Assistant war ausgeschaltet, und somit bekam sie eigentlich keine detaillierteren Einblendungen für ihr Profil, konnte aber die Werbebotschaften, die auf den Mann vor ihr zugeschnitten waren, noch kurz erkennen. Das musste einer dieser Businesstypen sein, denn es wurden nur Luxusgüter, Travel-Kits und Wellness-Destinationen angezeigt. Zwei Passagiere wurden wegen irgendwelcher Auffälligkeiten am Ende diskret zur Seite gewunken. Die zwei Care-o-bots, die sie im Handgepäck hatte, bildeten aber offenbar kein Sicherheitsrisiko. Sie ließ sich vom nächsten Band durch das Einkaufsparadies Abflughalle schleppen. Die Reise kam ihr mindestens so unwirklich vor wie die künstliche Welt um sie herum. Sie flog in die Ukraine, was sich bereits befremdlich fremd anfühlte. Sie würde eine oder zwei Wochen bei ihrer Familie sein und versuchen, mit ihren Kindern wieder richtig warm zu werden und sich mit Eduard endlich auszusprechen. Sie wollte sich von ihm trennen: Es waren nun schon fast zehn Jahre, dass sie nicht mehr als Ehepaar zusammenlebten. Es ergab wenig Sinn, die Fassade weiter aufrechtzuerhalten. Wenn er einverstanden war, würde sie ihn entscheiden lassen, ob er Samuel bei sich behalten wollte oder ob sie ihn mitnehmen durfte. Afina war lange volljährig und konnte für sich selbst entscheiden. Es könnte sein, dass sie ihre Oma und ihren Vater nicht im Stich lassen würde. Zumal da noch ihr Freund war. Aber selbst wenn sie sich für die Ukraine entschied, hoffte Romina, dass sich ihre

Beziehung durch das gemeinsame Projekt weiter intensivieren ließe. Auch sie wollte Eduard nach all den Jahren, in denen er sich um die Kinder gekümmert hatte, nicht im Stich lassen. Aber sie verband nichts mehr, seit Jahren eigentlich schon, außer vielleicht einem sentimentalen Rest. Sie würde in den nächsten zwei Wochen alle ihre Kräfte und Kontakte mobilisieren, um Eduard und seiner Mutter eine tragfähige Basis zu bereiten. Sie war gespannt, wie Samuel reagieren würde. Sie vermisste ihren inzwischen großen Kleinen sehr. Afina jedenfalls war erwachsen und brauchte ihre Muttergefühle nicht mehr. Ob sie Romina als Ratgeberin oder Freundin akzeptieren würde, blieb fraglich.

Eine Anzeige der Max-Planck-Universität leuchtete auf. Vor Jahren hätte sie Afina wegen der guten Ausbildung nach Deutschland holen können, inzwischen lebten die deutschen Universitäten fast nur noch von ihrem Ruf. Die Eliteuniversitäten hatten sich global auf die ökonomisch vitalen Märkte verteilt, und nur die deutschen Universitäten, die sich ihre Drittmittel für Lehre und Forschung von international tätigen deutschen Konzernen besorgten, konnten im Erfolgsranking halbwegs mithalten. Einige firmierten ganz auf den Konzern- oder Institutsträger um, wie die Max-Planck-Universität.

Am Ende des Bandes wurden die Passagiere rechts vom Kids & Kidults-Store empfangen, einem Ladengeschäft mit bunt-spaßigen Artikeln für Kinder und kindische Erwachsene. Samuel könnte sie vielleicht wiedergewinnen, aber auch der war längst kein kleines Kind mehr. Sie würde sehen, was noch zu kitten und was bereits verloren war.

Romina lief weiter vorbei an den Uhren und Luxusartikeln zu Gate 27. Am meisten Sorge bereitete ihr die Beziehung zu Eduard: Sie konnte nur hoffen, dass er ein Einsehen haben und ohne Tamtam in die Scheidung einwilligen würde.

Gate 27 leuchtete grün. Ihre Maschine kam aus Amsterdam und hatte nur einen kurzen Zwischenstopp in Hamburg eingelegt. Sie war zum Einstieg bereit. Romina identifizierte sich per Fingerprint, und die Sperre mit der Gangway zur mittleren Flugzeugtür wurde freigegeben. Sie zog sich am Automaten noch eine Druckversion der aktuellen Ausgabe der ukrainischen Tageszeitung *Deń* und setzte sich auf ihren Lieblingssitzplatz 7D – direkt neben dem Businesskasper. Erstaunlich, dass er nicht Business flog. Der Pilot machte seine übliche Durchsage und erwähnte ein Sturmtief, das noch außerhalb ihrer Route läge und das er, sollte es sich schneller als erwartet bewegen, umfliegen würde. Die Sturmtiefs hatten inzwischen auch über Europa so zugenommen, dass die Fluggesellschaften lieber große Umwege in Kauf nahmen, als die Flüge zu stornieren. Häufig wurden die Passagiere auf einem Ausweichflughafen geparkt, bis es weitergehen konnte. Schlimmstenfalls würden sie zwischenlanden und Stunden später weiterfliegen, dachte Romina, die die Feldbettenlager an den Flughäfen schon kennengelernt hatte. Die Maschine startete, und alles verlief normal. Keine Ausrede mehr, nicht zu kommen.

Eduard, tja. Obwohl sie sich ein Leben ohne Daniel gar nicht mehr vorstellen konnte und der Erfolg mit den Care-o-bots eine wichtige Bestätigung für sie war, war der Weg zu Eduard nicht leicht. Am liebsten wäre sie schon wieder auf dem Rückflug. Wenn sich alles endlich geklärt und aufgelöst hätte.

Sie flogen durch einige heftige Turbulenzen, und vorne schrie und weinte ein Baby unaufhörlich. Kurz vor Polen machte der Pilot erneut eine Durchsage zum Sturmtief. Er war jedoch durch das Babygeschrei und das Rütteln und Klappern an mehreren Stellen im Inneren der Maschine kaum zu verstehen. Der Screen zeigte statt der sonst üblichen Landschaft aus der Vogelperspektive nur eine dunkle Wolkendecke. Die darunterliegende Landschaft wurde über ältere Aufnahmen des Google-Satelliten zwischenzeitlich eingeblendet. Romina versuchte sich mithilfe der Bilder abzulenken. Merkwürdig, dass sie noch nie in Polen gewesen war. In anderen Ländern, in Ungarn, Slowenien und Rumänien, kannte sie einzelne Städte und Landschaften von Ausflügen und Ferien aus der Kindheit. Sie hing ihren Erinnerungen nach. Sehnsucht nach ihrer Familie überfiel sie. Nicht nur danach, auch nach der Landschaft, nach dem Essen, nach der Sprache. Vielleicht war sie auch deshalb immer so gern bei Franziska in Maghreb Nord, weil dort Menschen waren, die ihre Heimat bei sich hatten. Könnte sie mit Daniel solche Gefühle teilen? Er hatte ihr mal anvertraut, er hätte gar keinen Ortsbezug und keine Heimat, weil seine Eltern so oft mit ihm ungezogen wären, dass er sich am Ende gar nicht mehr die Mühe gemacht hatte, lokale Kontakte aufzubauen. Das Netz war seine Heimat geworden. Hier kreierte er Identitäten, und hier schützte er neuerdings auch Personenrechte durch Datenkorrekturen und Zugriffskontrollen. Noch vor ein paar Jahren hätte Romina sich nicht vorstellen können, dass ihr Hacker-Lover mal für den riesigen Markt der Datensicherheit arbeiten würde.

Sie hatten Polen gerade verlassen und näherten sich den Gipfeln der Hohen Tatra, als das rechte Triebwerk ausfiel und die Maschine kippte. Der Fluglärm wurde unregelmäßig, Getränke stürzten um, Handgepäck rutschte zur Seite. Die Passagiere hielten sich an den Armlehnen fest. Romina versuchte, ihren Tisch vor sich hochzuklappen. Ihr wurde flau, und ihr Magen schien sich aufzulösen. Ihr Kopf war erfüllt von einem einzigen Rauschen. Kam das von innen oder von außen?. Sie hielt sich die Nase zu, presste Luft und versuchte zu schlucken. Der Druck in den Ohren schmerzte so sehr, dass sie annahm, dass ihr Trommelfell schon geplatzt war. Sie dachte an ihre beiden süßen Kinder und an Eduard. Wieso an Eduard? Eigentlich war es doch Daniel, der ihr in schwierigen Situationen beistand.

Der Pilot konnte das Flugzeug einen Moment lang abfangen, die Stewardess versuchte, eine Durchsage zu machen, doch die ging im allgemeinen Geschrei unter. Sie roch Erbrochenes und war selbst kurz davor, sich zu übergeben. Ein gespenstischer Blitz aus dem Sturmtief erhellte kurz den Innenraum, und die Maschine sackte ab. Ein paar unangeschnallte Passagiere hatte es aus den Sitzen gehoben. Sie knallten mit den Köpfen direkt unter die Gepäckablagen. Ihr Sitznachbar griff leichenblass nach ihrer Hand, Romina spürte, wie der Gurt in ihre Oberschenkel einschnitt. Sie kam nicht an ihren Assistenten, um eine letzte Nachricht zu senden. An wen? Ein letzter Erklärungsversuch für Eduard oder ein aufrichtiges Liebesbekenntnis für Daniel. Zu spät. Sie stürzten jetzt in Seitenlage nach unten. Blut tropfte aus ihrem linken Ohr. Schützend legte sie einen Arm um ihren Kopf. Ihr war schwindelig. Die Druckausgleichsmasken fielen aus der Deckenverkleidung, waren aber durch die Schräglage des Flugzeugs nicht zu erreichen. Romina nutzte ihre letzte Kraft, um ihre Sitzposition zu halten. Dass das ihr Ende sein sollte, darauf war sie nicht gefasst gewesen. Sie hatte sich schon auf manchem Flug gefragt, wie es wäre, jetzt zu sterben. Angeschnallt in diesem Vogel. Mit dreihundert oder wie viel anderen Passagieren. Für sie selbst hatte es erschreckend wenig Bedeutung. Sie hatte viel Schönes erlebt, mehr Glück gehabt als viele andere, die wie sie ihre Heimat und Familien verlassen hatten. Erst wenn sie an ihre Kinder gedacht hatte, war sie sentimental geworden.

Aber heute ist es kein makabres Gedankenspiel, und es ist ihr auch nicht egal. Warum ausgerechnet jetzt? Sie presst sich erneut Luft in die Ohren, weil es so höllisch wehtut. Der Druck dehnt sich aus, und es tut anders höllisch weh.

Was hilft's? Am Ende bestimmen doch noch das Schicksal oder höhere Mächte, wann und ob es egal ist. In so vielem wissen wir sie inzwischen zu übertrumpfen. Können Feuer erzeugen und Wasser lenken, können totes Land urbar machen, die Schallmauer durchbrechen, den Weltraum erforschen, können Greise Leben zeugen lassen, krankes Erbgut durch gesundes ersetzen, können künstliche Intelligenz erschaffen, unser Leben ständig optimieren und sogar verlängern. Wer uns auf unserem Planeten besuchen kommt, darf staunen.

Und als ob man diese Errungenschaften nicht hoch genug preist und als ob man es spannend halten muss, passieren durch menschliches Versagen oder technische Komplexität zwischendurch immer noch so dumme Pannen wie dieser Flugzeugabsturz. In einer vorhersehbaren Sturmtief-Wetterfront! Gibt es davon bereits so viele, dass die Piloten die Situation unterschätzen? Treiben die Fluggesellschaften oder deren Versicherungen sie da hinein, weil sie sich noch mehr Ausfälle nicht leisten können?

Die Notsignalleuchten blinken. Ihr Kopf platzt fast.

Daniel wird an sie denken, zusammen mit Afina, wenn sie die Care-o-bots zusammen weiterentwickeln. Das bleibt dann immerhin von ihr … Die Luft wird dünn, sie atmet tiefer und schneller. Was sollen ihr die Sauerstoffmasken jetzt noch nützen? Es bleibt nichts mehr zu tun. – Beten? Zu spät der Einfall, um jetzt noch die Kraft dafür zu finden.

Javorina war auf der Karte der letzte Punkt, den Romina noch erkennen konnte, bevor sie in dreitausend Metern über den Ausläufern der Hohen Tatra das Bewusstsein verlor.

 **Körber-STIFTUNG**
Forum für Impulse

edition **Körber-STIFTUNG**

BegegnungsCentrum
HAUS im Park

KörberForum
Kehrwieder 12

 **BERGEDORFER GESPRÄCHSKREIS**

Bóy Gobert Preis

Internationale Politik, Bildung, Wissenschaft, Gesellschaft und Junge Kultur: In diesen Bereichen ist die Körber-Stiftung mit einer Vielzahl eigener Projekte aktiv. Bürgerinnen und Bürgern, die nicht alles so lassen wollen, wie es ist, bietet sie Chancen zur Mitwirkung und Anregungen für eigene Initiativen.
1959 vom Unternehmer und Anstifter Kurt A. Körber ins Leben gerufen, ist die Stiftung heute mit eigenen Projekten und Veranstaltungen von ihren Standorten Hamburg und Berlin aus national und international aktiv.

 **Körber-Netzwerk Außenpolitik**

JUNGE REGIE **STUDIO**
KÖRBER

KÖRBER
Foto Award

 **USABLE°**
TRANSATLANTISCHER IDEENWETTBEWERB

 **HAMBURGER TULPE**
für interkulturellen Gemeinsinn

Deutscher Studienpreis
Der Wettbewerb für junge Forschung

 **Eustory**
History Network for Young Europeans

KÖRBER-PREIS
FÜR DIE EUROPÄISCHE
WISSENSCHAFT

 **Geschichtswettbewerb des Bundespräsidenten**
Jugendliche forschen vor Ort

KiWiSS ·
Wissenschaft für Kinder und Jugendliche

 **Schultheater der Länder**